KB073966

해양의 국제법과 정치

국립중앙도서관 출판시도서목록(CIP)

해양의 국제법과 정치
= Ocean: International Law and Politics /
엮은이: 한국해로연구회
-- 서울 : 오름, 2011 (해로연구총서 ; 1)

ISBN 978-89-7778-355-3 93340 : ₩19000

해양법[海洋法]

361.253-KDC5
341.45-DDC21   CIP2011002449

해로연구총서 1

해양의 국제법과 정치

한국해로연구회 편

연세대학교 동서문제연구원 · 도서출판 오름

Ocean: International Law and Politics

Edited by
SLOC Study Group-Korea

Institute of East & West Studies, Yonsei University

ORUEM Publishing House
2011

책머리에

오늘날 국제체제는 영토를 단위로 하는 주권국가로 구성되어 있다. 지구 상의 모든 육지는 이러한 주권국가에 속한다. 이에 대한 유일한 예외가 해양이다. 해양은 어느 한 국가의 주권이나 법이 미치지 않는 국제적 영역이다. 따라서 해양에는 국내법이 아닌 국제법이 적용되고 국제정치가 펼쳐진다. 국제법의 역사는 해양법의 역사라고 해도 과언이 아니고, 해양의 지배를 둘러싼 국제정치는 인류의 역사와 궤를 함께 한다고 볼 수 있다. 한마디로 해양과 국제법, 그리고 해양과 국제정치는 불가분의 관계에 있는 것이다.

그럼에도 불구하고 해양은 국제정치학에서는 등한시되고 있고, 국제해양법에 대한 관심도 과거에 비해 줄어들었다. 이러한 추세는 해양의 중요성이 날로 커지고 있는 현실과 동떨어진 것이고, 특히 국익 추구에 있어 해양이 큰 비중을 차지하는 한국의 입장에서는 대단히 우려할만한 현상이라고 하지 않을 수 없다. 우리의 해양이익을 제대로 지키기 위해서는 먼저 해양을 둘러싼 국제환경이 어떻게 바뀌고 있고, 어떤 도전이 우리에게 다가오고 있는지를 제대로 이해해야 한다. 이 책은 바로 이러한 문제의식에서 출발하였다.

이 책은 한국해로연구회의 출범 30주년을 기념하여 해양에 대한 일반인들의 관심을 제고하고 주요 해양문제에 대한 독자의 이해를 돕기 위한 목적으로 준비되었다. 국제해양질서의 진화와 국가의 해양전략의 모색 등 거시적 주제로부터 해양안보, 해상안전, 해양환경과 관할권 등 해양과 관련한 거의 모든 쟁점과 이슈에 대한 미시적 분석에 이르기까지 해양의 국제법과 정치에 대해 총체적으로 다루었다. 해양의 국제적 측면에 대해 궁금증을 가지거나 알기를 원하는 독자라면 이 책을 통해 날로 변하고 있는 해양의 국제법과 국제정치를 비교적 쉽게 접근할 수 있으리라 생각한다.

한국해로연구회는 지난 30년 동안 해양안보와 해양전략을 비롯하여 해양법, 해양정책, 해양환경, 해운과 해양산업 등 해양의 모든 분야에 대해 학제적 연구를 수행해왔다. 또 비슷한 연구를 하는 국내외의 많은 기관 및 단체들과 활발한 교류협력도 추진하였다. 이를 통해 우리는 한국의 해양정책과 해양전략 수립에 적지 않은 기여를 하였고, 국제사회에 한국의 정책과 입장을 알리고 확산하는 데 일조를 하였다고 생각한다. 또 해양의 중요성에 대한 일반국민들의 이해를 제고하고 관심을 환기하는 데 나름대로 역할을 하였다고 자부한다.

오늘 이 단행본의 출간이 이러한 한국해로연구회의 30년 노력에 또 하나의 작은 이정표가 될 수 있기를 바란다. 이 작업의 취지에 찬동하여 적극적으로 참여해주신 집필진 여러분들께 진심으로 감사의 말씀을 전한다.

2011년 6월
한국해로연구회 회장 백진현

차 례

제3부 해양환경과 자원

제4부 | 해양관할권 및 해양갈등의 현안

서장

한국해로연구의 현황과 의의

백진현(한국해로연구회 회장)

I. 해양과 국제관계

지구표면의 70% 이상을 차지하고 있는 해양의 중요성에 대해서는 새삼 강조할 필요가 없을 것이다. 해양은 유사 이래 인류의 주요한 식량원으로서, 또 교역과 이동의 통로로서 사용되어 왔다. 그런 만큼 해양의 법적 성격이나 국제적 지위에 관한 관심은 어제 오늘 시작된 것은 아니다. 세계사에서 소위 "대항해(Great Voyage)"의 시대가 시작되면서 해양의 지위에 관한 논란도 본격적으로 대두되었으며, 어떤 의미에서 이러한 논란은 지금까지도 계속되고 있다.

논란의 큰 줄기는 한마디로 누가 바다를 지배할 것인가라고 할 수 있다. 즉 바다에 대한 국가의 지배와 통제를 주장하는 견해에 대해 바다는 모든 국가들이 이용할 수 있도록 개방되고 자유로워야 한다는 주장이 대립되었다. 소위 "폐쇄해(Mare Clausum)"와 "자유해(Mare Liberum)" 주장의 충돌이며 이 두 주장의 운명은 해당 시기 국제관계의 전략적, 정치적, 경제적 구조에 따라 갈렸다. 포르투갈과 스페인이 세계의 대표적인 해상세력이었던 시대에 두 나라는 세계의 바다를 양분하여 각각 반씩을 지배하였다. 그러나 네덜란드와 영국과 같은 신흥세력이 부상함에 따라 폐쇄해 주장은 퇴색하고 해양의 자유를 표방하는 자유해 주장이 득세하였다. 300년에 걸쳐 해양의 지배적 이데올로기였던 자유해 원칙은 지난 세기 탈식민화의 물결로 수많은 국가들이 독립하고 인접 해양에 대한 통제를 주장함에 따라 다시 크게 위축되었다. 새로운 폐쇄해의 시대가 도래한 것이다.

이처럼 해양질서는 시대에 따라 변천해왔고 그 이면에는 당시의 국제관계의 역학이 자리 잡고 있었다. 따라서 해양질서나 체제를 제대로 이해하기 위해서는 국제관계의 구조에 대한 이해가 필수적이며 이런 점에서 해양과 국제관계는 불가분의 관계에 있다고 하겠다.

해양은 그 성격상 국제적 측면을 가질 수밖에 없지만, 인류의 해양이용이 제한되었던 시대에는 해양에 대한 관심은 상대적으로 낮았고 국제관계에서 해양의 중요성에 대한 인식도 크지 않았다. 이런 점에서 해양과 해양자원의 이용과 관련된 문제에 대해 인류가 체계적인 관심을 갖기 시작한 것은 비교적 최근에 들어서다. 특히 국제관계에서 해양의 중요성이 전 세계적 차원에서 본격적으로 인식되기 시작한 것은 제2차 세계대전 이후라고 할 수 있다.

국제관계에서 해양문제가 중요한 이슈로 부각되게 된 데에는 다음과 같은 배경이 있다. 첫째, 해양자원에 대한 수요가 급격히 증대되고 다양해졌다. 주요 식량원으로서 어업의 중요성이 증대되고 이에 따른 국가 간 어업분쟁도 빈발하게 되었다. 또 어업자원뿐 아니라 기술의 발전으로 해저석유 및 가스, 심해저의 광물자원의 개발도 가능해졌다. 이와 같은 해양자원에 대한 수요의 증대는 국가 간의 첨예한 이해대립을 초래하고 그 결과 해양문제가 국제관계의 주요 이슈로 인식되게 되었다.

둘째, 해양관련 과학과 기술의 발달로 해양과 해양자원에 대한 지식이 크게 제고되었다. 해수와 해저에 관한 과학적 지식의 축적으로 해양은 더 이상 미지의 세계가 아니라 인간의 필요와 욕구에 따라 충분히 이용가능한 대상이 되었고 해양이 각국의 국가전략에서 차지하는 비중이 증대되었다. 또 육상의 자원이 고갈되어 감에 따라 해양자원에 대한 관심은 더욱 높아졌고 이는 해양과학과 기술의 비약적 발전으로 이어졌으며 그 결과 해양은 대부분 국가에서 중요한 정책의제가 되었다.

셋째, 해양환경문제에 대한 국제적 관심이 크게 제고되었다. 해양은 그 특성상 한 국가의 노력만으로는 보전될 수 없고, 반대로 한 국가의 오염행위는 해양 전체의 생태계에 영향을 미친다. 이런 점에서 해양은 전체성을 가지며 해양환경의 보전은 범세계적인 협력을 필요로 한다. 해양문제의 국제적 성격은 이러한 해양환경 보전분야에서 가장 잘 나타난다고 하겠다. 세계 도처에서 발생하는 충격적인 해양오염사고나 과거에는 무한한 것으로 여겨졌던 수산자원의 급속한 고갈은 해양환경과 생태계 보전의 절실성을 일깨워주었고 많은 국가들이 해양환경보전을 위해 다각적 노력을 기울이게 되었다.

마지막으로 해양의 군사적 이용의 증대를 지적할 수 있다. 해양은 유사 이래 군사력 동원의 통로로 이용되는 등 군사적 가치를 가졌지만, 과학기술의 발달로 인해 과거에는 상상도 할 수 없는 범위와 수준으로 해양은 군사화 되고 있다. 해양의 군사적, 전략적 가치가 급부상한 것이다. 그 결과 냉전종식에도 불구하고 아태지역 등에서는 해군력 강화 추세가 계속되었으며 이러한 추세는 해양도서 영유권 분쟁이나 해양자원 분쟁과 맞물려 해양안보의 위협요인으로 자리잡았다.

이상과 같은 요인들은 국제관계에서 해양문제의 위상을 바꾸는 데 큰 영향을 미쳤다. 이제 해양은 더 이상 소위 저위 정치(low politics)의 영역에 머물지 않고 고위 정치(high politics)의 영역으로 부상하였다. 해양은 경제적 부의 원천일 뿐 아니라 전략적 이익을 제공할 수 있는 근거가 된다. 그런가 하면 해양은 다음 세대 인류의 생존과 복지를 좌우할 환경의 보고이기도 하다. 해양은 전 세계 200여 국가의 이익이 상호 충돌하고 연대하는 장이며 개별국가의 이익과 인류공동의 이익이 긴장 관계를 형성하는 무대이다. 냉전종식에도 불구하고 해양은 안보적으로 가장 취약한 환경이라 할 수 있다. 이런 점에서 해양의 이용·관리 및 보존에 관한 심층적 연구와 해양을 둘러싼 국제정치와 안보, 국제경제의 동학에 대한 체계적 연구의 중요성은 새삼 강조할 필요가 없을 것이다.

II. 해양의 국제법

국제법은 국가의 행위를 규제하고 국가 간 관계를 규율하는 법이다. 해양의 국제법 또는 해양법이란 해양에서 국가의 행위를 규제하고 국가 간 관계를 규율하는 법이라고 할 수 있다. 해양에 대한 국가의 이익은 나라마다 다를 수밖에 없다. 가령 바다에 접한 연안국은 자국 인근 해양을 배타적으로 통제하고자 하는 욕구를 가진다. 반면 해양강국들은 가능한 넓은 범위의 해양을 자유롭게 이용하기를 원한다. 이처럼 연안국과 이용국 간 이해가 엇갈리고 이용국 상호간에도 각국의 기술력이나 처한 상황에 따라 이익이 같을 수가 없다. 무릇 법이란 사회 구성원 간 다양하고 때로는 상반된 이익을 조율하고 갈등을 조정하는 역할을 한다. 이런 점에서 해양법은 해양에 대한 국가 간 상반된 이익을 절충하고 갈등을 조율하는 수단이라고 볼 수 있다.

특히 해양에서 국제법의 역할은 대단히 중요하다. 주지하듯이 오늘날의 세계는 주권국가들로 구성되어 있다. 주권국가는 자국의 영토 내에서 배타적 관할권을 행사하며 다른 국가는 타국의 국내문제에 개입할 수 없다. 모든 국가는 자국 영토 내에서 질서를 유지하고 안전을 확보하기 위해 법을 제정하고 정부를 구성한다. 이처럼 영토주권은 오늘날 국제관계의 가장 기본적인 구성원리인 셈이다.

그러나 해양은 이러한 영토주권의 원칙이 적용되지 않는 곳이다. 해양, 특히 공해는 어느 한 국가에 배타적으로 귀속되지 않는다. 해양은 영토주권 이원의 지역이며 따라서 해양의 질서는 전혀 다른 원리에 의해서 형성되고 유지되어야 하는 것이다. 이와 같은 해양질서의 초석이 되는 것이 바로 국제해양법이다. 1945년은 국제해양법 발전에 있어서 분기점을 이루는 역사적인 해라고 할 수 있다. 1945년 이전의 세계의 해양질서는 매우 단순하였다. 연안국은 자국의 해안에 인접한 일정한 수역에 대해서 영해를 설정할 수 있었고, 그 바깥은 모두 공해였다. 영해에 대해 연안국은 외국선박의 무해통항을 인정하는 것을 제외하면 배타적 권리를 향유할 수 있었던 반면, 공해에서는 이른바 공해자유의 원칙이 적용되었다. 그러나 이러한 단순한 해양질서는 1945년을 기점으로 하여 급격히 변화하기 시작하였다.

1945년 미국의 트루먼 대통령은 미국의 영해 바깥의 해저에 대한 배타적 관할권을 주장하는 대륙붕 선언을 발표하였다. 이러한 주장은 물론 당시의 국제법과 배치되는 것이었으나 이에 대해 어느 국가도 항의하지 않았고, 오히려 다수의 국가가 이와 유사한 주장을 함으로써 짧은 기간에 국제관행으로 발전하였다. 결국 1958년 대륙붕에 관한 제네바협약이 채택됨으로써 대륙붕은 국제법적으로 인정받게 되었다. 이처럼 영해-공해라는 이전의 단순한 해양질서가 대륙붕 제도의 출현으로 한 축이 무너지게 되자 연안국의 인접 해양에 대한 관할권 확대주장은 봇물이 터진 것처럼 잇달았다. 영해의 폭을 확대하고 영해 이원의 해저뿐 아니라 그 상부수역까지 배타적 관할권을 확대하는 경제수역제도의 도입이 경쟁적으로 이어졌다. 가히 새로운 폐쇄해 시대의 도래라고 부를 수 있을 정도로 해양에 대한 연안국의 배타적 관할권 주장이 확대되면서 구질서는 서서히 무너져 갔다.

1973년부터 1982년까지 10년 동안 진행된 제3차 유엔해양법회의는 이러한 관할권 확대 추세를 수용한 바탕 위에서 새롭고 안정된 해양질서를 창출하기 위한 전 세계적 노력이라고 할 수 있다. 제3차 해양법회의의 결과 채택된 유엔해양법협약은 "바다의 헌법"이라고 불릴 정도로 해양과 해양의 이용 및 보전에 관한 모든 사항을 총망라하여 규율하고 있다. 영해, 접속수역, 대륙붕, 배타적 경제수역, 군도수역 등 연안국의 다양한 관할권을 설정하였고, 이러한 관할수역에서 연안국과 이용국의 권리와 의무를 각각 규정하였다. 또 해양환경보전과 해양과학조사에 관한 체계적인 규정을 도입하여 가장 포괄적인 국제환경협정으로 간주되기도 한다. 국가의 배타적 관할권 이원의 수역인 공해에 대해서 규율하였고 심해저의 광물자원의 개발을 위한 국제체제를 수립하였다. 국제해양법재판소, 국제해저기구, 대륙붕한계위원회 등, 3개의 국제기구를 출범시켜 협약의 이행을 위한 제도적 장치도 마련하였다.

유엔해양법협약의 채택은 해양법 발전에 있어서 하나의 큰 획을 긋는 사건이라고 할 수 있다. 이로서 해양법은 국제법의 여러 분야 가운데 가장 체계적으로, 또 가장 상세하고 정확하게 성문화된 분야로 인정받게 되었다. 물론 앞으로도 해양법은 시대의 변천에 따라 새롭게 발전하고 더욱 세분화되겠지만 유엔해양법협약의 발효로 이제 총론은 자리 잡았다고 볼 수 있다. 결국 향후의 과제는 해양법협약이 일관된 해석과 적용을 통해 충실하게 이행되어 안정된 해양질서의 초석 역할을 제대로 할 수 있도록 하는 것이다.

III. 한국해로연구회의 연구방향과 향후 전망

한국해로연구회의 연구방향과 관련, 다음 세 가지를 지적할 수 있다.

우선 1981년 한국해로연구회가 출범했을 당시는 주지하듯이 냉전시대였다. 당시에는 미국과 소련이라는 두 초강대국이 전 세계에 걸쳐 군사적, 이념적, 정치적으로 대립하고 있었고 이는 해양에서도 예외는 아니었다. 전통적인 해양세력인 미국은 서태평양(Western Pacific) 지역에서 강력한 해군력을 구축하고 있었지만 소련은 극동지역에서 꾸준히 해군력을 강화함으로써 미국의 전략적 입지를 위협하였다. 미국과 서태평양의 미국의 동맹국들에 있어서 이러한 상황은 안보의 중대한 도전요인이었다.

이런 배경에서 한국해로연구회는 해양안보와 해로안전 문제에 관한 정책적 연구를 목표로 출범하였다. 한국해로연구회의 초기 연구의 주제는 주로 해양안보, 해군전략, 그리고 해로안전 등에 국한되었으며 정책연구가 대종을 이루었다. 그러나 1990년대에 접어들면서 동서냉전이 종식되고 소련이 해체되어 공산권의 위협이 사라지는 등, 국제질서가 획기적으로 변하면서 해로연구의 방향도 근본적으로 바뀌게 되었다. 마침 1994년에 유엔해양법협약이 발효되고 한국, 중국, 일본이 연이어 동 협약을 비준함으로써 동북아에 유엔해양법협약의 시대가 열리게 되었다.

이에 따라 한국해로연구회도 과거 해로안보와 해군전략 등 비교적 제한된 분야의 연구에서 벗어나 해양법, 해양정책, 해양환경, 해운 및 수산을 비롯한 해양경제 등으로 연구 분야를 대폭 확대하게 되었다. 또 서태평양지역의 미국 동맹국 위주의 국제교류와 협력을 넘어 과거 적대국이었던 러시아와 중국 등과 긴밀한 교류와 연구협력을 수행하게 되었다. 이처럼 한국해로연구회는 시대의 변화에 따라 연구주제와 국제교류 등에서 변천을 거듭해왔다. 한국해로연구회라는 명칭은 30년 전 출범 당시와 동일하지만 동 연구회가 수행하는 연구의 주제와 범위, 방향 등은 근본적으로 변화했다고 할 수 있다.

둘째, 해양을 제대로 이해하기 위해서는 학제적 접근이 필수적이다. 해양 그 자체를 어느 정도 알지 못하고는 해양정책이나 해양법, 해양전략에 대한 의미 있는 토론은 불가능하다. 또 해양정책이나 전략을 제대로 논의하기 위해서는 해양질서나 해양체제에 대한 이해가 필수불가결하다. 이처럼 해양연구는 다학문적, 학제적 접근을 통해서만 생산적이고 현실성 있는 결과를 도출할 수 있다. 한국해로연구회는 출범 초기부터 해양연구의 이러한 특성을 충분히 숙지하고 다학문적, 학제적 접근을 강조해왔다. 한국해로연구회의 구성원들만 보아도 이러한 사실은 분명해진다. 한국해로연구회는 해양과학자, 해양법 및 국제법학자, 국제정치학자, 해양안보 전문가, 그리고 해운경제학 및 해운경영학자 등을 망라한다. 이처럼 해양이라는 공통의 주제를 다양한 학문분야에서 연구하는 학자들이 함께 모여 연구하고 토론하는 과정을 통해 많은 해양문제에 대해 보다 적실성 있고 통찰력 있는 해법을 제시할 수 있었다.

마지막으로 한국해로연구회의 연구 활동은 궁극적으로 보다 바람직한 한국의 해양정책과 해양전략 수립에 기여하기 위한 것이고 이는 출범 이후 지금까지 한국해로연구회가 추구해온 일관된 목표라고 할 수 있다. 앞서 지적하였듯이 해양은 본질상 국제적 성격을 가지며 다양하고 때로는 상반된 국가이익들이 충돌하는 곳이다. 이러한 해양에서 우리의 국익을 지키기 위해서는 해양과 관련한 국제동향과 추세를 정확히 읽고 그 함의를 제대로 짚어내는 것이 필수적이다. 그렇지 않고는 올바른 정책대안을 기대할 수 없기 때문이다. 이런 점에서 한국해로연구회의 모든 연구 활동의 종착점은 해양에서 한국의 국익수호와 증진이라고 할 수 있다. 해양에 관한 학제적, 다학문적, 포괄적 정책연구의 거점으로서 한국해로연구회는 국제관계에서 해양의 중요성이 날로 증대되고 있는 오늘날 그 존재의의는 더욱 커질 것이라고 믿는다.

제1부

해양, 국가, 그리고 세계 해양질서

제1장

국가 해양력과 해양전략

윤석준(해군대학)

I. 해양, 국가 그리고 국가 해양력

역사는 우리에게 인간이 신이 부여해 준 힘(power)을 주로 국가를 통해 향유해 왔으며, 국가는 이를 지상보다 주로 해양을 경유해 발전시켜 왔음을 교훈으로 제시하고 있다. 실제 국가는 지리적으로 정형화되고 제한적인 지상과 달리 입체적 잠재성과 무한성을 갖고 있으며 지상보다 더 많은 공간과 자원을 보유한 지구표면의 73%인 해양에 의존함으로써 국가 발전과 번영을 이루어 왔다.

이러한 해양은 시대와 지역에 따라 국가에게 각기 다른 가치를 나타냈다. 고대 해양은 주로 지중해에 국한되어 인간의 자유를 보장해 주는 방어막이자 생활의 수단으로 활용되었던 반면, 중세는 대서양과 북해로 확대되어 신권 또는 왕권의 권위와 힘 시현을 위한 주요 상징물로서 대결의 장(場)으로 간주되었다. 이어 근대기 들어 해양의 적용 범위가 인도양과 태평양으로 확대되고 근대국가 출현으로 해양은 국가의 힘을 투사하는 팽창의

장(場)으로 간주됨으로써 영토확장 개념으로 간주되었다. 이는 18세기 이후 국가 힘에 추가하여 국제질서를 선도하는 영향력(influence)으로 확대됨으로써 유럽 또는 서구 우월주의 출현의 주요 근원이 되었다. 특히 20세기에 이르러 해양은 국가가 국제무대에 진출하기 위한 필수 조건으로 간주되었으며, 이는 서구 열강들 간 세계 패권 장악의 주요 수단이 되었다.

그러나 21세기 들어 해양은 대결 또는 팽창의 장이기보다 협력의 장(場)으로서 간주되고 있다. 우선 해양적용 범위가 과거 해군력에서 조선능력, 항만운용능력, 수산산업, 해운산업, 해양관광, 해양개발력 등으로 확장되었으며, 해양 활용의 주체가 비단 국가(國家)만이 아닌 비정부 기관과 단체로 확대되어 해양이 국가발전만이 아닌, 지역과 세계 발전을 선도하는 역할을 담당하고 있다. 2005년 기준 국제교역의 78%가 해양을 통해 이루어지고, 세계 GDP의 5~10%를 창출하며, 해양의 약 60%가 공해로서 대부분 미개척 영역으로 산소, 물, 식량 그리고 에너지를 공급하는 인류 공동의 자산으로 간주되고 있기 때문이다.[1] 다음으로 해양이 국가 자산만이 아닌 세계 자산으로도 간주되고 있기 때문이다. 1962년 해양의 "인류공동유산" 개념 선언, 1982년 유엔해양법협약(UNCLOS) 채택과 1994년 발효 이후 해양은 동·서양을 막론하고 지고(至高)의 자유(freedom)와 민주(democracy)를 지향하는 세계공동의 자산으로 간주됨으로써 인류 공동번영과 발전을 보장하는 보고(寶庫)로 간주되고 있기 때문이다.

아울러 지상자원 고갈에 따라 해양에서의 자원개발이 남용되고, 한 국가의 일방적 조치에 의해 분쟁화됨으로써 국가 간 해양갈등이 심화되자, 이를 제도적이며, 미래지향적으로 관리하고 경영하기 위한 다양한 "해양 거버넌스(maritime governance)" 개념들이 출현하고 있다. 예를 들면, 1992년 유

---

1) 한국의 경우 수출입 물량의 99% 이상이 해양을 경유해 이루어지고 있다. 아울러 지구상 해양의 면적인 약 3.61억km²이며, 그중 공해면적은 약 2.19억km²이다. 또한 해양에는 해저 마그마가 불출하여 침전된 광상, 금, 은, 아연 등의 유용광물이 포함되어 있다. 특히 해양원유의 62%는 아직도 미개발 상태로 알려져 있다. 이정환·최재선·김민수 공저, 『해양정책 미래』(서울: 블루&노트, 2010) 참조.

엔환경개발회의 설립 및 해양투기물 방지를 위한 런던협약, 1994년 유엔해
양법협약 발효, 1996년 유엔해양법재판소 설립과 국제심해저기구 설립 등
이었다.

이와 같이 해양은 시·공간적 변화에 따라 각기 다른 성격을 갖고 국제질
서 형성에 기여하였다. 고대 해양이 전쟁 승패를 좌우하는 결정적인 요인
으로 간주되어 제국(empire)으로 발전하는 근원이 되었다면, 지상으로의
진출이 활발하였던 중세를 거치면서 해양은 전쟁보다 해양교역2) 개념으로
변화되어 국가발전의 주요 수단이 되었다. 이어 근대기 들어 해양은 해양
세력과 대륙세력 간 우월을 가리는 지정학적 가치를 부여받아 국제질서 형
성의 한 축으로서 역할을 담당하였다. 특히 근대기 후반 이후 해양은 국가
의 부(national power)를 해양을 통해 확장하는 제국주의 발전의 주요 수
단이 됨으로써 새로운 국제질서 형성을 선도하였다.

그러나 21세기 들어 해양이 국가발전만을 지향하기보다 세계발전을 위
한 인류 공동의 자산으로 인식되어 세계화의 주요 수단으로 간주되고 있다.
다시 말해 해양은 국가발전만이 아닌 세계 발전과 번영을 지향하는 전 세계
공동의 관리 대상으로 간주되어 미래 세계 평화와 번영을 보장하는 포괄적
협력 대상으로 인식되고 있다는 것이다. 특히 냉전 종식 이후 해양협력과
관련된 다양한 국제적 레짐과 규범들이 태동되면서 해양은 전 지구적 세계
화의 주요 수단이 되고 있다.

이러한 해양과 국가발전 간의 전략적 상관관계는 "해양력(sea power)"3)
개념으로 정립되었다. 이에 대한 주된 이유로 우선 해양 활용의 주체가 인
간, 왕권 그리고 중간 상업자에서 점차 인간의 자유와 안전을 보장하기 위

---

2) 1492년 콜럼버스 신대륙 발견, 1497년 바스코다 가마의 희망봉 발견 그리고 1522년
  마젤란의 세계일주 및 태평양 명명 등은 서구의 해양진출을 통한 해양교역이었다.
3) 통상 해양력(sea power)은 국가 해양력(national sea power)을 의미하며, 영문 표기는
  sea power of state 또는 national sea power 등으로 표기된다. 그러나 해양의 영문
  표기는 해양만을 의미하는 sea보다 점차 해양과 내륙을 동시에 고려하는 maritime으로
  확대되어 maritime power로 사용되고 있다. 윤석준, 『해양전략과 국가발전』(서울: 한
  국해양전략연구소, 2010), 142-144쪽 참조.

한 제도적 장치인 국가(nation-state)로 확대되어 해양이 국가발전을 위한 전략적 주요 수단으로 활용되었기 때문이다. 다음으로 해양의 범위가 초기 세계해로 불리었던 지중해에서 점차 대서양과 북해 그리고 인도양을 거쳐 태평양으로 확대되었기 때문이다. 아울러 자연과학과 응용기술 발전에 따라 항해술의 발달, 선박의 내해성 강화 그리고 대양 간 연결하는 운하 개발4) 등으로 "해양의 세계화"가 이루어졌기 때문이다.

이러한 해양력 개념은 초기 해군력 건설을 의미하던 군사적 개념에서 점차 해양활용 주체인 국가가 해양을 통해 국가의 힘과 영향력을 발휘하는 "국가 해양력(national sea power)" 개념으로 확대되었다. 특히 근대기 이후 해양력이 국가와 국가 간 우열을 결정해 강대국의 위상을 나타내는 중요한 요인으로 인식됨으로써 국가전략의 필수요인으로 간주되었다. 우리는 이를 고대 그리스와 로마, 중세 이탈리아 공국과 이슬람 제국, 근대기 스페인, 네덜란드, 영국 그리고 현대기 미국 등 주요 국가들의 흥망 사례에서 찾을 수 있다.5)

이와 같이 국가 해양력은 국가발전과 번영을 선도하는 주역이었을 뿐만 아니라, 자유와 민주를 이념으로 하는 새로운 국제질서 형성을 주도하는 데 있어 주도적 역할을 담당하였다. 하지만 국가가 해양력을 활용하는 데 있어, 국가 해양력 이념인 자유와 민주를 소홀히 한 경우는 오히려 국가가 쇠퇴하는 형국을 보였다. 예를 들면, 그리스, 로마, 영국 그리고 미국 등의 국가들이 해양을 중심으로 자유민주주의, 시장경제주의 그리고 인본주의 발전을 근간으로 국가발전을 이루어 국제질서 형성을 주도하였다면, 이를 경시한 페르시아, 스페인, 독일 그리고 일본 등은 국가발전은 물론 새로운 국제질서 형성에 있어 실패하였기 때문이다. 이와 같이 역사는 "해양을 통해 국가이념을 개방하고 변화시킨 국가는 발전하였고, 반면 해양을 거부하

---

4) 예를 들면, 1869년 인도양과 지중해를 연결하는 수에즈 운하 개통 그리고 1914년 대서양과 태평양을 연결하는 파나마 운하 개통이다.

5) Colin S. Gray, *The Leverage of Sea Power* (Oxford: Maxwell Macmillan International, 1992), pp.3-8.

고 국민의 해양진출을 막아온 국가는 쇠퇴하거나, 종래 멸망했다"는 교훈
을 우리에게 제시하고 있다.

II. 국가 해양력, 국가 전성기 그리고 해양전략

우리는 역사를 통해 "국가 전성기(Pax)" 도래에 있어 국가 해양력이 결
정적 역할을 담당하였음을 알 수 있다. 역사 속의 주요 국가들은 국가 해양
력 장악에 따라 국가 전성기를 이루고 동시에 국제질서를 주도함으로써 강
대국(major power)으로 출현하였다. 특히 15세기 대항해 시대를 거친 18
세기 산업혁명 이후 산업사회로의 진입은 "국가 해양력=국력" 등식을 도
래시켜 국가 해양력이 새로운 국제질서 형성을 주도하는 형국으로 나타났
다.[6] 당시 국가 해양력은 단순 해군력 규모에 의해 좌우되기보다 해양을
경유하여 이루어지는 해운, 항만, 인적 자산 규모, 문화적 특징 그리고 정부
의 성향에 의해 결정되었다.

이러한 발전 추세를 "해양전략(maritime strategy)" 개념으로 정립시킨
이는 미국해군 알프레드 마한 제독(Admiral Alfred Mahan)이었다.[7] 마한
제독은 18세기 말 영국이 경쟁국인 스페인, 네덜란드 그리고 프랑스와 해
전에서의 승리를 통해 얻은 국가 해양력이 국가 전성기를 도래시키고 국제
질서 흐름을 주도하였던 당시 국가전략 논리를 해양전략 개념으로 정립하
였다. 마한 제독은 고대 해양도시 국가 그리스가 대륙국가인 페르시아와의
해전에서 승리해 획득한 해양패권(Thalassocracy)[8] 사례를 중심으로 섬나

---

6) Paul Kennedy, *The Rise and Fall of the Great Powers* (London: Fontana Press,
   1988), 제4장 및 제5장 참조.
7) Alfred Thayer Mahan, *The Influence of Sea Power upon History, 1660-1783*,
   Introduction by Louis M. Hacker (New York: Hill and Wang, 1957, first
   published 1890), p.vii 참조.

라 영국이 지중해와 대서양, 북해, 인도양 그리고 태평양에서의 해양통제권을 장악하여 스페인, 네덜란드 그리고 프랑스와의 경쟁에서 승리함으로써 "영국 전성기(Pax-Britannica)"를 맞이한 국가전략을 현대적 해양전략 개념으로 정형화시켰다.

구체적으로 마한 제독은 18세기 영국의 국가 전성기 도래가 ① 해외 식민지 확보, ② 이를 관리하기 위한 선단 또는 함대, ③ 해외 식민지와 본국 간 연결하는 해상교통로(SLOC) 확보를 해양전략 개념의 구성요인으로 제시하면서, 미국이 영국을 모델로 한 해양전략을 적극적으로 채택하여 국가발전을 이루어야 함을 역설하였다. 특히 마한은 방어적 해양거부(sea denial)가 아닌 적극적 해양통제(sea control 또는 command at the sea)를 위한 "강력한 함대(big fleet)" 건설 논리를 제시하면서 해군력 건설을 군사전략 차원이기보다 국가전략 차원에서 추진해야 함을 강조하였다. 이러한 마한 제독의 논리는 20세기까지 주요 강대국들이 자국이 처한 지리적 또는 경제적 단점을 극복하기 위해 국가 해양력을 적극적으로 증진시켜 새로운 국제질서를 주도한 국가 전성기를 연구한 결과였다. 예를 들면, 고대 로마와 카르타고 간 지중해 해양패권 장악에서 승리한 로마가 제국으로 발전하여 "로마 전성기(Pax-Romana)"로 발전하였으며, 15세기부터 19세기 말까지의 유럽 주요 강대국 간 해양력 경쟁에서 영국이 해양을 우선하는 국가대전략 채택에 의거 영국 전성기를 맞이한 사례였다.

이는 현재 세계 유일의 해양강대국 지위를 누리고 있는 미국에 의해 다시 증명되고 있다. 미국은 영국 전성기 도래의 성공사례를 모방한 마한 제독의 해양전략 논리와 개념을 적극적으로 수용함으로써 역사상 가장 짧은 기간에 전무후무한 "미국 전성기(Pax-Americana)"를 도래시켰다. 현재 미국은 불과 20년 기간을 사이에 두고 발생된 제1~2차 세계대전에 참가하여

---

8) 이는 그리스 반도 아테네를 중심으로 다양한 도시국가들이 지중해와 에게해를 경유하는 연안(Inland sea) 해양교역로를 장악하여 해상교역을 독점하고 해외 식민지를 확장하여 관리하기 위한 초기 해양전략 개념이었다. Clark G. Reynolds, *Navies in History* (Annapolis, Maryland: Naval Institute Press, 1998), p.32.

양대 세계전쟁을 승리로 이끌면서 전 세계 해양에서 해양통제가 가능한 세계 유일 강대국으로 부상함으로써 자유와 민주를 바탕으로 한 새로운 국제질서 선도를 주도하고 있다. 이를 위해 미국은 전 세계 주요 해양과 해협에 기동함대를 배치해 해양 안전과 평화 유지를 선도하고 있다.[9] 이와 같이 우리는 역사를 통해 세계 주요 강대국들이 해양전략을 채택함으로써 국가발전은 물론 국제질서 주도권을 장악하는 국가 전성기를 도래시킬 수 있었다는 것을 교훈으로 얻을 수 있다.

또한 마한 제독이 정립한 해양전략 개념은 국가가 처한 지리적 환경을 전략적으로 유리하게 활용하려는 국가대전략(grand strategy)과 연계되어 지정학적 여건만이 아닌 지경학적 여건까지 고려하는 포괄적 세계전략 차원으로 발전하였다. 즉 국가 전성기를 도래시킨 해양전략이 해당국 국가전략이기보다 오히려 국제질서 형성과 세계 경제발전을 선도하는 세계전략으로 발전하고 있었다는 것이다.[10] 이는 우리가 미국의 해양전략을 비단 미국의 국가전략으로만 인식하지 않고, 세계 평화와 번영을 지향하는 세계전략으로 인식해 미국과 긴밀한 해양협력을 하고 있는 주된 이유가 되고 있다.

특히 냉전 종식 이후 미국은 "함대-대-함대" 간 대결을 전제로 한 전통적 마한주의 해양전략보다 "전 지구적 해양파트너십(global maritime partnership)"을 전제로 한 포괄적 해양전략을 제시함으로써 새로운 국제질서를 선도하고 있다. 예를 들면, 2005년 미국이 세계 주요 해양에 산재된 다양하고 복잡한 해양위협에 대응하기 위해 전 세계 "주요해양(maritime domain)"에서의 전 지구적 해양협력 파트너십 형성을 목적으로 제시한 "1,000척 해군" 개념과 2007년 미국해군, 해병대 그리고 해양경비대가 공동으로 발표

---

9) 미국 동부 노폭에 2함대, 서부 샌디에고에 3함대와 하와이에 7함대, 바레인에 5함대, 나폴리에 6함대를 전개하였으며, 2009년에 남미에 4함대를 창설하였다.

10) Dalchoong Kim, Choon-ho Park, Seo-Hang Lee, eds., *Global Ocean Politics* (Seoul: Institute of East & West Studies, Yonsei University, 1989). 동 책자는 해양문제가 국가 차원보다 국제정치 차원에서 다루어지고 있는 "전 지구적 해양정치학(global oceanic politics)" 추세를 국내에 최초로 소개하였다.

한 "21세기 해양력 구현을 위한 협력전략"이 대표적 사례였다. 한마디로 미국은 해양전략을 비단 미국만을 위한 국가전략이 아닌, 세계 평화와 번영을 위해 전 지구적 차원에서의 전 세계 국가 간 협력을 전제로 한 세계전략으로 발전시키고 있다는 것이다. 향후 마한 제독이 제시한 해군력 건설 위주의 해양전략 개념은 그 활용 주체가 다변화되고 적용 범위가 점차 해양만이 아닌 내륙까지 확대됨으로써 이들 주체와 적용 범위 간 네트워크에 의해 상호 의존적 관계를 형성하는 "전 지구적 해양전략(global maritime strategy)" 개념으로 발전될 것으로 예측된다. 이와 같이 역사는 우리에게 해양전략을 국가발전은 물론 국제질서 흐름을 발전시킨 세계전략으로 발전하고 있음을 교훈으로 제시하고 있다.

III. 해양위협, 해양안보 그리고 해양협력

냉전 종식 이후 전 세계 국가들은 세계 주요해양에서의 협력을 강조하는 "해양안보(maritime security)"에 대한 관심을 높이고 있다. 특히 냉전 시 미국과 소련 간 해양통제 장악을 위한 대결국면이 냉전 종식 이후 그동안 잠복되었던 다양한 해양위협들이 표면화됨으로써 연안국 간 갈등 및 대결국면으로 변화되자, 각국 간 해양질서 및 안전을 보장하기 위한 해양안보에 대한 관심이 증대되고 있다.

우선 냉전 기간 동안 잠복되었던 다양한 해양위협 출현이다. 예를 들면, 밀수, 불법이민 및 인신매매 등의 해상불법 행위, 해적 행위 그리고 해양테러 등이다. 과거 정형적 군사적 대결 국면이 아닌 비전통적 양상을 보이는 이들 해양위협들은 세계화를 주도하는 해상물류 이동에 필수적인 공해상 "항해의 자유(freedom of navigation)"를 저해하는 주된 요인이 되고 있다. 예를 들면, 세계 해상무역의 1/3과 세계 원유수송의 약 80%가 통과하고 매년 약 90,000여 척의 선박이 통과하고 있는 말라카 해협 차단이 세계경제에 미치는 파급효과이다. 특히 2001년 9·11테러 이전에 발생된 2000년 10월 중동 예멘항에서 군수지원을 받던 미국해군 이지스 구축함(USS Cole)에 대한 이슬람 무장단체의 자살테러와 2002년 아덴만에서의 프랑스 유조선 림버그(Limburg)에 대한 테러행위는 해양테러 위협의 심각성을 보여주는 대표적 사례였다.

　다음으로 대부분 해양위협 주체가 비정부 조직 또는 단체들로서 국가 간 경계를 넘나들면서 해양안보를 위협하고 있어 대응이 점차 어려워지고 있다. 최근 소말리아 해적행위가 인도양과 지중해를 연결하는 아덴만에서의 항해의 자유를 제한시키고 있으나, 협상대상이 군벌 또는 지방부족으로서 근본적인 원인방안을 찾기가 쉽지 않다. 1992년부터 국제해사국 산하 해적 신고센터(IMB-PRC)가 말레이시아 쿠알라룸푸르에서 운용되고 있으나, 근본적인 대응은 어려운 실정이다.[11]

　아울러 이러한 해양위협들이 어느 한 국가의 해군력 또는 국가관할권에 의해 해결이 어려워 연안국 간 긴밀한 해양협력을 필요로 하고 있다. 예를 들면, 소말리아 해적행위가 연안과 가까운 근해가 아닌 최대 400마일까지 떨어진 공해상에서 자행되고 있어, 이를 퇴치하기 위해 미국을 비롯한 유럽 연합과 동아시아 각국의 해군력이 참가한 다자간 해양협력이 실시되고 있는 사례이다. 특히 해적퇴치를 위해 요구되는 장비와 무기체계가 과거 냉전 시 군사작전을 전제로 마련된 장비와 무기체계와 달라 어느 한 국가의 해군 력에 의해 집행되기보다 "뜻을 같이 하는 국가(like-minded nation)" 간 해양협력에 의한 대응이 효과를 나타내고 있다. 9·11테러 이후 전 세계 주요 대형 항구(megaport) 보호를 위한 "컨테이너 안보구상(CSI)"과 같은 해양협력에 전 세계 국가들이 적극적으로 참가하고 있는 것이 이를 증명하고 있다.

　마지막으로 지상자원 고갈에 따른 해양의 영토화 확장 추구로 연안국 간

---

11) 상세한 내용은 ICC International Maritime Bureau, *Piracy and Armed Robbery Against Ships: Annual Report 2008* 참조. 2008년 보고된 총 해적행위는 203건으로 아프리카에 189건, 동남아시아에 37건, 인도네시아에 28건, 인도와 스리랑카에 23건, 방글라데시에 12건, 그리고 기타 16건으로 알려져 있다.

유발된 각종 해양영유권 분쟁이 역내 주요 해상교통로 안전을 위협하고 있다. 특히 유엔해양법협약이 1994년에 발효되면서 인접 연안국들이 해양자원 확보를 미래 국가생존을 위한 현안으로 간주하여 유엔해양법협약에 대한 임의 해석과 역사적 자료를 근거로 일방적인 해양영유권을 주장함으로써 해양영유권 분쟁을 유발시키고 있다. 예를 들면, 동아시아 남중국해 남사군도에서의 중국과 아세안 국가 간 해양영유권이 한국의 원유 해상교통로와 인접되어 있어 군사적 충돌로 나타날 시 항해의 자유가 제한되지 않을까하는 우려이다.

이에 냉전 종식 이후 세계 각국은 해양에서의 공동안보(common security)를 지향하는 다자간 해양협력에 적극적으로 참가하고 있다. 먼저 전 세계 국가들이 범지구적 해양협력을 위한 제안에 적극적으로 참가하고 있다. 냉전 이후 국가이해와 경제적 필요성이 충돌하는 다양한 해양분쟁과 갈등이 표출되고 있으나, 어느 한 국가의 노력만으로 해결이 어려운 실정이다. 이에 세계 각국은 해양에서의 위기상황과 저강도 분쟁을 억제하고 예방할 수 있는 다양한 해양안보협력을 제기하고 있다.

다음으로 해양을 경쟁의 대상이기보다 협력의 대상으로 간주하고 있다. 전 세계 유일 초강대국 지위에 오른 미국이 점차 증대되고 있는 해양위협에 대응하기 위해 다양한 해양협력 방안을 발표해 전 세계 국가 해군의 참가를 유도하는 이유가 바로 여기에 있다. 특히 9·11테러와 유사한 해양테러와 같이 해양의 경제적 활용을 저해하는 다양한 비군사적 위협들이 오히려 증대되면서 지역 또는 세계 경제 차원에서의 해양협력 중요성은 더욱 부각되고 있다.[12] 이는 세계화 및 정보화에 의거 해양에서의 국가 간 대결과 경쟁

---

12) 영국 제프리 틸(Geoffrey Till) 교수는 2009년 『해양력: 21세기를 향한 지침』이라는 저서에서 21세기 해양력 발전을 위한 해양협력 추진의 중요성을 강조하였다. 틸 교수는 세계 주요 국가 간 기제기되었거나 적용되고 있는 해양협력 사례를 다음과 같이 나열하고 있으며, 이들 다자간 해양협력 이니셔티브들이 향후 세계 각국 간 해양협력을 위한 상호신뢰구축에 기여할 것으로 예측하였다. 틸 교수가 나열한 전 세계의 해양협력 방안은 International Ship and Port Facility Security(ISPS), Safety of Life at Sea(SOLAS) Convention, Suppression of Unlawful Acts against the Safety of

보다 해양을 중심으로 국가 간 협력을 형성해야 한다는 범세계적 공감대 형성에 따른 결과로 볼 수 있다.

이에 우리는 해양협력을 미래 해양력 주요 개념으로 발전시켜야 할 것이다. 특히 우리는 고대 아테네로부터 로마제국, 영국과 미국으로 계승된 자유주의, 민주주의 및 인본주의를 다자간 해양협력의 기조로 삼아 해양에서의 공동안보를 증진시켜야 할 것이다. 이를 위해 우리는 지상과 해양을 상호보완적으로 연계시키며, 전 세계 국가 간 협력적 관계를 유지하는 "포괄적 해양협력(comprehensive maritime cooperation)" 개념을 지속적으로 발전시켜야 할 것이다. 대표적 사례로 2003년 대량살상무기확산방지구상(PSI), 2005년 1,000척 해군 해양전략 그리고 2007년 21세기 해양력 구현을 위한 협력전략 등을 들 수 있다. 최근 소말리아 해적 행위가 아덴만에서의 자유로운 항해를 저해하자, 냉전 시 미국과 적대관계에 있었던 국가들조차 아덴만에서의 항해의 자유를 보장하기 위한 다자간 해양협력에 적극적으로 참가하고 있다. 지금 전 세계 각국들은 전 세계 해양에서 발생되고 있는 복잡하고 다양한 위협들에 대한 대응을 어느 한 국가만이 해결할 수 없음을 인정하고 우방국, 동맹국 또는 뜻을 같이하는 국가들 간 전 세계 해양협력 네트워크 형성을 위한 노력을 아끼지 않고 있다.

Maritime Navigation(SUA), Malacca Straits Security Initiative(MSSI), Combined Maritime Patrol Team(CMPT), Container Security Initiative(CSI), Customs-Trade Partnership against Terrorism(C-TPAT), Counter-Terrorism Action Plan(CTAP), Regional Maritime Security Initiative(RMSI), Regional Cooperation Agreement on Combating Piracy and Armed Robbery against Ships(ReCAAP), Council for Security Cooperation in the Asia Pacific(CSCAP), Proliferation Security Initiative (PSI), 1,000 Ship-Navy(TSN) and A Cooperative Strategy for 21st Century Sea Power 등이다. Geoffrey Till, Second Edition, *Seapower: A Guide for the Twenty-First Century* (London: Routledge, 2009) 참조.

제2장
▬▬

글로벌 해양 레짐과 거버넌스

봉영식(아산정책연구원)

I. 서론

일반적으로 '거버넌스(governance)' 란 어떠한 집단의 공동이익과 목표
를 실현하는 데 필요한 결정의 집행과정으로 정의할 수 있다.[1] 사회과학과
법학 분야에서 거버넌스라는 전통적으로 '통치'의 개념으로 해석되고 사
용되어 왔으나, 이러한 개념사용이 거버넌스를 국내정치에서 일어나는 정
부의 권위적 활동에만 국한시키고 있다는 문제점 때문에, 근래에 들어서는
한국어 단어로 해석함이 없이 그대로 거버넌스라는 단어를 사용하여 정치
현상뿐만 아니라 경제, 경영, 행정, IT 분야에서 일어나는 다양한 이슈들을
설명하는 데 사용되고 있다.
  이러한 개념 정의를 보다 구체적으로 다음과 같이 나누어 살펴볼 수 있

---

1) Adreas Hasenclever et al., *Theories of International Regimes* (Cambridge: Cam-
   bridge University press, 1997), p.2.

다. 첫째, 어떠한 집단을 대상으로 개념을 생각하느냐 하는 것이다. 우리가 거버넌스라고 이야기할 때 어떠한 집단을 분석의 대상으로 삼는가, 또는 그 집단의 규모가 어떠한가에 따라 기업차원의 거버넌스(corporate governance), 지방행정차원의 거버넌스(local governance), 혹은 전 지구적 문제의 해결차원에서의 거버넌스(global governance) 등 다양한 차원의 거버넌스 개념을 생각해 볼 수 있다.

둘째, 거버넌스는 결정을 집행(implementation)하는 과정이다. 여기서 우리는 누가 결정을 어떤 근거에서 집행을 하며 결정의 객체는 왜 그 결정을 수용(compliance)하는지 생각해볼 필요가 있다. 정부의 조세정책을 예로 들어보자. 결정의 주체는 정부다. 그러면 정부는 어떻게 구성되고, 무슨 권한으로 정책을 결정하고 집행하느냐 하는 문제를 생각해 볼 수 있다. 우리나라의 경우에 헌법에 규정된 대로 자유민주주의 체제하의 선거제도에 의하여 정부를 구성하고 있다. 그러한 방식으로 구성된 정부는 국민의 뜻과 이익에 부합하는 정책을 결정하고 집행할 권한을 부여받는다. 국민은 정부의 정통성을 인정하기 때문에 조세의 의무를 받아들인다. 즉 거버넌스는 정통성(legitimacy)에 기반한 집행과 수용에 관한 문제다.

세 번째로 고려할 사항은 거버넌스의 목표이다. 이는 주어진 제한적 환경에서 어떻게 집단의 공동이익을 최대화하면서 집단구성원들 간의 갈등을 최소화하느냐의 문제다. 여기서 중요한 점은 어떠한 정책을 결정하고 집행하는 것은 자의적인 것이 아니라 그 근본기준과 목표에 부합하는 제한적이고 조건적인 것이라는 점이다. 근본 목표의 실현에서 벗어난 정책의 결정과 집행은 정통성(legitimacy)을 잃게 마련이며, 그 결과 정책 결정이나 집행에 대한 저항이 증가되어 거버넌스의 질과 수준은 저하되기 마련이다.

II. 거버넌스와 글로벌 레짐: 집단행동 문제의 극복

거버넌스의 추구와 실현에서 가장 중심적인 수단은 제도(institutions)이다. 국제관계학에서 제도라는 개념은 폭넓게 사용되어지고 있으며, 레짐(regime)이라는 개념으로 대치되어 사용되기도 한다. 국제관계분석에서 사용될 때 레짐은 어떤 이슈에 관련하여 행위자들(국가, 국제기구, NGO, 비국가집단 등)의 행동의 기준이 되는 일체의 규칙, 규범가치와 체계를 일컫는다. 보통 어떠한 이슈에 관한 국제레짐이라고 할 때 그 레짐은 특정 국제기구나 국제조약에 국한된 것이 아니라 그것을 포괄하는 넓은 의미로 사용되어진다. 예를 들어, 국제무역 레짐(International trade regime)에서 세계무역기구(World Trade Organization)의 활동이 중요한 것이 사실이지만, 국제무역 레짐은 세계무역기구뿐만 아니라 세계은행(World Bank)의 활동도 포함하는 개념이다. 마찬가지로 비핵화 레짐을 비확산조약(NPT: Non-Proliferation Treaty)의 활동에 제한하여 분석하거나 세계인권 레짐을 논의할 때 앰네스티 인터내셔널(Amnesty International)에 국한하여 설명하는 것은 부적절하다.

글로벌 해양 레짐은 전 세계에 걸쳐 존재하는 해양과 해양자원의 이용과 보호, 개발에 관련하여 제반 주권국가들과 여타집단들이 상호간의 갈등과 충돌을 최소화하면서 사적 이익과 인류공영의 집단이익을 조화하는 제도적 틀(framework)이라고 할 수 있다. 이러한 글로벌 해양 레짐이 과연 어떻게 또 얼마나 국제 해양 체제의 거버넌스에 영향을 미치는가에 대하여서는 여러 가지 시각이 있다. 글로벌 해양 레짐에 대한 긍정적인 시각은 유엔해양법협약(UNCLOS: United Nations Convention on the Law of the Sea)의 성공을 부각시킨다. 1994년 11월 16일 발효된 유엔해양협약은 해양에 관한 세계헌법으로서의 권위를 자랑하고 있다. 전문 320개 조항과 9개의 부속서를 포함하는 유엔해양법협약은 1940년대 이후 새로운 해양과학기술의 도래와 연안국 관할권의 적극적인 확대로 급변하는 해양 질서의 새로운 기반을 마련했다는 평가를 받는다.[2]

그러나 부정적인 시각에서 유엔해양법협약은 국가에 대하여 실질적 구속력이 없는 '말의 성찬'에 불과하게 보일 수도 있다. 예를 들어, 해양법협약은 국가의 주권적 권리에 대하여 무수한 예외 규정을 두고 있다. 해양법협약 제297조 1항은 '연안국의 주권적 권리(sovereign right) 또는 관할권(jurisdiction) 행사와 관련하여 협약의 해석이나 적용에 관한 분쟁은 구속력 있는 결정을 수반하는 강제절차에 회부되지 않는다'는 일반적인 예외규정을 두고 있다. 아울러 해양법 협약 제298조는 몇 가지 범주에 속하는 분쟁의 해결과 관련하여 국가들은 협약에 서명, 비준, 가입할 때, 또는 그 이후 어느 때라도 일부 분쟁과 관련하여 분쟁해결절차의 일부를 배제한다는 것을 서면으로 선언할 수 있는 '적용의 선택적 예외'를 인정하고 있다.3) 이러한 유엔해양법협약의 예외규정들을 고려할 때, 과연 글로벌 해양 레짐이 국가 간의 해양 분쟁을 방지하고 원만하고 공평한 해결에 효과적으로 기여할 수 있는지에 대한 의구심을 가질 수 있다.

글로벌 해양 레짐의 유용성에 대한 논의는 국제체제가 국내체제와 달리 개별 국가들의 독립된 행동을 제약하고 통제할 중앙정부가 없는 일종의 무정부 상태(anarchy)라는 국제체제의 특성을 고려하는 데서부터 기인한다. 행정기관과 사법당국이 있는 국내정치에서 구성원들은 필히 사적 이익을 법의 테두리 안에서 추구하기 마련이고, 혹시라도 이를 어겼을 시에는 정부의 제재를 받게 된다. 그러나 국제 체제는 주권 국가 위의 상위 권위로서의 세계정부가 없는 일종의 무정부 상태이다. 따라서 주권 국가들이 어떤 행동을 하더라도 이를 제재하고 처벌할 수 있는 중앙권위가 없기 때문에, 국가들이 공공의 이익을 훼손하면서 자국의 이익을 일방적으로 추구하는 집단행동의 문제(collective action problem)가 발생하기 마련이다.4) 집단행

---

2) United Nations, Division for Ocean Affairs and the Law of the Sea, *Status of the UN Convention on the Law of the Sea,* http://www.un.org/Depts/los/convention_agreements/texts/unclos/closindx.htm (2011-1-14 검색)

3) 이석용, "유엔해양법협약상 분쟁해결제도: 국제해양법재판소를 중심으로," 『국제법학회논집』 제49권 제3호(2004), pp.63-86.

동의 문제가 해결이 되지 않는 한, 집단의 공동이익을 최대화하면서 집단구
성원들 간의 갈등을 최소화하는 거버넌스의 문제는 또한 해결되기 어렵다.

집단행동의 문제는 기본적으로 경제적 동물(homo economicus)[5]인 개인
이 최소의 비용으로 최대의 이익을 보는 가장 합리적 선택(rational choice)
을 어떻게 실현하느냐는 것인데, 이기적으로 행동하는 구성원들 모두에게
필요한 공공재를 어떤 방식으로 공급할 것인 가에 대한 문제가 있다.[6] 예를
들어, 국가들은 인류와 문명의 지속적인 발전을 위해서는 산업활동이 야기
하는 대기 오염과 수질 오염으로부터 지구의 환경을 보호하여야 한다는 점
에는 모두 공감할 것이나, 그러한 목적을 달성하기 위한 비용을 어느 국가
가 얼마나 감당할 것인가에 대해서는 의견을 달리 한다. 모든 국가가 핵무
기 없는 세상을 선호할지라도, 일단 핵을 보유한 국가는 핵무기를 자발적으
로 포기하지 않기 마련이다. 자국의 산업발전과 구성원들의 생활 수준 향상
의 기반을 희생하면서까지 전 지구적 환경보호에 노력하거나, 국가 안보와
군사적 우위를 포기하면서까지 세계 평화에 기여하는 것은 사적 이익의 극
대화라는 기준에서 볼 때 지극히 비합리적인 선택인 것이다.

이렇게 이기적인 국가들을 어떻게 공공의 이익 증대에 기여하는 방향으
로 행동하게 만들 것인가? 국제법, 국제경제, 국제 정치 분야의 학자들은
이 문제를 놓고 국제 레짐이 국가 간의 집단행동의 문제의 해결을 해소하고
글로벌 거버넌스를 증대하는 데 어떠한 역할을 할 수 있는가에 대하여 오랫
동안 다양한 의견을 개진하여 왔다. 일반적으로 국제 레짐과 글로벌 거버
넌스 간의 상관 관계를 보는 입장은 다음 세 가지가 있다.

첫 번째 시각은 현실주의(realism)적 입장으로서 레짐과 거버넌스의 관

---

4) Todd Sandler, *Global Collective Action* (Cambridge: Cambridge University Press, 2004).

5) Joseph Persky, "Retrospectives: The Ethology of Homo Economicus," *The Journal of Economic Perspectives,* Vol.9, No.2(Spring 1995), pp.221-231.

6) Joshua S. Goldstein and Jon C. Pevehouse, *International Relations,* 8th edition (New York: Pearson, 2009), pp.4-9.

계를 권력 관계(dominance)로 보는 입장이다. 이 입장은 국제 레짐을 기본적으로 국제 관계의 권력구조의 산물이며, 강대국의 의사를 반영하고 이익을 실현하는 일종의 도구로 간주한다.[7] 국제 체제는 무정부 상태이기 때문에 강대국이 사실상의 세계 정부의 역할을 맡아 이기적인 국가들 사이의 이익 추구와 분배를 권위적으로 결정할 때 글로벌 거버넌스가 확보된다고 보는 입장이다. 국제 안보를 담당하고 있는 유엔 안전보장 이사회에서 미국, 영국, 프랑스, 러시아, 중국이 5개 상임이사국으로 있으면서 중요한 사안에 비토(veto)권을 행사하는 구조는 이러한 시각을 반영한 것이라고 할 수 있다.

두 번째 시각은 국제 레짐이 상호주의(reciprocity, 相互主義)를 증대함으로써 글로벌 거버넌스에 기여한다고 보는 입장이다.[8] 레짐의 가장 중요한 기능 중의 하나는 모든 국가들에게 공동의 기준을 제공한다는 점이다. 공동의 기준이 있다는 자체가 국가들이 이기적으로 행동하는 것을 막을 수는 없지만, 어떠한 행동이 국제 체제의 공공재의 증대에 부합하는 행동이며 어떠한 공공 이익을 저해하는 행동인지 판단하는 데 투명성(transparency)을 제공하며, 따라서 글로벌 거버넌스에 기여하는 행동을 지원하고 저해하는 행동을 처벌하는 것을 보다 용이하게 할 수 있다는 입장이다.

간단한 예로 교통 신호 체계를 생각해보자. 모든 운전자들은 될 수 있는 대로 편안하게 최대한 빨리 목적지에 도달하고자 하기 마련이다. 만일 운전자들이 이러한 이기적 동기에 따라 좌충우돌 운전한다면 교통 대란과 사고를 피할 수 없다. 그러나 운전자들이 일정한 공동의 신호체계를 따르기로 약속한다면, 사고의 위험을 줄이고 안전하게 운전할 수 있을 것이다. 즉 레짐(신호체계)은 모든 구성원들에게 공통의 기준을 제공함으로써(속도위반, 신호위반, 버스 전용차선) 구성원들(운전자들)이 사적 이익(시간절

---

7) Robert Gilpin, *The Political Economy of International Relations* (Princeton: Princeton University Press, 1987).

8) Robert O. Keohane and Lisa Martin, "The Promise of Institutionalist Theory," *International Security*, Vol. 20, no. 1(1995), pp. 39-51.

약, 안전 확보)과 공공 이익(교통질서)을 조화시키는 것을 도와준다는 주장
이다.

세 번째 시각은 국제 레짐과 글로벌 거버넌스를 이익 추구의 차원이 아
니라 규범과 가치의 실현 차원에서 파악하는 입장이다. 인간은 이익뿐만이
아니라 정통성(legitimacy)도 추구하는 존재이다. 인간은 무엇이 이익이고
무엇이 손해일 것인가 하는 생각에 따라 행동하지만, 한편으로는 무엇이
옳은 행동이고 무엇이 용납되지 않는 행동인가를 판단하고 결정하는 존재
라는 것이다. 따라서 인간의 합리적 선택은 비단 이익과 손해 계산의 결과
뿐만이 아니라 일종의 규범적 준거에 의한 가치판단의 결과라는 것이다.[9]
쓰나미 피해 국가에 대한 국제 지원, 인권 유린에 대한 항의, 그리고 아프리
카 대륙의 기아와 질병에 대한 전 세계적 관심 등을 생각할 때, 국제 관계
는 단순히 권력관계와 이익추구의 법칙에 따라서 결정된다고 보기 어렵다
는 것이다. 글로벌 거버넌스는 국제 사회 구성원들이 공동체의 일원이라는
정체성(identity)을 가지고 사적 이익과 공공 이익을 구분하지 않을 때 가장
공고화된다고 주장한다.

요약하자면 글로벌 레짐과 거버넌스 간의 상관관계는 권력관계, 이익관
계 그리고 정통성에 따라 결정되는 대단히 복잡한 현상이라고 할 수 있다.
이슈에 따라서 글로벌 레짐이 국가의 행동에 미치는 영향은 어느 한 가지
요인에 의하여 전적으로 결정되기보다는 복합적으로 결정되기 마련이다.
이러한 현상은 글로벌 해양 레짐에서도 잘 나타난다. 국제 통항의 문제를
고려해보자. 연안국의 입장에서는 자국의 해양관할권 범위를 될 수 있는
대로 확대하고 싶을 것이다. 반면에 내륙국가나 해양이용도가 큰 무역국가
나 군사 강대국 입장에서 본다면 세계무역의 95% 이상을 차지하는 해양
물자교류의 안전한 해로(SLOC: sea lines of communication) 확보와 군함
의 자유로운 이동을 위한 군함의 무해통항권의 확보하고자 할 것이며, 따라

---

9) Alastair Iain Johnston, "Treating Institutions as Social environments," *Inter-national Studies Quarterly*, vol.45, no.3(2001), pp.487-516.

서 항해권을 제약할 수 있는 일체의 조치들을 반대할 것이다. 유엔해양법
협약은 이러한 국가 간의 복잡한 이해관계의 충돌의 효과적인 방지와 해결
을 위한 일반적인 원칙을 제공하고 있다. 제17조는 "모든 국가의 선박은
무해통항권을 향유"한다고 규정하고 있으며, 제19조 제1항 역시 "통항은
연안국의 평화, 공공질서 또는 안전보장을 침해하지 않는 한 무해이며, 이
러한 통항은 본 협약 및 기타 국제법에 따라 행해야 한다"고 규정하고 있
다. 제19조 2항은 연안국에 유해한 행위에 해당하는 외국선박의 통항 유형
12개를 제시하고 있다.[10]

III. 현대 글로벌 해양 레짐: 분석과 전망

현대 글로벌 해양 레짐은 각 국가의 개별적인 사적 이익의 추구를 인류
의 공공재인 해양 및 해저 자원의 보호에 도움이 되는 방향으로 인정하고
제한하는 방향으로 발전되어 왔다. 그 결과 해양질서는 '좁은 영해, 넓은
공해'라는 원칙으로부터, 해양을 연안국이 배타적 권리와 관할권을 행사할
수 있는 해역과 그 이원의 해역으로 분할하여 공해를 축소하고 연안국의
관할권은 넓히는 패러다임으로 변화하는 추세를 보여 왔다. 또한 해양 및
해저자원을 인류의 공동유산으로서 사용하고 보호한다는 원칙을 강조하여
공해와 해저자원의 공동관리(collective management)라는 개념을 처음으
로 도입하였다.[11]

구체적으로 유엔해양법협약 제76조 1항은 대륙붕을 기선으로부터 200해
리라는 거리기준에 따라, 또는 대륙단의 최측한계(outer edge of the con-

---

10) 강량 외, "국제사회 힘의 변화와 해양레짐 출현에 관한 소고: 유엔 해양법협약을 중
    심으로," *Ocean and Polar Research,* vol.2, no.3(September 2006), pp.273-285.
11) 백진현, "유엔해양법협약 체제의 평가와 전망,"『국제법학회논집』제50권 제3호(2005),
    pp.123-144.

tinental margin)라는 지질 및 지형적 기준에 따라 정의하고 있다. 국제해
저기구는 심해저에서의 해양과학조사는 평화적 목적 및 "인류전체의 이익
만을 위하여" 수행되어야 한다고 규정하고 있다. 또 협약은 국제해저기구
는 심해저 광업으로부터 발생하는 재정적 이익 및 기타 경제적 이익이 선진
국, 연안국만이 아니라, 개발도상국, 특히 최저개발국과 내륙국의 이익과
필요를 고려하여 차별없이 적절한 제도를 통하여 형평하게 배분되도록 해
야 한다고 규정하고 있다(제140조 2항).

또한 글로벌 해양 레짐은 각 국가가 국내 입법 과정에서 국제법규나 국
제기준에 맞는 해양 환경오염 방지를 위한 조치를 강구하도록 하고, 국제기
구를 통해 또는 당사자국 간 협상을 통해 통합적인 국제법규 및 기준을 만
들도록 유도한다. 대표적인 국제해양환경협약으로는 MARPOL 73/78(Inter-
national Convention for the Prevention of Pollution from Ships, 선박으
로부터의 해양오염방지협약), AFS(Anti-Fouling System Convention, 유해
방오도료규제협약), BWM(Ballast Water Management Convention, 선박
평형수협약), LC(런던 협약), OPRC(유류오염 대비, 대응 및 협력에 관한
협약) 등이 있다.[12]

영토에 근거하여 주권행사의 범위를 정하는 국제법의 기본 원칙은 글로
벌 해양 레짐에 지속적으로 적용되고 있다.[13] 따라서 육지의 일부인 섬도
당연히 연안국의 주권이 행사되는 수역을 갖게 된다. 지구상에는 대략 50
만 개 정도의 섬이 존재하는데, 총면적은 382만 평방마일로서, 이는 육지의
약 7%에 해당한다.[14] 이렇게 수많은 섬들의 영유권 문제와 수역 설정 문제
를 관련 국가들이 평화적으로 해결하는 것은 쉬운 문제가 아닐 것이다.

---

12) 이창희, "국제해양환경협약의 제정 과정에 관한 연구," 『해양환경안전학회 춘계학술
　　발표 논문』(2008), pp.5-10.
13) 이석용, "국제사법재판소의 도서영유권 및 해양경계획정 관련 분쟁해결," 『국제법학
　　회논집』 제51권 제1호(2006), pp.123-147.
14) 박찬호, "국제법상 섬과 관련된 분쟁에 관한 고찰," 『부산대학교 법학연구』 제50권
　　제2호(2009), pp.283-320.

유엔해양법협약 제121조에 의하면, 섬이란 해양에 의해 둘러싸여 있고 밀물 시에도 수면 위에 있는 자연적으로 형성된 육지 지역으로서, 육지와 마찬가지로 자체의 영해, 접속수역, 대륙붕 및 배타적 경제수역을 갖는다. 그러나 제121조 3항은 인간의 거주가 불가능하거나 독자적 경제생활의 영위가 불가능한 암석은 그러한 수역의 선포 목적에 보합되지 않으므로, 배타적 경제수역 및 대륙붕을 갖지 못한다고 규정하고 있다. 국가이익 추구차원에서 개별국가들은 저마다 다른 이유에서 자국의 영해와 배타적 경제수역을 최대 한도로 확보하려고 하게 마련이다. 그러다 보면 인접국가들 사이에서 자국의 영해와 배타적 경제수역이 겹쳐 분쟁이 생길 수 있다. 유엔해양법협약은 당사국들이 등거리 원칙(equidistance)과 형평의 원칙(equity)을 통하여 분쟁 해결을 도모할 것을 촉구하고 있다.

IV. 결론

글로벌 레짐은 국가를 대체하는 개념이 아니다. 글로벌 레짐은 국가를 대신하여 주권을 행사하는 존재가 아니라, 주권 국가가 독자적으로 내리는 결정과 다른 국가와 협상하는 과정이 모든 국가들이 공공재를 확보하는 데 기여하는 방향으로 진행되는 것을 돕는 일종의 제도적 틀, 즉 '게임의 법칙'으로 파악해야 한다. 글로벌 레짐을 해석하고 정책결정에 적용하는 것은 어디까지나 개별 국가의 주권적인 판단과 행동이다. 단지 글로벌 레짐은 특정쟁점에 대한 국가들 간에 공통으로 적용되는 특화된 규범과 규칙을 체계적으로 제시함으로써, 일방적인 일탈 행위에 대한 기회비용을 높이고 합의에 의한 평화적 분쟁해결을 도모하는 것이다. 해양 질서의 미래는 글로벌 레짐과 국가의 주권 행사 간의 상관 관계에서 지속적으로 형성되고 변화할 것이다.

제3장

국제 해양질서 체제의 진화

구민교(서울대)

I. 서론

　서양 중심의 근대 국제해양질서는 강력한 영토성(territoriality)을 중심으로 전개되어 왔다. 역사 기록에 따르면 해양을 주권국가의 배타적 관할지로 만들려는 노력은 15세기 후반부터 본격적으로 시작되었다고 한다. 예를 들어, 포르투갈과 스페인에게 선교 대상지를 정한 「교황 알렉산더 3세의 칙령」 (1493), 해양 영향권을 분할한 스페인과 포르투갈 간의 「토르데시야스 조약 (Treaty of Tordesillas)」(1494)과 「사라고사 조약(Treaty of Zaragoza)」 (1529) 등이 항행의 자유(freedom of navigation)와 해양자원의 자유로운 이용을 근간으로 하는 천년 해양제도(regime of the ocean for millennia)를 약화시키기 시작했다.[1] 유럽의 주요 열강들에 의해 1648년 「베스트팔렌

조약(Treaty of Westphalia)」이 체결되고 영토국가(territorial state)와 국가 주권불가침(non-intervention of state sovereignty)의 원칙에 기반을 둔 근대 국민국가 체제(modern nation-state system)가 확립됨에 따라 이러한 경향은 더욱 강화되었다. 논란의 여지는 있지만 자유해양론(*mare liberum*)에 기반을 둔 국제해양제도는 20세기 들어 거의 와해된 것으로 평가된다. 영해(territorial water)의 확대, 대륙붕(continental shelf)에 대한 배타적인 관할권(exclusive rights), 배타적 경제수역(exclusive economic zone)의 도입 등으로 인하여 주권국가의 주권적 관할권(sovereign rights)이 미치지 않는 지역은 공해(high seas)와 남극, 그리고 심해저(deep sea-bed)밖에 남지 않게 되었다. 20세기 이후 과학기술과 산업의 비약적인 발전에 따른 막대한 자원의 소비가 자원민족주의(resource nationalism)를 부추기면서 21세기 국제해양질서는 새로운 도전과 과제에 직면하고 있다.

오늘날 국제해양질서는 「유엔해양법협약(UNCLOS: United Nations Convention on the Law of the Sea)」상의 영해 및 배타적 경제수역 등의 경계획정 문제와 밀접한 관련을 가지며 전개되어 왔다. 1982년에 채택되어 1994년부터 발효에 들어간 동 협약은 그간 논란이 되었던 영해, 접속수역(contiguous zone), 배타적 경제수역, 대륙붕 등에 대한 법적 근거와 한계를 설정함으로써 도서 및 해양분쟁 해결의 준거를 마련하였다는 평가를 받는다. 하지만 동 협약의 등장에도 불구하고 후술하는 바와 같이 자유해양론과 폐쇄해양론 간의 논쟁에 종지부를 찍지 못하고 오히려 이를 격화시킨 측면이 있다. 무엇보다도 도서 영유권 분쟁은 여러 국가들 간에 경계획정 문제를 풀고 새로운 해양질서를 구축하는 데 큰 걸림돌이 되어 왔다. 분쟁 도서에 대한 주권(sovereignty)은 도서 주위의 배타적 경제수역과 대륙붕에 대한 주권적 관할권을 수반하기 때문이다. 특히 반폐쇄해(semi-enclosed sea)의 경우 더욱 심각한 문제가 되어 왔다. 최근 해양자원의 개발을 놓고 각국이 치열한 각축전을 벌이고 있을 뿐만 아니라 갈수록 심화되는 역내 해양오염의 초국경성(trans-boundary) 문제를 놓고 책임공방을 벌이고 있는 상황에서 경계획정 문제에 대해 합의를 하는 것은 더더욱 어려울 수밖에 없다. 영유권 문제와 배타적 경제수역 및 대륙붕 경계획정 문제는 물론, 그에 따른 주권적 관할권과 항행의 자유 및 무해통항권(right of innocent passage)과의 조화는 보다 안정적이고 생산적인 21세기 국제해양질서를 모색함에 있어 필요불가결한 요소인 것이다. 이러한 관점에서 본 장은 자유해양론과 폐쇄해양론 간의 대립이 국제적으로 타협되는 과정과 「유엔해양법협약」하에서의 해양구역과 경계획정을 둘러싼 주요 쟁점을 살펴본 후 정책적 시사점을 도출한다.

II. 자유해양론 vs. 폐쇄해양론

17세기 이후 네덜란드 법학자 휴고 그로티우스(Hugo Grotius)의 자유해양론(mare liberum)과 영국의 법학자 존 셀덴(John Selden)의 폐쇄해양론(mare clausum) 간의 오랜 논쟁 속에서 「유엔해양법협약」이 등장했다는 것은 주지의 사실이다. 1609년 *Mare Liberum*이란 저서를 출판한 그로티우스에게 있어서 바다는 너무 넓기 때문에 특정 국가나 특정 민족에 의해서만 이용될 수 없으며, 따라서 인류 공동의 자산(res communis or common property of all)으로서의 바다는 누구에게나 열려 있어야 하는 것이었다. 그로티우스의 자유해양론은 아프리카 남단의 희망봉(Cape of Good Hope)과 동인도를 잇는 항로와 무역을 독점하던 포르투갈에 대한 도전이자 북해(North Sea)에서의 어로행위의 자유(freedom of fishing)를 확보하려는 신흥 해상강국 네덜란드의 국가이익과 직결되는 것이었다. 그러나 그로티우스의 논리는 네덜란드의 또 다른 경쟁국이자 인접국인 영국의 견제를 받았다. 1636년 셀덴은 *Mare Clausum*이란 논문을 통해 영국의 근해에서 외국선박의 어로행위를 금지하는 논리를 집대성하였다. 그럼에도 불구하고 18세기까지는 자유해양론이 보다 우세하였다는 것이 일반적인 평가이다.[2] '자유해양(free sea)' 혹은 '해양의 자유(freedom of the sea)'는 두 가지 개념을 포함한다. 첫째는 바로 '항행의 자유' 이다. 유럽에서 항행의 자유에 관한 법적인 논의가 발전한 이유는 해양교역의 발전과 이를 둘러싼 주요 해양강국들 간의 패권 다툼과 밀접한 관련이 있다. 고대 그리스와 로마가 해상 교역로를 확보함으로써 패권국의 지위에 올라 수세기 동안 번영을 누렸던 것은 잘 알려진 사실이다. 우월한 해상 수송능력과 해양투사전력(maritime power projection)을 보유한 그리스 도시국가와 로마제국은 해양이 어느 특정 정치권력의 관할 대상이 아니기 때문에 해양에서 통행이 자유로워야 한다는 국제관습법 원칙을 확립하였다. 이 관행은 중세 이탈리아 도시 국가와 한자동맹(Hanseatic League)의 도시국가로 이어졌고, 절대왕정기의 해양세력이 유럽에서 패권을 차지하면서 더욱 공고해졌다.3) 앞서 언급한 바와 같이 이 관행은 17세기에 이르러 그로티우스에 의해 국제해양법으로 성문화되었다. 「유엔해양법협약」 역시 공해4) 및 배타적 경제수역5)에서의 항행의 자유와 영해6)에서의 무해통항권을 명문화하고 있다.

두 번째 요소는 해양자원의 자유로운 이용이다. 위의 그로티우스의 경우에서 언급한 바와 같이 해양이 특정국가나 집단에 의해 배타적으로 소유될 수 없다는 원칙은 누구나 해양자원을 제한이 없이 자유롭게 사용할 수 있어야 한다는 원칙으로 확대되었다. 그러나 해양에서의 자유로운 통항이 해양자원에 대한 자유로운 이용을 의미하는지에 대해서는 당대에도 큰 논란의 대상이었다. 무엇보다도 해양자원의 자유로운 이용은 해양자원이 지속될 수(sustainable) 있다는 전제하에서만 가능한 것이었다. 인류의 해양기술이 비약적으로 발달하기 전인 그로티우스 당대에 인류가 활용한 해양자원은 근해에 있는 어류 등에 불과했으며 인류의 어로활동으로 인해 어족자원이

---

2) S. P. Kim, *Maritime Delimitation and Interim Arrangements in Northeast Asia* (The Hague/London/New York: Martinus Nijhoff Publishers, 2004), pp.5-6.

3) 조동준, 전게서, 129-130쪽.

4) 유엔해양법협약 제87조.

5) 유엔해양법협약 제58조.

6) 유엔해양법협약 Part II Section 3.

고갈될 가능성은 매우 낮았다. 아울러 해저자원의 개발 가능성은 거의 없었다. 이런 시대적 상황 속에서 여러 반론에도 불구하고 모든 국가가 동등하고 자유롭게 해양자원을 개발할 수 있다는 원칙은 관습법적으로 확립되었다.[7]

대체적으로 20세기 이전까지는 자유해양론이 우세하였다. 그러나 20세기 들어 자유해양론은 과학기술의 눈부신 발달로 큰 도전을 받게 되었다. 우선 과학기술의 발달로 국가안보에 위해를 미칠 수 있는 무기체계의 사정거리가 늘어남에 따라 위협을 느낀 연안국들은 영해 개념을 만들어 자국의 육상경계와 인접한 해양을 배타적 관할지역으로 만들었다. 제2차 세계대전 이후 신생독립국이 자원민족주의를 내세우면서 해양을 주권국가가 관할하려는 노력이 우세하게 되었다. 무엇보다도 제2차 세계대전 이후 초강대국으로 등장한 미국이 대륙붕의 해저면과 하층토의 천연자원을 주장하기 위하여 1945년 트루먼 선언(Truman Proclamation)을 공포하면서 폐쇄해양론 쪽으로 무게중심이 기울게 되었다. 이러한 정세와 해저 화석자원개발에 대한 관심의 증가 속에서 UNCLOS I로 불리는 1958년 「제네바협약(Geneva Conventions)」은 영해와 접속수역, 공해, 공해의 생물자원보존과 어업, 그리고 대륙붕에 관한 기존의 국제관습법들을 종합하여 이를 보다 체계화하였다. 제네바협약은 영해와 대륙붕의 무한정 확대를 막기 위한 국제사회의 노력의 일환이었지만 국제법적으로 자유해양 또는 해양의 자유 원칙이 적용되는 해양과 그렇지 않은 해양을 명확하게 구별하는 분수령이 되었다. 궁극적으로 1994년 11월에 「유엔해양법협약」이 발효되면서 폐쇄해양론은 그 정점에 달했으며, 결과적으로 전 세계 해양에서 순수한 공해가 차지하는 비중은 크게 축소되었다.[8]

7) 조동준, 전게서, 130쪽.

8) Kim, supra note 2, p.17; J. Donaldson and A. Williams, "Understanding Maritime Jurisdictional Disputes: The East China Sea and Beyond," *Journal of International Affairs*, Vol.59, No.1(2005), p.137.

III. 「유엔해양법협약」 하의 해양구역과 경계획정

20세기 중반 이후 국제사회는 자유해양론과 폐쇄해양론 간의 갈등을 두 가지 방향으로 해결하려 하였다. 첫째, 해양을 연안국(coastal state)의 관할구역으로 인정하는 방법이다. 연안국들이 해저지형이 해상대지의 연장이라는 논리로 해양과 해저에 대한 관할권을 확대하려고 하자 유엔을 중심으로 한 국제사회는 영해, 접속수역, 그리고 배타적 경제수역, 대륙붕의 경계를 정하는 원칙에 합의하였던 것이다. 이로써 해양의 일부 지역을 연안국의 관할 아래 두는 국제해양제도가 성문법화되었다. 앞서 언급한 제네바협약의 일부로 1964년 발효된 「대륙붕 협약(Convention on the Continental Shelf」이 대표적 예이다.

둘째, 연안국의 관할에 속하지 않는 공해에서 해양자원의 이용을 허용하되, 이에 대해 일정한 규제를 가하는 것이었다. 과학기술의 발달에 따라 인류는 과거 접근할 수 없었던 멀고 깊은 바다에서 재생불가능한 자원을 본격적으로 활용할 수 있게 되었다. 그러나 재산권이 확립되지 않은 무주공해(無主空海)에서 개별행위자들의 무절제한 자원개발은 곧 '공유지의 비극(tragedy of the commons)'으로 귀결될 수밖에 없다는 인식이 확산되었다.[9] 해양 선진국들은 해양자원의 자유로운 이용을 규제하는 것을 원하지 않았던 반면, 해양자원을 이용할 수 있는 기술을 갖추지 않았던 국가들은 해양자원의 활용에 대한 규제를 선호했다. 이처럼 상반되는 이해관계는 1962년 발효된 「공해에 관한 협약(Convention on the High Seas)」, 1966년 발효된 「공해에서 어업 및 생물자원 보존에 관한 협약(Convention on Fishing and Conservation of Living Resources of the High Sea)」처럼 느슨한 자율규제만 언급하는 합의로 귀결되었다.[10]

---

9) G. Harding, "The Tragedy of the Commons," *Science,* Vol.162(1968), pp. 1243-1244.

10) 조동준, 전게서, 131쪽.

　해양국가와 내륙국가, 해양강대국과 약소국들 간에 복잡하게 얽힌 이해관계는 1990년대 중반에 들어 관련국들이 「유엔해양법협약」을 비준하기 시작하고, 그에 따른 배타적 경제수역과 대륙붕을 주장하면서 훨씬 더 복잡해졌다. 게다가 영해 및 기타 해양구역 획정의 기준으로 직선기선의 채택이 확대됨에 따라 해양 경계획정의 문제는 더욱 어려워지게 되었다.[11]

　우선 12해리 영해 외측의 수괴(water column)에 대한 주권적 권리와 대륙붕에 대한 주권적 권리를 결합한 200해리 배타적 경제수역의 도입은 「유엔해양법협약」의 가장 중요한 혁신 중의 하나였다. 이는 앞서 언급한 바와 같이 연안에 대한 통제 강화를 원하는 국가들과 최대한 넓은 공해를 확보하려는 국가들 사이의 타협의 결과였다. 「유엔해양법협약」 제57조에 의하면, 연안국들은 기선으로부터 200해리까지 배타적 경제수역을 주장할 수 있다. 이 구역 안에서 연안국은 수괴, 해저(sea floor), 해저면(seabed)에 있는 생물이나 무생물 등 천연 자원의 탐사(explore), 개발(exploit), 보존(conserve), 관리(manage)를 위해 주권과 구분되는 주권적 권리를 가진다. 연안국은 또한 배타적 경제수역 내에서 인공섬(artificial islands)의 설치 및 관리, 해양 과학조사 및 환경보호 등에 관한 관할권을 갖는다.[12] 그러나 배타적 경제수역 내에서의 항행의 자유와 상공의 비행, 해저 관선이나 전선부설 등을 제한할 수 없다.[13]

　한편 「유엔해양법협약」 제76조 1항은 대륙붕을 "영해 외측의 육지 영토

---

11) 신창현, 『한중일의 해양경계획정 문제: UN해양법협약과 신해양질서의 관점에서』(서울: 국제문제조사연구소, 1997); 김선표·홍성걸·신영태·이형기, 『유엔해양법협약 이후 새로운 공해어업질서의 법적 성격 연구』(서울: 한국해양수산개발원, 2000); C. Park, "Fishing under Troubled Waters: The Northeast Asia Fisheries Controversy," in C. Park (ed.), *East Asia and the Law of the Sea* (Seoul: Seoul National University Press, 1983a); C. Park, "The Sino-Japanese-Korean Sea Resources Controversy and the Hypothesis of a 200-mile Economic Zone," in Choon-ho Park (ed.), *East Asia and the Law of the Sea* (Seoul: Seoul National University Press, 1983b); Kim, supra note 2.

12) 유엔해양법협약 제56조 1항.

13) 유엔해양법협약 제58조 1항.

의 자연적 연장을 통하여 대륙변계의 외연까지, 또는 대륙변계의 외연이 200해리에 미달하는 경우는 영해의 폭을 측정하는 기선으로부터 200해리까지의 해저지역의 해저면 및 하층토(subsoil)"라고 정의하고 있다. 또한 대륙변계의 물리적 연장과 관계없이 국가의 관할권은 "영해의 범위를 측정하는 기선으로부터 350해리를, 혹은 수심 2,500m 등심선(iso-bath)으로부터 100해리를 초과할 수 없다."[14] 아울러 "대륙붕 탐사 및 대륙붕 내의 자원의 개발을 위한 주권적 권리"[15]라는 측면에서 연안 국가의 대륙붕에 대한 권리는 배타적 경제수역과 본질적으로 같다고 볼 수 있다. 그러나 대륙붕에 대한 권리는 "그 상부수역 또는 상공의 법적 지위에 영향을 미치지 아니 한다."[16] 한편 권리에 대한 주장(claim)을 필요로 하는 배타적 경제수역과는 달리, 대륙붕에 대한 권리 그 사실 자체로(*ipso facto*) 존재하므로 따로 권한을 주장할 필요가 없다.[17]

「유엔해양법협약」에 따르면 해양경계는 두 가지 종류의 기선으로 측정될 수 있다. 동 협약 제5조는 "본 협약에 달리 규정된 경우를 제외하고, 영해의 폭을 측정하기 위한 통상기선(normal baseline)은 연안국에 의하여 공인된 대축척해도에 표시되어 있는 해안의 저조선(low-water line)으로 한다"라고 규정하고 있다. 그러나 "해안선이 깊이 굴곡하고 만입한(deeply indented and cut into) 지역, 근해 지역에 일련의 도서가 산재한" 국가는 "해안의 일반적 형태로부터 현저히 이탈하지 않는(not depart to any appreciable extent from the general direction of the coast)" 적절한 지점을 연결하는 '직선기선(straight baselines)'을 적용하도록 하고 있다.[18] 이러한 지침에도 불구하고, 직선기선에 대한 규정은 여전히 모호한 실정이며, 때문에 기본적 조건이 충족되지 않은 국가들까지도 무리하게 직선기선을 채택하고 있다.

---

14) 유엔해양법협약 제76조 5항.
15) 유엔해양법협약 제77조 1항.
16) 유엔해양법협약 제78조 1항.
17) 유엔해양법협약 제77조 3항.
18) 유엔해양법협약 제7조 1항과 3항.

또한 「유엔해양법협약」이 등장하는 과정에서 '등거리(equidistance)' 원칙과 '형평한(equitable)' 원칙 간에 많은 논란이 있었다. 결국 「유엔해양법협약」은 해양 경계획정에 있어 어떤 가이드라인도 제시하지 않은 채, 그러한 원칙들에 대한 명백한 언급조차 피하게 된 것이다. 「유엔해양법협약」 제15조에 따르면 "역사적 권원이나 그 밖의 특별한 사정(historic title or other special circumstances)"이 없는 한 연안국들 간의 해양경계는 "각국의 영해 기선상의 가장 가까운 점으로부터 등거리에 있는 모든 점을 연결한 중간선"을 따라야 한다. 그러나 이러한 등거리 원칙은 12해리 영해 규정에만 적용 가능하다. 배타적 경제수역과 대륙붕을 각각 정의한 제74조와 제83조는 등거리선에 대한 언급을 전혀 하지 않고 있다. 대신에 '형평한 해결책(equitable solution)'을 찾기 위한 국제사법재판소규정 제38조에 언급된 바에 따른 "국제법에 기초한 상호간의 합의에 의하여 경계획정이 유효하게 된다"라고 규정하고 있을 뿐이다. 이 규정은 해양 경계획정에 관해 중간선 원칙을 천명한 1958년 제네바협약 제6조로부터의 중대한 변화라 할 수 있다.[19] 그러나 「유엔해양법협약」은 해양 경계획정의 형평해결의 원칙을 구성하는 요소가 구체적으로 무엇인가에 대해서는 침묵하고 있다.

---

19) 제네바협약 이후 등거리선이 공평한 해양 경계획정에 적합하지 않다는 것을 증명하는 많은 사례들이 있었다. 특히 1969년 북해 대륙붕 사례에서 국제사법재판소는 해안선으로부터 그려진 등거리선이 적용되면 네덜란드, 서독, 덴마크의 오목한 천연 해안이 서독에게 지나치게 작은 해양 공간 밖에 허용하지 않는 점을 지적하였다. 이뿐만 아니라 다른 사례에서 국제사법재판소는 역사, 지리, 문화 등의 특별한 상황이 적절히 고려되지 않는다면 정확한 등거리선은 해양 경계획정을 왜곡하는 효과를 가질 수 있다고 판시했다(Donaldson and Williams, *supra* note 8, p.142).

IV. 결론

16세기~17세기를 거치면서 유럽에서 먼저 근대국민국가 체제가 확립된 이후 주권국가의 배타적 관할권은 육지에서 시작하여 해양으로 점차 확대되어왔다. 「유엔해양법협약」으로 대표되는 현대 국제 해양질서 체제는 자유해양론과 폐쇄해양론 간의 대립과 타협 속에서 형성되었다. 여기에는 해양의 자유와 자원의 공동이용이라는 국제법적인 이상주의와 함께 해양국가와 내륙국가, 해양강대국과 약소국들 간의 복잡한 이해관계가 얽힌 현실주의적 경향도 내포되어 있다. 오늘날 남극, 심해저, 공해만이 지구에서 주권국가의 배타적 관할권이 미치지 않는 지역으로 남게 되었다.

21세기의 국제 해양질서는 여전히 자유해양론과 폐쇄해양론 간의 합리적인 균형과 타협을 모색하는 과정에 있다고 해도 과언이 아니다. 이와 관련하여 1967년 몰타가 심해저를 인류공동의 유산으로 규정하고 공동으로 관리하자는 제안을 한 후, 국제사회는 심해저 관리방안을 두고 치열한 논쟁을 벌였던 사례는 중요한 시사점을 준다. 동 사례에서 심해저의 자원을 개발할 수 있는 능력을 가진 해양 선진국과 영해 개념을 확장시키는 것이 유리한 긴 해안선을 가진 연안국 등은 몰타의 제안에 대해 반대하였다. 반면, 해저 광물을 채취할 기술적·경제적 능력을 갖추지 못한 국가와 육지로 둘러싸인 국가는 몰타의 제안을 환영하였다. 심해저의 광물자원을 둘러싼 논쟁과 협상은 1982년 「유엔해양법협약」으로 종결되었는데, 심해저 자원과 직접적 이해관계를 가진 소수 국가의 이익이 국제해저기구(International Seabed Authority)의 창설에 상대적으로 많이 투영되었다.[20]

아울러 국제해양 문제는 세계화의 확산, 정보통신기술의 혁명 등에 따라 순수한 양자간 문제가 아닌 다자간 문제로 진화하고 있다. 해양 문제의 이러한 특성 때문에 여러 국가들은 해양 경계획정, 자원의 관리, 그리고 해양

---

20) 조동준, 전게서, 128-129쪽. ICA는 주권국가의 관할권이 미치지 않는 해저에서 자원 채취를 포함한 모든 활동을 규율하는 행위자로 1994년에 출범했다.

환경보호를 위해 「유엔해양법협약」과 같은 전 지구적인 규범 외에도 지역 수준의 규범과 조직을 만들어왔다. 이들 중 일부는 국제연합과 같은 보편적인 국제기구의 산하에 운영되는 것도 있고, 다른 일부는 특정 지역 내에서만 독립적으로 운영되는 것도 있다. 이러한 지역기구들이 다루는 이슈들은 생물/무생물 자원관리, 과학적 탐사, 해양운송, 군사활동, 환경보호는 물론 지역 경제협력을 포괄하는 방향으로 확대되고 있다.[21] 21세기의 국제 해양질서는 계속 진화하고 있는 것이다.

---

21) P. Saunders, "Maritime Regional Cooperation: Theory and Principles," in Mark J. Valencia (ed.), *Maritime Regime Building: Lessons Learned and Their Relevance for Northeast Asia* (The Hague/London/New York: Martinus Nijhoff Publishers, 2001), pp.3-4.

제2부

해양안보와 해상안전

제4장

해적(海賊)

김동욱(해군작전사령부)

I. 서론

2011년 1월 21일 소말리아 해적을 퇴치하기 위해 파병된 청해부대는 기습작전을 통해 해적에게 피랍된 삼호주얼리호(M/V Samho Jewelry)를 구출하는 데 성공하였다. '아덴만 여명작전'으로 명명된 이 군사작전은 해적 13명 중 8명 사살,[1] 5명 체포와 승선 선원 21명을 모두 구출한 세계적으로 유래를 찾아보기 힘든 완벽한 작전이었다. 반면 2010년 4월 소말리아 해적에게 피랍된 유조선 삼호드림호(M/V Samho Dream) 석방에는 몸값으로 미화 950만 달러(한화 약 105억 원)를 지불하기도 하였다. 당시 삼호드림호는 1억 7천만 달러(한화 1,880억 원) 상당의 원유를 적재하고 이라크를 출발하여 미국으로 항해 중 인도양에서 소말리아 해적에게 피랍되었다.

소말리아 해적으로 피해가 급증하자 선사(船社)들은 자구책의 일환으로

---

[1] 사살한 해적의 사체(死體)는 인도주의적인 차원에서 소말리아 정부에 인도(引渡)되었다.

용병(用兵)을 고용하기도 하며, 최근에는 침입한 해적으로부터 피해 숨어 지낼 수 있는 방탄피난처(citadel) 설치를 필수화하는 것으로 입법화하려는 움직임도 일고 있다.[2] 방탄피난처에는 식수, 비상식량, 통신장치, 엔진 비상정지장치, 화장실을 설치되어 구조될 때까지 선원들의 안전 확보에 기여한다.

해골(骸骨) 마크가 그려진 모자에 현란하게 장식된 기다란 선장 코트는 해적의 전형적인 모습이다. 이러한 해적의 현대적 이미지는 전형적인 할리우드 모델에 바탕을 두고 있다.[3]

최초의 해적은 해상무역이 발생하던 기원전 14세기경부터 지중해에서 활동하던 루카(Lukka)라고 불리던 바다의 강도라고 전해진다.[4] 해적은 사략선(私掠船, privateering) 선원 또는 상선(商船) 선원 경력을 갖고 있는 경우가 많았는데 18세기 초반 해적들의 외모는 일반 선원의 외모와 다를 바가 없었다.[5] 심지어 18세기 초반의 해군 수병들도 특별한 제복이 없었는데 이는 사략선과 상선의 선원과 해적, 해군이 결국 한 뿌리에서 출발하고 있음을 보여주고 있다.

먼 옛적에는 해상을 왕래하는 상인이 종종 다른 상인을 약탈하는 해적으로 쉽게 변신하여 해적은 해상 상인(商人)의 또 다른 모습이었다.[6] 평시에는 사략선으로서 정부가 사략허가증을 발급하여 국가에서 공식적으로 약탈행위를 인정하여 선주, 선원, 정부가 일정비율로 약탈품을 배분하였고, 전시에는 해군력으로 이용하였다. 사략선은 영국, 네덜란드, 프랑스, 미국 등 해양강대국이 왕성하게 운영하여 당시 대항해(大航海) 시대를 구가하던 스

---

2) 방탄피난처 설치는 국제항행선박 소유자의 임의로 설치되었지만, 최근 소말리아 해적의 기승으로 그 피해를 막기 위한 방안의 일환으로 「국제항해선박 및 항만시설의 보안에 관한 일부개정법률안」(2011년 1월 24일)이 발의되었다. 동 개정안에 따르면 '방탄피난처'의 설치가 의무화된다.

3) Angus Konstam(이종인 역), 『해적의 역사』(서울: 도서출판 가람기획, 2002), p.274.

4) *Ibid.*, p.28.

5) *Ibid.*, p.274.

6) 靑木榮一(최재수 역), 『시 파워의 세계사』(서울: 한국해사문제연구소, 1995), p.34.

페인과 포르투갈에 엄청난 피해를 입혔고 급기야 해상에서의 패권이 영국을 거쳐 미국으로 넘어가게 되었다. 이렇듯 해적, 사략선, 해군은 역사를 통해볼 때 매우 밀접한 관계를 유지하면서 발전해 나갔다. 이러한 사략선은 1856년 파리선언[7]에 의해 완전히 폐지되면서 해적은 사라졌지만 최근 들어서 말라카 해협, 아프리카 동·서안, 인도양, 소말리아 아덴만 등 여러 지역에서 해적이 창궐하고 있다.

아시아 지역의 경우 2006년에 설립된 '아시아해적퇴치정보공유센터 (ReCAAP ISO)'[8]의 활동으로 해적행위가 2003년에 170건에 이르던 것이 2007년 70건, 2008년에는 54건, 2009년에는 45건으로 급격히 감소하였다.[9] 아시아 지역은 내륙(內陸)에 해적의 본거지가 없어 연안국 해군이 이를 소탕하기 쉽지만 소말리아 해적은 내륙 본거지로 들어가기 때문에 소탕이 어렵다.[10] 최근 아프리카 지역에도 해적퇴치를 위한 정보공유센터 설립을 하자는 의견도 대두되고 있다.

II. 해적의 정의

사람과 신체, 재산에 대한 살인이나 폭행, 약탈 행위들을 해적죄(海賊罪)로 규정하고 엄중히 처벌하는 국제법과 달리 우리나라 형법(刑法)에서는 해적행위 처벌에 대한 명확한 규정이 없어 해상강도죄로 의율하고 있기 때문에 일본(日本)의 경우와 같이 해적과 관련한 특별법을 제정할 필요가 있다.

---

7) Declaration Respecting Maritime Law, 1856년 4월 16일 서명 및 발효, *reprinted in* AJIL, vol.1(1907), supplement, pp.89-90.

8) Regional Cooperation Agreement on Combating Piracy and Armed Robbery against Ships in Asia (Information Sharing Centre). 동 협약은 2006년 발효되었고 대한민국은 2006년 4월 7일 비준하였다.

9) 『세계일보』(2010년 7월 20일) 8면.

10) *Ibid.*

1. 국제법

1) 유엔해양법협약

1982년 유엔해양법협약(The United Nations Convention on the Law of the Sea) 제101조(해적행위의 정의)는 해적 행위를 다음과 같이 규정하고 있다:

해적행위(海賊行爲)라 함은 다음 행위를 말한다.

(a) 민간선박 또는 민간항공기의 승무원, 또는 승객에 대하여 사적 목적(private ends)으로 다음에 대하여 범행된 불법적 폭력, 억류, 또는 강탈 행위:

    (i) 공해상 다른 선박, 항공기, 또는 그 선박이나 항공기 내의 사람이나 재산

    (ii) 어느 국가의 관할권 밖에 있는 선박, 항공기, 사람 또는 재산

(b) 어느 선박 또는 항공기가 해적선 또는 해적항공기라는 사실을 알고서도 그러한 활동에 자발적으로 참여하는 모든 행위

(c) (a)와 (b)에 규정된 행위를 교사하거나 고의적으로 방조하는 모든 행위

위 규정을 간단히 말하자면, 공해(公海)상 또는 국가관할권 밖의 지역에서 '민간 선박이나 민간 항공기에 있는 자(two-vessels requirement)'가 '사적 목적(私的 目的, private ends)'으로 '다른 선박이나 항공기'에 대하여 선박이나 항공기 또는 그 선박이나 항공기 내의 사람이나 재산에 대하여 불법적 폭력행위, 억류 또는 약탈행위가 있어야 해적행위가 인정된다. 그러나 소말리아 해적의 경우와 같이, 오늘날 발생하는 해적은 개별 국가의 관할권만이 미치는 정박지가 위치한 내수(內水), 영해(領海), 군도수역(群島水域) 등에서도 자주 발생하고 있기 때문에 유엔해양법협약이 규정하고 있는 해적행위에 대한 정의로는 해적 규제에 한계(限界)가 있다. 또한 유엔해

양법협약의 규정에 따르면 자기가 탑승한 선박이나 항공기를 약탈하거나 적재된 화물을 강탈할 경우 해적행위로 인정할 수 없다는 결론에 도달한다.

이에 반해 국제해사국(IMB: International Maritime Bureau)은 보다 넓게 해적을 정의하고 있다. "해적행위라 함은 절도 또는 기타 범죄행위를 의도하고 자신의 행동을 실행하기 위하여 무력의 사용을 의도하거나 무력을 갖추고 다른 선박에 승선하는 행위"로 정의하고 있다.[11] 국제해사국의 정의에 따르면 이른바 전통적인 'two-vessels requirement' 요건이 결여되어도 해적행위가 성립한다.

국제해사기구(IMO: International Maritime Organization)도 해적이 주로 항구 정박지 등 내수에서 발생하는 것을 고려하여 유엔해양법협약의 '해적행위'와는 별도로 '해상 무장강도'를 규정하고 있다. "해적행위(piracy)란 1982년 유엔해양법협약 제101조에서 정의하는 불법행위를 의미하고, 선박에 대한 무장강도(armed robbery against ships)란 한 나라의 관할권이 미치는 범위 내에서의 폭력, 감금, 약탈 또는 위협의 불법적 행위를 의미한다"고 정의하고 있다.[12]

또한 2004년 채택된 「아시아에서의 해적행위 및 선박에 대한 무장강도 행위 퇴치에 관한 지역협력협정(ReCAAP)」도 유엔해양법협약의 해적행위와는 별도로 무장강도를 규정하고 있다.[13]

---

11) Peter Chalk, *The Maritime Dimension of International security* (RAND, 2008), p.3.
12) Draft Code Practice for the Investigation of the Crimes of Piracy and Armed Robbery against Ships(annexed to MSC/Circ.984 2000), p.1.
   2.1 **"Piracy"** means unlawful acts as defined in Article 101 of the UNCLOS
   2.2 **"Armed Robbery"** means any unlawful act of violence or detention or any act of depredation, or threat thereof, other than an act of 'piracy', directed against a ship or against persons or property on board such a ship, within a State's jurisdiction over such offences.
13) 2008 Annual Research Report(ReCAAP), p.4.
   동 협정의 **주요 내용**으로서는 ① 당사국간 정보공유와 협력증진을 위한 정보공유센터(싱가포르 소재) 설치, ② 해적선박에 대한 무장강도와 이에 사용된 선박 또는 항공기, 피해선박 등의 탐지·체포·나포를 위한 당사국간 협력, ③ 자국 법령에 따라 해적

결과적으로 유엔해양법협약의 '해적행위에 대한 정의' 는 오늘날 항구를 포함한 내수, 영해 내의 지역에서 해적행위가 주로 발생하는 현실적 측면을 제대로 규범력을 발휘하고 있지 못하지만, 국제사회는 별도로 '해상 무장강도' 라는 개념을 도입하여 정의함으로써 해적퇴치를 위한 노력을 경주하고 있다.

한편 모든 국가는 공해(公海) 또는 국가관할권 밖의 어떠한 곳에서라도 해적선·해적항공기 또는 해적행위에 의하여 탈취되어 해적의 지배하에 있는 선박과 항공기를 나포하고, 그 선박과 항공기 내에 있는 사람을 체포하고 재산을 압수할 수 있다. 나포를 행한 국가의 법원은 부과될 형벌을 결정하며 선의의 제3자의 권리를 존중할 것을 조건으로 그 선박·항공기 또는 재산에 대하여 취할 조치를 결정할 수 있다.[14]

해적행위를 이유로 나포할 수 있는 선박과 항공기는 군함(軍艦)·군용항공기 또는 정부업무를 수행 중인 것으로 명백히 표시되고 식별이 가능하며 그러한 권한이 부여된 선박이나 항공기에 국한된다.[15]

2) 1988년 항해의 안전에 대한 불법행위의 억제를 위한 협약

1985년 *Achille Lauro*호 사건[16] 이후 채택된 1988년 「항해의 안전에 대

행위 및 선박에 대한 무장강도 행위 관련 범죄인 인도 및 형사사법 공조를 위한 당사국간 협력에 대하여 규정하고 있다.

동 협약 제1조 제2항은 유엔해양법협약이 규정하고 있는 해적(공해상에서 사적인 목적으로 행하는 범죄)에 한정하지 않고 관할국의 영해 등 관할수역에서 발생하는 무장강도 행위를 함께 규율하고 있다는 점에서 의의가 크다. 김동욱, 『한반도 안보와 국제법』(서울: 한국학술정보, 2010), p.139.

14) 유엔해양법협약 제105조.

15) 유엔해양법협약 제107호.

16) 1985년 10월 7일 동료 테러리스트의 석방을 위한 해상 테러리즘 사건으로 전 세계적으로 커다란 파장을 일으켰다. 팔레스타인 해방전선(PLF: Palestine Liberation Front) 소속 테러리스트들이 지중해에서 이탈리아 국적의 여객선 Achille Lauro호를 납치하여 승객과 승무원을 인질로 삼아 이스라엘에 구금된 동료 팔레스타인 테러리스트들의 석방을 요구했다. 납치범들은 범행 과정에서 불구자인 미국 국적의 유태인 레온 클링호퍼(Leon Klinghoffer)를 살해하여 바다에 던져버리는 잔인함을 보였다. 이들

한 불법행위의 억제를 위한 협약17)」은 '해상테러(maritime terrorism)'를 포함하여 해상에서 발생하는 포괄적 형태의 불법행위를 규제하고 있다. 동 협약은 불법적·고의적으로 무력 또는 무력적 위협이나 그 밖의 협박에 의 하여 선박을 억류·통제하는 행위, 선박의 안전한 항해를 위협할 수 있는 행위 로서 선상의 사람에 대하여 폭력을 행사하는 것을 금지하고 있다(제3조).

또한 각 당사국은 제3조에 규정된 범죄가 다음 각목의 경우와 같이 발생 하는 때에는 그 범죄에 대한 재판관할권의 확립을 위하여 필요한 조치를 행한다(제6조).

　가. 자국(自國)의 국기를 게양한 선박에 대하여 또는 동 선박에서 발생하 　　　는 경우

　나. 영해를 포함하여 자국(自國)의 영역 안에서 발생하는 경우

　다. 자국민(自國民)에 의하여 발생하는 경우

우리나라는 1988년 SUA협약을 2003년에 비준하고 동 협약의 국내적 이 행을 위해 같은 해 「선박 및 해상구조물에 대한 위해행위의 처벌 등에 관한 법률18)」을 공포하였다.

동안이나 계속된 협상 과정에서 그들의 목적을 달성할 수 없다고 판단한 테러리스트 들은 이집트로 무사히 빠져나갈 수 있도록 협조한다는 조건으로 이탈리아 당국에 투 항했다. 한편, 미국인 클링호퍼가 잔인하게 살해되었다는 사실이 알려지자, 레이건 미국 대통령은 이집트 정부에게 납치범들의 인도를 요청했다. 이에 무바라크 이집트 대통령은 납치범들이 이미 이집트 영토를 떠나 팔레스타인 해방기구(PLO)의 보호 하에 있다고 발표했다. 그러나 1985년 10월 10일 이집트 항공기를 이용해 PLO본부 가 있는 튀니지로 납치범들이 빠져나갈 것이라는 정보를 입수한 미국은 공군 전투기 를 동원해 이탈리아에 있는 북대서양조약기구(NATO)군 비행장에 납치범들을 태운 항공기를 강제로 착륙시켰다. 미국은 납치범들의 처벌을 위해 인도를 요청했으나 이 탈리아 정부는 미국의 요구를 거절했다. 이탈리아 정부는 Achille Lauro 호로 납치 사건을 주도한 아불 아바스(Abul Abbas)를 석방했고, 아바스는 로마를 거쳐 유고슬 로비아로 도망쳤다. 나머지 세 명의 납치범들은 재판을 받고 4~6년의 징역을 선고받 았다.

17) Convention for the Suppression of Unlawful Acts against the Safety of Maritime Navigation(통상 1988년 'SUA 협약'이라고 부른다). 대한민국 2003년 08월 12일 발효(조약 제1645호).

동 법 제3조(외국인에 대한 적용 범위)는 ① 대한민국 영역 외에서 대한 민국 선박에 대하여 폭행·협박·상해·살인·선박납치·손괴·등의 죄를 범한 외국인, ② 대한민국 영역 외에서 대한민국 대륙붕상의 해상구조물에 대하여 또는 해상구조물에서 제5조 내지 제13조의 죄를 범한 외국인, ③ 위 죄를 범하고 대한민국 영역 안에 있는 외국인을 처벌할 수 있도록 규정하고 있다.

2. 국내법

우리나라 형법 제340조(해상강도죄)에 따르면 "다중(多衆)의 위력으로 해상에서 선박을 강취하거나 선박 내에 침입하여 타인의 재물을 강취한 자는 무기징역 또는 7년 이상의 징역에 처하며, 미수범도 처벌한다"고 규정하고 있다. '해상강도죄(海上強盜罪)'는 특수강도의 일종으로 단순강도에 비해 위법성이 가중된 불법가중 구성요건이다. 해상강도는 다중의 결합을 요건으로 하고 있는 점에서 육상강도인 특수강도와 유사하지만 장소 및 양태의 특수성으로 인해 위험성이 더 크기 때문에 가중 처벌한다.

우리 형법은 대한민국 영역 외에 있는 대한민국의 선박 또는 항공기 내에서 죄를 범한 외국인에게도 적용될 수 있다.[19] 속지주의(屬地主義)의 일종인 기국주의(旗國主義)에 따라 우리나라 형법 제340조(해상강도죄)에서

---

18) 법률 제6880호, 동 법률은 선박 및 해상구조물에 대한 안전한 보호와 국제테러에 대한 근본적인 방지를 목적으로 "항해의 안전에 대한 불법행위의 억제를 위한 협약" 및 "대륙붕상에 소재한 고정플랫폼의 안전에 대한 불법행위의 억제를 위한 의정서"의 국내이행을 위하여, 대한민국 영역 외에서 발생한 대한민국 선박 및 해상구조물에 대한 위해행위를 한 외국인도 처벌할 수 있도록 관할권을 확대하고, 위해행위를 한 것으로 의심되는 범죄인의 인도절차 및 위해행위의 구체적인 내용을 정하려는 것이다.

19) 기국주의(旗國主義)를 채택한 것이다. 대한민국 영역 외란 공해와 영해·영공을 포함한다. 이재상, 『형법총론』(서울: 박영사, 2000), p.41.

언급하고 있는 '해상(海上)'이란 공해와 대한민국 영해·영공을 포함한다. 따라서 대한민국의 선박 내에서 해적행위(미수범 포함)를 한 외국인에게 우리나라 형법(刑法)이 적용되므로 구금 및 형사 처분을 할 수 있다.

한편 공해(公海) 상 또는 다른 국가의 관할 해역에서 '민간선박이나 민간 항공기에 있는 자'가 '사적 목적(私的 目的)'을 갖지 않고 '다른 선박이나 항공기'에 대하여 선박이나 항공기 또는 그 선박이나 항공기 내의 사람이나 재산에 대하여 불법적 폭력행위, 억류 또는 약탈행위를 행사할 경우 「선박 및 해상구조물에 대한 위해행위의 처벌 등에 관한 법률」에 따라 처벌이 가능하다.

III. 소말리아 해적의 경우

1. 특징과 동기

소말리아는 실패한 국가로서 과도정부(TFG: Somali Transitional Federal Government)에 의해 겨우 지탱이 되고 있다. 소말리아 해적은 대부분 1991년 시아드 바(Siad Barre) 대통령 실각 이후 정국의 주도권을 잡으려는 군벌(軍閥)들의 전사출신으로 무기취급이 능숙하고 선박에 올라타는 연습을 끊임없이 하여 아덴만을 지나는 선박들에게 커다란 위협을 주고 있다.[20] 소말리아 해적의 주된 동기는 '돈'으로 일부 해적은 군벌과 연결되어 있고 부패한 공무원과 결탁하여 무기를 밀수입하고 있다.[21] 소말리아

---

20) "Who are Somalia's pirates?" www.csmonitor.com/2008/1120/p25s22-woaf.html(2010-7-22 검색).

21) *Ibid.*

해적은 다른 지역의 이른바 '생계형 해적'과 달리 하나의 직업 내지는 비즈니스의 한 영역으로 자리 잡고 있는 '기업형 해적'의 형태를 보이며 날로 조직화 및 흉포화하고 있다.

2. 유엔의 대응

소말리아 해적으로 인한 피해가 커지자 유엔안전보장이사회는 결의안을 채택하여 회원국이 군함을 파견하여 해적퇴치 운동에 앞장설 것을 유도하고, 해적에 대한 추적권(追跡權)을 행사함에 있어서 장애(障碍)가 되는 법적 요소들을 사전에 제거함으로써 원활한 해적퇴치 작전을 벌이고 있다. 아울러 안보리는 '해적' 및 '해상 무장강도'를 처벌하도록 국내법을 정비와 처벌을 위한 물리적·절차적 체계를 완비하도록 회원국에 요청하였다.

소말리아 해적 퇴치를 위한 유엔안전보장이사회 결의안의 내용을 정리하면 다음과 같다.

안보리 결의(채택일자)	주요 내용
결의 제1816호('08.6.2)	소말리아 영해진입을 2008년 6월 2일부터 6개월간 허용
결의 제1838호('08.10.7)	회원국들에게 해군함정과 군용항공기 파견을 요청
결의 제1846호('08.12.2)	소말리아 영해 진입 1년 연장
결의 제1851호('08.12.16)	소말리아 내륙까지 추적 허용
결의 제1897호('09.11.30)	소말리아 영해 진입 및 관련조치 1년 연장
결의 제1918호('10.4.27)	해적 및 해상무장강도 처벌에 관한 국내법 정비요청

3. 대책

말라카(malacca) 해협 등 동아시아 해역에서의 해적활동은 점차 줄어들고 있다. 아시아 지역 국가들은 말라카 해협 통항에 관해 깊은 이해관계를 갖고 있어 해적 소탕에 대한 의지(意志)가 강한 편이다. 이러한 의지는 2006년 '아시아해적퇴치정보공유센터(ReCAAP ISO)'의 창설에 밑거름이 되었고 해적행위가 2003년에 170건에 이르던 것이 2007년 70건, 2008년에는 54건, 2009년에는 45건으로 급격히 감소시켰다. 이 지역에서 해적이 출현하면 센터를 통해 17개 회원국으로 즉시 통보되어 주변국의 해경과 해군이 추적해 소탕작전에 임하게 된다.[22] 이러한 유기적(有機的)인 작전을 통해 해적을 효율적으로 퇴치하고 있는 것이다.

아시아 지역과는 달리 아프리카 연안 국가들은 해적퇴치의 동기(動機)가 약한 편이다. 따라서 아프리카 지역에 '아시아 해적퇴치 센터'와 같은 조직을 만드는 것은 쉬운 과제가 아니다.[23] 특히 케냐, 탄자니아, 예멘 등 인근 국가들에게 해적은 즉각적인 위협이 아니다. 아덴만 해역을 지나는 선박들은 주로 중국, 일본, 한국과 미국 유럽국가 들의 선박이 대부분이다. 따라서 장기적인 계획을 가지고 이 지역에 조직과 시설을 갖추고 해적퇴치 훈련을 독려할 수밖에 없다.[24]

소말리아 해적의 근본원인은 국가의 붕괴에서 비롯된 치안 부재(不在)와 열악한 경제사정 등 내부적인 요인이 크기 때문에 다국적 해군의 활동으로 인한 근본적인 해적퇴치에는 한계가 있다. 따라서 국가재건을 위한 국제협력과 함께 지역협력협정 체결 등 종합적인 대책(對策)이 요구된다. 유엔안 전보장이사회 결의 제1851호도 '지역 센터' 설립을 권고하고 있다.[25]

---

22) 『세계일보』(2010년 7월 19일) 8면.
23) ReCAAP은 아프리카 동부 해안 국가들이 정보센터를 설립하는 데 기여하고 있다. *Ibid.*
24) 『세계일보』(2010년 7월 20일) 8면.
25) UNSC/1851, para.5.

IV. 결론

해적은 공해(公海)상 해상안전을 저해한다는 점에서 '인류공동(人類共同)의 적(敵)'으로 규정되어 모든 국가가 이를 규제할 수 있는 보편적 관할권이 행사되는 범죄이다. 최근 발생하고 있는 해적행위는 주로 항구 등 내수, 영해 등 연안국의 관할권이 행사되는 지역에서 발생하고 있기에 유엔해양법상의 규정은 이러한 '해적'의 소탕에 더 이상 적합하지 않다. 국제사회는 이러한 문제점을 인식하여 국제해사기구(IMO) 등 국제기구를 통해 영해 내의 해적 처벌을 위해 배전의 노력을 기울이고 있다. 향후 궁극적으로는 유엔해양법협약의 개정을 통해 법적인 문제점이 개선(改善)될 것이다.

아프리카 아덴만 해역의 소말리아 해적으로 인한 피해가 커지자 급기야 유엔안전보장이사회는 회원국으로 하여금 군함과 항공기를 파견하여 해적 퇴치를 요구하여 소말리아 영해 및 내륙에 대한 추적권까지 허용할 정도로 적극적인 자세를 견지하였다. 이러한 요청에 부응하여 많은 국가들이 군함과 항공기를 파견하여 해적퇴치 활동에 종사하고 있다. 예컨대, 연합해군구성군사령부를 중심으로 미국·영국·독일·프랑스·대한민국 등 22개국이 참여 중이며, 북대서양조약기구(NATO)의 경우도 6개 국가에서 함정 7척을 파견하였고, EU도 해상전투단을 파견하였다. 우리나라는 구축함(DDH) 1척을 파견하여 국적선박 호송업무에 종사 중이며 연합해군구성군사령부 예하의 아덴만 해역의 해적 퇴치를 주 임무로 하는 CTF-151 기함(旗艦) 업무를 수행하기도 하였다. 중국, 일본 등 일부국가들은 연합해군구성군사령부와는 독자적인 국가별 임무(national tasking)를 수행하고 있지만 연합해군구성군사령부와 정보교환 등 긴밀한 관계를 유지하고 있다.

2006년 '아시아해적퇴치정보공유센터(ReCAAP ISO)'의 창설 이후 동아시아 지역의 해적이 급격히 감소하였다. 이는 센터를 중심으로 해적퇴치를 위한 정보공유와 공동작전을 통한 해적퇴치활동이 매우 효과적이라는 점을 보여주고 있다. 아시아 지역의 ReCAAP을 모델로 아프리카 지역에도 '지역 센터'의 창설이 필요하다. 그러나 아프리카 지역은 앞서 살펴본 바와 같이 아프리카 연안국들이 해적퇴치의 동기가 약하기 때문에 당장 '지역센터' 설립은 어려우므로 지역 센터의 점진적인 창설을 유도하는 국제적인 노력이 요구된다.

소말리아 해적의 경우에서 살펴본 바와 같이 국가의 붕괴에서 비롯된 치안부재와 경제문제 등 내부적인 요인이 해적 창궐의 주요 원인이기 때문에 다국적(多國籍) 해군의 활동으로 인한 근본적인 해적퇴치에는 한계가 있기 때문에 지역협력 협정체결은 물론 국가재건을 위한 국제협력과 함께 이루어지는 종합적인 대책(對策)이 요구된다.

마지막으로 삼호주얼리호를 납치했던 소말리아 해적을 우리나라까지 해적을 끌고 와서 처벌하는 것은 불합리하고 많은 문제점을 야기할 수 있기 때문에 향후 해적 처벌을 위한 국제 사법기구의 설치가 요구된다. 회원국 분담금으로 운영되는 유엔에 산하기관을 설치하여 소말리아 인접국에서 해결하도록 적극적인 노력을 경주할 필요가 있다.

제5장

해상테러 및 해상강도

고명석(해양경찰청)

I. 서론

2001년 미국에서 발생한 동시다발적 9·11테러 이후, 평화와 안전에 지대한 영향을 미치는 테러(Terror 또는 Terrorism)[1]에 대한 국제사회의 관심은 점점 증가하고 있으며, 이는 바다에서 선박과 항만을 중심으로 발생하는 해상테러에 대해서도 예외가 아니다.

2011년 1월 소말리아 해적에게 납치되었다가 청해부대에 의해 구출된 '삼호 주얼리號'는 우리나라 최초로 해적행위에 대한 성공적 무력진압과 함께 수사와 재판을 국내에서 진행하여 국민적 관심을 불러일으켰다.

해상이라는 장소는 연안국에서 떨어진 공해(公海)이거나 연안국 주권이

---

1) '테러'와 '테러리즘'을 상호 구별하여 사용하는 입장에서는 '테러'는 '커다란 공포 또는 위협자체'를 의미하고 '테러리즘'은 '정치적 목적을 위하여 폭력(테러)을 사용하거나 위협하는 행위'를 지칭하나, 여기서는 편의상 양자를 구분하지 않고 혼용하되, '테러리즘'의 의미로 사용토록 하겠다.

미치는 영해(領海)이거나를 막론하고 일반인의 접근곤란성으로 말미암아 대부분 치안의 무정부상태에 놓여 있다. 이에 따라 해상은 선박의 항해와 안전에 영향을 미치는 불법적 폭력행위 발생 가능성이 상존하는 공간이다. 해상에서 발생하는 불법적 폭력행위들은 다양한 형태로 구분될 수 있지만, 해상테러, 해적행위, 그리고 해상강도가 그 대표적인 유형이다. 이념적 특성을 가지는 해상테러리즘, 경제적 목적의 해적행위, 사적 목적의 해상강도를 엄격히 구분하기는 사실상 쉽지 않으며, 이들 "해상에서의 불법적 폭력행위들"은 해상안전과 국제 간 해상거래를 심각하게 위협한다는 공통점을 가지고 있다.

오늘날 전 세계 무역거래의 80% 이상이 해운을 통하여 이루어지고 있으며, 일반물류의 90% 이상이 선박을 이용한 컨테이너로 운송되고 있다. 이에 반해, 해상운송에 이용되는 대형 선박은 운송속도가 느리고, 자체방어수단이 갖추어 있지 않으며, 피습 시 육상 및 공중테러에 비해 상대적으로 방어하기가 어렵고, 원유·원자재 등 고가의 화물을 적재하기 때문에 해상테러의 대상이 되기 쉽다.

최근 들어 전통적인 해상테러 형태를 벗어난 새로운 형태의 해상테러행위가 등장하거나 등장이 우려되고 있다. 2004년 4월 걸프전 당시 이라크 저항세력의 보트폭탄 테러나 2008년 11월 인도 뭄바이(Mumbai) 테러처럼 해안에 접근하면서 항만도시 시설을 공격한 경우도 있었고, 향후에는 상선을 대량 살상무기 또는 테러무기의 운반수단으로 사용하거나 유조선·LNG 선박을 이용하여 특정항구 폭파를 기도하는 행위 등이 예상되고 있다.

주지하듯이 우리나라는 육로를 통한 해외진출이 북한에 의해 차단되어 있고 삼면이 바다인 반도국(半島國)이며 무역의 대부분이 해상을 통해 이루어지고 있다.[2] 또한, 천안함 폭침이나 연평도 포격과 같은 북한의 위협이 상존하고 해양경계를 둘러싼 일본·중국과의 저 강도 해상분쟁이 발생

---

[2] 2009년 기준, 항만을 통한 선박출입항 178천 척이었고, 전체 수출입의 약 97%(585,004천 톤 중 564,106천 톤)를 해운으로 처리하였다. 또한 컨테이너를 이용한 화물처리는 24,697천TEU이었다(국토해양부 해운항만통계).

하고 있다. 나아가 중국 어선의 폭력적 불법행위도 빈번히 발생하고 있다. 이러한 우리나라의 현실을 감안할 때 해상테러에 대한 관심과 연구가 어느 때보다 절실한 때이다.

II. 해상테러

1. 해상테러의 정의

1) 테러의 개념 정의

"테러리즘" 이라는 용어의 근대적 기원은 프랑스 혁명 공포정치기에 정권을 유지하기 위한 힘을 대중의 공포(terreur, terror)를 통해 찾으려 한데서 유래하였다. 권력자가 반대세력을 말살하는 행위로 공포심을 야기하고 그로 인한 대중의 복종과 공황적 심리상태를 정치적으로 이용하였다. 즉, 단순한 개인적·사적 파괴가 아니고, 정치권력 자체에 의한 강력한 압제 또는 정치적 목적을 가진 단체에 의한 대규모 금압 등을 일컬었다.

20세기에 이르러 테러리즘의 의미는 프랑스 혁명기와는 반대로 다양한 정치집단의 국가를 상대로 한 폭력행위 형태로 발전하였고, 국가에 대한 일정한 정치집단의 행위와 관련성을 지닌 개념으로 인식되었다.

1934년 11월 채택된 『테러방지협약』[3] 제1조 제2항에 테러리즘을 "국가에 대하여 직접적인 범죄행위를 가하거나 일반인이나 군중들의 마음속에 공포심을 일으키는 것" 이라 규정하였고, 2002년 UN 안전보장 이사회는 『결의 제1373호』[4]를 채택하면서 "민간인을 상대로 하여 사망 혹은 중상을 입히

---

3) 『테러리즘의 방지 및 처벌을 위한 협약』(Convention for the Prevention and Punishment of Terrorism)을 말한다. 24개국이 서명하였으나, 인도 1개국만 비준하여 실효되었다.

거나 인질로 잡는 등의 위해를 가하여 대중 혹은 어떤 집단의 사람 혹은 어떤 특정한 사람의 공포를 야기함으로써 어떤 사람, 대중, 정부, 국제 조직 등으로 하여금 특정 행위를 강요하거나 혹은 하지 못하도록 막고자 하는 의도를 가진 범죄행위"로 정의하였다. 또한 우리나라 『국가 대테러 활동지침』에는 테러리즘을 "정치적·사회적 목적을 가진 개인이나 집단이 그 목적을 달성하거나 상징적 효과를 얻기 위하여 계획적으로 행하는 불법행위"로 정의하고 있다.5)

이와 같이 고전적인 의미에서의 테러리즘은 일반적으로 몇 가지 공통적 징표를 지닌다. ① 정치적 목적이나 동기가 있으며, ② 폭력의 행사 혹은 폭력의 위협을 동반하며, ③ 심리적 충격과 공포심을 일으키고, ④ 소기의 목표나 요구를 관철시킨다.

그렇지만 동일한 사건을 보는 시각이 상이하기 때문에 국가에 따라 또는 담당기관에 따라 다양하고 다의적인 해석으로 인해 테러리즘에 대한 일관된 개념 정의는 성립되어 있지 않다.

2) 해상테러의 개념

테러리즘을 획일적으로 정의할 수 없듯이 해상테러를 한 마디로 정의하기는 힘들다. 또한 일반적인 테러리즘에서 볼 수 없는 현상들이 해상테러리즘에서 나타나는 경우가 많다. 해상테러는 바다에서 발생하는 테러라는 장소적 특성을 우선적으로 나타내지만, 일반적 테러와 상이한 일단의 특징을 가지고 있다. 즉, 그 목적에 있어 전통적인 "정치적·이념적 가치" 외에 "조직적인 범죄행위"나 "경제적 약탈" 등을 목적으로 발생하는 경향이 강하다.

해상테러를 일반적으로 개념 정의하기 어렵다고 할 때 그 발생장소와 대상에 중점을 두어 여기서는 "해상에서 발생하는 테러리즘"으로 정의하고

---

4) 유엔 대테러사무국은 안보리 결의 제1373호(2001)에 의해 설치된 유엔 대테러위원회 (Counter-Terrorism Committee)의 역할 강화를 위해 안보리 결의 제1535호(2004)에 의해 설치되었다(『외교통상부 보도자료 09-132호』).

5) 국정원 테러정보 종합센터(www.tiic.go.kr) 참조.

자 한다.

해상테러를 다른 폭력행위와 엄격하게 구분하기는 쉽지 않다. 예컨대, 1961년 산타마리아(Santa Maria)號 사건처럼 이념적 목적이 뚜렷한 해상테러사건이 있고, 소말리아 인근 선박납치처럼 경제적 목적의 해적행위가 있는 반면, 북한의 우리 어선 납치나 천안함 폭침사건, 중국 어선의 우리 어선 강탈행위6)와 같이 어느 범주로 구분하기 힘든 경우가 많다.

최근에는 이들 개념을 엄격하게 구분하기가 현실적으로 어려움을 인정하고 해상테러리즘을 "해상안전 내지 해상보안에 대한 폭력적 위해행위(危害行爲)"라는 광의적이고 일반적인 개념으로 이해하고 이에 대한 통합적 예방 및 방지대책을 강조하는 추세이다.

이러한 견해가 아킬레라우로(Achille Lauro)號 사건 이후 1988년 3월 IMO주도로 체결된 「항해의 안전에 대한 불법적 행위를 억제하기 위한 협약」(즉, SUA협약)의 태도라 할 수 있다. 동 협약 제3조에서 항해의 안전에 대한 불법적 행위 유형을 규정하고 있다.7)

우리나라는 1988년 채택된 SUA협약을 2003년에 비준하고 동 협약의 국내적 이행을 위해 『선박 및 해상구조물에 대한 위해행위의 처벌 등에 관한 법률』을 공포하였다.

3) 해상테러와 해적행위의 구별

해적행위를 국제적으로 규정한 『공해에 관한 협약』 제15조과 『유엔해양법협약』 제101조에 따르면 해적행위는 "① 私有 선박의 승무원이나 승

---

6) 2009년 중국 어선 불법조업은 387척으로 2008년 446척보다 감소추세에 있다(2010 해양경찰백서).

7) ① 폭력 또는 위협에 의하여 또는 다른 형태의 협박에 의하여 선박을 납치 또는 점거하는 행위, ② 선상의 사람에 대하여 폭력을 행사하고, 그 행위가 선박항해에 위해를 줄 가능성이 있는 경우, ③ 선박을 파괴하거나 선박 또는 화물을 훼손하여 선박항해에 위해를 줄 가능성 있는 경우, ④ 선박 내에 선박 또는 화물을 파괴할 가능성이 있는 장치를 설치하는 경우, ⑤ 항해시설을 파괴하거나 운용에 방해하여 선박항해에 위해를 줄 가능성 있는 경우

객이, ② 私的 목적으로, ③ 공해상 또는 국가관할권이 미치지 않는 곳의 다른 선박(사람, 재산)에 대하여, ④ 불법적인 폭력, 억류, 약탈행위"라고 정의하고 있다.

위 정의에 비추어 해상테러와 해적행위를 구분할 수 있는 점은 두 가지로 볼 수 있다.

첫째, 그 목적(目的)에 차이가 있다. 해상테러는 통상 정치적·종교적·이념적 목적을 달성하기 위하여 실행되는 반면, 해적행위는 개인적·경제적 목적을 달성하기 위하여 이루어진다.

둘째, 그 실행방법(實行方法)에 차이가 있다. 해상테러는 선박 척수나 장소와 무관한 반면, 해적행위는 어떤 선박의 승무원이나 승객에 의해 다른 선박(사람, 재산)에 대해 행사되는 범죄행위를 전제로 하므로 "2척의 선박"이라는 요건이 충족되어야 한다.

위와 같이 해상테러와 해적행위가 상대적으로는 구분이 가능하고 행위 결과에 대한 법적 지위가 상이하여 국제적으로도 별개로 취급되고 있으므로 구분실익(區分實益)이 있다 할지라도 현대 테러리즘의 목적의 불명확성 및 실행형태의 다양성에 비추어 이 구분기준은 점점 의미가 퇴색되어가고 있다.

2. 해상테러의 촉진요인과 전개양상

1) 해상테러의 촉진요인

해상테러 발생을 촉진시키는 요인은 일반적으로 다음과 같은 것을 들 수 있다.

첫째, 지리적·위치적 요인이다. 해상이라는 장소, 특히 공해는 접근성의 제약으로 인해 사실상 국가권력에 의한 관리와 통제가 불가능한 상태에 있다. 연안국 주권이 미치는 영해라 하더라도 해상의 치안과 안보 상태는 육상과 비교하여 현저히 취약할 수밖에 없다.

반면, 해상에서 어자원을 획득하기 위한 어로행위나 무역을 위한 해상운송은 불가피하다. 여기서 어선은 어자원이 풍부한 특정해역에서 조업에 임하고, 상선은 연료를 절약하려는 경제적인 이유로 최단항로를 택하는 것이 일반적이다. 따라서 일정한 해상의 경로나 해역은 용이하게 해상테러의 목표가 될 수 있다.

둘째, 시대적 요인이다. 미·소 간 힘의 균형에 의해 해양에서 상대적으로 질서가 잘 유지되던 냉전시대가 끝나자 해양은 해적·해상강도 등 불법행위, 영유권 분쟁, 해군력 경쟁 등 새로운 안보환경이 형성되었는데 이러한 환경이 해상테러 발생원인 중 하나가 되고 있다.

셋째, 선박과 화물이라는 대상적 요인이다. 세계적으로 물류수송과 원양조업을 하는 대부분 선박은 비무장 상태의 일반선박이다. 일반선박은 장기간 단독항해를 하고, 항해시 선박의 속도가 느리기 때문에 테러리스트들의 접근과 선박탈취가 용이하다.

2) 해상테러의 전개양상

해상테러리즘은 고대로부터 해적행위나 소규모 침략전쟁형태로 나타났지만, 정치적·이념적인 형태의 해상테러는 현대에서 찾을 수 있다.

최초의 정치적 해상테러로 볼 수 있는 것은 1924년 1월 홍콩에서 발생한 영국 선박의 납치사건이었으며 그 과정에서 많은 인명손실이 있었다. 1940년대에서 1960년대까지 많은 해상테러가 발생하였는데, 대부분 정치적 동기를 가진 단체들이 선박을 폭파한 경우였다.

그 후 1960년대에 해상테러가 거의 발생하지 않다가 1970년 중반부터 급증하는 추세를 보였다. 1970년대에는 그동안의 빈번했던 항공테러에 대비하여 국제사회가 대응책을 마련하자 상대적으로 성공가능성이 높은 해상선박을 공격대상으로 삼았기 때문이다. 1980년대는 많은 경우 특정개인이 목표라기보다 불특정 다수의 군중이 목표가 되었다. 1988년 발생한 시티오브 프로스(City of Pros)號 사건이 대표적 예이다.

1990년대 들어 냉전의 붕괴, 과학기술의 발달, 국가통제력의 약화에 따

라 해상테러의 동기와 유형에 많은 변화를 가져왔는데, 좌파적 이념과 민족
해방이라는 명분으로 무장한 지사적 테러리즘이 사라지고 광적 신념주의나
맹목적 파괴주의와 결합한 신종 테러리즘이 부상하였다.

한편, 최근 테러리즘 형태는 20세기 정치적 단체들에 의한 인식 가능한
테러형태를 벗어나 그 목적이 단순한 정치적 동기뿐 아니라 종교적·경제
적 동기로까지 발전하였고, 대상 면에서 일반대중이나 정부기관, 나아가 기
간시설 등 광범한 피해를 야기하는 수준으로 확대되었다.[8]

3. 해상테러의 유형 및 사례

1) 선박납치

테러리스트들이 무기이동선박, 전략물자 운반선박 등을 납치하거나 승객
으로 위장하여 승선한 후 선박을 장악하는 테러행위를 말한다.

대표적 사례로 산타마리아(Santa Maria)號 사건이 있다. 1961년 1월 24
명의 포르투갈 민족독립운동 소속의 테러리스트들은 대서양 카리브해를 항
해하던 포르투갈 선적의 유람선 산타마리아호를 탈취하였으나 후에 브라질
로 인도되었다. 미국은 이를 해적행위라 주장하였으나 브라질 정부는 사건
발생 동기의 정치적 목적 때문에 해적행위로 인정하지 않았다.

사적 목적이 아닌 정치적 목적의 '시-재킹(Seajacking)' 행위를 해적행
위로 볼 것인가의 문제를 불러일으킨 사건이다.

또 하나의 대표적 선박납치로 아킬레 라우로(Achille Lauro)號 사건을
들 수 있다. 1985년 10월 팔레스타인 해방전선(PLF) 소속 테러리스트들이
지중해에서 이탈리아 여객선 아킬레 라우로號를 납치하여 500여 명의 승선
객을 인질로 잡고 팔레스타인 동료들의 석방을 요구하였다. 납치과정에서

---

8) 부르스 호프먼(Bruce Hoffman)은 과거의 전형적 테러리즘을 'Old Terrorism'이라
일컫는데 비하여, 이러한 최근의 테러의 경향을 'New-Terrorism'이라 불렀다.

미국인이 살해된 것을 계기로 미국은 이탈리아에 납치범들의 인도를 요구했으나 이탈리아는 이를 거절하였고 이집트도 납치범 인도에 협조하지 않았다.

동료 테러리스트 석방을 요구하며 선박을 납치한 전형적 해상테러사건으로 그 심각성을 보여준 사건이었고, 동시에 해상테러 방지를 위한 국제사회의 일관성과 협조관계가 부족함을 보여준 사건이기도 하였다.

2) 선박폭파

항만에 정박 중인 선박을 폭파하거나 항해 중인 선박에 폭발물을 설치하여 폭파하는 테러행위를 말한다. 선박폭파는 선박자체에서 발생하는 인적·재산적 피해뿐 아니라 항만의 사용을 불가능하게 하여 경제적 타격을 가한다. 또한 선박이 협수로나 운하를 경유하여 운항하는 경우에 테러행위는 수로나 운하사용을 불가능하게 하여 천문학적 피해와 복구비용을 발생시킨다.

대표적 사건으로는 슈퍼 페리(Super Ferry) 14號 사건이 있다. 2004년 2월 필리핀 과격 이슬람 조직 아부 사야프 그룹(ASG)은 필리핀 마닐라를 출발하는 여객선 슈퍼 페리호 내 텔레비전 수상기에 폭발물을 은닉하여 운항 중인 선박을 폭파하여 116명이 사망하였다.

3) 선박충돌

항만에 정박 중인 선박이나 항만시설 또는 운항 중인 선박을 대상으로 폭발물이 적재된 선박이나 소형보트로 충돌하는 형태의 테러행위를 말한다.

대표적 사건으로 랭부르(Limburg)號 사건을 들 수 있다. 2002년 10월 예멘 동부해안에 접안 중이던 프랑스 유조선 랭부르號에 어선이 충돌하여 55,000톤의 원유가 유출되었다. 이와 유사한 사건으로 2000년 10월 예멘 아덴항에 정박 중이던 美 군함 콜(Cole)號가 소형선박에 의한 폭탄테러 공격을 받아 17명이 사망하고 39명이 부상하였다.

4) 선박에 대한 무장공격

항만에 정박 중인 선박이나 운항 중인 선박에 접근하여 자동화기를 난사하거나 로켓포를 이용하여 공격하는 형태를 말한다.

이 유형으로는 아덴만 인근해역에서 활동하는 소말리아 해적들이 대표적인 유형이다. 2011년 1월 발생한 삼호 주얼리호 사건에서도 해적들은 자동화기와 로켓포로 중무장한 상태였으며 진압 당시 로켓포 공격을 준비하고 있었다고 한다.

5) 항만시설에 대한 공격

무장한 선박이 바다로부터 해안으로 접근하면서 로켓포 등 각종 화기를 이용하여 항만시설을 공격하여 도시기능을 마비시키는 테러형태를 말한다.

이 유형의 테러로는 인도 뭄바이(Mumbai) 테러사건이 대표적이다. 2008년 11월 파키스탄으로부터 해상을 통해 10명의 테러범들이 인도 뭄바이에 상륙 후 무차별 공격하여 500여 명의 사상자가 발생하였다. 이들은 사회적·경제적 혼란을 목적으로 한 장기적 게릴라전을 계획하였고, 테러 목표도 정부 중요시설이나 요인이 아니라 민간인이 집중된 일반시설이었다는 점에서 국제사회 충격을 주었다.

전통적 해상테러 대상인 선박이 아니라 해안을 통한 접근과 항구도시 자체에 대한 테러라는 점에서 이전의 해상테러 방식과 확연히 구분된다.

4. 대책

1) 예방단계

해상테러가 발생하기 이전단계에서 발생요인을 미리 제거하거나 억제하는 것을 말한다. 우선 정확한 선박정보의 파악을 위한 선박위치시스템(VMS), 선박자동식별시스템(AIS) 등 선박운항정보시스템을 강화하는 한편, 해양에 대한 전반적인 정보까지 담긴 해양전자고속도로(MEH) 사업과 같은 첨단사업도 가속화할 필요가 있다.

한편, 선박자체의 선원들에 대한 지속적인 테러대응 교육과 훈련을 실시하여 테러에 대한 경각심과 대응요령을 숙지시킬 필요가 있다. 또한, 선박자체의 예방활동으로서 테러지역의 회피항해를 고려해 볼 수 있다.

제도적인 면에서 『테러방지법』 제정이 필요하다. 현재 『국가대테러활동지침9)』만으로는 부족하고 해상테러 방지를 위한 국가기관 간 기능분담 등 근거를 마련할 필요가 있다.

2) 보호단계

이미 발생한 해상테러에 대응하여 대테러부대가 해상에서 테러를 진압하는 것을 말한다. 이를 위해 해군은 해군전술지휘통제체계(KNTDS)를 완성하였고, 국토해양부는 해양안전종합정보망(GICOMS)을 운영하고 있다.

테러진압을 위해서는 해상테러 직접 담당부처인 해양경찰 특공대를 강화할 필요가 있다. 현재 해양경찰 특공대는 대테러임무뿐 아니라 PSI 차단작전, 수색구조, 중국 어선 나포업무까지 중복적 업무를 수행하고 있어 대테러를 전담하는 최소한 인원을 확보할 필요가 있다.

나아가 바다에서 테러진압부대인 해양경찰 특공대-해군 특수전여단 간 교류협력을 통한 정보교환 및 합동진압훈련이 필요하다. 해상테러 발생 시 초동조치가 중요한 만큼 근접한 대테러부대가 우선 상황을 저지하는 것이 필요하고 이에 대한 지원작전도 중요하다.

3) 대응단계

해상테러 발생 후 수색구조 활동과 피해복구를 위한 제반활동을 말한다. 대응단계에서는 초동조치를 위한 수색구조 능력이 어느 정도냐에 따라 피해 정도가 결정된다. 해양에서는 특성상 짧은 시간에 인적·물적 피해가 발

---

9) 정부 각 기관 대테러 임무를 정한 同 지침에 따라, 해상테러 담당기관인 해양경찰청은 해양경찰청 훈령인 「국가대테러활동 세부운영규칙」 및 「해양테러 위기대응 실무 매뉴얼」을 운영하고 있다.

생하고 일정 시간 후에는 피해복구가 불가능한 경우가 많다. 따라서 초기 단계에서 신속한 수색구조가 가능한 장비와 시스템이 필요하다고 하겠다.

또한, 해양경찰 및 해군 등 해양에서 종사하는 기관 간 유기적인 협조와 협력적 대응활동이 피해를 줄일 수 있다. 이를 위해서는 평소 합동훈련 및 지휘체계 정비가 필요하다.

III. 해상강도

1. 해상강도의 의의

해상강도는 쉽게 말하면 "해상에서 행해지는 강도행위(Robbery)"를 일컫는다. 국제법과 우리나라 형법에서는 해적행위와는 구별되는 해상강도에 대한 정의규정을 두고 있다.

해상강도에 대한 국제법적 규정으로는 국제해사기구(IMO)의 규정[10]과 아시아에서의 해적행위 및 선박에 대한 무장강도 행위 퇴치에 관한 지역협력협정(ReCAAP)의 규정[11]이 있다.

우리나라 형법도 제340조 제1항에서 해상강도에 대한 규정을 두고 있는데 "다중의 위력으로 해상에서 선박을 강취하거나 선박 내에 침입하여 타

---

10) any unlawful act of violence or detention or any act of depredation, or threat thereof, other than an act of 'piracy', directed against a ship or against persons or property on board such a ship, within a State's jurisdiction over such offences.

11) any illegal act of violence or detention, or any act of depredation, committed for private ends and directed against a ship, or against persons or property on board such as ship, in a place within a Contracting Party's jurisdiction over such offences.

인의 재물을 강취하는 행위"로 규정하고 있다. 여기에서는 우리 형법을 중심으로 해상강도에 대한 내용을 간단히 알아본다.

2. 해상강도의 구성요건

해상강도는 "다중의 위력으로 해상에서 선박을 강취하거나 선박 내에 침입하여 타인의 재물을 강취한 자(형법 제340조 제1항)"를 말한다. 해상에서는 1인의 물리적 힘으로 선박을 탈취하거나 선박 내 침입하여 재물을 강취하기가 쉽지 않다. 따라서 2인 이상의 다중의 위력으로 선박을 탈취하는 것이 보통이고 또한, 선박을 강취하는 과정에서 해상에 추락하는 경우 인명피해가 우려되는 장소적 특성이 결합되어 일반강도에 비해 엄하게 처벌된다.

해상강도죄의 객체(客體)는 해상에 있는 선박 또는 그 선박 내에 있는 재물이다. 여기서 "해상(海上)"이라 함은 영해·공해를 불문하나, 적어도 지상의 경찰권이 용이하게 미치지 않는 바다임을 요한다. "선박(船舶)"은 그 크기·종류를 불문하나, 해상을 항행할 수 있는 정도임을 요한다.

해상강도죄의 행위는 "다중의 위력으로 선박을 강취하거나 선박 내에 침입하여 타인의 재물을 강취하는 것"이다. 여기서 "다중(多衆)"이라 함은 다수인의 집단을 말하는데 그 인원수 제한은 없으나 사람에게 집단적 위력을 보일 수 있을 정도임을 요한다. "위력(威力)"이라 함은 사람의 의사를 제압할 수 있는 세력을 말한다. "강취(强取)"는 자기 또는 제3자로의 점유 이전과 상대방의 의사에 반하는 탈취를 의미한다. 즉, 강제로 빼앗는 것을 말한다. "침입(侵入)"은 선박에 침입하거나, 이러한 장소에서 나갈 것을 요구받고 응하지 아니하는 것을 말한다.

3. 페스카마(Pescamar) 15호 사례

1) 개요
1996년 8월 2일 공해상인 남태평양 피닉스섬 북방 60마일 해상에서 한국인, 중국인, 인도네시아 선원 등 18명이 승선한 온두라스 선적 원양참치어선 페스카마 15호에서 각국 선원들 간의 갈등으로 인하여 중국인 선원 6명이 선원 11명을 집단 살해한 해상강도사건이다.

2) 사건진행
1996년 6월 27일 페스카마호가 조업지에 도착한 이후 중국인 선원의 집단행동으로 인한 조업 차질로 7월 30일 선내 징계위원회를 개최하여 중국인 6명에 대한 하선이 결정되었다. 하선할 경우 본국 귀환여비는 물론 조업손실보상금도 변제해야 된다는 사실을 알고 경제적 파탄에 대한 우려로 한국인 선장 등 11명을 살해한 후 선박을 강취하였다. 8월 24일 생존해 있던 한국인, 인도네시아인 2명이 선박을 재탈환하여 일본 해상보안청에 신고, 구조되었다.

3) 재판결과
본 사건의 재판관할은 선적국인 온두라스가 재판관할을 포기하였고 속인주의와 보호주의 원칙을 적용하여 최대 피해국인 한국이 재판 관할권을 행사하였다. 법원은 이 사건이 전형적인 해적행위와 달리 선상반란을 통해 선박에 대한 지배권을 장악한 것으로 파악(선박에 대한 불법영득의사 인정)하여 해상강도살인죄(형법 제340조 제3항)를 인정하였다.

IV. 결론

해상테러는 그 특성상 일반범죄에 비하여 대규모적이고 조직적이며 수많은 희생자를 가져올 수 있다. 더욱이 선박에 대한 테러로 인한 기름유출이나 테러로 인한 항만폐쇄는 대규모 재난사태를 야기하거나 해상안보에 큰 영향을 미칠 수 있다.

국가적 재난사태를 초래할 수 있는 해상테러의 가능성은 많다. 국가 기간공항인 인천공항이 북한과 인접하여 해상을 통한 테러 가능성이 있고, 동북아 허브항인 부산항에 대하여 항만폐쇄를 통한 물류정체를 노린 테러도 가능하다. 한편, 국민소득 증가와 함께 등장한 선진국형 크루즈선과 여객선에 대한 테러나 유조선 등 고가의 화물선에 대한 테러도 배제할 수 없다.

반면, 해상테러에 대한 연구와 관심은 아직 미흡한 수준이다. 아직까지 바다를 덜 중요시하는 관습과 전통으로 인해 해상테러에 대한 국가적인 관심이 멀어져 있는 것이 사실이다. 해양을 통해 국부를 이룬 서양 선진국의 역사에서 보듯이 해양에 대한 이해와 관심이 해상테러를 연구하고 대비하는 데 기반이 됨은 물론이다.

또한 우리나라도 해상테러로부터 안전한 국가가 아니라는 일반 국민들과 해상 종사자들의 인식 전환이 필요하며 이에 따른 해상테러 대응교육, 대테러 방지법과 같은 제도적 뒷받침, 해양경찰 및 해군의 해상대테러 부대 전력강화 등이 지속적으로 필요하다 하겠다.

우리나라는 태생적으로 반도국가에 자리 잡았으며 해양으로의 진출을 운명으로 타고났다. 우리는 과거 이러한 여건을 잘 이용하여 세계 여러 나라와의 국제무역을 통해 경제성장과 국가발전을 이루어 온 경험이 있으며 앞으로도 이는 변함이 없을 것이다.

따라서 정치군사적 측면에서 그리고 상업적 측면에서 해상교통로(SLOC: Sea Lines of Communication) 안전성 확보는 향후 국가발전에 매우 중요한 요소로 작용할 것이며, 이를 위해서 해상테러에 대한 국가적 대비가 요구되는 시기라 하겠다.

제6장

SUA협약체제

이용희(한국해양대)

I. 개관

SUA협약체제란 선박과 해상구조물의 항행 및 운영상 안전에 대한 모든 불법행위를 예방하고 그 범죄자를 처벌하기 위한 목적으로 국제해사기구 (IMO: International Maritime Organization)가 주도하여 채택한 일련의 조약체제를 말한다. 「항해의 안전에 대한 불법행위의 억제를 위한 협약(약 칭하여 '1988년 SUA협약' 이라 함)」,[1] 「대륙붕상에 소재한 고정플랫폼의 안전에 대한 불법행위의 억제를 위한 의정서(약칭하여 '1988년 SUA의정 서' 라 함)」[2]와 1988년 SUA협약과 SUA의정서를 개정한 2005년 SUA협약

---

[1] Convention for the Suppression of Unlawful Acts against the Safety of Maritime Navigation. 이 협약은 전문과 22개 조문으로 구성되었으며, 1988년 3월 10일 채택되어 1992년 3월 1일 발효하였다. 2010년 현재 157개국이 비준 또는 가입하고 있다.

[2] Protocol for the Suppression of Unlawful Acts against the Safety of Fixed Platforms located on the Continental Shelf. 이 의정서는 전문과 10개 조문으로 구

과 SUA의정서3)가 이에 해당한다.

SUA협약체제가 만들어지게 된 계기는 1985년 발생한 Achille Lauro호 사건에서 찾아볼 수 있다. 1985년 10월 7일 팔레스타인인민해방기구(PLO) 를 대표한다고 자칭하는 4명의 무장괴한이 이집트 Said항으로부터 약 30해 리 떨어진 공해상에서 이탈리아 정기여객선 Achille Lauro호를 납치하고 선원과 승객을 인질로 억류하였다. 이들은 이스라엘에 억류 중인 팔레스타 인 죄수 50명의 석방을 요구하였으며 선박 폭파를 협박하였다. 이 과정에서 미국인 Klinghoffer 씨가 총살되었다. 이 사건으로 4명의 범인은 이탈리아 에 구금되었으나 이탈리아 정부는 미국 정부의 범죄인 인도요청을 거부하 고 주범 아불 아비스를 석방하였다. 석방된 아불 아비스는 유고슬라비아로 도주하였으며 궐석재판에서 종신형을 선고받았고, 나머지 3명의 범인은 선 박납치 및 살인죄를 적용받아 4년 내지 6년의 징역형에 처해졌다. 이 사건 에 충격을 받은 미국의 주도하에 1986년 9월 IMO 제53차 해사안전위원회 (Maritime Safety Committee)는 해상테러행위방지지침을 결의(MSC.433) 로 채택하였다. 이러한 조치에 만족하지 못한 이탈리아, 이집트, 오스트리 아 등 3개국은 민간항공기 납치방지관련 협약을 모델로 해상과 선박이라는 특수한 요소를 보완하여 협약 초안을 작성하였고, 1988년 3월 1일 로마에서 개최된 협약채택외교회의에서 참가국의 만장일치로 1988년 SUA협약과 1988년 SUA의정서가 채택되었다.

이와 같은 1988년 SUA협약과 SUA의정서는 2001년 발생한 미국의 9·11사태를 계기로 대폭 개정되었다. 즉, 9·11테러사건에서 항공기가 테러 도구로 사용되었기 때문에 선박도 테러도구로 이용될 수 있다는 우려가 제 기되었고, 선박을 통한 대량살상무기의 확산을 방지할 필요성이 국제적으

성되었으며, 1988년 3월 10일 채택되어 1992년 3월 1일 발효하였다. 2010년 현재 146개국이 비준 또는 가입하고 있다.

3) 2005년 SUA협약은 2005년 10월 14일 채택되어 2010년 7월 28일 발효하였으며 2010 년 현재 18개국이 비준하고 있고, 2005년 SUA의정서는 2005년 10월 14일 채택되어 2010년 7월 28일 발효하였으며 2010년 현재 14개국이 비준하고 있다.

로 공감대를 형성하여 1988년 SUA협약체제의 개정을 논의하게 되었다. 미국의 제안으로 2002년 제84차 IMO 법률위원회에서 논의되기 시작하여 2005년 10월 14일 런던의 IMO본부에서 개최된 외교회의에서 2005년 SUA 협약이 채택되었다.

II. 1988년 SUA협약의 주요 내용

1. 적용 범위

1988년 SUA협약의 적용 대상은 선박으로서 동력선, 잠수함 또는 기타의 부양선을 포함하여 영구적으로 해저에 부착되지 않은 모든 형태의 선박을 대상으로 하고 있다(제1조). 다만, 군함, 해군보조함, 세관 또는 경찰용으로 사용되고 있는 국유 또는 국가에 의하여 운영되고 있는 선박 또는 항해에 사용되고 있지 않거나 퇴역된 선박은 적용 대상에서 제외된다. 또한 상업적 목적으로 운영되는 정부선박과 상업적 목적이 아니라도 조사선이나 쇄빙선과 같은 정부선박은 동 협약의 적용을 받지 않는다(제2조).

장소적 적용 범위는 선박이 한 국가의 영해 외측범위 또는 인접국 영해와의 측면경계 범위 밖의 해역을 진입, 통과 또는 진출하여 항해 또는 항해하고자 하는 경우에 적용된다(제4조 제1항). 즉, 영해, 군도수역, 배타적 경제수역, 국제항행용해협, 내수에서 일어난 불법행위에도 적용되며, 이에 해당하지 않는 경우에도 협약당사국의 영토 내에서 범죄자 또는 범죄혐의자가 발견된 때에도 이 협약이 적용된다(제4조 제2항).

2. 범죄의 정의

1988년 SUA협약에서 대상으로 하고 있는 범죄는 어떤 사람이 불법적이고 고의적으로 다음과 같은 행위이다(제3조).

가. 무력 또는 무력적 위협이나 그 밖의 협박에 의하여 선박을 억류·통제하는 행위
나. 선박의 안전한 항해를 위협할 수 있는 행위로서 선상의 사람에 대하여 폭력을 행사하는 것
다. 선박을 파괴하는 행위 또는 선박의 안전한 항해를 위협할 수 있는 훼손을 선박이나 그 화물에 야기하는 행위
라. 선박을 파괴할 수 있는 장치나 물질 또는 선박의 안전한 항해를 위협하거나 위협할 수 있는 훼손을 선박이나 그 화물에 야기할 수 있는 장치나 물질을 모든 수단에 의하여 선박에 설치하거나 설치되도록 야기하는 행위
마. 항해시설의 파괴 또는 심각한 손상이나 그 운용을 심각하게 방해하는 행위로서 선박의 안전한 항해를 위협할 수 있는 것
바. 자신이 허위임을 아는 정보를 교신함으로써 선박의 안전한 항해를 위협하는 행위
사. 가목 내지 바목에 규정된 범죄행위 또는 그 미수행위와 관련하여 사람을 상해·살해하는 행위

또한 이상의 범죄행위 미수에 그친 자 및 타인을 교사하여 위의 범죄를 행하도록 하는 행위 또는 그러한 범죄를 행하는 자의 그 밖의 공범이 되는 행위도 이 협약의 범죄에 포함된다.

3. 재판관할권

1988년 SUA협약상 재판관할권은 의무적 관할권과 임의적 관할권으로 구분된다. 의무적 관할권이 설정된 당사국은 재판관할권을 확립하기 위해 필요한 조치를 취하여야만 한다. 의무적 관할권이 성립하는 경우로서는 i) 범죄가 발생할 시점에 자국 국적인 선박에 대하여 또는 동 선박 내에서 범죄가 행해진 경우, ii) 범죄가 자국의 영해를 포함한 영토 내에서 행해진 경우, iii) 범죄가 자국민에 의하여 행해진 경우 등이 있다(제6조 제1항). 한편, i) 자국에 상시거주지를 가지고 있는 무국적자에 의하여 범죄가 행해진 경우, ii) 범죄행위 시에 자국민이 납치·위협·상해 또는 살해된 경우, iii) 자국에 대하여 어떤 작위 또는 부작위를 강요하기 위하여 범죄가 행해진 경우에는 관련당사국이 임의적 관할권을 갖고 재판관할권을 설정할 수 있다(제6조 제2항). 또한 재판관할권을 확립한 모든 당사국은 IMO 사무총장에게 그 사실을 통고하여야 하며 이를 철회한 경우에도 그 사실을 사무총장에게 통고하여야 한다(제6조 제3항). 각 당사국은 당사국의 영토 내에 있는 범죄 혐의자를 의무적 관할권과 임의적 관할권을 확립한 당사국 중 어느 국가에게 인도하지 않는 경우 제3조에서 규정한 범죄의 재판관할권을 확립하기 위하여 필요한 조치를 취하여야 한다(제6조 제4항).

이와 같이 범죄에 대하여 의무적 관할권, 임의적 관할권을 폭넓게 인정하여 관할권을 주장하는 국가 간 마찰의 여지를 발생시키고 있는 것은 범죄행위에 대하여 관할권 미비로 처벌되지 않는 공백을 없애기 위한 것으로 볼 수 있다.

4. 선장의 권한

1988년 SUA협약 제8조는 협약당사국의 선장으로 하여금 제3조에 열거된 범죄 중 어느 것을 범하였다고 믿을만한 상당한 이유가 있는 자에 대하여 누구를 막론하고 타방당사국의 당국에 그 자를 인도할 수 있다고 규정하고 있다(제8조 제1항). 기국은 선장으로 하여금 실행가능한 때 그리고 가능한 한 그 선장이 제1항에 의거하여 인도하고자 하는 자를 싣고 접수국의 영해를 진입하기 전에 그러한 자를 인도하고자 하는 의도와 그 사유를 접수국의 관계당국에 통보하여야 한다(제8조 제2항). 또한 접수국은 이 협약이 인도문제를 야기한 행위에 적용될 수 없다고 간주할만한 상당한 이유가 없는 한 그 인도를 수락하여 억류와 조사절차를 이행하여야 한다(제8조 제3항). 기국은 선장이 가지고 있는 범죄혐의에 관한 증거를 접수국의 관계당국에 제공하도록 보장하여야 하고 제3항에 따라 인도를 수락한 접수국은 다시 기국에 대하여 범죄혐의자의 인도를 수락할 것을 요청할 수 있다(제8조 제4항). 기국은 그러한 요청을 고려하여야 하며 그와 같은 요청에 동의할 경우 억류와 조사절차를 이행하여야 한다. 만약 기국이 그 요청을 거절할 경우 접수국에 대하여 그에 관한 사유를 진술하여야 한다(제8조 제5항).

5. 사법적 처리

1988년 SUA협약상의 범죄는 모든 당사국 간의 기존 범죄인인도조약상 인도대상범죄에 포함되는 것으로 보고 향후의 범죄인인도조약에서 이 범죄를 인도대상범죄로 규정하도록 하고 있다(제11조 제1항). 또한 범죄인 인도에 관하여 조약상 근거를 조건으로 하는 당사국이 범죄인인도조약을 체결하지 않은 타당사국으로부터 인도요청을 받은 경우에는 그 선택에 따라 이 협약을 제3조에 규정된 범죄의 인도를 위한 법적인 근거로 간주할 수 있다(제11조 제2항). 한편, 범죄인 인도에 관하여 조약상 근거를 요하지 않는 당사국은 피요청당사국의 법이 규정한 조건에 따라 제3조에 규정된 범죄를 당사국 상호간의 인도대상범죄로 인정하여야 한다(제11조 제3항). 또한 자국 내에 있는 제3조의 범죄인을 기소하지 않기로 결정한 당사국이 제6조에 따라 관할권을 확립한 2개 이상의 당사국이 범죄인 인도를 요청한 경우에는 범죄가 실행된 선박의 기국인 당사국의 이해관계 및 책임을 정당하게 고려하여야 한다(제11조 제5항).

한편, 당사국은 제3조의 범죄에 대하여 형사소송절차가 진행되는 경우 자국이 보유하고 있는 증거의 제공 등 당사국 상호간에 최대한의 지원조치를 제공하여야 하며, 상호지원에 관한 조약이 있는 경우에는 그 조약에 따르고 조약이 없는 경우에는 자국의 국내법에 따라 지원을 제공하여야 한다(제12조).

III. 1988년 SUA의정서의 주요 내용

1988년 SUA협약이 선박에 대한 불법행위에 대한 것이라면 1988년 SUA 의정서는 대륙붕에 부착된 고정플랫폼의 안전을 해하는 불법행위에 대한 내용으로 구성되어 있다. 여기서 고정플랫폼이란 자원의 탐사·개발이나 그 밖의 경제적 목적을 위하여 해저에 영구적으로 부착된 인공섬·시설 또는 구조물을 말한다(제1조 제3항). 1988년 SUA의정서의 목적이 원칙적으로 1988년 SUA협약과 동일한 까닭에 1988년 SUA의정서 대부분의 내용은 1988년 SUA협약을 따르고 있다. 1988년 SUA의정서 제1조 제1항에서도 "이 의정서의 제2조에 규정에 의한 범죄가 대륙붕상에 위치한 고정플랫폼상에서 또는 동 고정플랫폼에 대하여 행하여진 경우, 1988년 SUA협약 제5조·제7조 및 제10조 내지 제16조의 규정이 동 범죄에 준용된다"고 명문으로 규정하고 있다. 이러한 제1항에도 불구하고 1988년 SUA의정서가 적용되지 않는 경우에도 범인 또는 범죄혐의자가 자국의 내수 또는 영해에 고정플랫폼이 위치하지 않은 당사국의 영토 내에서 발견된 때에도 1988년 의정서가 적용된다.

1988년 SUA의정서상의 범죄는 다음과 같다(제2조).

가. 무력 또는 무력의 위협이나 그 밖의 형태의 협박에 의하여 고정플랫
폼을 억류·통제하는 행위

나. 고정플랫폼의 안전을 위협할 수 있는 행위로서 고정플랫폼상의 사람
에 대하여 폭력을 행사하는 행위

다. 고정플랫폼을 파괴하는 행위 또는 고정플랫폼의 안전을 위협할 수
있는 훼손을 동 플랫폼에 야기하는 행위

라. 고정플랫폼을 파괴할 가능성이 있거나 그 안전을 위협할 수 있는 장
치나 물질을 모든 수단에 의하여 동 플랫폼에 설치하거나 설치되도
록 야기하는 행위

마. 가목 내지 라목에 규정된 범죄행위 또는 그 미수행위와 관련하여 사
람을 상해·살해하는 행위

이 밖에도 이상의 범죄의 미수행위, 타인을 교사하여 제1항에 규정된 범
죄를 행하도록 하는 행위 또는 그러한 범죄를 행하는 자의 그 밖의 공범이
되는 행위, 자연인 또는 법인이 국내법에 따라 어떤 행위를 하도록 하거나
삼가도록 강요하기 위하여 조건부로 또는 조건없이 나목 및 다목에 규정된
범죄를 행하겠다고 위협하는 행위로서 고정플랫폼의 안전을 위태롭게 할
수 있는 것도 의정서의 적용대상범죄에 해당된다.

재판관할권에 관해서도 의무적 관할권과 임의적 관할권으로 구분하고
있는 바, 자국의 대륙붕에 위치한 고정플랫폼에 대하여 또는 그 플랫폼에서
제2조의 범죄가 발생한 경우 또는 제2조의 범죄를 자국민이 범한 당사국은
의무적 관할권을 갖는다(제3조 제1항). 임의적 관할권의 경우에는 1988년
SUA협약의 경우와 마찬가지로 i) 자국에 상시거주지를 가지고 있는 무국적
자에 의하여 범죄가 행해진 경우, ii) 범죄행위 시에 자국민이 납치·위협·
상해 또는 살해된 경우, iii) 자국에 대하여 어떤 작위 또는 부작위를 강요하
기 위하여 범죄가 행해진 경우에는 관련당사국이 임의적 관할권을 갖고 재
판관할권을 설정할 수 있다(제3조 제2항).

이 밖의 대부분의 규정은 1988년 SUA협약과 동일하지만, 의정서 발효요

건이 3개국의 비준으로 약하게 규정된 점과 동 발효요건이 충족된다고 하여도 1988년 SUA협약이 발효되기 이전에는 의정서가 발효되지 않는다고 규정한 점이 특이한 사항이다(제6조 제1항).

IV. 2005년 SUA협약의 주요 내용

1988년 SUA협약과 1988년 SUA의정서는 해상안전을 위협하는 폭력적 위해행위를 협약상의 범죄로 규정하고, 협약당사국들에게 그러한 범죄를 범한 자를 타당사국에 형사적 처벌을 위하여 인도하거나 자국 내에서 형사적으로 기소하도록 하는 의무를 부과하고 있으며, 더나아가 그러한 형사소추를 위해 국제형사사법공조의 토대를 마련하였다.[4]

그러나 2001년 미국의 9·11항공기 테러사건 이후 선박이 테러에 사용되거나 선박으로부터 유독물질 또는 핵폐기물을 해양에 투기하는 행위 등을 처벌할 국제법상 근거를 찾기 어렵고, 더 나아가 1988년 협약 및 의정서가 선박 또는 해상플랫폼에 대한 불법행위에 대한 사후적 처벌에 초점이 맞추어져 있을 뿐 범죄를 사전에 예방하기 위한 조치가 포함되어 있지 못하다는 문제점이 제기되어 전술한 바와 같이 2005년 SUA협약이 채택되었다.

2005년 SUA협약의 주요 내용을 살펴보면 다음과 같이 정리할 수 있다.

첫째, 1988년 SUA협약 제3조에 규정된 범죄의 범위를 확대하여 제3조의 2를 신설하고, i) 선박을 이용하여 인명을 살상하거나 재산을 파괴하는 행위, 선박을 이용하여 인명살상 또는 재산파괴를 위하여 폭발물, 방사성 물질 또는 생화학 및 핵무기를 사용하는 행위, ii) 선박으로부터 유독물질, 유류, 액화천연가스 등을 방류하는 행위, iii) 선박을 이용하여 국제법상 금지된 생화학 및 핵무기, 원료물질, 특수분열물질, 특수분열물질의 가공·사용·

---

4) 최재선, 「해적피해방지를 위한 법률정비방안」(한국해양수산개발원, 2010.12), 72쪽.

생산을 위하여 설계 또는 준비된 장비·물자·이중용도물자 등을 운송하는 행위를 협약상 범죄로 규정하였다. 또한 이와 같은 범죄를 저지른 자연인뿐만 아니라 법인도 민사, 형사 또는 행정적 책임을 지도록 하였다(제5조 제2항).

둘째, 제8조의 2를 신설하여 해상 승선 및 검색규정을 마련하였는 바, 테러 및 대량살상무기(WMD: Weapons of Mass Destruction) 운송혐의선박에 대하여 각 당사국에서 승선 및 검색할 수 있도록 하였다. 승선 및 검색과 관련하여 선박의 기국에 해당선박과 관련된 정보를 요청할 수 있고, 해상에서의 승선 및 검색의 위험과 어려움을 고려하여 다음 입항지 또는 다른 곳에서 승선 및 검색이 안전하게 이루어질 수 있도록 관련당사국 간에 합의된 적절한 조치들이 취해질 수 있는지 고려하도록 하였다. 다만, 승선과 검색은 선박의 기국이 동의하여야 실시할 수 있으며, 요청을 받은 기국은 수락·거부·공동검색·기국의 자체검색이라는 4가지 조치 중 하나를 취하여야 한다. 또한 협약당사국은 협약의 서명, 비준 또는 가입 시에 자국 선박에 대한 승선 및 검색에 대하여 포괄적 사전동의를 IMO 사무총장에게 통지할 수 있다. 선박에 대한 승선 및 검색 시에는 최소한의 정당하고 필요한 한도 내에서만 무력을 사용할 수 있으며, 승선 및 검색의 결과 무혐의로 밝혀질 경우 그에 대하여 책임있는 국가는 효과적인 구제방안을 제공하여야 한다.

셋째, 협약상 범죄가 정치범 또는 정치적 동기에 유발되었다는 이유만으로 범죄인 인도의 대상에서 제외되지 않는다고 규정하여 테러범에 대한 범죄인 인도요청 시 정치범 불인도의 원칙 적용을 배제하였다(제10조 제2항).

마지막으로, 2005년 SUA협약의 내용은 1988년 SUA의정서에도 준용되도록 하여, 대륙붕에 위치한 고정플랫폼을 이용하여 유독물질을 방출하는 행위 또는 생화학 및 핵무기 또는 핵물질 등을 사용하는 행위 등도 SUA의 정서에 의해 처리될 수 있도록 하였다.

V. 우리나라의 수용태도

우리나라는 1988년 SUA협약과 1988년 SUA의정서에 가입하였으나 2005년 SUA협약은 가입하지 않고 있다. 즉, 1988년 SUA협약을 2003년 5월 14일 가입하여 우리나라에는 2003년 8월 12일부터 발효되고 있으며, 1988년 SUA의정서를 2003년 6월 10일 가입하여 우리나라에는 2003년 9월 8일부터 발효되고 있다.

한편, 우리나라는 1988년 SUA협약과 1988년 SUA의정서의 국내적 이행을 위하여 2003년 5월 27일 법률 6880호로 '선박 및 해상구조물에 대한 위해행위의 처벌 등에 관한 법률'을 제정하여 적용하고 있다.

이 법은 전체적으로 13개 조문으로 구성되었으며, 제1조에서 입법의 목적을 '운항 중인 선박 및 해상구조물에 대한 위해행위를 방지함으로써 선박의 안전한 운항과 해상구조물의 안전을 보호함'을 목적으로 한다고 규정하고 있다. 이 법의 적용 범위는 대한민국 국민에 의한 범죄뿐만 아니라 대한민국 영역 외에서 선박 또는 해상구조물에 대하여 범죄를 범하거나, 이 법에서 정한 범죄를 저지르고 대한민국 영역 안에 있는 외국인까지도 포함하고 있다.

범죄의 종류에 대해서는 제5조 내지 제13조에서 규정하고 있는 바, 폭행·협박·상해·살인죄, 선박납치죄, 선박 등 손괴죄, 선박운항관련 기기·시설의 손괴죄 등, 위험물건 설치·탑재죄, 허위정보전달죄, 미수범, 선박납치 등 살인·치사죄, 상해·치상죄, 협박죄 등의 구성요건 및 형량에 대하여 규정하고 있다.

제7장

CSI와 PSI

김석균(해양경찰청)

I. 새로운 안보위협과 해양보안정책

냉전종식 후 세계는 미국에 대한 2001년 9·11테러에서 볼 수 있듯이 이전과는 전혀 다른 차원의 안보환경을 경험하게 된다. 즉 냉전시대의 안보 패러다임인 미·소 강대국 간 핵무기에 의한 '공포의 균형'이 사라진 대신 전 세계는 불량국가, 비국가단체에 의한 핵, 생·화학 무기 등 대량살상무기(WMD: Weapons of Mass Destruction)를 이용한 테러의 비전통적인 안보위협에 직면하게 되었다.

이러한 변화된 안보위협 속에서 해양보안(maritime security)[1]에 대한 우려도 높아지고 있다. 그간 육상에 비해 해양안보 위협은 상대적으로 덜

---

1) Maritime Security는 일반적으로 '해양안보'라고 번역되고 있으나 해양안보는 군사적 요소를 강하게 내포하고 있다. 여기서는 군사적 조치를 제외하고 또한 Maritime Safety와 대비되는 개념으로서 해양위협에 대한 비군사적 조치를 포괄하는 의미로 '해양보안'으로 통칭한다.

하였고 따라서 그에 대한 대응책도 정책의 우선순위에서 밀렸다. 그러나 9·11테러 이후 말라카 해협 등 주요 해상교통로, 항만·임해시설, 선박 및 승객의 안전에 대한 테러위협과 해상을 통한 대량살상무기의 반입·확산의 가능성이 높아지면서 각국은 해양보안 대책 마련에 부심하고 있다.

9·11테러 이후 전 세계적으로 시행되는 있는 해양보안 조치들은 대부분 미국 주도로 이루어졌다. 세계 최대 교역국인 미국은 '방사능 폭탄(dirty bomb)'과 같은 대량살상무기를 적재한 컨테이너·선박에 의한 테러를 막기 위해 미국으로 들어오는 화물이 선적되는 외국 항만에서 도착지 미국 항만 및 육상의 최종 목적지에 도달하는 단계를 해외(overseas), 수송(in transit), 해안(on shores) 등의 3단계로 구분하여 이에 맞는 보안조치를 적용하는 「단계적 해양보안 조치(layered maritime security measures)」[2]를 시행하고 있다.

그 중 「컨테이너 보안구상(CSI: Container Security Initiative)」과 「대량살상무기 확산방지구상(PSI: Proliferation Security Initiative)」은 「화물안전구상(Secure Freight Initiative)」, 「국제선박 및 항만시설 보안규정(ISPS Code: International Ship and Port Facility Security Code)」, 「대테러 관세·무역 파트너십(C-TAPT: Customs-Trade Partnership Against Terrorism)」, 「24시간 사전 통보 규정(24-Hour Rule)」 등 일련의 미국의 해양보안 조치 중 가장 핵심적인 조치들이다.

---

2) The U.S. Department of Homeland Security, "Secure Seas, Open Ports: Keeping our waters safe, secure and open for business," 21 June, 2004, p.3.

II. CSI

1. 실행 배경

2001년 9·11테러를 계기로 미국 관세·국경보호청(CBP: U.S. Customs and Border Protection)은 미국의 해양보안을 강화하기 위한 대책으로서 2002년 「컨테이너 보안구상(CSI)」의 시행을 발표하였다. CSI는 미국으로 들어오는 컨테이너가 선적되는 전 세계 주요항만에 파견된 관세·보호청 직원들이 미국행 위험물질 의심 컨테이너에 대하여 항만국 직원들과 공동으로 사전검사를 실시하여 위험화물 컨테이너의 적재를 사전에 차단함으로써 세계교역질서를 보호하고 미국과 CSI 항만 간 교역로의 안전을 확보하는 것을 목적으로 한다.

현재 전 세계 무역의 80%와 제조품의 90% 이상이 선박운송에 의하여 이루어질 만큼 해상교역의 비중은 압도적이고 세계경제가 성장함에 따라 그 비중이 더욱 증가할 전망이다. 이러한 해상교역의 성장에는 화물의 컨테이너화에 의한 운송과 직접적인 연관이 있다. 전 세계적으로 매년 1억 8백만 개 이상의 컨테이너가 운송되고, 모든 교역국들은 컨테이너 운송에 절대적으로 의존하고 있다. 미국의 경우 2006년 기준으로 매일 평균 32,000여 개의 컨테이너가 미국 항만에 도착한다.[3]

해상교역에서 컨테이너 수송 의존도가 절대적이고, 컨테이너의 내용물을 외부에서 일일이 직접 확인하기 어려운 특성 때문에 컨테이너를 이용한 대량살상무기의 밀반입 또는 테러 가능성이 높아지고 있다. 핵·생화학무기 등 대상살상무기를 적재한 컨테이너를 이용하여 주요 항만, 해안도시 또는 임해시설에 대한 테러 시 대규모 인명·시설의 피해와 세계교역질서에 심

---

3) U.S. Customs and Border Protection(http://www.cbp.gov/xp/cgov/trade/cargo_security/csi/csi_in_brief.xml) 참조.

대한 혼란을 초래할 것으로 예상된다.

이 같은 테러위험성과 컨테이너의 보안 취약성 때문에 9·11테러 이후 미국은 자국에 유입되는 컨테이너에 의한 대량살상무기 반입 및 테러 대책으로서 CSI를 실행하게 되었다.

2. 주요 내용

CSI는 미국의 관세·국경보호청(CBP) 직원들이 CSI에 동참하는 국가들의 미국행 화물이 많은 항만에 상주하면서 그 국가의 세관공무원과 공동으로 미국행 컨테이너가 선적되기 전 위험물질 가능성이 높은 컨테이너를 식별하여 비침입검사(non-intrusive inspection) 및 방사능 기술 등을 이용하여 컨테이너 내용물을 사전 검색함으로써 위험물 컨테이너가 미국에 도착하기 전 외국항만에서 사전 차단하는 것이다. CSI의 핵심요소는 다음 3가지로 정리될 수 있다.

i) 고위험 컨테이너 식별: 파견된 CBP 직원들은 사전 정보를 바탕으로 자동화된 추적 장치를 이용하여 테러 위험물질 적재 가능성이 높은 컨테이너 화물을 식별한다.
ii) 선적 전 사전검사 및 분석: 컨테이너는 출발지 항구의 선적 절차 중 가능한 한 초기단계에서 검색하여 화물의 흐름을 지체시키지 않는다.
iii) 첨단검색 기술을 이용한 효율적 검색: 화물의 흐름을 지체시키지 않고 검색이 가능하도록 하기 위해 고위험 컨테이너를 식별하기 위한 X-레이, 감마-엑스레이기계, 방사능 탐색기기 등의 첨단기술을 사용한다.

CSI는 상호주의를 기본으로 하고 있다. 즉 CSI에 참여하는 국가는 자국의 세관직원을 자국행 컨테이너가 많이 선적되는 미국의 항만에 상주시켜 같은 방식으로 컨테이너를 검색할 수 있다. 이와 같은 상호주의 원칙에 의하여 일본과 캐나다는 몇몇 미국 항만에 자국의 세관공무원을 상주시켜 컨테이너 내용물 검사를 하고 있다.

2010년 12월 현재 CSI에는 미주, 유럽, 아프리카, 아시아, 중동 등의 지역 58개 항만이 참여하고 있고 미국으로 수입되는 컨테이너 화물의 86%가 CSI의 검색대상이 되고 있다.[4]

III. PSI

1. 배경

작은 국가나 단체라도 핵 등 대량살상무기나 기술을 보유하면 세계 안전에 심각한 타격을 가할 수 있는 새로운 국제안보환경하에서 「대량살상무기 확산방지구상(PSI: Proliferation Security Initiative)」은 비(非)확산(non-proliferation) 중심의 기존 국제사회의 대응체제로는 새로운 안보위협에 효과적으로 대응할 수 없다는 미국을 중심으로 한 국제사회의 인식에서 출발하였다.[5] 즉 핵확산금지조약(NPT: Non-Proliferation Treaty)을 비롯한 현재의 대량살상무기 감시체제는 조약당사국에 대한 수출통제 중심의 수동적인 비확산만을 규정하고 있기 때문에 비당사국과 주권국가가 아닌 비국가 단체에 의한 WMD 사용의 경우 대응이 어려운 한계를 지니고 있다. 이에 따라 대량살상무기 확산 방지를 위해 보다 적극적이고 능동적으로 대응해야 한다는 대(對)확산(counter-proliferation) 개념이 제기되었다.

---

4) U.S. Customs and Border Protection, 상기 website 참조.
5) 정서용, "국제법질서의 한계와 대량살상무기 확산방지구상(PSI)의 출현," 『서울국제법연구』 제14권 1호(2007), pp.4-7 참조.

특히, 알카에다에 의한 9·11테러 및 2002년 12월 '서산호' 사건6)은 미국의 안보인식 변화 및 PSI의 출범에 결정적인 계기가 되었다. 미국은 '서산호' 사건을 통하여 대량살상무기를 수송하는 선박의 적재물을 제3국이 압류하는 것은 현행 해양법 체제에서는 한계가 있다는 것을 확인하게 되었고, 국제법의 틀을 벗어나지 않으면서 제3국에 의한 대량살상무기 확산을 저지하기 위한 새로운 체제를 구상하게 되었다.

대(對)확산 개념에 기초한 PSI는 결국 군사적 역할을 강조 또는 증대한 것으로 핵무기를 비롯한 WMD 이동 의혹이 제기될 경우 적극적 군사행동이 포함된 '차단'을 중요한 이행 수단의 하나로 도입하게 된 것이다.

2. PSI 참여의 의미

2003년 5월 31일 폴란드 Krakow에서 부시 미국 대통령에 의하여 선언된 PSI는 대량살상무기의 확산을 막기 위한 미국 주도의 다자간 국제협력체제로서 항공기나 선박을 이용한 WMD, 운반수단 및 관련물질의 불법적인 이전 방지를 목표로 하고, 이행수단으로서 힘의 행사가능성이 내포된 '차단(interdiction)' 개념을 도입한 새로운 WMD 접근 방법이라 할 수 있다. PSI는 WMD가 확산 우려국가나 비국가 단체에서 다른 국가나 단체로 이전되거나 거래되는 도중에 차단함으로써 WMD의 확산을 막기 위한 '예방적

---

6) '서산호' 사건은 2002년 12월 아덴만에서 스페인과 미국 해군이 합동으로 국기를 게양하지 않고 항행하는 북한 화물선 '서산호'에 정선명령을 내렸으나 응하지 않자 경고사격을 가하여 강제적으로 정선시키고 수색한 사건이다. 스페인 군함은 임검권을 행사하여 서산호에서 4만여 개의 시멘트포대 아래 숨겨진 15개의 스커드 미사일 반제품, 15개의 재래식 탄두 및 약 85드럼의 화학물질을 발견하였다. 예멘 정부는 스커드 미사일의 소유권과 북한과 합법적인 거래임을 주장하며 나포에 강력히 항의하였다. 이에 따라 미국은 결국 예멘행을 허용하였고, "예멘이 북한 미사일을 구매하는 것을 금지하는 국제법 조항은 없다. 국기를 게양하지 않은 선박을 정선·임검할 수 있는 권한은 있지만, 화물을 압수할 수 있는 명백한 권한은 없다"는 점을 인정하였다.

조치(preventive measures)' 이다.

구체적으로 PSI는 2003년 9월 파리에서 열린 제3차 회의에서 합의된 「차단원칙에 대한 PSI 선언(PSI Statement of Interdiction Principles)」에서 제시된 '차단 원칙'과 '구체적 행동방안'의 이행을 약속하는 국가들의 행동 집합체라 할 수 있다. PSI는 조약이나 국제협정에 따라 설치된 상설 국제기구나 조직이 아니다. 따라서 본부와 사무국도 없다. 국제 평화와 안전에 위협이 되는 WMD의 확산을 막기 위한 참여국의 '자발적인 의지에 기초한 연합체(coalition of willingness)'이다.

PSI의 참여는 조약이나 국제기구의 가입 절차와 달리 PSI의 「차단원칙」과 「구체적 행동방안」의 승인을 국제사회에 공표함으로써 이루어지는 것이다. 자발적인 행동집합체인 만큼 참여국의 의무는 아주 미약하다. 참여국은 「차단원칙」과 「구체적 행동방안」을 이행하도록 단지 '요청' 내지 '권유' 될 뿐 이들에 기속되는 것은 아니다.

〈차단원칙〉
- 확산 우려국가 · 비국가 단체에 의한 WMD 및 관련물질의 이전 · 운송을 저지하기 위한 단독 · 공동의 효율적 조치 이행
- 참여국 간 정보의 기밀유지와 신속 교환을 위한 절차 간소화; 차단 작전 · 역량에 적절한 자원 · 노력의 투입; 차단을 위한 참여국 간 조정의 최대화
- 차단목적 달성을 위한 참여국의 관련국내 · 국제법 기반 강화
- 국내 · 국제법의 허용범위 안에서 WMD 차단을 위한 구체적 행동의 수행

〈구체적 행동방안〉
- WMD 의심 화물의 운송지원이나 운송 금지
- 자발적 또는 타국의 요청에 의하여 내수나 영해에 있는 자국선박 혹은 타국 영해 이원에 있는 자국 선박이 WMD를 운송한다고 믿을

만한 합리적인 이유가 있는 경우, 승선·검색 및 화물 압류
- WMD 운송이 의심되는 자국 선박에 대한 타국의 승선·검색 및 압류에 대한 동의의 고려
- WMD 운송 의심선박에 대한 자국의 내수·영해·접속수역에서 정선·검색·압류 및 항만·내수 또는 영해 진입·이탈 시 정선·검색 및 압류 가능토록 하는 조치의 시행
- 자국의 판단 또는 타국의 요청에 의하여 WMD 적재 의심 항공기에 대한 검색·화물 압류 또는 착륙 및 영공 통과 거부
- 자국의 항만·공항 또는 기타 시설이 WMD 환적 장소로 이용되는 경우 검색 및 압류 시행

2003년 5월 10여 개의 '핵심국가 그룹(core state group)'으로 출발한 PSI는 2010년 12월 현재 98개국이 참여하고 있다. 미국, 러시아, 일본 등 G8 국가, EU 전 회원국(27개국)과 호주, 뉴질랜드, 싱가포르, 필리핀, 몽골 등이 참가하고 있으나 중국, 인도, 파키스탄, 말레이시아, 인도네시아, 이란, 시리아, 남아공화국, 브라질 등은 아직 참여하지 않고 있다.

IV. 동북아 국가의 CSI 및 PSI 참여

세계 최대의 경제대국 미국과 교역의존도가 높은 한·중·일 등의 동북아 국가들은 CSI 시행 초기부터 적극적으로 참여하고 있다. 이들 국가의 적극적인 참여는 9·11 이후 해상보안 강화를 위한 전 세계적 노력에 동참한다는 측면도 있지만 미국주도의 컨테이너 보안조치에 소극적으로 대응할 경우 미국항만에 대한 접근이 제한당할 수 있다는 현실적 요인도 고려되었다고 보여진다.

전체 수출물량의 21%를 미국으로 수출하고 있는 중국은 2003년에 CSI

에 참여를 결정하여 상하이, 센첸을 CSI 항만으로 지정하고 있다. 일본은 최대무역 상대인 미국이 주도하는 컨테이너 안전조치에 앞장서서 참여하고 있다. CSI에 참여하고 있는 일본의 항만은 요코하마, 도쿄, 나고야, 고베 등이다. 한국도 예외는 아니다. 2003년 1월 미국과 협정을 맺고 미국으로 향하는 컨테이너 물량에서 세계 6위 항만인 부산항을 CSI 항만으로 하고 있다. 또한 부산항은 2006년에「안전화물구상(SFI)」참여 항만으로도 지정되었다.

북한의 미사일 사정권 안에 있는 일본은 PSI 시행 초기부터 PSI 훈련에 항공기와 함정을 참여시키는 등 PSI의 핵심멤버로서 적극적으로 참여하고 있다. 특히 일본은「북한 화물선박에 대한 특별조치법」을 제정하여 해상자위대와 해상보안청에 북한향·발 미사일 관련 물품 등 금지물품을 수송하는 북한선박에 대한 검색권한을 부여하고 있다.

중국은 PSI에 참여하지 않고 있다. 중국이 미국과 경쟁하는 글로벌 파워로 성장하는 등 국제관계의 재편 속에서 중국의 참여거부는 미국 및 북한 등 동북아 주변국과의 관계가 복합적으로 고려된 것으로 보인다.

한국은 2009년 5월 북한의 제2차 핵실험 및 미사일 발사 등 북한의 위협에 대응하여 같은 해 5월 26일 PSI에 정식 참여를 발표하고 95번째 참가국이 되었다. 그동안 미국 등 국제사회의 계속된 참여요청에도 불구하고 남북관계의 특수성과 안보환경을 고려하여 정식참여에 유보적인 입장을 취해오던 한국 정부는 북한의 추가 핵실험을 계기로 PSI 원칙을 승인하였다.

제8장

SOLAS(해상인명안전)협약 체계

박영길(한국해양수산개발원)

I. 타이타닉호 침몰과 협약 채택

1. 타이타닉호 침몰사고

상선의 해상 안전에 관한 가장 중요한 조약인 SOLAS협약(International Convention for the Safety of Life at Sea)이 채택된 결정적 계기는 1912년 4월 14일 발생한 타이타닉호(RMS Titanic)의 침몰사고였다.

당시 세계 최대의 호화 여객선인 영국 국적의 타이타닉호는 1912년 4월 10일 영국의 사우샘프튼(Southampton)을 출항하여 뉴욕으로 항해하던 중 4월 14일 밤 11시 40분 유빙과 충돌하여 다음 날 새벽 2시 20분 침몰하였다. 이 사고로 인해 승무원을 포함한 총 2,223명의 승선 인원 중 1,517명이 사망하였다.[1] 당시 이용 가능한 가장 앞선 기술들을 적용한 최고, 최대의 여객선이었던 타이타닉호는 총 톤수 4만 6,328톤, 길이 269.1m, 폭 28m,

갑판까지의 높이 18m 규모로 최대 3,547명이 승선할 수 있으며, 2개의 증기 엔진과 엔진을 돌리기 위한 29개의 보일러가 있고, 수영장, 체육관, 사우나 시설 등을 갖추고 있었다.[2] 이러한 타이타닉호가 침몰하여 대량의 인명피해가 발생한 것은 선박 구조상의 문제, 타이타닉호의 발화(發火)신호를 다른 선박이 이해할 수 없었다는 점, 타이타닉호의 조난 신호 청취가 늦어진 점, 구명정이 부족했다는 점 등이 복합적으로 작용한 결과였다.[3] 예컨대 타이타닉호에는 구명정이 20개 밖에 없었는데, 이는 승선 인원의 절반 정도밖에 수용할 수 없는 것이었다.[4] 국제사회는 이 사고를 계기로 국가들의 국내법으로 규제하고 있던 선박 안전에 관한 규정을 국제조약이라는 통일된 형식의 규제 필요성을 인식하게 되었다.

---

1) United States Senate Inquiry Report(http://www.titanicinquiry.org/USInq/USReport/AmInqRep03.php#a8, 2011.3.15 방문).
2) "RMS Titanic"(http://en.wikipedia.org/wiki/Titanic, 2011.3.15 방문).
3) 민영규, "1974년의 해상에서 인명 안전을 위한 국제협약(1974 SOLAS Convention, 1974년 해상인명안전협약) ①,"『해양한국』(2003.12), 127쪽.
4) 타이타닉호 인명사고 통계

승객	승선			구조			사망			구조율 (%)
	여성, 아동	남성	소계	여성, 아동	남성	소계	여성, 아동	남성	소계	-
일등석	156	173	329	145	54	199	11	119	130	60
이등석	128	157	285	104	15	119	24	142	166	42
삼등석	224	476	710	105	69	174	119	417	536	25
소계	508	816	1,324	354	138	492	154	678	832	-
승무원	23	876	899	20	194	214	3	682	685	24
합계	531	1,692	2,223	374	332	706	157	1,360	1,517	32

출처: United States Senate Inquiry Report
※ 여성과 아동, 일등석 승객들의 사망률이 낮은 것은 이들을 우선적으로 구명정에 태웠기 때문이다

2. 1914년 SOLAS협약 채택

타이타닉호 사고 발생 후 약 2년이 지난 1914년 1월 서구의 주요 해운국 13개국이 모여 '해상 인명 안전을 위한 국제회의(International Conference for the Safety of Life at Sea)'를 하였으며, 그 결과 '1914년 해상 인명 안전을 위한 국제협약(이하 'SOLAS협약')'이 채택되었다.

1914년 SOLAS협약은 선박에는 모든 선원이 승선할 수 있는 구명정을 갖추고 항행 중 구명훈련을 실시할 것, 모스 방식의 무선전신을 설치하고 500KHz의 조난주파수를 24시간 청취할 수 있도록 무선통신사를 승선시킬 것, 북대서양 항로에서 유빙을 감시할 것, 선박 승객의 등급에 의한 구출 순서를 폐지할 것 등을 규정하였다. 이 협약은 해상 인명 안전 확보를 위해 기술적 요건들을 규정한 최초의 협약이었지만 제1차 세계대전의 발발로 인한 국가들의 참여 저조로 발효하지도 못하였다.[5]

〈그림〉 타이타닉호와 사고지점[6]

---

5) 민성규, *supra* note 3, 128쪽. 영국, 스페인, 네덜란드, 스웨덴 및 노르웨이 등 5개국 만이 비준하였다.

6) "RMS Titanic"(http://en.wikipedia.org/wiki/Titanic, 2011.3.15 방문).

II. 협약의 변천 과정

1. 1974년 SOLAS협약 이전

1) 1929년 SOLAS협약

제1차 세계대전의 발발로 인해 발효하지 못한 1914년 협약은 이후 과학기술의 발달과 국제사회의 환경 변화를 반영하여 여러 차례 개정을 거쳤으며, 그 첫 번째 개정이 1929년 18개국이 참가한 런던회의에서 이루어졌다. 이 개정 협약이 1931년 1월 발효함으로써 국제사회는 처음으로 해상 인명 안전에 관한 통일된 협약을 갖게 되었다. 이 협약은 국제항행에 취항하는 여객선과 1,600톤 이상의 화물선을 적용 대상으로 하였다.

2) 1948년 SOLAS협약

1948년 SOLAS협약은 제2차 세계대전을 겪으면서 발전한 선박 및 항해기술을 반영하였다. 이 협약은 1952년 11월 발효하였으며, 여객선의 구획 배치와 방화구조 등의 요건을 더욱 강화하였다.

3) 1960년 SOLAS협약

제2차 세계대전 이후 전반적인 분야에서 급속한 과학기술의 발전이 이루어졌는데, 해운과 조선 분야에서도 원자력 상선이 출현하는 등 예외가 아니었다. 그래서 1948년 SOLAS협약을 전반적으로 개정해야 한다는 목소리가 높아졌으며, 새로운 SOLAS협약을 채택하는 것이 IMO(IMCO: 국제해사기구, 당시는 정부 간 해사협조기구)의 첫 번째 임무가 되었다.[7] IMO의 주도

---

7) IMO(International Maritime Organization)의 전신인 IMCO(Inter-Governmental Maritime Consultative Organization)는 1948년 제네바 국제회의를 통해 설립협약이 채택되었으며, 이 협약이 1958년 발효함으로써 설립되었다. IMCO는 1982년 현재의 IMO로 이름이 바뀌었다(http://www.imo.org/About/HistoryOfIMO/Pages/Default.

로 채택된 1960년 SOLAS협약은 1953년 5월에 발효하였다. 이 협약은 구명설비, 소방설비 등 설비 전반에 대한 규제 내용을 강화하는 등 그동안의 과학기술의 발전을 반영하였다.[8]

2. 1974년 SOLAS협약의 채택과 개정절차 방식 변경

1) 1974년 SOLAS협약 채택

IMO는 기구 내 가장 중요한 위원회인 해사안전위원회(MSC: Maritime Safety Committee)에서 심의된 기술적 안전요건의 실시 확보를 위해 '1974년 해사 인명 안전을 위한 국제회의'를 개최하였다. 이 회의를 통해 채택된 SOLAS협약은 기존과는 전혀 다른 것이었으며, 1980년 5월 발효하여 지금까지 유지되고 있다.[9]

2) 협약 개정절차 방식 변경

1974년 SOLAS협약의 가장 중요한 특징은 개정절차를 간소화함으로써 기술발달을 곧바로 협약에 수용할 수 있도록 하였다는 점이다. 우선 협약 본문과 일반 조항인 부속서 제I장의 개정은 3분의 2 이상의 체약국 정부의 명시적 수락이 있어야 한다. 반면 기술적 사항들을 규정하고 있는 부속서 제II장 이하는 개정을 쉽게 하기 위해 '묵시적 수락(tacit acceptance)' 절차를 도입하였다. 이 절차에는 2가지 방식이 있는데, IMO 내의 심의를 거치는 경우 3분의 2 이상이 출석한 확대 해사안전위원회[10]에서 다수결로

---

aspx, 2011.3.15 방문).

8) 민성규, *supra* note 3, 129쪽.

9) 한국은 1980년 12월 31일 비준서를 기탁하여 1981년 03월 31일 발효하였다(조약 제730호).

10) 'Expanded Maritime Safety Committee' : IMO 회원과 SOLAS 당사국 모두 협약 개정을 위해 해사안전위원회에 참가할 수 있다는 의미를 가진다.

채택하거나 혹은 3분의 2 이상이 출석한 체약국 정부 회의에서 다수결로 채택하는 방식이다. 이렇게 채택된 개정안은 별다른 표시가 없으면 각 체약국 정부에 통지된 날로부터 2년이 지나는 시점에 수락한 것으로 본다.[11]

개정절차를 간소화하고 특히 묵시적 수락 제도를 도입함으로써 1974년 SOLAS협약은 향후 기술적 발달사항들을 신속히 협약에 반영할 수 있게 되었다. 실제로 1974년 이후 지금까지 수십 차례의 협약 개정이 있었으며 그 대부분은 IMO 내 해사안전위원회의 결의를 통해서 이루어져 왔다.

III. 1974년 SOLAS협약의 체계

1. 개관

1974년 SOLAS협약은 본문과 부속서로 구성되어 있으며 협약의 특성상 기술적 규제사항이 중요한 부분을 차지하는데, 이는 부속서에서 상세한 규정을 두고 있다. 그래서 총 12개의 장으로 구성된 부속서를 포함한 협약은 방대한 양으로 구성되어 있을 뿐만 아니라, 특히 부속서는 IMO 내 해사안전위원회를 통해 거의 매년 개정이 이루어지기 때문에 협약의 전체적인 내용을 자세히 이해하기란 매우 어렵다. 또한 1974년 SOLAS협약에 대해 1978년 및 1988년의 2개 의정서가 채택되었다.

협약 본문은 총 13개의 조문으로 구성되어 있으며 체약국의 일반적 의무 사항과 적용 범위 등에 대해 기술하고 있다. 앞서 살펴본 협약 개정에 관한 사항을 제외하면 협약 본문에서 크게 중요한 사항은 없다고 할 수 있으며, 오히려 선박의 구조와 설비, 운항 요건 등 기술적 사항에 대한 최소 요건을

---

11) 1974년 SOLAS협약 제8조 (b), (c) 참조.

규정해 두고 있는 부속서가 협약의 목적상 더욱 중요한 역할을 한다고 할
수 있다.

2. 협약 부속서 내용[12]

1) 부속서 제1장(일반 조항)

부속서 제1장은 여러 유형의 선박 심사와 검사 결과 선박이 협약 요건을
충족한다는 것을 증명하는 증서 발급에 관한 규칙을 포함하고 있다.[13]

2) 부속서 제2-1장(구획, 복원성, 기관 및 전기설비)

이 장은 선체 손상시 선박이 전복하거나 침몰하지 않고 부양하여 안정성
을 확보할 수 있도록 수밀구획(watertight compartment)으로 건조하도록
하고 있다. 또한 수밀 격벽 사이의 허용거리는 선박의 길이와 선박의 취항
목적 등에 따라 다른데 여객선에 대해 가장 엄격한 기준을 적용하고 있다.
기관 및 전기설비에 대한 요건 규정은 선박, 여객 및 승무원의 안전에 필수
적인 시설을 확보하기 위한 것이다.

3) 부속서 제2-2장(방화, 화재 탐지 및 소화)

선박에서의 화재 방지를 위해 여객선, 화물선 및 탱커선에 대해 각 종류별
로 방화구조, 소화설비, 화재탐지장치 등 상세한 안전요건을 규정하고 있다.

4) 부속서 제3장(구명설비)

이 장은 별도의 규정이 없는 한 여객선과 화물선에만 적용된다. 선박의

---

12) 이하 내용은 특별한 표시가 없는 한 다음을 참조하였음: 1974년 SOLAS협약 및 민성
규, *supra* note 3, 131-134쪽.

13) 모든 부속서에는 각 장 하에 '조(article)' 대신 '규정(regulation)'이란 용어를 사용
하고 있다(예. 규정 1, 규정 2 등).

크기와 목적 등 여러 가지 사정을 고려하여 구명정의 수와 크기 등을 규정하고, 필요한 모터 구명정의 수, 통신설비 등 구명정의 시설 등에 대해 상세히 규정하고 있다.

5) 부속서 제4장(무선통신)

이 장은 글로벌 해난안전시스템(GMDSS: Global Maritime Distress and Safety System)에 따라 국제항행하는 여객선과 화물선이 위성긴급위치지시무선비컨(EPIRBs: Emergency Position Indicating Radio Beacons)과 수색구조 송수신장치(SARTs: Search and Rescue Transponders) 등의 장비를 갖추도록 규정하고 있다.[14] 또한 IMO는 e-내비게이션을 2012년부터 의무 탑재하겠다는 계획하에 활발히 논의 중에 있다. IMO에 의하면 e-내비게이션은 "해상환경의 보호와 바다에서의 안전·보안을 위해 선박의 출항에서 정박까지 항해·관련 서비스를 증진시켜 주는 전자적 수단을 이용하여 선상과 해상에서의 해양정보들에 대한 분석, 표현, 교환, 수집을 조화롭게 하는 것"이다.[15]

6) 부속서 제5장(항행 안전)

이 장은 체약국 정부로 하여금 모든 선박들이 안전 측면에서 충분하고 효율적으로 관리되도록 규정하고 있다. 선박의 목적과 크기 등에 따라 적용을 달리하는 다른 장들과 다르게 모든 선박들에게 적용된다는 점에서 구별된다. 체약국 정부에 대해 선박에 대한 기상정보고지 업무, 빙산 발견 등 얼음 감시업무, 선박의 통행 폭주수역에서의 선박 항로지정, 수색구조업무 유지 등의 의무를 부과하고 있으며, 선장으로 하여금 조난 인명 구조에 나설 것 등도 규정하고 있다.

---

14) 1999년까지 단계적으로 GMDSS가 도입됨에 따라 그동안 사용했던 모스신호는 사라지게 되었다.

15) 박보근, "'e-Navigation' 조선·기자재·해운 패러다임을 바꾼다," 『해양한국』 제442호(2010.6.29).

7) 부속서 제6장(화물 운송)

이 장은 벌크 상태의 액체화물과 가스를 제외한 모든 종류의 화물에 대한 안전 요건에 대해 규정하고 있다. 다만 곡물운송과 관련해서는 국제곡물규정에 따르도록 하고 있다.

8) 부속서 제7장(위험물 운송)

이 장은 위험물을 폭발물, 가스, 가연성 액체 등 총 9개 등급으로 분류하여 안전요건에 대해 규정하고 있다. 특히 포장 형태, 고체 형태 혹은 벌크 상태의 위험물 운송에 관한 선박 구조와 설비에 대해서는 국제해상위험물 운송규정(IMDG Code: International Maritime Dangerous Goods Code)을 참조하도록 하고, 비포장 상태의 위험 액체화학물질의 운송에 대해서는 국제비포장 화학물질 규정(IBC Code: International Bulk Chemical Code)을 참조하도록 하고 있다.

9) 부속서 제8장(핵추진 선박)

이 장은 핵추진 선박이 특히 방사성 위험과 관련해서 '핵추진 선박에 관한 안전규정'을 준수하도록 규정하고 있다.

10) 부속서 제9장(선박의 안전운항 관리)

이 장은 모든 선주와 선박의 운항관리에 책임 있는 사람(회사)에게 국제안전관리규정(ISM Code: International Safety Management Code)의 준수를 통하여 안전관리시스템을 확립할 것을 규정하고 있다.

11) 부속서 제10장(고속선의 안전조치)

이 장은 고속선에 대해 고속선에 대한 국제안전규정(International Code of Safety for High-Speed Craft)의 준수를 요구하고 있다.

12) 부속서 제11장(해상 안전 강화를 위한 특별조치)

이 장은 정부를 대신해서 검사와 점검을 수행하는 승인된 기관의 인가와 관련된 요건을 규정하고 있다. 특별조치에는 국제선박항만시설안전규정 (ISPS Code: International Ship and Port Facility Security Code)의 준수 도 포함한다.

13) 부속서 제12장(벌크캐리어에 대한 추가 안전조치)

이 장은 길이 150m를 초과하는 벌크캐리어에 대해 운송하는 화물의 밀 도를 기준으로 선박의 특정 구조 요건을 규정하고 있다. 예컨대 화물의 밀 도가 1,780kg/m^3 이상인 철광석 등과 밀도가 1,000kg/m^3 이상 1,780kg/m^3 미만인 쌀과 밀 등에 대해 선박 구조 요건을 달리 규정하고 있다.

3. 1974년 SOLAS협약에 대한 1978년 의정서

1978년 의정서는 유조선의 안전과 그로 인한 오염을 방지하기 위해 채택 된 의정서이다. 1976년 말과 1977년에 걸쳐 미국 연안에서는 유조선으로 인한 3건의 대형 해난사고가 발생하였는데,[16] 당시 지미 카터 미 대통령의 제안을 받아 IMO가 '유조선의 안전과 오염 방지에 관한 국제회의'를 개최 함으로써 의정서가 채택되었다.[17] 이 협약은 1973년 해양오염방지(MARPOL) 협약을 보완하는 성격도 가지고 있다.

이 의정서는 본문에는 일반적 의무, 발효요건 등에 관한 일반적 사항을

---

16) 로스앤젤레스 항내 탱커 폭발사고, 매사추세츠주 앞바다에서의 아르고 머천트(Argo Merchant)호 좌초사고 및 필라델피아 앞바다에서 발생한 올림픽게임호 좌초사고. 민 성규, "1974년의 해상에서 인명 안전을 위한 국제협약(1974 SOLAS Convention, 1974년 해상인명안전협약) ②,"『해양한국』(2004.1), 142쪽.

17) 한국은 1982년 12월 2일 가입서를 기탁하여 1983년 3월 2일 의정서가 발효하였다 (조약 제805호).

두고 부속서에서 1974년 SOLAS협약의 개정 또는 추가사항에 대해 상세히 규정하고 있다. 주요 내용으로는 불시의 현장 점검과 강제적 연례 검사제 도입, 기항국 통제 강화, 원유 수송 톤수를 기준으로 한 불활성 가스시스템 설치와 같은 선박의 안전시설 요건 규정 등을 들 수 있다.[18]

한국의 경우 2007년 12월 태안 앞바다에서 삼성중공업 소속 해상크레인 예인선단과 홍콩선적 유조선 허베이스피리트(Hebei Spirit)호가 충돌하여 발생한 사고로 인해 한국 사상 최악의 유류 오염 사고가 발생하였다. 유조선에 실려 있던 원유 1만 2,547 kl 가 유출되면서 서해안 일대가 순식간에 오염되어 어민과 지역 주민, 그리고 해양환경에 심각한 피해를 입혔으며, 정부는 충남 태안군·보령시·홍성군·서산시·당진군·서천군 등을 특별재난지역으로 선포하였다.

4. 1974년 SOLAS협약에 대한 1988년 의정서

1988년 의정서는 1974년 SOLAS협약, MARPOL 협약 등 각 협약에 규정되어 있는 증서의 유효기간과 검사의 간격이 다름에 따라 발생하는 불편함을 해소하기 위해 검사의 표준화를 규정한 것이다. IMO는 1988년 10월 '검사 및 증서의 조화시스템'에 관한 국제회의를 개최하여 의정서를 채택하였으며, 이는 2000년 2월에서야 발효하였다.[19]

여러 협약의 규정에 따라 각각 검사를 따로 받아야 했던 것을 이 의정서를 통해 여러 종류의 검사를 동시에 받을 수 있게 됨으로써 선주와 행정당국 모두 시간과 비용을 절약할 수 있게 되었다.[20]

---

18) 의정서 내용은 다음 홈페이지를 참조: Admiralty and Maritime Law Guide(http://www.admiraltylawguide.com/conven/protosolas1978.html, 2011.3.15 방문).
19) 한국은 1994년 11월 14일 가입서를 기탁함으로써 협약의 발효와 동시에 한국에서도 발효하였다(조약 제1514호).
20) 민성규, *supra* note 16, 144쪽.

IV. 국내법 규정

한국은 1974년 SOLAS협약에 가입하였지만 이에 대해 특별히 이행법률을 마련하지는 않았다. 이는 헌법 제6조 1항에 따라 이 협약이 국내적으로 직접 적용된다고 보았기 때문이다.[21] 따라서 해상의 인명안전을 위한 선박의 시설요건을 직접적으로 규정하고 있는 법률은 없다.

다만 관련이 있는 법률로 선박안전법을 들 수 있는데, 이 법은 선박용 물건 또는 소형선박의 형식승인, 컨테이너의 형식승인, 선박시설의 기준, 안전항해를 위한 조치, 검사업무 대행, 항만국통제 등에 대해 규정하고 있다. 그 밖에 관련 법률들로 선박법, 국제항해선박 및 항만시설의 보안에 관한 법률, 해상교통안전법 등이 있다.

한편 국토해양부는 1974년 SOLAS협약의 최근 개정사항들을 반영하여 신조 고속선의 의자석 안전벨트 설치요건을 강화하고, 전자해도시스템도 국제항해에 종사하는 500톤 이상의 여객선과 3천 톤 이상의 화물선에 2012년 7월 1일부터 설치를 의무화할 예정이다.[22]

---

21) 헌법 제6조 1항 "헌법에 의하여 체결·공포된 조약과 일반적으로 승인된 국제법규는 국내법과 같은 효력을 가진다."
22) "국토해양부, 선박설비기준 대폭 개선: 전자해도 2012년부터 단계적 설치 의무화," 『해양한국』 제443호(2010.8.2).

제9장

국제 선박 및 항만시설 보안규칙(ISPS Code)

김병렬(국방대)

I. 서론

국제선박및항만시설보안규칙(ISPS Code: International Ship and Port Facility Security Code)은 2002년 12월 12일 1974년 해상인명안전협약 (SOLAS: International Convention for the Safety of Life at Sea, 1974)의 당사국 정부회의에서 결의서 2로 채택된 A편(강제사항)과 B편(권고사항)으로 구성된 선박과 항만시설의 보안을 위한 국제규칙을 말하는데[1] 독립된 조약의 성격을 가지면서도 국제해상인명안전협약(SOLAS)의 제XI-2장의 부록으로 채택되었다. 이는 그 시급성에 비하여 독립된 조약으로 만들게 될 경우 그 채택이나 비준 등에 시일이 지체될 것을 우려한 결과이기도 하다.

국제선박및항만시설보안규칙의 모체라고 할 수 있는 해상인명안전협약은 1912년에 있었던 타이타닉호 사고에 대한 대책으로 1914년에 처음 제정

---

1) 동 조약 제1규칙 1.12.

된 후 수차례 개정을 거쳐왔다. 현재는 1974년에 개정 채택되어 1980년 5월 25일 발효된 '1974년 협약(1974 SOLAS)'을 사용하고 있다. 물론 이 협약도 그 후 수차례 개정·보완되었지만 부분적인 개정이었기 때문에 계속해서 1974년 협약이라고 칭하고 있다.

한편 2001년 9월 11일 이른바 9·11항공기테러가 발생하자 미국은 국제해사기구(International Maritime Organization)에 각종 테러위협으로부터 선박 및 항만시설을 보호할 수 있도록 해상인명안전조약을 개정해 줄 것을 요청했고, 이를 계기로 2002년 2월에 첫 번째 회의가 시작되었으며, 마침내 2002년 12월 런던에서 108개국 대표가 서명함으로써 국제선박및항만시설보안규칙이 채택되어 2004년 7월 1일 발효되었다.[2] 이 규칙의 주요 내용은 다음과 같다.

II. 구성 및 적용 대상

해상인명안전조약 제XI-2장은 해상보안에 관한 사항을 규정하면서 구체적인 세부 이행사항에 대하여는 국제해상보안규칙에 위임하고 있다.[3] 동규칙은 강제사항인 A편과 A편의 규정들을 준수하기 위한 권고지침인 B편으로 구성되어 있다.

A편은 총 19개의 규정으로 구성되어 있으며, 선박, 선원을 포함한 여객, 화물, 항만시설 등에 대한 테러행위를 예방하기 위해 정부, 선사 및 항만당국이 행하여야 할 의무를 규정하고 있다.

이 규칙은 국제항해에 종사하는 선박으로 고속여객선을 포함한 여객선,

---

2) http://en.wikipedia.org/wiki/International Ship and Port Facility Security Code (2011.3.4. 검색).

3) 제2규칙 2, 제4규칙 1, 2 등.

총톤수 500톤 이상의 고속선을 포함한 화물선, 이동식 해상구조물, 국제항해에 종사하는 위 선박들이 이용하는 항만시설에 적용된다.[4]

B편 역시 총 19개의 규정으로 되어 있으며 A편의 전개 순서에 따라 추가적인 권고사항을 지침으로 제공하고 있다.

III. 주요 내용

1. 체약당사국 정부의 책임

규칙의 각 당사국 정부는 적절한 보안 등급을 설정하여야 하며 보안 위협 사건의 방지를 위한 지침을 제공하여야 한다. 보안등급이 높다고 하는 것은 보안위협사고의 발생 가능성이 높다고 하는 것을 의미하며, 등급을 설정할 때에는 위협정도의 신뢰성, 확증, 구체성, 긴급성 및 이로 인한 보안 위협사고의 잠재적 결과 등을 고려하여야 한다.[5]

2. 회사의 의무

회사는 보안업무의 수행을 위하여 회사보안책임자와 선박보안책임자를 지정하여야 하며 회사 보안책임자는 회사의 선종 또는 선복량에 따라 다수 인원이 지정될 수도 있으나 이 경우에는 어떠한 선박에 대해 책임을 맡고 있는지 명확하게 식별되어야 한다. 회사 보안책임자는 선박 보안평가를 수

---

4) 규칙 3.1.
5) 규칙 4.2.

행하고 선박 보안계획서를 작성한 후 정부의 승인을 위해 동 계획서를 제출할 책임이 있다.[6]

회사는 회사보안책임자, 선장 및 선박보안책임자가 협약 제XI-2장 및 본 규칙에 따라 의무와 책임을 수행할 수 있도록 지원해야 한다.[7]

회사보안책임자와 선박보안요원은 보안에 관한 지식을 갖추고 필요한 교육을 받아야 한다.[8]

3. 선박보안

1) 선박보안평가

각 보안등급[9]에 따라 모든 선박은 규칙 B편의 지침을 고려하여 각종의 조치를 취해야 한다. 선박보안평가는 선박보안계획서를 작성하기 위하여 실시한다. 반드시 사전에 현장검사를 실시하여야 하며 평가서는 문서화하여 보관하여야 한다.

선박보안평가에는 시행 중인 보안조치, 절차 및 활동에 대한 식별, 중요하게 보호되어야 할 주요 선상작업의 식별 및 평가, 보안조치의 수립 및 우선순위를 선별하기 위해 주요 선상작업의 식별 및 평가, 기반시설, 정책 및 절차에 있어서 인적요소를 포함한 취약점의 식별이 포함되어야 한다.[10]

---

6) 규칙 11, 규칙 12.

7) 규칙 6.2.

8) 규칙 13.

9) 보안등급 1: 최소한의 방어적 보안조치가 유지되어야 하는 수준
   보안등급 2: 증대된 보안사건 위험성의 결과로서 일정기간동안 적절한 추가적인 방어적 보안조치가 유지되어야 하는 수준
   보안등급 3: 비록 구체적인 대상을 식별하는 것이 불가능할지라도 보안사건이 발생할 가능성이 있거나 긴박한 경우.

10) 규칙 8.4.

2) 선박보안계획서

각 선박은 주관청에 의해 승인된 선박보안계획서를 비치하여야 하며 이 계획서에는 세 가지 보안등급에 따른 준비가 기술되어 있어야 한다. 이 계획서는 전문적인 보안인증심사 대행기관에서 작성할 수도 있으며, 비밀정보로 취급되어야 한다.

선박보안계획서의 승인은 주관청 및 주관청이 인정한 보안인증심사대행기관이 할 수 있으며, 보안인증심사대행기관이 선박보안계획서를 작성한 경우에는 관련 보안인증심사대행기관이 승인업무를 수행할 수 없다.

계획서는 선박 내에서 사용되고 있는 언어로 작성되어야 하며 사용되는 언어가 영어, 불어 또는 스페인어가 아닐 경우 이들 중 하나의 언어로 번역된 것이 있어야 한다.

이 계획서에는 최소 다음 사항이 기술되어 있어야 한다.

1) 인원, 선박 또는 항만을 대상으로 사용될 의도가 있는 무기, 위험물질 및 장치와 선상에서 허가되지 아니한 운송을 방지하기 위해 계획되는 조치
2) 제한구역의 식별 및 동 구역으로의 비인가 접근을 방지하기 위한 조치
3) 선박에 대한 비인가 접근을 방지하기 위한 조치
4) 선박 또는 선박·항만 인터페이스의 중요작업을 유지하기 위한 규정을 포함하여 보안위반 또는 보안위협의 대응절차
5) 보안등급 3에서 당사국 정부가 내릴 수 있는 보안지시사항의 대응절차
6) 보안위협 또는 보안위반의 경우 피난절차
7) 보안국면에 대한 선상 보안책임 근무자 및 기타 선상근무자의 임무
8) 보안활동의 심사를 위한 절차
9) 선박보안계획서와 연계된 교육, 훈련 및 연습을 위한 절차
10) 항만시설의 보안활동과의 인터페이스를 위한 절차
11) 동 계획서의 정기적 검토 및 최신화를 위한 절차
12) 보안사건의 보고를 위한 절차

13) 선박보안책임자의 식별

14) 24시간 가능한 연락 세부사항을 포함하여 회사보안책임자의 식별

15) 선상 보안장비의 검사, 시험, 검교정 및 유지의 보장을 위한 절차

16) 본선에 비치된 보안장비의 테스트 또는 교정주기

17) 선박보안경보시스템의 작동개소가 설치된 위치의 식별

18) 오경보발생을 제한하기 위한 선박보안경보시스템 사용상의 시험, 작동, 해제 및 재설정을 포함한 절차, 지시사항 및 지침[11]

3) 선박보안계획의 이행

선박보안계획서에 등재된 활동[12]에 대한 기록을 유지하여야 하고, 동 계획서상의 훈련을 최소한 매 3개월마다 1회 이상 수행하여야 하며, 항만보안책임자, 회사보안책임자 및 당사국 정부가 참여하는 합동 훈련이 최소한 매년 1회 이상 실시되어야 한다.[13]

---

11) 규칙 9.
12) 1. 교육훈련 및 연습
   2. 보안위협 및 보안사건
   3. 보안위반
   4. 보안등급의 변경
   5. 선박에의 특정 위험 또는 현재 선박이 있거나 과거에 정박했던 항만시설에 대한 특정위협과 같이 직접적인 선박의 보안과 관련된 통신
   6. 보안활동에 대한 내부심사 및 검토
   7. 선박보안평가의 정기적 검토
   8. 선박보안계획서의 정기적 검토
   9. 동 계획서에 대한 개정 실행
   10. 선박보안정보시스템의 테스트를 포함하여 선내 설치된 보안장비의 유지, 검교정 및 테스트
13) 규칙 10, 규칙 13.

4. 항만시설보안

1) 항만시설보안책임자

각 항만시설에는 항만시설보안책임자가 지정되어야 하며, 하나 이상의 항만시설에 대하여 항만시설보안책임자로 1명이 지정될 수도 있다. 동 책임자는 국제해상보안규칙의 B지침에서 요구하는 보안행정, 보안관련 규정, 타 보안기관의 책임 및 기능, 항만시설의 보안평가 등 보안관련 지식을 갖추고 필요한 교육을 받아야 한다. 항만시설보안책임자의 책임과 의무는 다음과 같다.

1) 관련 항만시설 보안평가를 고려하여 항만시설의 최초 종합보안검사 시행
2) 항만시설보안계획서의 개발 및 유지의 보장
3) 항만시설보안계획서의 시행 및 실습
4) 적절한 보안조치의 연속성을 보장하기 위한 항만시설의 정기적인 점검실시
5) 결점의 수정 및 항만시설의 관련된 변화에 따른 계획의 최신화를 위하여 항만시설보안계획에 대한 적절한 수정을 권고하고 통합
6) 항만시설관리자의 항만시설 보안의식과 경계 강화
7) 항만시설보안책임자에 대한 적절한 훈련의 제공
8) 항만시설의 보안을 위협하는 사건을 관련 당국에 보고하고 기록 유지
9) 관련 선사 및 선박보안책임자와의 항만시설보안계획서 시행사항 조정
10) 적절한 보안업무 조정
11) 항만시설보안책임자의 기준이 만족됨을 보장
12) 보안장비가 제공된 경우 이에 대한 적절한 작동, 시험, 검교정 및 정비의 확보
13) 요청이 있는 경우 승선을 요구하는 사람의 신원확인에 있어 선박보안책임자를 지원[14]

2) 항만시설보안평가

항만시설보안평가는 항만시설보안계획서 개발 및 최신화 과정의 필수적인 요소로서 다음 요소들이 포함되어야 한다.[15]

1) 중요하게 보호되어야 하는 주요 자산 및 기반시설의 식별 및 평가
2) 보안조치의 수립 및 이들의 우선순위를 정하기 위하여, 자산 및 기반시설에 대한 가능한 위협과 발생 가능성 식별
3) 취약성을 감소시킴에 있어서 대응조치 및 절차변경, 유효성의 수준을 식별, 선택하고 우선순위 결정
4) 기반시설, 정책 및 절차에 있어서 인적 요소를 포함한 약점 식별

3) 항만시설보안계획서

항만시설보안계획서는 각 항만시설에 대한 항만시설보안평가를 근거로 하여 선박·항만 인터페이스에 적절하게 개발되고 유지되어야 하며 규칙 A편에서 정의된 세 가지 보안등급에 대한 규정을 마련하여야 한다.

또한 항만시설보안계획서는 규칙 B편에 주어진 지침을 고려하여 개발되어야 하며, 항만시설의 사용언어로 기록되어져야 하며 최소 다음 사항이 기술되어야 한다.

1) 인원, 선박 또는 항만에 위협을 주는 무기나 다른 위험물질과 장치 및 이들의 허용되지 아니한 휴대가 항만시설 또는 선상에 반입되는 것을 방지하기 위한 조치
2) 항만시설 및 항만시설에 계류된 선박, 그리고 항만시설의 제한지역으로의 무단접근을 방지하기 위한 조치
3) 항만시설 또는 항만·선박 인터페이스의 중요작업을 유지하기 위한

---

14) 규칙 17.
15) 규칙 15.

규정을 포함하여 보안위협 또는 위반에 대응하는 절차

4) 보안등급 3에서 항만시설이 위치한 영토(해) 내에 있는 당사국 정부가 제공할 수 있는 보안지침에 대응하기 위한 절차

5) 보안의 침해나 위협요인이 생길 경우 탈출 절차

6) 보안상 보안책임이 부여된 항만시설근무자 및 보안상 기타 근무자의 의무

7) 선박 보안활동과 인터페이스 절차

8) 동 계획서의 정기적인 검토와 최신화 절차

9) 보안사건의 보고 절차

10) 24시간 연락 세부사항을 포함한 항만시설보안책임자의 식별

11) 동 계획서에 포함된 정보의 보안을 확보하기 위한 조치

12) 항만시설에서의 화물 및 취급장비의 효율적인 보안을 확보하기 위하여 계획된 절차

13) 항만시설보안계획서의 심사에 대한 절차

14) 항만시설에서 선박 보안경보시스템이 작동될 경우에 대응하는 절차

15) 선원의 상륙 또는 선원교체뿐만 아니라 선원복지 및 노동조합의 대표를 포함하여 선박 방문자의 접근을 용이하게 하기 위한 절차[16)]

4) 항만시설보안책임자

항만시설보안책임자는 각 항만시설에 대하여 지정되어야 하고, 한 명이 하나 이상의 항만시설에 대한 항만시설보안책임자로 지정될 수도 있다. 이러한 항만시설보안책임자와 항만시설보안요원은 규칙 B편에 주어진 지침에 의한 지식을 보유하여야 한다.[17)]

항만시설보안책임자의 의무와 책임은 다음과 같다.

---

16) 규칙 16.
17) 규칙 18.

1) 관련 항만시설보안평가를 고려하여 항만시설의 최초 종합보안검사 시행
2) 항만시설보안계획서의 개발 및 유지의 보장
3) 항만시설보안계획서의 시행 및 실습
4) 적절한 보안조치의 연속성을 보장하기 위한 항만시설의 정기적인 점검 실시
5) 결점의 수정 및 항만시설의 관련된 변화에 따른 계획의 최신화를 위하여 항만시설보안계획에 대한 적절한 수정을 권고하고 통합
6) 항만시설관리자의 항만시설 보안의식과 경계 강화
7) 항만시설보안책임자에 대한 적절한 훈련의 제공을 보장
8) 항만시설의 보안을 위협하는 사건을 관련당국에 보고하고 기록을 유지하는 것
9) 관련 선사 및 선박보안책임자와의 항만시설보안계획서 시행사항 조정
10) 적절한 보안업무 조정
11) 항만시설보안책임자의 기준이 만족됨을 보장
12) 보안장비가 제공된 경우 이에 대한 적절한 작동, 시험, 검교정 및 정비의 확보
13) 요청이 있는 경우 승선을 요구하는 사람의 신원확인에 있어 선박보안책임자를 지원[18]

5. 선박의 심사 및 증서 발급

이 지침이 적용되는 선박은 주관청에 의하여 다음의 심사를 받아야 한다.

1) 선박이 운항에 종사하기 전 또는 국제 선박보안증서를 최초로 발행받기 전의 최초 심사. 이 심사에는 협약 XI-2장 및 규칙 A편, 그리고

---

18) 규칙 17.

승인된 보안계획의 관련 규정에 의해 다루어진 보안시스템과 관련 보안장비에 대한 완전한 심사를 포함하여야 한다.

2) 주관청이 설정한 5년을 넘지 않는 간격으로 실시하는 갱신 심사

3) 최소 한번 이상의 중간 심사

4) 주관청에 의해 결정된 추가 심사[19]

발급된 증서의 유효기간은 5년을 초과하지 않아야 한다.[20]

신조 인도 시 또는 운항개시 전 또는 재 개시 전 증서를 미소지한 선박 등의 경우에는 임시증서를 발급할 수 있다.[21]

IV. 결론

9·11 미국 항공기테러사건을 경험한 각국은 바다 역시 더 이상 안전한 지대가 아니라는 사실을 상기하게 되었으며 이로 인하여 국제 선박 및 항만시설 보안규칙이 만들어졌다.

이 규칙에 의거하여 국제 항해에 종사하는 모든 여객선과 500톤 이상의 화물선은 해상보안체제를 갖추도록 의무화되었다. 물론 이러한 의무를 다하지 않을 경우 외국항에서의 항만국 통제시 입항거부 혹은 출항정지 등의 불이익을 받을 수 있다.

뿐만 아니라 이러한 선박들이 취항하는 항만시설도 이 규칙에서 요구하

---

19) 규칙 19.1.1.

20) 규칙 19.3.1.

21) 규칙 19.4.
    1. 신조 인도 시 또는 운항개시 전 또는 재 개시 전 증서를 미소지한 선박
    2. 당사국 정부에서 다른 당사국 정부로 기국 변경
    3. 비당사국 정부에서 당사국 정부로 기국변경
    4. 어느 한 회사가 과거 다른 회사가 운항하던 선박에 대한 운항책임을 인수하였을 때.

고 있는 강제사항을 이행하지 않으면 안 되게 되었다. 물론 이러한 요건을 갖추지 못한 항만시설에 대해서 직접적인 제재는 없다고 하더라도 많은 국가에서 이러한 해상보안체제를 이행하지 않고 있는 항만으로부터 출항한 선박이 자국에 입항하는 경우 보안점검의 강화 등으로 불이익을 가함에 따라 선박이 자발적으로 이러한 항만에 입항하는 것을 꺼려하게 되는 간접적인 제재 효과를 거두고 있다.

아직 이 규칙으로 인하여 해상테러 기도를 적발하거나 이를 예방한 직접적인 사례는 발견되지 않고 있지만 직간접적으로 해상테러 기도를 억제하고 있다는 사실만큼은 누구도 부인하기 어려울 것이다.

제10장

해양사고 및 해상수색구조

김인현(고려대)

I. 서론

해상을 항해하는 선박들은 항해 도중 예기치 않은 사고를 만나기도 한다. 그런데 때로는 사고가 조난으로까지 이어져 자력 항해가 불가능한 상황에 처하기도 한다. 이때 만약 통신까지 두절되었다면 조난당한 선박을 찾기 위해 수색을 하여야 하며 찾은 후에는 필요에 따라 구조작업이 이어지게 된다.

이와 같은 해양사고 및 해상수색구조와 관련하여 공법적(公法的)으로는 국가의 의무와 책임이 주된 문제가 되며, 사법적(私法的)으로는 선박 소유자 또는 용선자가 피해자에 대하여 부담하는 손해배상 책임이 주로 문제된다.

II. 해양사고

1. 의의

해양사고의 종류는 다양하지만 선박충돌, 좌초, 오염, 화재, 폭발이 그중 대부분을 차지하고 있다. 이와 같은 사고 자체를 해양사고라고 부르기도 하지만, 그로 인하여 발생한 해당 선박의 손상이나 다른 선박의 피해 및 승선 중 선원의 상해, 사망까지를 널리 통틀어 해양사고의 범주에 포함시키기도 한다.[1]

해양사고의 원인을 판단하고 원인제공자를 처벌하는 업무는 해양안전심판원[2]에서 행하여진다. 민사상의 손해배상의 문제는 민사법원에서 처리되고, 형사책임의 문제는 해양경찰, 검찰 및 형사법원에서 처리된다. 해양사고의 방지를 위한 교육은 한국해양대학과 목포해양대학의 해사대학 및 해기연수원에서 실시되고 있다. 담당행정기관으로서는 국토해양부 안전관리관실 및 해양경찰청을 들 수 있다.

2. 선박충돌

선박충돌 사고는 앞서 살펴 본 해양사고의 유형 중에서 가장 빈번히 발생하며 또 많은 복잡한 법률적 이슈를 지니고 있다.[3] 최근 우리나라 근해

---

1) "해양사고"라는 용어는 "해양사고의 조사 및 심판에 관한 법률"에 직접적으로 사용되고 있다(해양사고에 대한 정의 규정은 동법 제2조 제1호 참고).
2) 서울에 중앙해양안전심판원이 있고, 인천, 부산, 목포 및 동해에 지방해양안전심판원이 있다.
3) 최근 3년 동안 해양안전심판원에서 다루어진 사고종류별 재결에 관한 통계는 다음과 같다.

에서 발생한 충돌 사고로 대표적인 것은 2007.5.12. 발생한 골든로즈호 충돌 사건4)과 2007.12.7. 일어난 허베이 스피리트호 충돌 사건5)이다. 중국 선적인 진생호와 한국선적인 골든로즈호의 공해상의 충돌사고에서 사고원인조사와 관련하여 중국 정부와 한국 정부 간의 조사공조가 문제되었다. 허베이 스피리트호 충돌 사건은 대규모 오염피해를 발생하여 사회적으로 크게 이슈화되었고 사건 발생 후 3년이 지났지만 복잡한 법률 문제로 인하여 아직까지도 사후 처리가 완료되지 못하고 있다.

항해 중인 선박이 충돌을 피하기 위해 지켜야 하는 항행의 방법, 즉 항법 (航法)을 정한 국제조약으로 1972년 국제해상충돌예방규칙(COLREG)이 있다. 우리나라에는 이를 국내법화한 해상교통안전법이 1986년에 제정되었다.6)7)

항법 위반으로 인하여 충돌사고가 발생하면 주의의무를 위반한 선장 등 항해사의 해기사 면허가 정지될 수 있다. 한편 민사적으로 항해사는 그의 주의의무 위반으로 인하여 발생한 피해자의 손해를 배상하여야 한다. 현행

	충돌	화재·폭발	접촉	좌초	침몰	전복	기관손상	조난	인명사상	기타
2008년	87	23	7	14	12	10	8	2	5	4
2009년	87	17	4	18	14	7	13	1	10	1
2010년	92	16	7	24	13	17	18	1	13	4
계	266	56	18	56	39	34	39	4	28	9

http://www.kmst.go.kr/statistics/statisticslast_view.asp?pg=1&kd=&col=&sw=&num=31

4) 이에 대한 자세한 내용은 김인현, "골든로즈호 충돌사건에서 예상되는 법적 쟁점에 대한 소고," 『해사법연구』 제19권 제2호(2007.9), 215면 이하; 김인현, 『해상법연구 II』(삼우사, 2008), 529면 이하를 참고 바람. 동 사건에서는 특히 한국과 중국 간의 사건에 대한 관할권과 선장의 구조 의무가 집중적으로 부각되었다.

5) 이에 대한 자세한 내용은 김인현, "허베이 스피리트호 유류오염사고의 손해배상 및 보상의 쟁점과 개선방향," 『경영법률』 제21권 2호(2011.1.), 593면 이하를 참고바람. 동 사건은 선박충돌의 결과로 유류오염이 발생한 것으로서 특히 정박하고 있던 선박이 어느 정도의 과실이 있는지가 쟁점이 되었다.

6) 법률 제9873호, 2009.12.29 일부 개정.

7) 이에 대하여 자세히 설명한 교과서로는 김인현, 『해상교통법』(삼우사, 2011)이 있다.

상법은 피해자를 보다 충실히 보호하기 위하여 선박소유자에게 사용자책임을 부담시키고 있다(상법 제878조, 제879조). 한편 쌍방 과실로 인한 충돌 사고에 따른 물적 손해에 대해서는 각자의 과실 경중에 따라 쌍방 선박 소유자가 배상 책임을 분담하게 되는데(상법 제879조 제1항), 이는 민법에 규정되어 있는 공동불법행위에 대한 연대책임 원칙(민법 제760조 제1항)을 수정하는 특별 규정이다. 그러나 제3자의 사망 또는 상해에 대해서는 쌍방 선박 소유자가 연대하여 배상하여야 한다(상법 제879조 제2항). 한편 운송 중인 화물이 선박충돌로 인하여 손상된 경우 운송인은 화주에 대하여 항해 과실면책(Error of Navigation Defence)을 주장할 수도 있다(상법 제795조 제2항). 그런데 선박 소유자는 일반적으로 선박보험에 가입하므로 자기 소유의 선박이 침몰하거나 손상을 입으면 보험자로부터 보험금을 지급받을 수 있고, 선박 소유자에게 보험금을 지급한 보험자는 과실 있는 상대 선박 측에 보험자대위의 법리에 따른 지급 청구를 하게 된다(상법 제682조). 한편 선박보험의 선박충돌약관(Running Down Clause)에 따라 가해 선박의 선박보험자가 피해자에게 충돌로 인한 손해액의 3/4까지 보상해주고 나머지 1/4은 선주책임상호보험조합(P&I Club)[8]이 보상한다.

항법을 위반함으로써 충돌사고를 발생시킨 해기사는 형사 처벌을 받을 수도 있다. 과실로 인명 손상을 야기한 경우에는 업무상과실치사상죄(형법 제268조), 과실로 선박을 침몰시킨 때에는 업무상과실선박매몰죄(형법 제189조 2항, 187조)에 따른 처벌을 받을 수 있다.

---

8) 선주책임상호보험을 영위하는 조합을 말한다. Protection and Indemnity Club의 약자이다. 선박소유자가 보험자이면서 보험계약자(피보험자)인 관계에 있는 상호보험이다. 피보험자가 책임을 부담하게 될 때 입는 손해를 보상하는 것이므로 책임보험의 일종이다.

3. 화재 혹은 폭발

선박에 화재 또는 폭발이 일어나 운송 중인 화물이 全損되거나 선박이 손상을 입는 경우가 있다. 또한 선박의 자체 동력이 상실되어 외부로부터 힘을 빌려야 수습할 수 있는 경우도 종종 벌어진다.

원칙적으로 운송 중이던 화물이 손상된 경우 운송인은 과실추정주의(過失推定主義, presumed fault liability)에 따라 자기 또는 선원이나 선박사용인에게 과실이 없음을 증명하지 못하는 한 화물 손상으로 인한 손해를 배상하여야 한다(상법 제795조 제1항). 그러나 화재로 인하여 운송물이 손상되었다면 운송인은 운송물에 관한 손해를 배상할 책임이 없으며(상법 제795조 제2항 본문), 다만 운송인 자신의 고의 혹은 과실로 인하여 화재가 발생한 경우라면 운송인이 그로 인한 손해를 배상하여야 한다(상법 제795조 제2항 단서).

만약 화주 혹은 운송인(선박소유자)이 보험에 가입하였다면 화주는 손상된 운송물에 대하여는 적하보험자, 선박소유자는 선체손상에 대하여 선박보험자로부터 보상을 받을 수 있다.

4. 좌초

항해하던 선박이 암초 등에 부딪쳐 더 이상 항해할 수 없는 상태에 빠지는 것을 좌초라 한다. 그런데 좌초사고로 인하여 선박의 연료유가 배출되거나 유조선에 실려 있던 원유가 유출되는 경우에는 매우 큰 피해를 초래하기도 한다. 한편 좌초된 선박을 이초하거나 예인하기 위해서는 적지 않은 비용이 요구되지만, 구조료는 선박보험에 의하여 보상된다(상법 제694조의2).

5. 유류오염사고

지금까지 살펴 본 여러 유형의 해양사고 중에서 가장 큰 규모의 피해를 야기하는 것은 바로 유류오염사고이다. 유류오염사고는 주로 선박 충돌로 인하여 유조선에 선적되어 있던 유류 또는 선박의 연료유가 외측으로 유출되어 발생하며 때로는 선박의 좌초로 인하여 발생하기도 한다. 하역작업 중의 조작 실수로 인하여 연료유가 선외로 유출되기도 하지만 이 경우의 유출량은 대개 소량인 경우가 많다.

과실로 유류오염사고를 일으킨 해기사는 형사 처벌을 받게 되는데(해양 환경관리법 제22조 제1항, 제127조 제2호)[9] 외국선원의 경우에는 유엔해 양법(UNCLOS)의 규정[10]을 수용하여 벌금형만 가능하다(해양환경관리법 제131조). 또한 양벌규정에 의하여 과실 있는 선원의 사용자 역시 벌금형 에 처해진다(해양환경관리법 제130조).[11]

---

9) 해양오염방지법의 개정으로 새롭게 제정된 해양환경관리법 제22조(오염물질의 배출 금지 등) 제1항은 「누구든지 선박으로부터 오염물질을 해양에 배출하여서는 아니된 다(중략)」고 한다. 오염물질은 폐기물, 기름, 유해액체물질 및 포장유해물질이 포함 된다(제2조 제11호). 제22조 제1항 규정을 위반하여 선박 또는 해양시설로부터 기름 을 배출한 자는 5년 이하의 징역 또는 5천만 원 이하의 벌금에 처한다(제126조). 이것은 고의범을 처벌하는 규정이다. 과실로 제22조 제1항 및 제2항의 규정을 위반 하여 선박 또는 해양시설로부터 기름을 배출한자에 대하여는 3년 이하의 징역 또는 3천만 원 이하의 벌금에 처한다(제127조).

10) 외국선박이 영해 외측에서 행한 해양환경오염의 방지, 경감 및 규제를 위한 국내법령 또는 적용되는 국제규칙과 기준의 위반에 관하여는 벌금만 부과될 수 있다(유엔해양 법 제230조 제1항). 외국 선박이 영해 내에서 행한 해양환경오염의 방지, 경감 및 규제를 위한 국내법령 또는 적용되는 국제규칙과 기준의 위반에 관하여는 벌금만이 부과될 수 있지만, 영해 내에서의 고의적이고 중대한 오염행위의 경우는 그러하지 아니하다(제2항).

11) 한편, 외국인 해기사등의 경우에는 해양환경관리법 제131조의 외국인에 대한 벌칙적 용의 특례가 적용된다. 「① 외국인에 대하여 제127조 및 제128조의 규정을 적용함에 있어서 고의로 우리나라의 영해 안에서 위반행위를 한 경우를 제외하고는 각 해당 조의 벌금형에 처한다. ② 제1항의 규정에 따른 외국인의 범위에 관하여는 「배타적 경제수역에서의 외국인어업 등에 대한 주권적 권리의 행사에 관한 법률」 제2조의 규정을 적용하고, 외국인에 대한 사법절차에 관하여는 동법 제23조 내지 제25조의

유류오염의 손해배상 및 보상에 대한 규율은 국제적인 공조체제가 이루어져 있다. 1992년 민사책임협약(CLC)과 1992년 유류오염손해배상기금협약(IOPC FUND)이 그것이다.[12] 우리나라는 이 두 협약 및 추가기금협약(Supplementary Fund)의 체약국이다. 또한 일반선박의 연료유 오염에 의한 사고에 대하여는 선박연료유협약(Bunker Convention)이 발효되었고 우리나라도 체약국이다.[13]

우리나라는 위 조약을 유류오염손해배상보장법(이하 유배법)이라는 국내법으로 제정하여 집행하고 있다.[14] 유조선 선박소유자는 유류오염으로 인한 피해자에 대하여 무과실책임을 부담하지만(유배법 제5조 제1항 본문) 자신의 책임 범위를 일정한 액수로 제한할 수 있다(유배법 제7조 내지 제10조). 유조선 선박소유자는 책임제한 액수에 해당하는 보장 계약을 체결하여야 하는데(유배법 제14조 내지 제20조) 이러한 보장계약은 주로 책임보험의 형태로 이루어진다. 한편 유류오염사고로 인한 피해자를 보호하기 위한 여러 제도들이 마련되어 있는데, 대표적인 것으로 가해자인 유조선 선박소유자에 대한 피해자의 직접청구권 행사(유배법 제16조)와 정유선사들이

규정을 준용한다」(제131조). 따라서 동일한 사고에서 외국인 해기사의 경우에는 벌금형으로만 처벌된다. 허베이 스피리트호 사건에서 외국인 선원인 선장에게는 벌금 2천만 원, 당직 항해사에게는 벌금 1천만 원 그리고 선주에게는 3천만 원이 부과되었다. 한편, 삼성.T-5 선장은 징역 2년 3월, 삼성 T-3 선장 징역 8개월, 삼성 1호 선장 징역 1년 3월, 그리고 삼성중공업은 벌금 3천만 원에 처하여졌다.

12) 2007년 12월 7일 발생한 허베이 스피리트호 오염사고는 바로 위 조약들이 적용되어 처리되고 있는 대표적인 사례이다.

13) 선박연료유협약에 대한 자세한 내용은, 김인현, "유류오염손해배상 및 보상법관련 최근동향," 『인권과 정의』, Vol.386(2008.10.), 78면 이하; 2009년 개정 유류오염손해배상보장법에 대한 연구," 『안암법학』통권 제34호(2011.1.), 659면 이하; 목진용, "선박연료유 오염손해 배상협약에 관한 입법론적 고찰," 『한국해법학회지』제30권 제2호(2008.11.), 61면 이하를 참고 바람.

14) 유배법에 대한 자세한 내용은, 김인현, "2009년 개정 유류오염손해배상보장법에 대한 연구," 『안암법학』통권 제34호(2011.1.), 653면 이하; 박영준, "유류오염손해배상보장법의 법적 문제점에 관한 연구," 『경영법률』제21집 제2호(2011.2.), 623면 이하를 참고바람.

기금을 갹출하여 유조선 선박소유자가 책임능력이 없거나 책임 제한액을 초과하는 금액 중 일정 액수까지 피해자에게 지급하는 국제기금을 들 수 있다.[15][16]

　허베이 스피리트 오염사고에서는 한국과 중국에서 책임제한절차가 동시에 진행되는 바람직하지 못한 결과가 나타났다.[17]

III. 해상수색구조

1. 의의

　해상수색구조란 해상에서 조난을 당한 선박이나 사람의 위치를 찾아 안전한 곳으로 이동시키는 행위를 말한다. 본서에서 논하는 해상수색구조란 私法상의 해난구조와 公法상의 수색구조를 모두 포괄하는 개념이다.

---

15) 우리나라는 세계에서 4번째로 1992년 국제기금에 기금을 많이 납부하는 국가이다.

16) 이외에도 LNG, 질산, 유황등 위험물질의 오염으로 인한 손해배상 및 보상의 문제를 다루기 위한 조약으로서 유해독극물협약(HNS Convention)이 제정되어서 발효를 기다리고 있다. 이에 대한 자세한 논의는 채이식·김인현, "1996년 유해독극물(HNS) 협약 및 2010년 의정서에 대한 연구,"『경영법률』제21집 제1호(2010.11.), 291면 이하가 있다.

17) 삼성중공업이 우리나라에서 선박소유자책임제한에관한 절차법에 따라 책임이 56억원으로 제한되었지만(서울고등법원 2010.1.20.선고 2009라1045판결), 허베이스피리트 선주와 국제기금(IOPC FUND) 측은 삼성중공업에 대하여 중국 닝보해사법원에 소송을 제기하였고 결국 중국에서도 삼성중공업의 책임제한절차가 진행되는 결과를 낳게 되었다. 이에 대한 자세한 논의는 김인현, 전게 허베이 스프리트, 607면을 참고바람.

2. 해난구조

사법상의 해난구조에는 크게 두 가지 유형이 있다.

첫째 "의무 없이 행하는 구조"이다. 즉 기관 고장이나 화재사고 등으로 인하여 추진력을 상실한 선박을 발견하거나 조난 신호를 받은 선박이, 비록 계약상의 의무는 없지만, 조난 선박에 다가가 구조하는 것을 말한다.[18] 그런데 이때 구조선은 어떠한 의무에 의하여 구조하는 것이 아니기 때문에 민법의 사무관리 규정이 적용된다(민법 제734조 이하). 따라서 구조에 소요된 비용만 청구할 수 있을 뿐(민법 제739조) 따로 보수(구조료)를 청구할 수는 없다. 그러나 상법은 의무 없이 해난구조를 행한 구조자일지라도 상당한 보수를 청구할 수 있도록 규정하고 있다(상법 제882조). 이때 구조료에 관한 약정이 없고 합의도 되지 않으면 법원에 의해 구조료가 결정된다(상법 제883조).

둘째 유형은 "계약구조"이다. 계약구조란 기관고장 등이 발생한 선박의 소유자가 직접 구조회사와 구조에 관한 계약을 체결함으로써 선박을 구조하는 경우이다. 이 경우의 법률관계는 일차적으로 구조 계약상의 합의 내용에 따르게 되는데, 주로 LOF(Lloyd's Open Form)[19]를 표준서식으로 사용한다. 이에 따르면 (i) 불성공 무보수의 원칙(No cure, No payment)에 따라 구조에 실패하면 보수를 청구하지 못한다(제1조 bgkd).[20] (ii) 구조에 따른 보수는 런던 중재에 의하여 결정되며 중재 판정에 대한 항소가 허용되는데(제7조-14조) 통상의 중재가 특별한 경우를 제외하고는 항소가 허용되지 않는 데 비추어 특이한 규정이다. 그런데 구조사고는 그 발생 건수가 많지 않으며 또한 구조에는 전문적인 기술이 필요하므로 계약구조 업체는

---

18) 김인현, 『해상법』(법문사, 2011), 354면.

19) LOF의 구체적 내용은 다음의 웹페이지 참고(http://www.lloyds.com/The-Market/Tools-and-Resources/Lloyds-Agency-Department/Salvage-Arbitration-Branch/Lloyds-Open-Form-LOF).

20) 다만, 해양환경손해와 관련하여서는 약간의 예외가 있다.

극소수로서 네덜란드의 SMIT 및 SVITZER와 일본의 Nippon Salvage가 유명하다. 이들은 우리나라에 사무소를 두고 있다.[21]

해난구조에 관한 주요 국제조약으로는 해난구조협약(International Convention on Salvage, 1989)을 들 수 있다. 이 협약은 의무 없는 구조와 계약구조의 경우에 모두 적용되며 선박소유자의 구조의무와 구조료 등에 대하여 정하고 있지만 현재 우리나라는 체약국이 아니다. 한편 난파물 처리비용에 관한 국제조약인 난파물제거협약(Wreck Removal Convention)이 제정되어 발효를 기다리고 있다. 동협약에 따르면 영해를 넘어 배타적 경제수역에 존재하는 난파물까지 처리할 수 있는 권리가 각 연안국들에게 부여되며(제9조 7항),[22] 선박 소유자는 난파물의 확인, 표시, 제거에 소요되는 비용에 대하여 과실이 없어도 책임을 부담하며(제10조), 그 비용을 담보하기 위한 책임보험에 의무적으로 가입하여야 한다(제12조).

한편 선장은 해상에서 조난에 처한 사람에게는 자신의 선박이 심각한 위험이 없는 한 구조를 제공할 의무를 부담한다(해난구조협약 제10조 제1항). 인명을 구조하였다고 하여 이에 대한 구조료를 청구할 수는 없다(해난구조협약 제16조 제1항). 인명 구조는 인도적 차원의 구조에 해당하기 때문이다.[23]

3. 해상수색구조

해난구조의 첫 단계는 조난당한 선박이나 사람의 현재 위치를 파악하는 것이다. 그런데 해상에서 발생한 조난은 특히 국제적인 성격을 지니는 경

---

21) 우리나라의 대표적인 구조회사로는 코리아 쌀베지(주)(Korea Salvage Co. Ltd)(www.korsal.com) 및 금호살베지 등 10여 개의 구조회사가 있지만, 영세한 편이다.

22) 다만, 체약국들이 선언을 하면 영해 내에서 몇 개의 규정들은 적용이 가능하다.

23) 채이식, 『상법 IV』(박영사, 2001), 373면; Institute of Maritime Law, *Southampton on Shipping Law*(informa, 2008), p.165.

우가 많다. 예를 들어, 한국 선박이 필리핀 영해에서 조난을 당하는 경우와 반대의 경우가 모두 가능하며 공해상에서 조난될 수도 있기 때문이다. 그 결과 특정 국가가 아무리 자국 내 해상수색구조 태세를 확립하더라도 모든 해상 조난에 완벽하게 대처하기는 거의 불가능하며, 따라서 효과적인 해상 수색구조를 위해서는 세계 각국이 긴밀히 공조하여 국제적이며 체계적인 계획과 대응 태세를 확립하여야 한다는 주장이 강력히 제기되었다. 그 결과 해난사고가 전 세계 어디에서 발생하더라도 구조작업이 체계적으로 이루어질 수 있도록 하기 위하여 1979년 해상수색 및 구조에 관한 협약(SAR 협약, International Convention of Maritime Search and Rescue, 1979)이 제정되었다. SAR 협약은 서해 훼리호 사건을 계기로 1995년부터는 우리나라에서도 발효되었고 그 후 1998년과 2004년 두 차례에 걸쳐 개정되었다. SAR 협약에는 크게 수색구조조직의 기본구조, 인접국과의 협력 절차, 수색구조활동 절차, 선위통보제도(Ship reporting system)에 관한 규정이 담겨 있다.[24] 한편 SOLAS 제5장 제15조, 유엔해양법 제98조, 구조협약 제10조 제2항에 의하면 국가는 조난당한 선박을 구조하도록 자국의 선박 등에 대한 조치를 취할 의무가 있다.[25]

이와 같은 국제법과 국제조약에 의한 의무 이외에도 우리나라는 수난구호법[26]에 따른 수색구조 의무를 부담한다. 즉 국가와 지방자치단체는 수난으로부터 사람의 생명·신체와 재산을 보호할 효율적 수난구호 시책(수난구호법 제4조) 및 수난대비 계획을 수립하여야 하며(수난구호법 제5조), 해양경찰서장은 해상에서 발생한 수난구호 활동을 행하여야 한다. 또한 선원법은 선장에 대하여도 수색과 구조 의무를 부과하고 있다(제11조).

---

24) SAR협약의 자세한 내용은 외교통상부 홈페이지 참고(http://www.mofat.go.kr/state/treatylaw/treatyinformation/index2.jsp?TabMenu=TabMenu2).

25) 이와 관련하여 골든로즈호 충돌사건에서 이러한 문제가 다루어졌다. 김인현, 전게 골든로즈호, 229면. 골든로즈호 사건에서 중국 정부와 진생호 측에서 구조작업을 신속히 취하지 않은 점이 문제되었다.

26) 법률 제8852호, 2008.2.29 시행.

IV. 결론

우리나라는 해양국가이기 때문에 해양사고가 상당히 빈번하게 발생한다. 골든로즈, 허베이 스피리트호 사건 등 국제적인 성격을 띤 사고들이 많기 때문에 재판관할문제, 사고 조사의 공조문제, 민사재판에서의 소송경합의 문제 등이 관심의 대상이 되었다. 이에 대한 추가적인 연구가 필요하고, 특히 한중일 간의 공조체제가 필요할 것으로 보인다. 해난수색구조는 해양경찰이 업무를 잘 수행하는 것으로 생각되고 해난구조와 관련하여 우리나라에서도 독자적인 대형 구조회사의 설립이 필요할 것으로 생각된다.

제11장

해운(海運)

전준수(서강대)

I. 서론

『정글북』을 지은 영국의 작가 키플링(Rudyard Kipling, 1865~1936)은 "운송은 문명이다(Transportation is civilization)."라고 말했다. 그는 이 단 한 문장으로 진실을 가장 함축적으로 말했다고 평가된다. 이 말은 어떤 나라의 국민이 문명화된 삶을 영위하기 위해서는 필수품이지만 자체적으로 생산할 수 없는 다양한 종류의 물품을 다른 나라로부터 공급받아야 한다는 말로 교역과 문명의 발전관계를 단적으로 말해 준다. 한 예로 철광석이 나는 지역에 그것을 녹일 수 있는 석탄이 존재하지 않는다면 철광석은 무용지물이 된다. 다시 말해 어떤 지역의 생산물이나 상품을 생산지 외에 다른 지역으로 운송할 방법이 없다면 전 세계 부의 상당량은 무용지물이나 다름없다는 것이다. 비단 학문적 이론으로 정립된 많은 무역이론들을 빌리지 않아도 문명의 성장과 경제의 발전은 인류가 세계의 자원을 공동으로 이용하고, 각 지역의 특화상품을 전체적으로 이용할 수 있느냐의 여부에 달려 있다고 할 수 있으며 이것을 가능하게 하는 것이 운송이다.

운송은 해상운송과 육상운송 그리고 항공운송으로 나뉘며 육상운송은 다시 철도운송과 공로운송으로 나뉜다. 파이프라인 또한 하나의 운송수단이다. 모두가 인정하는 사실로써 운송수단의 발전은 기술의 발전과 함께 크나큰 진보를 이루었으며 인류에게 많은 효용을 안겨다 주었다.

이 가운데 해상운송은 대량수송, 원거리수송, 단위당 저렴한 수송비, 자유로운 수송로 등의 장점을 가지고 있으며, 세계경제와 국제무역의 경기변화에 직접적인 영향을 주고받는 주요한 운송수단이다. 현대에 와서는 세계 2차 대전 이후 GATT[1]와 WTO[2]를 기반으로 세계화가 가속화되는 추세에서 과거에 비해서는 효율적이며 협력적인 국제경영환경 속에서 해운을 논하고 있지만, 역사적으로는 해상력의 변화가 한 나라의 흥망성쇠와 함께 했다고 해도 과언이 아니다. 기술의 발전과 교역량 증가로 인한 분업화가 촉진되기 시작한 19세기에 접어들어서야 비로소 선주상인시대가 끝나고 해운과 무역이 분리되어 전문적으로 분업화가 된 것만 보더라도 그 기간 동안 해운이 인류에 미친 영향을 대충 가늠할 수 있다.

하지만 이렇게 해운과 무역이 분리되면서 해운에 대한 관심이 점점 사라진다는 것 또한 부정할 수 없는 일이다. 해운은 특별한 사람만 하는 것이라는 일반적인 인식과 함께 교육과정에서도 전문적인 인력양성을 하기에는 다른 분야에 비해 교육환경이 미흡한 실정이다. 그럼에도 불구하고 하나의 사실은 세계의 GDP 구조와 우리나라의 GDP의 구조만 보더라도 해운의 중요성을 알 수 있으며, 국가와 기업이 미래의 전략을 기획함에 있어 가져야 할 기본적인 전제가 해운임을 알 수 있을 것이다.

---

1) General Agreement on Tariffs and Trade의 약칭. 관세 및 무역에 관한 일반협정 (1947년 10월 30일 제네바에서 조인). 제2차 세계대전 후 세계 무역의 자유로운 발전을 가져오기 위해서 만들어진 다국간 협정과 그에 의거한 국제기관이다.

2) World Trade Organization의 약칭. 1948년에 발족한 '관세 및 무역에 관한 일반협정 (GATT)'을 대체해 1995년 출범한 국제기구이다. WTO는 GATT에 주어지지 않았던 세계무역 분쟁조정권, 관세인하요구, 반덤핑규제 등 막강한 법적권한과 구속력을 행사한다.

II. 해운의 역사[3)

　기원전 해운으로서 의미를 가지는 기록은 기원전 3000년 즈음 이집트에서 시작되었다. 당시 이집트에서는 주민들이 필요로 하는 거의 모든 것이 산출되었다. 그러나 목재가 부족하여 스네프루(Snefru) 파라오가 40척의 선단을 페니키아로 파견하여 레바논 수풀지대의 삼나무를 가져오도록 명하였으며 이것이 실제로 해운사가 시작되는 시점이다. 다시 말해 선단을 꾸려서 페니키아와의 교역을 이루었다는 데 해운의 의미가 있는 것이다. 해운에 종사하는 사람들을 제외하고는 일반적으로 선단(fleet)의 의미와 해운의 의미를 알기는 힘들 것이다.

　기원전 지중해, 홍해, 나일강 등을 중심으로 이집트, 페니키아, 그리스의 바다 장사꾼들로부터 시작된 해상운송은 기원 후 2세기 동안 로마제국을 통하여 황금기를 맞이한 후 11세기까지는 정체와 쇠퇴의 시기였다. 이탈리아의 도시국가가 성장함에 따른 두 번째 지중해 시대를 맞이하면서 15세기까지 베네치아를 중심으로 번영을 누린다. 2차 지중해 시대가 전개되던 그 시기에 북유럽에서는 청어와 잉글랜드 양모의 유통을 중심으로 해운산업이 발전하였다. 북유럽 해운은 게르만 상업국가 연합체인 한자동맹(Hansa)[4) 이 장악하였다. 한자동맹은 운송무역을 장악함으로써 막대한 경제력과 막강한 정치력을 구축하였다. 이에 대해 잉글랜드 뱃사람들도 보르도 포도주 무역과 청교도 이주민 운송에 종사하면서 뱃일과 해운산업을 익혀 나갔다. 그 사이에 배를 짓는 기술과 항해술이 크게 진전되어 15세기 말엽에는 바스코 다가마, 콜럼버스, 마젤란과 같은 탐험가들이 세계의 전체적인 균형을 흔들어 놓았다. 인도로 직접 가는 바닷길이 열림으로써 지중해 국가들에게 번영을 가져다주던 근원이 사라져 버렸다. 대서양 너머에는 사람들이 이주

---

3) C. Ernest Fayle, *A Short History of the World's Shipping Industry* (2004).
4) 한자동맹(Hanseatic League): 중세 중기 북해·발트해 연안의 독일 여러 도시가 뤼베크를 중심으로 상업상의 목적으로 결성한 동맹.

하고 탐험할 새로운 세계가 있었다. 16세기에서 17세기에 걸쳐 해양 팽창이 급속하게 이루어졌고, 유럽으로 유입된 멕시코와 페루산 귀금속은 유럽의 경제생활을 근본적으로 바꾸어 놓았다. 즉 이것은 유럽인들의 자본 축적에 유례없는 자극제가 되었던 것이다. 스페인과 포르투갈은 이 해양팽창을 선도하였는데, 그들은 장사꾼이라기보다는 정복자들이었다. 실질적으로 해상무역을 발전시킨 사람들은 잉글랜드인들과 네덜란드인들이었다. 이들은 특허회사를 설립하여 해상무역을 발전시켰다. 처음에는 네덜란드인들이 한자동맹이 장악하고 있던 북유럽 어업을 차지하고, 세계 운송무역의 상당부분을 장악함으로써 자신들이 유능한 선주라는 사실을 입증하였다.

16세기와 17세기 초에 개척된 식민지들이 성장함에 따라 해상무역은 더욱 중요해졌다. 모든 나라는 새로운 식민지 개척에 나서거나 다른 나라가 개척한 식민지를 정복하거나 또는 그들의 교역, 특히 운송무역을 독점하려고 노력하였다. 1650년에서 1815년에 이르기까지 지속된 오랜 투쟁 끝에 영국이 해군력, 해상력, 선박소유에서 1인자의 자리에 섬으로써 점차 선두주자로 나섰고, 영국의 식민지였던 미합중국은 독립국가가 되었다. 이 기간 동안 해운산업은 차츰 근대화되어 갔다. 많은 선주들이 무역에 종사하고 있었는데, 주로 장사가 아닌 운임을 통해 이익을 얻고자 하는 해운이해관계자들이 무역업자의 일반적인 형태와 구별되는 존재로 등장하기 시작하였다. 결국 해운과 무역이 분리된 것이다.

해상의 패권을 장악하기 위한 투쟁이 종결된 시점은 영국에서 산업혁명이 시작된 시점과 대체로 일치한다. 산업혁명에 뒤이어 산업과 인구가 급격히 성장하였다. 19세기 중반 캘리포니아와 오스트레일리아에서 금광이 발견되면서 경제발전은 더욱 촉진되었다. 무역과 이주민의 운송을 위한 수송력에 대한 수요가 증가하자 현대적 선박의 시작이 되는 증기선이 개발되어 새로운 환경과 새로운 경제사조를 만들었다. 이는 결국 운송무역에 가해졌던 국가적 규제를 폐기시키게 되었다. 각국 정부는 해운산업을 보호하면서 효율성을 증진시키고, 뱃사람들의 생명과 배의 안전을 확보하며 중세 이래 악화되어 온 뱃사람들의 고용조건을 개선하는 쪽으로 관심을 돌리기 시작하였다.

19세기 단순히 부를 축적하는 수단에서 해상무역의 양상을 변화시킨 증기기관을 통한 수송력 증대와 발맞추어 선박 소유기법에도 혁신이 일어났다. 전신의 발명으로 통신의 신속화와 책임제한회사제도의 도입으로 인한 자본 확보의 용이성이 증기선만큼 중요하게 되었다.

19세기 말과 20세기 초에 해운산업은 그 국제적인 성격탓에 경쟁이 더욱 치열해졌다. 이는 특히 정기무역의 경영방식에 영향을 끼쳐 해운동맹의 설립으로 이어졌고, 대형 기업합동 추세가 나타났다. 전반적으로 해운산업은 과거에 비해 보다 긴밀하게 조직되었고, 정부규제의 강화만이 아니라 노동조합의 조직개선 역시 해상의 근로조건을 크게 개선시키는 데 일정한 역할을 했다. 1914~1918년의 제1차 세계대전은 경제적 민족주의를 부활시켜 선박과잉 현상을 초래하고, 운송무역에 대한 낡은 규제들을 부활시킴으로써 세계경제를 위협하였다.

반면에 공동의 이익을 획득하기 위해서는 국제적으로 상호 협력해야 한다는 새로운 인식도 등장하였다. 세계경제의 핵심 산업이 호황을 누리는 데 그와 같은 공동의 이해가 필요하다는 인식이 커져갔고, 이로써 세계의 모든 나라는 해상안전, 해수오염방지, 선박적재화물 계량단위 규격화, 각국 해운 회사의 불공정한 제한조치 규제 등 해운문제를 심의, 정보 교환, 조약 작성이나 권고를 주요 임무로 하는 하나의 세계적 해사기구인 IMO[5]에 연결되었다.

역사의 흐름에서 해운은 19세기에 접어들어서야 선주상인시대를 마감하고 해운과 무역이 분리되어 분업화, 현대화되면서 화주와 선주는 나누어지게 되었다. 이렇게 선주로 분류된 현재의 해운은 선박의 소유와 운영 그리

---

5) International Maritime Organization의 약칭. 1948년 2월 19일에 스위스 제네바에서 국제연합(UN) 해사위원회가 열렸고 1948년 3월 6일 미국, 영국을 비롯한 12개국이 국제해사기구조약을 채택하였다. 활동 목적은 해상안전, 해수오염방지, 선박적재화물 계량단위 규격화, 각국 해운 회사의 불공정한 제한조치 규제 등이다. 해운문제 심의, 정보 교환, 조약 작성이나 권고가 주요 임무이다.

고 용선에 관한 분야라고 할 수 있다. 나아가 복합운송시대에 맞춰 선박의 활용뿐만 아니라 앞서 언급하였던 공로, 철도, 항공, 파이프라인이라는 운송수단과 복합적으로 운영되는 복합운송체계까지 고려한 것을 현대의 해운이라고 할 수 있다.

III. 해운의 중요성

해운이 비록 무역과 분리되어 전문화되고 분업화가 되었지만 실질적으로 국제교역에서 해상운송의 비중은 오히려 증가되었다. 문명과 함께 시작된 무역과 그 의미를 함께 했던 해상운송에 대해서 알아 본 것처럼 해운이 국제경제에 미치는 파급효과는 과거뿐만 아니라 지금도 엄청나다. 세계무역량의 85%가 해상으로 이루어지고 있다는 현실이 그 중요성을 잘 설명하고 있다. 해마다 증가하고 있는 세계의 교역량을 본다면 세계 경제의 안정적인 수요와 공급의 균형을 맞추기 위해서는 해운의 안정성 역시 중요한 부분임을 알 수 있다.

〈표 1〉은 세계의 교역량의 증가세를 보여준다. 2008년부터 시작된 세계 경기후퇴라는 특별한 상황을 제외하고는 매년 세계 교역량은 세계화 추세에 맞춰 증가하고 있다. 교역량의 증가는 결국 세계화와 직결되어 있음을 의미한다.

일반적으로 생산이 이루어지기 위해서는 원자재가 필요하며 생산을 거친 중간재와 완성재는 판매를 위해 움직이게 된다. 이러한 단순한 과정 속에서 원자재의 이동과 중간재, 완성재의 이동이 해운을 통하여 대부분 이루어지고 있다는 사실을 간과해서는 안 된다. 물론 특수한 화물이나 Door to Door[6] 서비스를 위한 최종 배송은 차량이 담당하며 해상운동, 항공운

---

6) 화물을 송하인(送荷人)의 창고에서 수하인(受荷人)의 문 앞까지 한 계통으로 수송하

〈표 1〉 세계 교역량 증가세

(단위: %)

세계교역량증가율		2007	2008	2009	2010	2011
		7.4	2.9	-11.0	11.4	7.0
수입	선진국	5.0	0.5	-12.7	10.1	5.2
	개도국	13.0	9.0	-8.2	14.3	9.9
수출	선진국	6.6	1.9	-12.4	11.0	6.0
	개도국	9.9	4.6	-7.8	11.9	9.1

자료: IMF(2011), World Economy Overview

송이나 철도 모두 마찬가지이다. 하지만 가장 큰 비중을 차지하는 운송이 해상운송임을 알아야 한다.

그럼 세계화의 가속화와 늘어나는 물동량 속에서 해상운송은 어느 정도의 비중을 차지하는가? 〈그림 1〉에서는 세계 무역량과 해상운송의 관계를 잘 설명하고 있다. 세계의 GDP, 해상운송량, 그리고 OECD[7]의 경제성장과 세계의 GDP는 함께 움직이고 있으며, 높은 상관관계를 말해주고 있다. 세계의 상업적 무역거래가 증가하는 추세와 함께 해상운송량은 증가하였으며 결과적으로 세계경제주체인 OECD와 함께 세계 GDP는 상승하고 있는 것이다.

는 제도.

7) OECD(經濟協力開發機構, Organization for Economic Cooperation and Development) 경제발전과 세계무역 촉진을 위하여 발족한 국제기구. 개방된 시장경제와 다원적 민주주의라는 가치관을 공유하는 국가 간 경제사회 정책협의체로서, 경제사회 부문별 공통의 문제에 대한 최선의 정책방향을 모색하고 상호의 정책을 조정함으로써 공동의 안정과 번영을 도모하는 것을 목적으로 함.

〈그림 1〉 세계 무역과 해상교역량

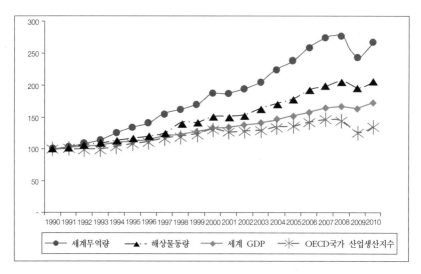

자료: UNCTAD 사무국(2010)
* 1990=100을 기준으로 함

IV. 해운의 미래

무역의존도[8]는 한 나라의 GDP[9] 가운데 수출과 수입이 차지하는 비중을 의미한다. 세계에서 선진국이라 불리는 나라들은 풍부한 자원, 넓은 영토, 인력, 자금과 같은 생산요소와 함께 정치적, 경제적 우위를 점하고 있다. 이러한 나라들의 무역의존도는 매우 낮다. 2009년 기준 미국은 18.7%,

---

8) 무역의존도(貿易依存度, degree of dependence upon foreign trade): 한 나라의 국민경제가 어느 정도 무역에 의존하고 있는가를 표시하는 지표.

9) 국내 총생산(國內總生産, GDP: Gross Domestic Product)은 일정 기간 동안 한 국가에서 생산된 재화와 용역의 시장 가치를 합한 것을 의미하며 보통 1년을 기준으로 측정한다.

일본은 22.3%, 중국은 45%이지만, 우리나라의 경우에는 1990년 51%에서부터 2010년 85%를 기록하고 있다. 우리나라의 85%의 무역의존도는 그동안의 경제성장이 무역과 직결되어 있음을 시사하는 반면, 우리나라의 경제구조에서 수출입의 중요성을 말해준다. 수출입의 중요성은 결국 앞서 언급한 것처럼 해운과 직결되는 것이다.

우리나라의 무역의존적인 경제구조와 함께 외부적으로 세계는 한국, 중국, 일본이 중심인 동북아시아, 북미, 유럽 등 크게 3개의 경제권역으로 나눠짐으로써 해운에서는 이러한 세계 3대 경제권역 간에 발생하는 엄청난 물동량의 효율화를 위해 선사의 초대형화, 선박의 초대형화, 항만운영의 초대형화를 통하여 해운을 발전시키고 있다.

이러한 변화 속에서 우리나라의 해운은 무역에 의존한 경제성장을 통하여 해운은 세계 선사들과 경쟁해도 뒤지지 않을 만큼의 노하우를 축적하고 있으며 선박 공급 능력에 해당하는 조선능력 또한 세계 최고라는 평가를 받고 있지만, 경제 발전의 기저산업에 해당하여 가시적이지 않는 점과 일반적인 관심 부족으로 선진적인 선박금융지원, 해운전문인력 부족, 정부의 제도적 지원 등 해운업에 종사하는 선사들에 대한 지원이 부족한 현실이다.

선진국에 비해 상대적으로 열악한 조건 속에서도 우리나라는 눈부신 경제성장을 이룩해왔으며 이러한 성장 기저에 있는 해운은 그동안 많은 변화를 겪어 왔다. 하지만 미래는 누구도 예측할 수 없다. 불확실성하에서 변화하는 환경에 전부를 대처할 수는 없지만, 적어도 기본적인 부분은 견실하게 준비할 필요가 있다. 앞으로 있을 미래의 해운변화를 대비하기 위해서는 첫째, 선박의 대형화, 항로의 글로벌화가 진행될 수 있도록 선박금융을 활성화해야 한다. 전통적인 선주국가들이 몇 대를 걸쳐서 건실하게 해운업을 유지하는 것은 해운업의 운영적 측면도 중요하지만 재정적, 금융적 부분에서 해운업만의 독특한 노하우를 가지고 있기 때문이다. 이에 대해 해운업 특성에 맞는 금융업 시스템의 지원과 개발이 필요하다. 둘째, 글로벌 경쟁이 확대될수록 해운산업에서 필요로 하는 개별 생산요소의 경쟁력 차이가 없어지고 전문인력에 의한 운영 노하우와 전략이 중요해지기 때문에 해운

전문인력 양성에 관심을 가져야 한다. 이에 부응하기 위해서는 일반적인 경영인이 아닌 해운업에 특화된 교육과정 도입이 필요하다. 마지막으로 세계 해운시장에서 장기적인 경쟁력 제고와 해상 운송시스템의 선진화를 위한 정부의 제도적 지원을 통하여 해운의 발전을 견인할 필요가 있다.

제3부

해양환경과 자원

제12장
▆▆▆

해양과학기술과 에너지 개발

박성욱(한국해양연구원)

Ⅰ. 에너지와 인류의 역사

인간이 살아가면서 꼭 필요한 것을 들라면 물, 공기를 드는 데 주저하지 않지만 에너지라고 할 때에는 고개를 갸웃하는 경우가 있다. 사실 인류의 발전과 에너지는 서로 아주 밀접하게 연관되어 왔다. 에너지는 그리스 말의 에네르게이아(energeia)에서 그 어원을 찾을 수 있으며 "활동하는 데 필요한 힘"을 가리키는 말이 그 시작이라고 한다. 인류가 문명화되면 될수록 필요한 에너지는 더욱 많아진다는 것이 역사적으로 증명되어 왔다. 예를 들면, 오늘날 전기가 없는 사회를 상상해 보면 쉽게 이해가 갈 것이다. 이와 같이 인류의 문명이 발달하면 할수록 생활수준이 높아지면 질수록 에너지 수요는 폭발적으로 늘어나기 때문에 에너지를 어떻게 확보하는가 하는 것이 각 국가들이 당면한 과제 중의 하나이다.

인류가 현재까지 개발한 최고의 에너지원으로 평가받는 것은 석유와 석탄으로 지칭되는 화석연료라고 할 수 있다. 석유와 석탄은 19세기 말과 20

세기 초까지만 하더라도 에너지 밀도가 높아 최고의 에너지원으로 평가되
었으나 지금은 과도한 이산화탄소를 배출하는 지구온난화의 주범으로 인식
되고 있다. 지구온난화를 방치할 경우 극지역의 빙하가 녹음으로써 해수면
이 상승하여 지구의 종말을 고할 수도 있다는 것이다. 이러한 징후는 해수
면 상승으로 나우루공화국이나 키리바시 등 남태평양 도서국에서 이미 현
실화되고 있다. 이는 화석연료의 획기적인 감축이 이루어지지 않는다면 인
류의 생존을 장담할 수 없다는 것을 교훈으로 알려주고 있다.[1]

지구온난화에 대응하기 위해 인류가 내놓은 방안은 기존의 화석연료를
대신할 수 있는 청정에너지를 개발하는 것에 초점을 맞추고 있다. 우리나
라는 「신에너지 및 재생에너지개발·이용·보급 촉진법」을 제정하면서 국
가에게 청정에너지 개발을 위한 기본계획과 실행계획을 작성하여 실질적인
기술개발과 이용 및 보급을 촉진하도록 하고 있다. 신·재생에너지는 기존
의 화석연료를 변환시켜 이용하거나 햇빛·물·지열·강수·생물유기체 등
을 포함하는 재생가능한 에너지를 변환시켜 이용하는 에너지로 다음과 같
은 것을 들고 있다. 태양에너지, 생물자원을 변환시켜 이용하는 바이오에너
지, 풍력, 수력, 연료전지, 석탄을 액화·가스화한 에너지 및 중질잔사유를
가스화한 에너지, 해양에너지, 폐기물에너지, 지열에너지, 수소에너지 그
밖에 석유·석탄·원자력 또는 천연가스가 아닌 에너지로서 대통령령이 정
하는 에너지가 그것이다.[2]

신·재생에너지는 화석 에너지의 고갈 문제와 환경문제에 대한 핵심 해
결 방안이라는 점에서 그 중요성과 개발 필요성이 증가하고 있다. 물론 이
러한 장점에도 불구하고 석유나, 석탄을 이용한 화석연료의 개발에 비해
막대한 초기 투자비와 낮은 가격 경쟁력 등으로 아직까지는 경제적인 단점

---

1) 기후변화에 대응하기 위해 IPCC(Intergovernmental Panel on Climate Change)를
   설립하여 기후변화의 전 지구적 위험을 평가하고 국제적 대책을 마련하고 있다. IPCC
   는 지금까지 4번의 평가보고서를 작성하였으며 2014년에 발표될 5차 평가서는 지구공
   학과 청정에너지, 해수면의 변화, 극한 기후 등을 중점적으로 다루기로 했다.
2) 「신에너지 및 재생에너지 개발·이용·보급 촉진법」 제2조 제1호.

을 해결하지 못하고 있는 상황이다. 그러나, 지구환경문제의 해결뿐만 아니라 지속가능한 발전을 위해 각 국가들은 에너지 효율의 향상과 함께 새로운 에너지원을 찾기 위해 많은 노력을 경주하고 있다. 이러한 노력 중 하나가 해양에너지이며, 조력, 조류력, 파력, 온도차, 해류 등을 대상으로 하고 있다.

II. 해양과 해양과학기술

1. 해양의 특성과 가치

해양은 지구 표면적의 70%를 차지하고 있으며, 지구 생명체의 근원으로서 지구에 산소를 제공(50~75%)하고 지구생물의 90%가 서식하는 생태서식지이며,[3] 물의 97%, 담수의 40%를 보유하고 있는 지구 물순환의 시작이자 끝이라고 할 수 있다. 또한 해양은 날씨와 기후를 포함하는 지구기후조절자의 역할을 하는데 대기로부터 열을 흡수, 저장, 이동시키고, 특히 이산화탄소가스의 50%를 흡수하므로 지구온난화연구의 첫 단계이기도 하다. 그리고 해양은 많은 오염물질을 흡수하고, 독성을 제거하며, 영양염을 재활용하며, 해충과 병원균을 제어하는 데 도움을 준다. 이러한 오염정화 기능은 갯벌이라는 특수한 조건하에서 그 기능이 배가되고 있다.

한편, 소득이 높아지면 질수록 관광이나 스포츠 등 삶의 질 향상 욕구가 비약적으로 증가하게 되는데 해양은 요트, 바다낚시, 수영, 풍경 감상 등을

---

3) 해양생태계의 가치는 약 2경원(~21T USD)으로 예측되고 있다. R. Costanza, R. d'Arge, R. de Groot, S. Farber, M. Grasso, B. Hannon, K. Limburg, S. Naeem, R.V. O'Niell, J. Paruelo, R.G. Raskin, P. Suitton, and M. van den Belt, "The value of the world's ecosystem services and natural capital," *Nature,* vol.387(1997), pp.253-260.

통해 이러한 욕구를 충족시켜 주고 있다. 그리고 각 국가들은 무역량의 대부분을 해양에 의존하고 있어 바다는 경제교통로이기도 하다. 이러한 점을 모두 고려해 볼 때 해양은 인류의 생존을 책임지고 있는 하나로 연결된 살아 있는 유기체로 보아야 할 것이다.

해양의 가치는 물고기, 해조류 등과 같은 해양생물자원과 해양광물, 석유 및 에너지와 같은 해양무생물자원으로 분류할 수 있다. 해양생물자원 또는 해양무생물 자원의 가치는 해양에 대한 우리의 지식이 많아질수록 높아지고 있으며, 육상자원이 고갈되고 한계가 가까워질수록 더욱 높아지고 있다. 해양과학기술의 발달은 과거에는 상상도 할 수 없었던 심해지역에서의 석유개발을 가능하게 하였으며, 심해생물에서 유용한 유전자원을 채취하여 제공함으로써 생명공학산업의 발달을 이끌고 있다. 이와 같이 인간의 발전된 지식은 해양의 새로운 가치를 창출하고, 이러한 가치는 인류의 생존문제를 해결하는 열쇠로서의 역할을 하게 될 것이다.

2. 해양과학기술

해양과학은 지구표면적의 70%를 차지하고, 14억km³부피의 소금물을 가진 바다에 대한 현상을 연구하는 학문이다. 이러한 해양과학에는 바닷물의 흐름, 파랑, 조석, 해양표면과 대기 간의 상호작용 그리고 지구 규모의 해수순환 등과 같이 바닷물의 운동과 관련된 분야를 연구하는 물리해양학(Physical Oceanography), 해수와 물 그리고 바다 구성물질의 화학성질을 연구하는 해양화학(Marine Chemistry), 해양생물, 그들 상호간 그리고 환경과의 관계, 그리고 해양에서 해양생물 분포를 결정하는 요소들에 대해 연구하는 생물해양학(Biological Oceanography)과 함께 해양지질학(Marine Geology)과 지구물리학(Geophysics)이 있다. 해양지질학과 지구물리학은 해양분지(바닷물을 담고 있는 그릇)의 형태와 구조, 해양분지의 형성과 발달, 그리고 해양분지의 바닥에 쌓이는 퇴적물 등을 연구하는 분야이다.

그렇다면 해양기술이란 무엇을 말하는 것일까? 해양기술이란 바다를 우리 인류에게 유익하게 쓰고, 지구환경을 보전하기 위한 각종 기술이라 정의할 수 있는 바, 이러한 기술에는 해양학 각 분야의 현상을 보다 잘 연구할 수 있게 해주는 각종 기술, 바다의 자원을 찾고 개발하는 기술, 해상교통, 해양법, 해양환경관리, 해양오염제거 그리고 해양공학적 기술 등 바다를 대상으로 한 넓은 분야의 기술을 모두 말한다고 할 수 있다.[4]

해양과학기술(MT: Marine Technology)은 "해양산업의 경쟁력 확보 및 해양국토의 관리 강화, 나아가 21세기 인류공동의 과제인 자원고갈과 지구환경변화 문제를 해결하기 위한 미래 과학기술"로 정의된다. 이러한 해양과학기술은 해양의 가치를 발견하여 이를 우리의 꿈과 이상을 실현하고 건강하고 풍요로운 삶을 영위하기 위한 수단이라는 점에서 오늘날 새로운 기술로서 주목되고 있다. 해양과학기술 기술분류체계에 의하면 해양과학기술을 해양자원, 해양환경, 해양생명공학, 해양관측 및 예보, 해양공학, 해안공학 및 물류, 해사안전, 극지해양, 해양연구 인프라로 분류하고 있다.

해양과학기술은 위에서 살펴본 바와 같이 어느 특정분야에 한정된 것이 아닌 여러분야가 함께 어우러져서 바다에서 일어나는 자연현상을 이해하고 이를 통해 인류에게 이익을 주는 거대과학분야라는 것을 알 수 있다. 이러한 것은 지구의 환경변화를 연구하는 데 있어 해양이 아주 중요한 역할을 한다는 점에서 대체적으로 인식을 같이 하고 있다.

---

4) 한국과학기술진흥재단, 『해양과학기술: 그 시작과 미래』(서울: 한국과학기술진흥재단, 1995), 15-18쪽.

III. 해양에너지의 종류

해양에너지 자원은 해양으로 흡수된 태양에너지가 다양한 형태로 변환된 것으로 부존량이 막대하며 재생가능한 자원이다. 해양과학기술 기술분류체계에 의하면 해양에너지자원을 해양에 부존하는 물리적 에너지의 조사·분석과 이를 전기에너지 또는 활용이 용이한 에너지자원으로 변환하기 위한 제반기술이라고 정의하고 있다. 또한 해양에너지 자원을 조력·조류에너지 개발기술, 파력·해상풍력에너지 개발기술, 해수온도차에너지 이용기술, 해양에너지 복합이용기술로 분류하고 있다.

1. 조력발전

조력발전이란 조석이 발생하는 하구나 만을 방조제로 막아 해수를 가두고 수차발전기를 설치하여 외해와 조지 내의 수위차를 이용하여 발전하는 방식으로 해양에너지에 의한 발전 방식 중에서 가장 먼저 개발되었다. 현재 가동 중인 조력발전소는 프랑스의 랑스(1967 완공, 용량 24만kW), 소련의 키슬라야 구바(1968 완공, 용량 400kW), 캐나다(1984년 완동, 용량 2만kW), 중국의 지앙시아(1980 완공, 용량 3,000Kw) 등이다.[5]

우리나라는 경기도 안산의 시화호 조력발전소를 국내 최초·세계 최대규모로 오는 5월 준공을 앞두고 있다. 2005년 착공된 시화호 조력발전소는 축구장 12개 크기인 13만 8,000m²에 공사비가 약 3,000억 원을 투입하여 25만 4,000kW를 발전하는 세계 최대의 발전용량을 갖췄다. 이는 현재 세계 최대 규모의 프랑스의 랑스조력발전소보다 1만 4,000kW가 더 많다. 시화호 발전소에서 생산되는 전력은 연간 5억 5,270만kWh로 50만 명이 사용할 수 있는 전기를 공급할 수 있다. 시화호 발전소가 생산하는 전기를 석유

---

5) 한국해양연구소, 『해양개발의 현재와 미래』(안산: 상문사, 1995), 41쪽.

로 생산하면 연간 86만 2,000배럴이 필요하기 때문에 31만 5,000t의 이산화탄소 저감 효과가 기대된다.

조력발전은 강어귀를 횡단하는 도로를 놓아 교통망을 개선하며, 온실가스를 배출하지 않는 등의 장점이 있지만, 조류댐을 건설함으로써 각 유역에 조류 수위가 변화하여 주변지역의 항해와 여가활동, 해안선 침수나 수산물 어획 등에 영향을 줄 수도 있다.

2. 조류발전

조류발전이란 조류의 흐름이 빠른 곳에 수차발전기를 설치하고, 자연적인 조류의 흐름을 이용하여 설치된 수차발전기를 가동시켜 발전하는 방법이다. 조류발전은 조력댐 없이 발전에 필요한 수차발전기만을 설치하기 때문에 비용이 적게 들고 조력발전보다 더 환경친화적이나 발전에 적합한 적지를 선정하는 데 어려움이 있고 발전량이 자연적인 흐름의 세기에 따라 좌우되기 때문에 발전량을 조절할 수 없는 단점이 있다.[6]

조석간만의 차가 크고 리아스식 해안으로 구성된 우리나라 서남해안은 조류발전을 위한 천혜의 자연적 조건을 갖추고 있다. 국토해양부는 전남 해남군과 진도군 사이 진도수도 내에 위치한 울돌목이 최대 13knot에 달하는 강한 조류의 흐름이 발생, 조류발전 최적지로 평가되어, 2009년 5월 국내 최초의 '진도 울돌목 조류발전소'를 건설했다. 1단계로 1,000kW의 설비용량을 갖춘 울돌목 조류발전소는 연간 약 430가구에 공급이 가능한 2.4GWh의 전기를 생산하고 있다. 오는 2013년에는 진도군 약 4만 6,000가구가 사용할 수 있는 세계 최대 규모의 상용 조류발전소로서 9만kW의 설비용량을 갖출 계획이다. 특히 울돌목 조류발전소는 해당 기술이 순수

---

6) 염기대, "해양에너지자원," 김웅서·강성현, 『해양개발의 현재와 미래』(안산: 올리브 디엔티, 2005), 72쪽.

국내 기술진의 노력에 의해 국산화됐다는 점에서 의미가 크다.

3. 파력발전

파력발전이란 입사하는 파랑에너지를 터빈 같은 원동기의 구동력으로 변환하여 발전하는 방식으로, 설치방식에 따라 부체식과 고정식으로 구분할 수 있다. 또한 물입자의 운동방향에 따라 파의 상하운동, 파의 수평운동 또는 파에 의한 수중압력을 이용하여 각각 공기에너지나 기계에너지 또는 수력에너지로 변환시키는 세 가지 방법으로 구별할 수도 있다.[7] 파력에너지는 이론상 50%가 전력으로 회수될 수 있으며 영국, 노르웨이, 일본을 중심으로 활발한 연구를 수행하고 있다. 전 세계적으로 파력에너지는 약 2~3백만 MW정도이며, 입지조건이 좋은 장소의 파도에너지 밀도는 해안선의 Mile당 평균 65MW에 이른다.

파랑에너지를 활용하기 위해 영국에서는 2MW급 파력발전장치의 상용화가 이루어졌고, 일본에서는 부유식 파력발전장치 Mighty Whale이 시운전 중에 있다. 국내에서도 60kW급 부유식 파력발전장치의 시제품화(주전 A호)가 시도된 바 있다.[8] 우리나라 동해와 제주도 주변해역은 강한 파랑이 발생하는 해역으로 파력발전에 적합한 조건을 갖추고 있어 낙후된 연안도서 지역의 개발에 일조할 수 있을 것이다.

파력발전의 장점은 소규모 개발이 가능하고 방파제로 활용할 수 있어 실용성이 크며, 한 번 설치하면 거의 영구적으로 사용할 수 있고 공해를 유발하지 않는다. 반면에 기후 및 조류의 조건에 따라 심한 출력변동과 대규모 발전플랜트를 해상에 계류시키는 데 기술적인 어려움이 있으며, 입지 선정도 까다롭고 초기 설치비가 기존 화력발전소보다 2배 이상 비싸다는 단점

---

7) 염기대, 상게서, 73-74쪽.
8) 한국해양연구원 해양시스템안전연구소, 『파랑에너지 실용화 이용 기술기획』(2003), 3쪽.

이 있다.[9]

4. 해양온도차 발전

해양온도차 발전(OTEC: Ocean Thermal Energy Conversion)이란 표층 (예: 25~30℃)과 심층(예: 5~7℃)간의 17℃ 이상의 수온차를 이용하여 표 층의 온수로 암모니아, 프레온 등의 저비점 매체를 증발시킨 후 심층의 냉 각수로 응축시켜 그 압력차로 터빈을 돌려 발전하는 방식이다. 해양온도차 발전은 미국과 일본을 중심으로 실험발전에 성공하고 있으며, 우리나라의 경우 쿠로시오 해류가 남해안과 동해안을 지나가므로 해양온도차 발전의 가능성이 있어 현재 국토해양부에서 OTEC 기술개발을 추진하고 있다.

OTEC이 다른 해양에너지 활용기술에 비해 장점으로 거론되고 있는 것 은 조석과 파랑을 얼마나 이용할 수 있는가 하는 제한에 영향을 받지 않는 다는 것이다. 즉, 일정한 수온차이가 있다면 어디든 가능하다는 장점이 있 으나 에너지 전환 효율은 약 3~4%로 낮은 편이다. 이러한 낮은 열효율을 극복하기 위해 많은 양의 물을 필요로 한다. 이러한 이유로 OTEC 발전으

〈표 1〉 해양에너지 원별 입지조건

구분	조력발전	조류발전	파력발전	온도차발전
입지 조건	• 평균 조차 3m 이상 • 폐쇄된 만의 형태 • 해저 지반이 딱딱 • 에너지 수요처와 근거리	• 조류의 흐름이 2m/s 이상인 곳 • 조류흐름의 특징이 분명한 곳	• 육지에서 거리 30km 미만, 수심 300m 미만의 해상 • 항해, 항만 기능에 순응	• 표·심층수와 온도차가 17℃ 이상 • 어업 및 선박 항행에 순응

* 에너지관리공단, 『신·재생에너지의 이해』(2006), 52쪽

---

9) 윤천석, 『신재생에너지』(서울: Infinity Books, 2009), 248쪽.

로 인한 주변 해수는 염분과 온도가 예상외로 변화되어 생태계에 영향을 줄 수도 있다는 의견도 있어 에너지 전환 효율을 높이는 방안과 함께 해양 환경에 대한 연구가 공히 중요한 과제로 부각되고 있다.

IV. 국가정책 목표달성을 위한 해양에너지의 역할

EU, 독일, 미국, 일본, 중국 등 주요국들은 신·재생에너지 보급을 위해 조금의 차이는 있으나 2020년까지 신·재생에너지의 공급목표를 1차 에너지의 15~20% 수준으로 책정하고 있으며, 우리나라는 2030년 신·재생에너지의 보급률을 11%로 세우고 있다.

우리나라의 신·재생에너지 개발의 문제점은 높은 초기투자비로 인한 경제성 부족, 폐기물 및 수력 등 특정에너지원에 보급 편중, 기술수준 및 국내 산업기반이 열악, 재원조달이 미흡하다는 것이다. 이를 위한 개선방안은 차세대 태양광, 해상풍력, 해양에너지 등 자연재생에너지의 보급 확대 정책을 적극적으로 개발 추진하겠다는 것이다. 신·재생에너지 수요전망을 보면 해양에너지는 2008년에 0%이던 것이 2030년 목표연도에는 4.7%를 분담하는 것으로 하고 있다. 특히 공급구조를 보면 폐기물 중심의 공급구조에서, 바이오에너지, 태양에너지, 풍력, 해양에너지 등 자연 재생에너지 중심의 공급구조로 전환을 예정하고 있다는 점을 주목할 필요가 있다.[10] 동 계획에서 해양에너지개발 목표는 해양에너지 자원의 개발·이용기술 실용화 및 산업화를 목표로 설정하되 이러한 목표를 단계별로 추진하도록 하고 있다. 우선 단기적인 목표는 분야별 핵심기술 개발과 연안역 해양에너지 이용 기술을 개발하고, 중기적으로는 핵심기술의 고도화와 외해역의 대규모 해양

---

10) 지식경제부, 『제3차 신재생에너지 기술개발 및 이용·보급 기본계획(2009-2030)』, 9쪽, 14쪽.

에너지 이용기술을 개발한다. 그리고 장기적으로는 해양에너지 복합이용에 의한 경제성 제고와 단지화 기술의 상용화를 통한 대규모 해양에너지 자원의 산업화를 목표로 하고 있다.

해양에너지의 재생에너지화와 관련하여 주목되는 변화는 미세조류, 해조류 등의 바이오연료 상용화를 통해 보급기반을 마련하겠다는 것이다. 해양에너지의 보급 전망을 살펴보면 우선 2025년까지 시화호(254MW), 가로림만(520MW) 등 서해안 해역에 조수간만의 차를 이용한 조력발전소 건설 추진, 2020년까지 울돌목(1MW급 실증, 90MW급 상용), 장죽수도(150MW), 맹골수도(250MW) 등의 조류발전소 건설 추진, 500kW급 파력발전 플랜트 제작 및 제주도 해역 설치('09~'11년), 시험파력발전소('11~'12년, 제주도, 울릉도 등) 건설을 계획하여 추진하고 있다.

해양에너지자원의 실용화가 저조한 것은 우선 접근성의 문제로 인하여 상대적으로 뒤늦게 개발이 시작되었다는 것이다. 그리고 해양에너지는 다른 에너지원에 비해 에너지 밀도가 매우 낮기 때문에 현재 사용되고 있는 기존 에너지원에 비해 상대적으로 큰 규모의 에너지 추출장치가 필요하다는 특성이 있다. 해양에너지 개발의 장단점은 전력을 생산할 경우 출력 변동과 육상으로의 송전이 어렵다는 것이 단점으로 지적되고 있고, 장점으로는 동일 지점에서 두 종류 이상의 에너지원을 복합적으로 이용하는 복합전력 시스템 개발이 가능하다는 것이다.

해양에너지를 실용화함에 있어서 선결되어야 할 과제는 경제성 면에서 개발비용을 낮추는 것과 함께 이용 면에서 안정성과 신뢰성을 확보하여야 한다는 것이다. 현재까지 조력, 조류력, 파력은 국내 부존량이 풍부하고 관련기술 축적도가 높기 때문에 경제성 측면에서 강점이 있는 것으로 판단하고 있으나 여전히 이를 둘러싼 환경적 문제나 에너지 효율의 문제는 해결하여야 할 과제로 남아 있다.

해양에너지가 국가의 신·재생에너지 기술보급에 일조를 하기 위해서는 현재 수립된 제3차 신재생에너지 기술개발 및 이용·보급 기본계획에 따라 지속적인 투자가 필수적이라고 할 수 있다. 이러한 투자를 바탕으로 경제성을 높이기 위한 핵심기술의 국산화와 함께 해양환경에 대한 지속적인 관심이 필요하다. 즉, 신·재생에너지 개발은 지구환경보호라는 명제를 충족시키기 위한 수단이기 때문에 신·재생에너지 개발이라는 국가 에너지정책을 충족시키기 위해 해양환경에 위해를 가하는 우를 범하지 말아야 한다는 것이다. 이러한 명제는 궁극적으로 해양과학기술의 발전과 궤를 같이 하기 때문에 국가해양과학기술개발계획 수립시 이를 충분히 반영하여야 할 것이다.

제13장

MARPOL 체제

정진석(국민대)

I. MARPOL 체제 성립과정

1. MARPOL 이전의 조약체제

선박으로부터의 해양오염을 다루기 위한 최초의 시도는 1920~30년대에 이루어졌다. 1926년 6월 미국 정부의 초청에 의해 워싱턴에서 열린 국제전문가회의[1]에서 나온 협약초안은 연안 50해리 내에서는 500ppm 이상 유류농도의 배출을 금지하였다. 비록 1926년 회의는 협약채택에 실패하였지만, 7대 해양국들의 선박소유자들은 50해리 배출금지수역을 수락할 것을 같은

---

[1] "가항수역의 유류오염에 관한 예비회의(Preliminary Conference on Oil Pollution of Navigable Waters)." 동 회의에서 나온 최종의정서 및 협약초안은 B. Rüster et al. (eds.), *International Protection of the Environment: Treaties and Related Documents,* vol.19 (Dobbs Ferry, N.Y.: Oceana, 1975-1983), pp.9585-9593 참조.

해에 자발적으로 합의하였다.[2] 이어서 1934년에는 영국 정부가 국제연맹에 유류오염문제를 제기하였고, 국제연맹은 1926년 초안에 기초한 새로운 협약초안을 작성하였다. 하지만 주요 해양국들의 불참으로 인해 초안채택을 위한 국제회의는 열리지 못하였으며 이후 2차 세계대전이 발발하였다. 두 번의 노력이 실패한 후 1954년까지는 더 이상의 노력이 이루어지지 않았다.

1954년 런던에서 국제회의가 열렸으며, 해양오염 통제에 관한 최초의 국제적인 합의인 "유류에 의한 해양의 오염방지를 위한 국제협약(OILPOL 1954-71)"이[3] 채택되었다. OILPOL 1954-71은 유조선이 항행 도중인 경우, 유류 물질의 순간 배출률이 해리당 60리터를 초과하지 않는 경우, 일회의 밸러스트 항해 중에 배출되는 유류의 총량이 총화물 수송능력의 1/15,000 이하인 경우, 그리고 유조선이 최근접 육지로부터 50해리 이상의 거리에 있는 경우를 제외하고는 총톤수 150톤 이상의 유조선으로부터 유류 또는 유성혼합물 배출을 모든 해양에서 금지하였다. 하지만 OILPOL 1954-71은 여러 가지 문제점을 가지고 있었다.

첫째, 배출기준이 1960년대 초 주요 석유회사들에 의해 개발된 load-on-top(LOT) 방식에 기초하여 작성되었는데, 이 방식이 항상 적용될 수는 없었다. 그리고 OILPOL 1954-71은 LOT 방식의 채택을 강제하지 않았다. 나아가 LOT 방식 자체가 crude oil washing(COW) 방식으로 대체되었는데, OILPOL 1954-71은 이 방식에 대한 규정이 없다. 둘째, 유류배출에 대한 일반적 금지로 인해 유성잔유물의 처리를 위한 연안 수용시설이 필요하였다. 하지만 당사국들이 그러한 고비용 시설의 설치를 실제로 주저함은 물론 OILPOL 1954-71 자체가 그런 시설의 설치를 의무적인 것으로 하지 않고 단지 당사국들에게 수용시설설치를 촉진하는 "적절한 모든 조치를 취하여야 한다"고만 규정하였다. 셋째, OILPOL 1954-71은 선박운항상의 배출

---

2) R. M. M'Gonigle and M. W. Zacher, *Pollution, Politics, and International Law* (Berkeley: University of California Press, 1979), p.83.

3) "International Convention for the Prevention of Pollution of the Sea by Oil." 이 협약은 1962년, 1969년, 1971년에 개정되었다.

만 규율하며 사고로 인한 배출을 최소화하기 위한 조치를 규정하지 못했다. 넷째, '유류'의 정의가 원유, 연료유, 중디젤유 및 윤활유에 국한되어 석유정제제품은 조약적용대상에서 제외되었다. 끝으로, 배출기준 위반을 처벌할 주된 권한은 기국에게 주어져 있다. 그런데 기국들은 해양환경보호보다는 자국해운산업의 경쟁력에 더 관심이 있었기 때문에 이러한 보수적인 집행체제는 만족스러운 결과를 가져올 수 없었다. 게다가 광대한 해양을 생각하면 기국들이 위반행위를 적발하는 데 실질적인 어려움도 있게 된다.

2. MARPOL 체제 성립

1973년 런던에서 열린 해양오염에 관한 국제회의에서 "선박으로부터의 오염방지를 위한 국제협약(International Convention for the Prevention of Pollution from Ships: MARPOL 1973)"이 채택되었으며, 동 협약은 1978년 의정서(MARPOL 1978)에 의해 개정되었다. MARPOL 1973은 위에서 지적된 결점들을 가진 OILPOL 1954-71을 대체하기 위해 채택되었는데, 각각 다른 유형의 오염물질을 다루는 5개 부속서를 가지고 있으며, 이 중 부속서 I과 II는 필수적인 반면 부속서 III, IV 및 V는 선택적이다. 하지만 MARPOL 1973은 초기에 비준을 얻는 데 실패하였는데,[4] 주된 이유는 부속서 II의 규정이 국가들에게 추가적인 부담을 주었기 때문이다. 비준을 촉진하기 위해서 MARPOL 1978이 채택되었는데, MARPOL 1978은 동 의정서의 발효일로부터 3년 동안 당사국들이 부속서 II의 이행을 연기할 수 있도록 허용하고 있다. MARPOL 1978의 당사국은 MARPOL 1973의 효력을 인정하여야 하며 두 문서는 단일문서로서 간주되고 해석된다(MARPOL 73/78). 1997년에는 부속서 VI이 MARPOL 73/78에 대한 의정서 형태로 채택되었다. MARPOL 73/78의 서문은 동 협약의 목적을 "유류 및 기타 유해물

---

4) 1976년까지 케냐, 요르단, 튀니지만 MARPOL 1973의 당사국이 되었다.

질에 의한 해양환경의 고의적인 오염을 완전히 제거하고 또한 그러한 물질
의 사고로 인한 배출을 극소화할 것"으로 천명하고 있다.

II. 국제오염기준

MARPOL 73/78은 당사국의 국기를 게양할 자격이 있는 선박 및 당사국
의 국기를 게양할 자격이 없으나 당사국의 권한하에서 운항되고 있는 선박
에 적용된다. 여기에서 "권한(authority)"이라는 용어는 기능적인 면과 영
토적인 면을 함께 가지는 것으로 본다. 즉, 당사국의 영해 기타 관할수역
내에 위치한 비당사국의 선박뿐만 아니라 비당사국의 영해 기타 관할수역
내에 위치한 당사국의 선박도 MARPOL 73/78의 적용 범위에 든다.[5]
MARPOL 73/78이 적용되는 "선박"에는 해양에서 운항되는 모든 형태의
배가 포함되며, 수중익선, 공기부양선, 잠수선, 부양기기 그리고 고정식 혹
은 이동식 플랫폼도 포함된다. MARPOL 73/78에 의해 통제되는 "배출"에
는 선박으로부터의 모든 유출이 포함되지만, 1972년 "폐기물 및 기타 물질
의 투기에 의한 해양오염의 방지에 관한 협약"에서 규정하고 있는 투기,
해저광물자원의 탐사, 채굴 및 이에 관련된 해양에서의 가공작업으로부터
직접 발생하는 유해물질의 유출 그리고 오염의 감소나 규제에 관한 합법적
인 과학적 연구를 목적으로 하는 유해물질의 유출은 포함되지 않는다. 자
세한 오염기준은 다음에서 볼 각 부속서에 규정되어 있다.

---

5) Gr. J. Timagenis, *International Control of Marine Pollution* (New York: Oceana, 1980), pp.374-378.

1. 부속서 I

부속서 I은 가장 중요한 오염물질인 유류(oil)를 다룬다. "유류"에는 원유, 중유, 슬러지(sludge), 폐유 및 정제유 등 모든 형태의 석유류가 포함되며, 부속서 II에서 다루는 석유화학물질(petrochemicals)은 제외된다. 그리고 동 부속서에 대한 첨부서류 I에 열거된 물질 역시 유류에 포함된다. 따라서 OILPOL 1954-71과는 달리 MARPOL 73/78은 경유(gas oil), 휘발유(gasoline) 등 석유정제제품유(refined petroleum)같은 비지속성(non persistent) 유류에도 적용된다.

이 부속서에 따른 해양으로의 유류 배출은 다음의 조건을 충족시키지 않는 한 금지된다. 유조선의 경우 i) 특별해역 내에 있지 아니하며 항행 중일 것, ii) 가장 가까운 육지로부터의 거리가 50해리를 넘을 것, iii) 유분(oil content)의 순간 배출률이 1해리당 30리터를 넘지 아니할 것, iv) 유류의 총배출량이 현존 유조선에 대하여는 최종적으로 운송한 화물량의 1/15,000 이하이고 신조 유조선에 대하여는 1/30,000분의 1 이하일 것, v) 유조선이 유류배출감시제어장치 및 슬롭탱크(slop tank)장치를 작동시키고 있을 것. 유조선 이외의 총톤수 400톤 이상 선박의 경우 i) 특별해역 내에 있지 아니하며 항행 중일 것, ii) 유출액 중의 유분이 희석되지 아니하고 15ppm 이하일 것, iii) 유류배출감시제어장치, 유수분리장치, 유류필터시스템 또는 기타의 장치를 작동시키고 있을 것. 특별해역은 해양학상, 생태학상 조건과 해상교통에 관련된 기술적인 이유로 인해 해양오염방지를 위한 특별한 강제조치가 요구되는 해역으로서, 부속서 I의 경우 지중해, 발틱해, 흑해, 홍해, 걸프지역, 아덴만, 남극해역, 북서유럽해역, 오만해역과 남아프리카 남부해역이 지정되어 있다. 유조선과 총톤수 400톤 이상의 선박은 특별해역 내에서는 일체의 유류 혹은 유성혼합물을 배출할 수 없다.

하지만 특별해역 안과 밖에서의 배출에 관한 규정은 선박의 안전을 확보하거나 인명을 구하기 위한 배출 또는 선박에 대한 피해 발생 후 합리적인 방지조치가 취해진 경우 선박 혹은 그 장비에 대한 피해로부터 발생하는 배출에는 적용되지 않는다. 한편, 유성잔유물과 유성혼합물의 배출이 금지되기 때문에 각 당사국은 이를 선박 내에 저유하거나 수용시설에 배출하여야 한다. 따라서 각 당사국은 선적항, 수리항, 그리고 기타 항구에 적절한 수용시설을 설치하도록 노력해야 한다.

선박의 구조 및 설비와 관련하여서는 총 톤수 150톤 이상의 모든 유조선에는 LOT 시스템이 도입되어야 한다. 그리고 재화중량(dead weight) 20,000톤 이상의 모든 새 유조선은 유류탱크를 밸러스트 목적으로 사용하지 않고 안전한 항해를 할 수 있을 만큼 충분한 용량의 분리밸러스트탱크(segregated ballast tanks)를 설치하고 COW에 의한 화물탱크 청소시스템을 구비해야 한다. 재화중량 40,000톤 이상의 기존 유조선은 분리밸러스트탱크 대신 클린밸러스트탱크(clean ballast tank) 방식을 이용할 수 있다.

한편 MARPOL 73/78은 사고로 인한 유류오염을 최소화하기 위한 규정도 가지고 있다. 예를 들어, 재화중량 70,000톤 이상의 유조선은 어떠한 화물적재 상태에서도 충돌이 나 좌초에 의해 손상되었을 때 침몰되지 않도록 하는 구획(subdivision)과 손상시 복원성(damage stability)의 요구를 만족시켜야 한다. 또한 1989년의 Exxon Valdez호 사고 이후 중요한 규정이 도입되었는데, 재화중량 5,000톤 이상의 모든 유조선은 이중선체(double hull)를 가져야 하며 기존 유조선에는 일정한 유예기간 후 이 요건이 적용된다.

2. 부속서 II

이 부속서는 산적된 독성액체물질(noxious liquid substances in bulk)을 다룬다. 독성액체물질은 해양자원, 인간의 건강 그리고 기타 합법적인 해양이용에 미치는 위해에 따라서 가장 독성이 강한 A부터 시작하여 D까지 분류된다. 가까운 육지로부터 12해리 이내에서는 이 물질 및 이 물질을 포함하는 잔류물이나 혼합물의 배출이 금지된다. 그리고 특별해역 내에서는 독성액체물질의 배출기준이 훨씬 더 엄격하게 적용된다. 부속서 II의 특별해역으로는 남극해역이 있다. 선박의 구조와 설비의 경우, 1986년 7월 1일 이후 건조되는 선박은 IBC Code(International Code for the Construction and Equipment of Ships Carrying Dangerous Chemicals in Bulk)를 준수해야 하며 그 이전에 건조되는 선박은 BCH Code(Code for the Construction and Equipment of Ships Carrying Dangerous Chemicals in Bulk)를 준수해야 한다. 이 Code들은 원래 안전문제를 다루었지만 오염문제도 다루기 위해서 확대되었다.

3. 부속서 III

부속서 III은 포장된 형태로 해상 운송되는 유해물질(harmful substances carried by sea in packaged form)에 적용된다. 동 부속서는 포장, 표시, 표찰, 서류, 적재, 적재중량제한 및 적용 제외에 관한 규정에 따른 경우를 제외하고 유해물질의 운송을 금지함으로써 그러한 물질에 의한 오염을 방지하거나 최소화하고자 한다. 그리고 동 부속서의 통일된 적용을 위해서 IMDG Code(International Maritime Dangerous Goods Code)가 오염문제도 다룰 수 있도록 개정되었다.

4. 부속서 IV

부속서 IV는 선박으로부터의 오수(sewage)에 의한 오염방지를 위한 규칙을 정한다. 배출이 규제되는 오수는 화장실, 의무실, 병실 등으로부터 배출되는 폐기물, 배수 및 폐수 등을 포함한다. 선박이 승인된 장치를 사용하여 마쇄하고 소독한 오수를 가장 가까운 육지로부터 4해리를 넘는 거리에서 배출하는 경우 또는 가장 가까운 육지로부터 12해리를 넘는 거리에서 마쇄하지 않거나 소독하지 않은 오수를 배출하는 경우는 예외적으로 허용된다. 하지만 어떠한 경우에도 저장탱크에 저장된 오수는 동시에 배출될 수 없으며, 선박이 4노트 이상의 속력으로 항해 중에 적당한 비율로 배출하여야 한다.

5. 부속서 V

부속서 V는 선박으로부터의 폐기물(garbage)에 의한 오염을 다룬다. 폐기물은 선박의 통상의 운항 중에 발생하고 계속적으로나 주기적으로 처분되는 식생활, 선내생활 및 운항상 생기는 모든 종류의 쓰레기를 말한다. 이 부속서의 가장 중요한 특징은 특별해역 밖에서 모든 플라스틱류의 해양처분이 금지된다는 것이다. 그리고 다른 폐기물들은 종류에 따라서 가장 가까운 육지로부터 25해리 또는 12해리 이내에서 처분할 수 없다. 특별해역 내에서는 더 엄격한 기준이 적용된다.

6. 부속서 VI

부속서 VI은 선박으로부터의 대기오염(air pollution)을 다룬다. 이 부속서는 명시적으로 달리 규정되어 있지 않는 한 모든 선박에 적용된다. 규제내용을 보면, 우선 질소산화물(NOx)의 배출기준은 기본적으로 엔진의 rpm에 따라서 따르며, 배출허용치를 초과하는 디젤기관의 운행은 금지된다. 황산화물(SOx)의 배출규제는 선박연료의 황함량 제한을 통해서 이루어진다. 한편, 염화불화탄소(CFCs)나 할론가스 같은 오존층파괴물질의 고의적인 배출이 금지된다. 그리고 모든 선박에 오존층파괴물질을 포함한 설비의 새로운 설치도 금지되며, 다만 염화불화탄화수소(HCFCs)를 포함한 설비의 새로운 설치는 2020년 1월 1일까지 허용된다. 그리고 해상소각에 의한 대기오염을 방지하기 위해서 선내소각은 선내소각기에서만 가능하며 일정한 물질의 선내소각은 금지된다.

III. 오염기준의 집행

1. 기국에 의한 집행

오염기준의 집행을 위해서 MARPOL73/78은 세 가지 유형의 관할권을 규정한다. 우선, 기국은 오염기준의 어떠한 위반도 금지시켜야 하며, 발생장소에 상관없이 위반행위를 자국법에 따라서 처벌해야 한다. 국내법에 규정된 벌칙은 협약 위반을 저지하기에 적합할 만큼 엄격하여야 하며, 위반의 발생장소에 상관없이 동등히 엄격하여야 한다. 그리고 당사국은 협약 위반의 증거를 기국에게 제공할 의무가 있다. 증거를 수령하면 기국은 자국법에 따라서 가능한 한 신속히 소송절차를 취하여야 하며, 증거를 제공한 당사국과 국제해사기구(IMO)에게 자국이 취한 조치를 통보하여야 한다.

또한 기국은 선박의 구조, 설비, 장치 등이 해당 부속서의 규정에 적합한지 여부를 확인하기 위하여 일정한 선박에 대한 최초검사, 정기검사 및 중간검사를 실시하여야 한다. 그리고 선박에 대한 검사가 종료된 후에는 해당 부속서에 따라서 국제유류오염방지증서(International Oil Pollution Prevention Certificate), 유해액체물질의 산적운송을 위한 국제오염방지증서(International Pollution Prevention Certificate for the Carriage of Noxious Liquid Substances in Bulk), 국제오수오염방지증서(International Sewage Pollution Prevention Certificate) 또는 국제대기오염방지증서(International Air Pollution Prevention Certificate)를 발급하여야 한다.

2. 연안국에 의한 집행

연안국은 자국 관할권 내에서의 어떠한 협약위반도 국내법에 따라 금지시키며 처벌하여야 한다. 위반이 발생한 경우 연안국은 자국법에 따라 소송절차를 취하거나 또는 위반의 발생에 관한 자국 소유의 정보와 증거를 기국에게 제공하여야 한다. 연안국 관할권의 내용 및 지리적 범위는 1973년 회의에서 논쟁의 대상이었다. 지리적 범위의 경우, MARPOL 1973의 제9조 3항은 " '관할권'은 이 협약을 적용 또는 해석하는 시점에 있어 유효한 국제법에 비추어 해석된다"고 규정하였다. UN해양법협약에 반영된 현행 국제법에 따르면, 연안국은 배타적 경제수역 내에서도 선박기인오염에 대해서 입법 및 집행 관할권을 가진다.[6]

따라서 "관할권 내에서"라는 용어는 영해뿐만 아니라 배타적 경제수역도 의미하는 것으로 해석된다.[7] 연안국이 MARPOL 73/78에 규정된 것보다 더 엄격한 오염기준을 설정하고 집행할 수 있는가 여부에 대해서 협약자체는 명확한 답을 주지 않고 다가올 해양법협약에 해결을 맡겼다. UN해양법협약 제21조에 의하면, 영해 내에서 연안국은 외국선박에 대해서 국제기준보다 더 엄격한 배출기준을 설정할 수 있지만, 선박의 설계·구조·인원배치 또는 장비에 대해서는 국제기준보다 엄격한 기준을 부과할 수 없다. 그리고 UN해양법협약 제211조에 의하면, 배타적 경제수역 내에서 연안국이 외국선박에게 부과한 배출기준이나 선박의 설계·구조·인원배치 또는 장비기준은 국제기준에 부합하여야 한다.

---

6) UN해양법협약 제211조, 제220조 참조.

7) Timagenis, *supra* note 5, pp.515-522; P. W. Birnie and A. E. Boyle, *International Law and the Environment* (Oxford: Clarendon Press, 1992), pp.270-271; B. Kwiatkowska, *The 200 Mile Exclusive Economic Zone in the New Law of the Sea* (Dordrecht: Martinus Nijhoff, 1989), p.181.

3. 항만국에 의한 집행

항만국은 선박의 설계·구조·인원배치 또는 장비기준이나 배출기준의
위반을 적발하기 위한 검사권을 가진다. 우선, 항만국은 동 협약 부속서에
따라서 발급된 유효한 증서가 선내에 있음을 확인하기 위해서 자국 항구
내의 외국선박을 검사할 수 있다. 유효한 증서가 없는 경우 또는 선박이나
그 설비의 상태가 증서의 기재사항과 실질적으로 합치하지 않는다고 믿을
만한 명백한 근거가 있는 경우, 항만국은 해당 선박이 해양환경을 부당하게
해칠 우려가 없이 항해할 수 있을 때까지 동 선박이 출항하지 않도록 조치
를 취하여야 한다. 다만, 항만국은 선박이 가장 가까운 적절한 수리장소로
항해할 목적으로 항구를 떠나는 것을 허가할 수 있다.

한편, 항만국은 협약에 위반한 어떠한 유해물질의 배출 여부를 확인하기
위해서 자국 항구 내의 외국선박을 검사할 수 있다. 그리고 검사 결과 위반
이 발견되면 항만국은 적절한 조치를 취하기 위해서 기국에게 보고서를 송
부하여야 한다. 또한 협약에 위반한 배출의 장소에 상관없이 위반의 충분
한 증거와 함께 다른 당사국으로부터 조사요청이 온 경우 항만국은 자국
항구에 들어온 해당 선박을 조사할 수 있고, 그 경우 협약에 따라서 적절한
조치가 취해질 수 있도록 조사보고서를 조사요청 당사국과 기국에게 송부
하여야 한다.

이 규정들은 결과적으로 국가관할권의 한계 너머에서 발생한 배출위반
에까지 항만국의 통제를 확대시켰다. 하지만 항만국은 소송절차를 개시할
수는 없으며, 소송절차는 기국에 의해서만 개시될 수 있다. 한편, 검사권을
행사함에 있어서 항만국은 선박이 부당하게 억류되거나 지연되지 않도록
가능한 모든 노력을 하여야 하며, 선박이 부당하게 억류되거나 지연될 경우
해당 선박은 손해배상청구권을 가진다.

IV. 맺음말

MARPOL 73/78은 선박의 통상적인 운항으로부터 발생하는 오염뿐만 아니라 사고로 인한 오염도 규제하고 있다. 또한 6개의 부속서를 통하여 다양한 오염물질의 해상배출을 규제하고 있다. 따라서 동 협약이 선박기인오염에 관해서 가장 중요한 조약이라고 하는 것은 결코 과언이 아니다. 그리고 MARPOL 체제는 새로운 선박기인 해양오염물질의 등장에 따라서 계속 규제체제를 개발해나가고 있으며, 이러한 작업은 주로 IMO의 해양환경보호위원회(MEPC: Marine Environment Protection Committee)를 통해서 이루어지고 있다. MARPOL 체제에 의한 오염물질의 배출기준 그리고 선박의 설계·구조·인원배치 또는 장비기준에 대한 규제를 통해서 해양환경을 보호하고자 하는 노력은 지속적으로 그 성과를 거두고 있다고 생각된다.

제14장
▬▬

해양환경보호

홍기훈(한국해양연구원)

I. 서론

현재 인류가 사용하는 화학물질은 총 5,000만 종으로 알려져 있다.[1] 이 화학물질들은 농업을 비롯한 여러 산업의 생산성을 높여주고, 질병을 통제하여 인류문명의 진보를 보장해주고 있다. 그러나 이 중 중금속이나 유기 화학물질 등은 환경에 입력되면 생물체내에 축적되어 생리작용을 저해하고 또 차세대로 유전되고, 또한 이를 먹는 인간의 건강에도 위험을 초래한다. 특히 해양환경에 투입되면 해수의 흐름에 따라 넓은 지역으로 확산된다. 한 나라의 관할 해역에서 일어난 오염행위의 결과가 해수의 흐름을 타고 이동하여 다른 나라의 관할 해역으로 넘어갈 수 있다. 또한 일국의 선박이 여러 나라의 관할 해역과 항만을 드나들고 있으므로 이러한 선박 운항으로

---

1) S. Koloutsou-Vakakis, I. Chinta, "Multilateral Environmental Agreements for Wastes and Chemicals: 40 Years of Global Negotiations," *Environmental Science & Technology* (2011), Vol.45, No.1, pp.10-15.

부터 해양에 하수, 배기가스, 선박평형수를 배출하여 해양환경을 오염시키고, 선박 사고로 기름이나 다른 유해물질이 해역으로 배출되기도 한다. 또한 영해뿐만 아니라 공해(公海)에서도 오염 행위가 발생할 수 있다.[2] 이로 인하여 해양 환경에 대한 오염 행위를 방지하는 국제조약[3]이 일찍부터 발달하였고 지금도 꾸준히 새로운 조약이 체결되고 있다. 여기서 해양환경이란 저조면(低潮面) 아래에 위치한 바다와 바다를 둘러싸고 있는 대기와 하부 지층을 포함한 해저면(海底面)과 육지를 말한다. 이 글에서는 국제해양환경법[4] 형성에 영향을 미친 환경관련 사회, 심리, 경제, 기술 및 국제정치 측면을 간략히 살펴보고, 해양환경에 대한 개별 오염원별로 현존하는 주요 국제조약들을 간단히 소개한다.

1. 환경 관리 규범의 형성

환경관리는 오염되지 않은 원래의 상태 회복을 그 목적으로 하나, 이 원래상태는 사회가 정치적으로 합의하여 규정하게 된다. 일반적으로 한 사회가 특정 목적으로 움직이기 위해서는 그 사회 구성원들이 (i) 어떤 행위로 인해 발생하는 현상에 대한 사실적 인식을 공유해야 하고(실증적(實證的) 주장, positive argument), (ii) 그 행위로 출현하는 결과가 바람직한 것인지 아닌지에 대한 판단을 공유해야 하고(규범적(規範的) 주장, normative argument), (iii) 그 행위를 규범적 주장에 맞게 조치할 정치적 의지를 공유해야 하고, 또 (iv) 이를 달성할 혹은 강제할 역량을 갖추고 있어야 하는

---

2) GESAMP, "Pollution in the Open Oceans: A Review of Assessments and Related Studies," GESAMP Reports and Studies No.79(2009), p.64.

3) 여기서는 협약(convention)이나 의정서(protocol)라고 명명된 국제 협정과 구분하기 위하여 총체적인 의미로 국제 간의 협정을 부르는 경우에는 조약(treaty)으로 구분하였다.

4) 국제해사기구나 그의 사무총장이 조약문서 보관창구로 된 다자간해양환경조약의 상태에 관해서는 http://www.imo.org/About/Conventions/StatusOfConventions/Documents/Status%20-%202011.pdf 참조.

4가지 조건이 필요하다.

예를 들면, 하수처리오니를 해양에 투입처분하면 해당 해역이 오염된다는 주장은 실증적 주장이다. 하수처리오니는 비중이 물보다 커서 대부분 해저에 가라앉는다. 그러므로 하수처리오니로 뒤덮인 해저생물은 죽거나 생리작용이 원활하지 않게 된다. 또한 하수처리오니에는 납 등 중금속과 PCBs 등의 유기오염물질이 함유되어 있기 때문에 생물에 해롭고, 생물체에 축적된 오염물질은 수산 식품 오염으로 전이되어 인간 건강에 위험을 초래할 수 있다. 그러므로 하수처리오니를 해양에 투기하지 않아야 한다는 인식은 하수처리오니 관리에 대한 규범적 주장에 해당한다. 상기 2가지 주장에 합의한 사회에서는, 하수처리오니를 해양에 투기하지 않도록 법을 제정하게 되어 해양환경을 보호하게 된다. 즉 하수처리오니를 건조하여 이를 소각하고 여기서 나오는 에너지로 건물 난방에 사용하고, 소각재는 도로 포장에 사용하면 환경을 오염시키지 않게 될 수 있다. 그러나 이러한 하수처리오니의 해양 투기로 인한 해양환경 오염에 대한 실증적 주장은 과학적으로 명확하여도 사회에서 사실로 받아들이지 않거나, 하수처리오니를 해양에 투기하는 행위는 그르다는 규범적 주장에 사회 구성원이 합의하지 않는다면 그 사회에서는 하수처리오니를 여전히 해양에 투기하게 된다. 그리고 그로 인해 투기장이나 그 인근 해역이 오염되어 오염된 수산물을 섭취한 주민이 해를 입게 되는 결과가 초래된다.

이러한 실증적 주장을 수용하기위해서는 과학에 대한 사회적 능력이 갖추어져야 한다. 왜냐하면 하수처리오니의 투기 행위로 인한 해양환경 오염을 규명하기 위해서는 하수처리오니에 포함된 오염물질을 화학적 방법으로 분석해야 하고, 해양 조사를 통해 해역의 오염을 조사할 역량이 있어야 하고, 또한 이러한 과학적 자료를 사회구성원이 볼 수 있어야 한다. 즉 이러한 사업을 수행할 인원을 보유해야 하고, 사업의 발주, 사업 결과의 객관적인 공표가 허용되도록 민주적이고 자유로운 사회가 되어야 가능하다. 사업 결과가 공표되면 해당사안에 대한 규범적 합의에 도달하기 쉽다. 환경 선진국은 대부분 자유민주주의를 정체로 가지는 국가이다. 세계 국가들의 환경상

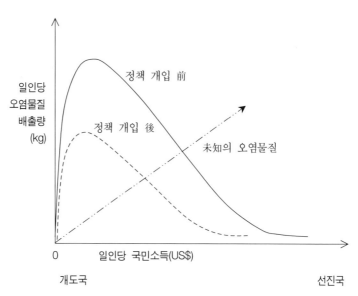

〈그림 1〉 일인당국민소득과 일인당 오염물질 배출량 간의
상관관계도(일명 환경쿠즈네츠곡선)

태를 도식하면 〈그림 1〉과 같다. 여기서는 일인당 연간 소득액을 가로 축에, 일인당 오염물질 배출량을 세로축에 도식하였고 이는 역 U자형이다.

이를 환경쿠즈네츠곡선(Environmental Kuznets Curve)이라고 한다. 〈그림 1〉에서 보면, 오염물 배출은 경제성장의 초기단계에는 소득의 증가에 따라 늘어나지만, 일정 소득에 도달한 이후에는 더 이상 증가하지 않고, 소득의 증가에 따라 오히려 줄어들고 있다. 그 결과, 인체에 유해한 화학물질을 훨씬 더 많이 생산하는 선진국에 가면 빈국에서보다 물, 공기, 식품의 안정성이 더 높음을 목격하게 된다. 〈그림 1〉은 또한 유해 물질의 배출로 인한 위험을 인식하고 배출을 금지하거나 억제하는 정책을 도입하면(with policy intervention) 낮은 소득 수준에서도 오염을 제어할 수 있다는 사례를 보여주고 있다. 그러나 환경 위험이 과학적으로 조사되지 못한 상태에서 새로이 등장하는 오염 물질인 경우(emerging pollutant)에는 이를 인지할 때까지 계속 방치된다. 예를 들어, 화석 연료의 연소를 통하여 이산화탄소를 대기로 배출하는 것이 대기 중 이산화탄소 함량을 증가시키고, 이로써 지구 기후를 변화시킨다는 과학적 증거는 1950년대에 이미 과학계에서는 널리 알려졌으나 이산화탄소를 규제대상 물질로 인식하게 된 것은 국제적으로는 1992년에 가서 유엔기후변화협약으로 수용되었다. 또한 비록 해운에서 배출하는 황은 세계 총 배출량의 10%에 지나지 않지만, 벙커오일의 연소로 매년 6만 명이 암관련 질병에 걸려 사망한다는 과학적 연구가 2000년대 초반에 발표되었고 이에 근거하여 국제해사기구협약에서는 2008년에 벙커오일에 포함된 황을 현재의 2.7%에서 2020년까지 0.5%로 낮추기로 결의하였다. 이에 대해 해운·조선·정유 업계는 현실적인 목표가 아니라고 반발하고 있으나[5] 이는 결국 수용될 것으로 보인다. 국제조약은 국내적으로 상기 4가지 여건이 성숙되지 않은 국가에서는 경비 절약과 환경목표 달성에 도움이 될 수 있다.

2. 환경관과 환경규범 강제 방안

폐기물의 처분과 그로 인한 환경 피해에 대한 개인의 관점은 개인과 그 개인이 속한 집단의 환경관에 따라 다를 수 있으나 대체로 다음의 4가지로 요약될 수 있다. 환경 피해는 부적절한 행위에서 비롯되므로 당해 행위를 수정하면 환경 피해를 해결할 수 있다는 행위관(behavioral lens)과 부적절한 기술을 적용하거나 기술을 잘못 적용하기 때문에 발생하므로 적합한 기술을 적용하거나 당해 기술을 개선함으로써 이를 해결할 수 있다는 기술관 (technological lens)이 전통적이다. 1970년대 후반에는 환경 피해는 시장의 실패로 인해 출현하기 때문에 환경 피해를 포함한 비용을 내부화함으로

5) F. Kan, R. Fabi, "Analysis: Refiners threaten anti-pollution efforts in shipping," *Reuters* (January 17, 2011), http://www.reuters.com/article/2011/01/17/us-shipping-fuel-clean-idUKTRE70G0L220110117 참조.

써 이를 해결할 수 있다는 경제관(ecological lens)이 출현하였고, 1980년대에 환경 피해는 인간 생존의 궁극적인 서식처인 생태계에 대한 이해 부족이나 무관심에서 출현하기 때문에 생태계를 우선적으로 환경관리하에 두어야 이를 해결할 수 있다는 생태관(ecological lens)이 등장하였다. 최근 여러 국제 환경 조약에서 도입된 생태계기반관리(EBM: ecosystem-based management)란 인간의 환경 의존성을 강조하여, 우리가 환경을 이용할 때, 일부 대상 생물만을 대상으로 하지 않고 생태계 전반을 대상으로 예방적 차원에서 접근해야 한다고 보는 관점이다.

이러한 환경관들에 의거해 환경 규범을 강제하는 다양한 방법이 출현하였다. 일반적으로 환경은 공공재로서 국민을 대신하여 정부가 그의 훼손을 방지해야 한다. 전통적으로 배출행위를 금지하거나 배출량이나 배출률의 기준을 정하여 면허를 부여하는 명령통제제도(command and control)와 배출하지 않을 인센티브를 세금이나 상한·거래제(cap and trade)나 생태세금(ecological tax)을 통해 강제하는 시장유인제도(market based instrument)의 2가지 제도들이 국제법에 채택되어 있다.

3. 폐기물 관리 전략

환경오염은 주로 폐기물의 고의적 혹은 비고의적 처분으로 비롯된다. 폐기물이란 소유자가 처분하거나, 처분하려고 의도하거나, 처분해야 할 물질이나 물건을 말한다.[6] 이 폐기물을 처분할 대상은 육상, 대기, 해양의 3가지 환경이다. 폐기물이 처분된 환경은 그로 인해 오염되거나 물리적으로

---

6) 폐기물이란 어느 물질이나 물건을 소유한 자가 처분하려는 상황에서 그 물질이나 물건에 부여되는 자격으로 원래부터 폐기물이란 물질은 없다. 마찬가지로 오염물이란 어느 물질이 환경에 노출되어 생태계나 인간 건강에 위험을 끼칠 가능성이 있는 경우에 부여되는 자격으로, 원래부터 오염물질이란 존재하지 않는다. 그러나 우리나라 환경관리 법령들에서는 이러한 개념이 뚜렷하지 않다.

훼손된다. 그러므로 폐기물관리전략은 폐기물을 환경에 처분하지 않도록 하는 정책과 이행방안을 개발하는 데 목적을 둔다. 이를 위해서는 당해 폐기물이 무엇인지 그의 특성을 규명하고(폐기물특성규명), 폐기물 발생 공정을 파악하고, 폐기물이 발생하지 않도록 원료나 공정을 수정하거나 원료물질을 변경하거나, 현장 재순환을 하는 등의 조치를 취하고(폐기물 방지감사), 불가피하게 발생된 폐기물은 다른 목적으로 재사용하거나 혹은 유해물질을 파괴하거나 감축하여 이용하고(재활용), 불가피하게 남은 폐기물을 육상에 매립하거나, 소각하여 대기에 처분한다. 그리고 육상 매립이나 소각이 불가능한 경우에 해양에 처분하게 되나, 해양처분으로 인한 환경악영향은 육상과 대기 처분에 비해 매우 크므로 가급적 회피해야한다(폐기물관리방안심사). 이것이 선진각국이 채택하고 있는 건전한 폐기물관리전략이다.

4. 환경관리 원칙

국제해양환경조약은 해양환경오염행위를 방지하기 위해 사전방지,[7] 오염자 부담, 오염전가금지, 지속가능 개발, 공통 및 차별적 책임, 생태계서비스에 대한 고려 등의 개념을 구현하고 있다. 이들 환경관리 원칙들은 1970년대를 전후하여 선진국들에서 주로 발달하기 시작하였고 생태계 서비스 고려 원칙은 2000년대에 출현하였다.[8]

1) 사전 방지의 원칙

사전 방지의 원칙(precautionary approach)은 과학적 지식의 제한을 인정하고, 환경 피해가 일어나기 전에, 비록 원인과 결과 간의 관계성이 완전

---

7) Precaution은 사전예방(事前豫防)이라고 쓰는 경우도 있으나 먼저 "전"과 미리 "예"가 중복되므로 여기서는 사전방지(事前防止) 혹은 예방(豫防)으로 사용한다.
8) 여기에서는 지면관계상 기본 개념만을 소개하였다. 각각의 원칙들의 과학적, 사회적, 정치적, 경제적 함의는 다른 문헌을 참고하기 바란다.

히 입증되지 않더라도, 환경 피해를 사전에 방지하려는 규제적 조치의 근거를 제공해 준다. 이는 과학적 자료의 불완전성, 불확실성, 불확정성을 감안하여 필요한 결정을 가능하게 하는 원칙으로, 1987년 북해해양생태계 보호 각료회의를 비롯해 북동대서양보호조약(OSPAR 1992), 1992 리우 선언, 1996년 런던의정서 등 국제환경 조약들에 포함되었다. 그러나 이 원칙은 보호하고자 하는 목적에 따라 달리 해석될 수 있다. 예를 들면, 유엔기후변화협약에서는 기후변화의 원인이나 악영향을 방지하거나 최소화하는 데 사전에 방지적 조치를 취하도록 요청하고 있으나(제3조), 런던의정서에서는 해양환경보호 차원에서 모든 근원으로부터의 오염을 사전에 방지적으로 차단할 것을 또한 요구하고 있다. 따라서 대기의 온실가스 조성을 보호에 초점을 두는 기후변화협약에서는 이산화탄소의 심해양 투입을 허용할 수 있지만, 런던의정서에서는 이산화탄소 심해양 투입은 해양 환경을 오염시키므로 같은 이유로 이를 금지하게 된다. 한편, 사전 방지 원칙이 경직되게 적용되는 것에 반대하여 위험평가(risk assesment) 방법이 개발되어오고 있다.[9]

2) 오염자 부담원칙

오염자 부담원칙(Polluter Pay Principle)은 1975년 스웨덴의 확대오염자책임(extended polluter responsibility)에서 비롯된 것으로 폐기물 처리비용을 정부부담(즉 세금)에서 생산자 부담으로 변경하는 방식이다. 즉 폐기물 처분비용을 생산가(生産價)에 내부화(internalize)하도록 강제하여, 폐기물 발생을 방지·감소하거나, 폐기물의 재활용을 촉진하려는 정책이다.

3) 오염의 전가 금지 원칙

폐기물을 처분하는 환경은 육상(대부분은 매립), 대기(소각하여 대기로

---

9) D. Santillo, R. L. Stringer, P. A. Johnston, J. Tichner, "The precautionary principle: Protecting against failures of scientific method and risk assessment," *Marine Pollution Bulletin* (1998), Vol.36, No.12, pp.939-950.

보내고, 남은 재는 매립하거나 재활용), 해양 등 3개 매체이다. 따라서 오염의 전가 금지 원칙이 채택되지 않으면 예상치 못한 곳에서 예상치 못한 형태로 악영향이 나타날 수 있다. 예를 들면, 하수처리오니를 매립장 인근 주민의 민원을 이유로 매립하지 않고 대신에 해양에 처분하면, 육상 환경을 보호하려는 목적이 해양을 오염시키고, 수산식품을 오염시켜 주민의 건강에 위험을 초래하게 된다. 폐기물관리의 목적이 환경보호인데 특정 환경을 보호하기 위해 다른 환경을 희생시키면 원래의 목적을 달성하지 못하게 되므로 이를 금지하는 원칙이다. 이는 육상, 대기, 해양환경 관리 행정청이 나누어 있는 경우에 특히 유용하다.

4) 지속가능 개발의 원칙

지속가능 개발(sustainable development)의 개념은 차세대의 향후 수요를 감안하고 동시에 현재의 수요를 충족하는 개발을 의미하며, 노르웨이 수상 브룬트란트 여사의 제창으로 1987년 도입되었고 그 이후의 다수의 국제환경조약회의에서 환경보호와 개발 간의 균형의 원칙으로 정착되었다.[10] 지속가능 개발이란 비용효과, 사회적 수요, 환경과 생태계의 3대 지주의 개별 목표를 조화시키는 개발을 의미한다. 예를 들면, 어장에서 최대 지속가능어획량(maximum sustainable yield)을 복원하자는 개념이 이에 속한다.

5) 공통 및 차별적 책임의 원칙

공통 및 차별적 책임의 원칙(CBDR: common but differential responsibility)은 현재의 오염된 지구 환경은 세계 각국이 배출한 유해물질에 의한 것이지만 선진국들이 배출한 양이 개발도상국들에 비해 많고, 선진국들은 오염된 환경을 복원할 경제적, 기술적 역량을 가지고 있으나, 개도국은

---

10) United Nations General Assembly, "Report of the World Commission on Environment and Development," UN Doc. A/42/427(1987), pp.11-18

그러할 역량이 부족하기 때문에 당분간 선진국들이 개도국보다 책임을 더 많이 지는 방식이다. 즉, 이 원칙은 개별 국가의 역사적 책임과 역량을 고려하여 환경적 정의나 공정성을 담보하고 동시에 모든 국가의 조약 가입을 용이하게 하여 당해 조약의 지구적 포괄성을 제고해 주는 장점이 있다. 1972년 런던협약, 1976년 바르셀로나협약, 1984년 유엔해양법협약, 1987년 몬트리올 의정서에서 도입되었으나 1992년 리우 선언, 1992년 기후변화협약에서 정식으로 그 용어가 등장하였다.

6) 생태계 서비스 비용 지급의 원칙

생태계 서비스 비용 지급(PES: Payments for Ecosystem Services)의 원칙은 최근 과학지식의 발달로 출현하였다. 자연 생태계는 대기화학조성, 기후조절, 교란조절, 수량 조절, 토양침식 조절, 휴양지제공 등과 같은 수많은 기능을 인류사회에 제공하고 있고, 이를 금액으로 환산하면 1999년 기준 세계 총 국가 생산액인 18조 불의 거의 2배에 해당되는 미화 33조 불이라는 학술 논문[11]이 이 원칙의 토대이다. 이 학술 논문이 발표된 이래로 2005년 유엔환경계획의 천년생태계평가(Millenium Ecosystem Assessment)가 타 국제환경무대에서 활용되었다. 예를 들어, 기후변화협약에 의거 인도네시아에서 삼림을 벌목하지 않는 조건으로 노르웨이 정부가 인도네시아 정부에게 돈을 주고 인도네시아에서 벌목하지 않는 나무가 흡수하는 이산화탄소량만큼 노르웨이의 이산화탄소배출량을 상쇄하는 방식이 이에 해당한다.

---

11) P. Costanza, R. d'Arge, R. de Groot, S. Farber, M. Grasso, B. Hannon, K. Limburg, S. Naeem, R. V. O'Neill, J. Paruelo, R. G. Raskin, P. Sutton, M. van den Belt, "The value of the world's ecosystem services and natural capital," *Nature* (1997), Vol.387, pp.253-260.

5. 다자간환경조약의 국제정치

세계에는 약 192개 이상의 국가가 존재하고 현재에도 새로운 국가가 출현하기도 하고, 없어지기고 하며, 정치체제는 자유 민주국가에서부터 공산독재 국가까지 매우 다양하고, 일인당 평균 연소득은 100불 이하에서 80,000불이 넘는 국가도 있고, 인구가 수만 명인 도시국가에서 10억 명이 넘는 국가도 존재한다. 그러므로 국가나 국민 개개인이 해양환경과 그 오염 행위를 보는 시각도 각각 나르다고 가정하는 편이 실상에 가까울 것이다. 대체로 선진국(북, North)들은 유해 화학물질의 환경처분에 관해 엄격한 국내법을 먼저 개발하였다. 그리고 이를 국제적으로 통용시키려고 한다. 즉 쾌적한 환경을 보장하기 위한 세계 질서를 국제조약을 체결하는 방식으로 구축하여 나간다. 그러나 개발도상국들(남, South)에서는 환경 관리가 빈곤 퇴치보다 덜 중요하거나, 그러한 법률을 개발, 이행, 강제할 행정, 기술, 재정적 자원의 미비 때문에 이러한 법을 채택하는 데 소극적이다.

그 결과 남국의 주민들이 북국들에서보다 덜 보호되는 상황이 일어난다. 북·남 간의 환경오염방지 노력의 간격이 큰 국제 상황에서 북이 남을 국제조약에 가입하도록 유인하는 교섭의 도구로서 "지속성", "추가성(addionality)", "공통 및 차별적 책임", "오염자 부담" 등의 환경 관리 원칙들이 이용되고 있다. 지속성은 남국들이 북국들의 환경염려는 자국의 성장에 장애가 된다고 보는 관점을 해소하기 위해 남국들의 지속적 성장을 보장해주고, 추가성은 기존자원을 사용하기보다는 남국의 추가적 개발을 지원하고, 지구적 공동재(global commons)에 대한 국가 책임을 공통으로 부담하되 선진국에게 더 지우고, 오염자 부담원칙은 처벌이 아닌 경제적인 방법으로 해결하는 방법을 열어주게 되었다. 1992년 유엔과 환경개발(UNCED)회의가 대표적이다.[12] 국제환경협정은 오염물질을 배출하는 국가가 가입하지

---

12) K. Conca, "Environmental Governance After Johannesburg: From Stalled Legalization to Environmental Human Rights?" *Journal of International Law & International Relations* (2005), Vol.1, pp.121-138.

않으면, 즉 무임 승차자(free rider)가 있으면, 그 목적을 달성할 수 없다. 그러므로 국제환경협정은 정책적인 약속을 공유하는 차원에서 시작하여 구체적인 표준을 강제하는 방향으로 발전해가는 것이 보통이다. 그리고 환경 위험에 대한 인식에서 조약 체결에 이르는 기간은 해양환경의 경우 최근 짧아지는 추세이다.

II. 해양환경보호와 유엔해양법협약

1. 해양오염과 해양환경보호

일반적으로 "보호(protection)"란 공격으로부터 (자신을) 방어하는 행위이고, "보존(preservation)"이란 "(자신의) 생존을 유지하게 하는 행위"이다.13) 따라서, 해양환경보호란 저조면 아래에 위치한 바다와 바다를 둘러싸고 있는 대기와 하부 지층을 포함한 해저면과 육지에 대한 공격으로부터 방어하는 행위이다. 이 공격행위는 해양환경오염행위를 구성한다.

구체적으로 "해양환경오염행위"란 인간에 의해 직접적으로나 간접적으로, 생물자원이나 해양생물에 대한 손상, 인간 건강에 대한 위험, 어업과 그 밖의 적법한 해양 이용을 포함한 해양활동에 대한 장애, 해수의 이용에 의한 수질 손상 및 쾌적도의 감소 등과 같은 해로운 결과를 가져오거나 가져올 가능성이 있는 물질이나 에너지를 강어귀를 포함한 해양환경에 들여오는 행위를 말한다.14) 즉, 유엔해양법협약은 오염을 상태가 아닌 행위로

---

13) 보전(conservation)이란 보호나 보존보다는 넓은 의미로서 국내법에서는 (자연환경을) 보존 보호 또는 복원하는 행위를 말한다(자연환경보전법, 제2조의 2).

14) 1982년 유엔해양법협약 제1조.

규정하고, 이 오염 행위를 방지(prevent)하고, 줄이고(reduce), 통제하기 (control) 위한 조치들을 규율하고 있다.[15] 한편, 1972년 폐기물 및 기타물질의 투기로 인한 해양오염방지에 관한 협약의 1996년 의정서[16](이하 런던의정서 혹은 LP)에서는 "물질이나 에너지"가 "폐기물이나 그 밖의 물질"로 대체된 것을 제외하면, "오염(pollution)"의 정의가 유엔해양법협약과 동일하다. 또한 1973년 선박으로부터의 오염을 방지를 위한 국제협약에 관한 1978년 의정서(이하, MARPOL 73/78)에서는 "유해물질(harmful substances)"을, 해양에 입력되면 인간의 건강에 위험하거나, 생물자원과 해양생물에 해를 끼치고, 쾌적성을 손상하고, 그 밖의 적법한 해양이용을 방해하는, 선박에서 해양으로 배출(discharge)하는 물질로 정의하고 있다.

이 조약에서는 해양환경의 화학적 오염뿐만 아니라 적법한 해양이용의 방해를 모두 해양환경오염으로 규정하고 있다. 이는 환경보호를 다루는 육상 법규들이 개발 행위에 의해 환경이 유해물질로 오염되거나, 그 밖의 적법한 이용을 방해할 여지가 생기지 않도록 규율하는 것과 마찬가지이다. 국내에서는 오염이 오염행위를 지칭하기기보다는 오염된 상태를 의미하는 경우가 흔하므로 이를 구분하기 위해 제15장에서는 "오염" 대신 "오염행위"로 사용하고자 한다. 해양환경보호조치를 전반적으로 규율하고 있는 국제법은 1982년 유엔해양법협약(The United Nations Convention on the Law of the Sea)이므로 이를 먼저 소개한다.

2. 유엔해양법협약

1982년 유엔해양법협약은 해양환경의 보호와 보존을 위해 총 17부 중

---

15) 1982년 유엔해양법협약 제194조.
16) 동 조약의 공식 영문 명칭은 '1996 Protocol to the Convention on the Prevention of Marine Pollution by Dumping of Wastes and Other Matter, 1972'이다.

1개 부(Part)를 할애하고 있다(제12부, Part XII). 여기에서 국가는 해양환경을 보호하고 보존할 책임을 져야 하는 일반적 의무를 선언하고, 환경정책과 해양환경을 보호하고 보존할 의무에 기초한 천연자원의 개발에 관한 국가의 주권적 권리를 인정하고 있다.[17] 상기 2개 조항이 해양환경의 보호와 보존의 일반원칙이라고 볼 수 있다.

그리고 유엔해양법협약은 국가들로 하여금 모든 근원으로부터의 해양환경에 대한 오염 행위를 방지하고, 줄이고, 통제하기 위한 정책을 수립하고, 자국의 관할권이나 통제하의 활동이 자국의 관할해역 바깥으로 확산되지 않도록 조치하도록 요청하고 있다.[18] 이 협약은 고려해야 할 오염원으로서 직접, 대기를 통한, 혹은 투기로 인하여 해역으로 입력되는 육상 근원과, 선박의 운항이나 사고, 해저 지하자원개발용 장치 운영이나 그 밖의 해양 환경에서 운용되는 장치로부터 입력되는 오염 행위를 열거하고 있다. 또한 국가들은 해양환경 오염 행위를 방지, 감축, 통제하기 위한 조치들이 다른 국가의 권리 행사나 의무 이행을 방해하지 아니하여야 하고, 또한 이 조치들에는 희귀 혹은 취약 생태계를 보호하는 것이 포함되어야 한다고 명시하고 있다. 또한 이 협약은 오염 피해나 위험을 전가시키거나 오염형태를 변형시키지 아니하도록 요청하고, 국가들로 하여금 자국 관할해역 내에서의 기술의 사용이나 해로운 변화를 초래할 수 있는 외래종의 도입으로 인한 오염을 방지, 감축, 통제하도록 요청하고 있다.[19]

1) 유엔해양법의 제12부의 주요 내용

해양환경의 보호와 보존을 다루는 유엔해양법협약 제12부는 총칙(제1절), 지역협력(제2절), 기술지원(제3절), 감시와 환경평가(제4절), 해양환경 오염행위의 방지, 감축, 통제를 위한 국제규칙과 국내입법(제5절), 법령집

---

17) 1982년 유엔해양법협약 제192조 및 제193조.
18) 1982년 유엔해양법협약 제194조.
19) 1982년 유엔해양법협약 제195조 및 제196조.

행(제6절), 보장제도(제7절), 결빙해역(제8절), 책임(제9절), 주권면제(제10절)로 이루어져 있다.

이 협약은 세계의 해양이 서로 연결되어 있으므로 지역 및 세계적으로 협조하는 체제를 구축하고 관련 국제규범을 준수하며(제197조) 피해가 발생하거나 발생할 가능성이 있는 경우에 영향을 받을 것으로 예상되는 다른 국가에 통보하고(제198조), 오염대비 비상계획을 수립하고(제198조), 해양오염에 대한 과학조사연구를 시행하고 또 그 결과를 교환하고(제199조), 과학조사연구를 통해 해양환경의 오염을 방지, 감축, 통제할 과학적 기준을 수립하도록 요청하고 있다(제201조). 즉 이 협약은 지역해별로 해양환경 오염행위의 관리 기준을 제정하도록 각국에 의무를 부여하고 있다. 이 협약은 또한 개도국들의 제한된 해양환경 오염행위 관리 역량을 감안하여 개도국의 역량배양을 지원하고 국제기구가 이를 우선적으로 지원하도록 하여 개도국들이 국제수준에 도달하도록 지원하고 있다(제202, 203조). 그리고, 각국은 다른 국가의 권리와 양립하는 범위 내에서, 해양환경의 오염위험이나 영향을 감시하고(제204조), 감시 결과 보고서를 발간하거나 국제기구에 통보하고 국제기구를 이를 모든 국가들에 통지하여 이 보고서를 이용할 수 있도록 한다(제205조). 그리고 계획된 사업이 해양환경을 오염시킬 가능성이 큰 경우에 이를 평가하고 관련 보고서를 발간하고, 또 다른 국가들에게 통보하도록 되어 있다(제206조).

이 협약은 국가들로 하여금 해양환경의 오염행위를 방지, 감축, 통제하기 위하여 국제적인 규칙들을 준수하고 국내적으로 법을 제정하도록 요청하고 있다(제5절). 이와 관련하여 육상 근원(제207조), 국가 관할권 내의 해저활동(제208조), 국가 관할권 밖의 해역 해저(Area)에서의 활동(제209조)을 규정하고 있고, 투기의 경우에는 국가들은 그에 대한 사전 허가를 받도록 법을 제정해야 하며, 영해, 배타적 경제수역, 대륙붕상의 투기는 연안국의 사전 승인을 득하지 아니하고는 시행할 수 없고, 지리적 여건으로 불리하게 영향을 받을 다른 국가와 협의한 후에 투기를 허가하도록 규정하고 있다. 또한 국가들은 투기관련 국제규범을 제정해야 하며, 그에 관한 국내법은 적어도 당해 국제법과 동등한 효력을 가져야 한다(제210조). 선박으로부터의 오염행위를 규율하기 위해 국가들은 관련 국제규범을 제정해야 하고, 자국적의 선박으로부터 오염을 초래할 물질의 배출을 규제해야 하며, 연안국은 관할해역을 통항하는 외국적의 선박에도 오염방지 의무를 강제할 수 있다. 또한 연안국은 국가관할해역 내의 특정해역을 보호하기 위해 국제적 기준을 적용할 수 없는 경우 당해 해역을 특정 해역(defined area)으로 선포하고 이 해역에 적용되는 별도의 기준을 국제기구의 심의를 거쳐 공포할 수 있다(제211조). 또한 국가들은 자국 관할 해역 상공에 위치한 대기에 의한 또는 대기를 통한 오염행위를 방지, 감축, 통제하기 위해 필요한 조치를 선박과 항공기에 적용하는 법령을 제정한다(제212조).

해양환경을 오염시키는 행위를 규율하는 권한(제6절)은 행위의 근원과 해역의 법적 지위에 따라 다르게 부여된다. 육상근원으로부터의 오염행위와(제213조), 해저활동이나 인공섬 및 구조물의 설치 및 운영(제60조, 제80조)으로 인한 오염행위(제214조)는 연안국, 국가 관할권 밖의 해역의 해저(Area)에서의 활동은 제11부의 규정에 의거 사업 당사자에게 규율 권한이 있다(제139조, 제215조). 그리고 투기의 경우, 영해, 배타적 경제수역, 대륙붕상에서의 투기에 대해서는 연안국이, 자국기를 게양하는 선박이나 자국에 등록된 선박, 항공기에 대해서는 기국이, 영토나 외해 부두에서 폐기물이나 그 밖의 물질을 선적하는 경우에는 당해 국가가 관할권을 가진다(제216조). 또한 기국(제217조), 항만국(제218조), 연안국(제220조)의 관할해역에서 선박으로부터의 오염행위의 방지, 감축, 통제에 관한 권한과 한계를 규정하고 있다. 한편 이 협약은 국가들이 해상 사고로 인한 오염 회피 조치(제221조)와 대기에 의한 혹은 대기를 통한 해양환경 오염행위를 방지, 감축, 통제하는 국내 법령을 제정 집행하도록 요청하고 있다.

유엔해양법협약은 그 규정의 집행을 보장하기 위한 조치로서 소송을 용이하게 하는 조치(제223조), 법령 집행권의 행사(제224조), 법령집행권한 행사상의 불리한 영향 방지 의무(제225조), 외국 선박의 조사(제226조), 외국 선박의 차별 금지(제227조), 소송의 정지와 제한(제228조), 민사 소송의 제기(제229조), 벌금과 피고인의 인정된 권리 존중(제230조), 기국과 관련국에 통지(제231조), 집행조치로 인한 국가책임(제232조), 국제항행에 이용되는 해협관련 보장제도(제233조)를 규정하고 있다. 그리고 이 협약에서는, 배타적 경제수역 내의 결빙해역에서 오염행위 방지, 감축, 통제에 관한 별도의 법을 연안국이 제정할 수 있도록 권한을 부여하고 있다(제234조). 그리고 해양환경의 보호와 보존에 대한 국가 책임(제235조), 군함이나 정부 업무 전용 선박, 항공기에는 이 "해양환경의 보호 보존에 관한 이 협약의 규정"을 면제(제235조)하고 있다. 그리고 이 협약과 다른 해양환경보호 보존에 조약들과의 관계를 설정하였다(제237조).

2) 유엔해양법협약 규정의 집행

유엔해양법협약은 해양환경의 보호 및 보존에 관한 규정을 각국의 국내법에 의해 집행되도록 하고 있고, 국가들의 조약 준수 제고 장치가 마련되어 있지 않다. 준수 제고 장치 측면에서 이 협약은 타 해양환경관리 조약들과는 매우 다르다. 이는 국가의 자율성을 보장하는 긍정적인 면이 있으나, 어떤 국가가 해양환경오염행위를 규제하는 입법을 하지 않거나, 자국 관할해역 바깥에서 일어난 위반을 중대하게 여기지 않는 경우에는 유엔해양법협약의 규정들이 제대로 집행되지 않을 수 있고, 이에 대하여 타국이 제제하기 어렵게 되어 있다. 이러한 점을 악용하여 편의 취득국들이 등장하게 되었다. 또한 이 협약은 내수, 영해, 배타적 경제수역, 대륙붕해역으로 나누어 관할하도록 하고 있으므로, 국가 주권이나 관할권을 존중하는 경우에 그러한 해역의 경계가 해양환경오염거동이나 생물자원의 자연적 특성과 일치하지 않을 수 있다. 한편, 미국은 국가 주권이 미치지 않는 해역(Area)에서의 이익 공유 조항들은 자유시장 자본주의에 부합하지 않다는 이유로 이 협약에 가입하지 않고 있다.[20]

---

20) D. J. Hollis, T. Rosen, "United Nations Convention on Law of the Sea(UNCLOS), 1982," *The Encyclopedia of Earth* (June 22, 2010), http://www.eoearth.org/article/United_Nations_Convention_on_Law_of_the_Sea_(UNCLOS),_1982 참조.

III. 오염원별 해양오염행위 관리 국제조약

1. 육상 근원

해양을 오염시키는 육상기반 활동을 규율하는 대표적인 국제조약으로 런던의정서가 있다. 이 의정서는 하수처리오니와 해양지질구조격리처분 목적의 이산화탄소스트림 등 제한된 품목의 해양투기를 다루고 있다. 또한 국제조약은 아니나, 유엔환경계획의 육상기인 활동으로부터의 해양환경보호 지구적 행동프로그램(UNEP GPA-LBA)이 런던의정서보다 광범위하게 육상근원 오염원을 규율하고 있다. 이 프로그램의 내용은 상당수의 지역해 환경보호 협정에 포함되어 있다. 한편 육상 활동에서 기인하는 해양환경오염은 연안 해역에 국한되며 국가들이 인접해 있는 해역을 제외하고는 타 국가에 거의 영향을 미치지 않는다고 흔히 여겨지고 있다.[21] 왜냐하면 하천수가 산업폐수의 해역 입력 경로로 사용되는 경우에는 오염물질의 입력이 해상 기름 유출사고처럼 가시적이지 않기 때문이기도 하다. 육상기인 해양오염에 관련된 당사자들은 매우 많고, 국가 주권의 장막 뒤에 숨어 있기 때문에 국제적으로 규율하기 어렵다. 또한 국제 사회에서도 육상기인 해양환경오염행위는 전적으로 국내적 사안으로 국가 주권에 속하고 국제 규제 대상에 속하지 않는다고 보는 시각이 지배적이다.

1) 런던의정서

유엔해양법협약은 선박, 항공기, 플랫폼이나 기타 해상인공구조물로부터

---

21) 유럽연합 국가들은 정유시설, 발전소 등 월경성(越境性) 환경영향을 유발한 가능성이 있는 사업을 허가하기 전에 행하는 환경영향평가단계에서 당해 사업으로 영향을 받을 가능성이 있는 국가들에 통보하고 협의하도록 강제하는 Espoo 조약(1991 Convention on Environmental Impact Assessment in a Transboundary Context)을 체결하였다.

폐기물이나 그 밖의 물질의 고의적인 처분과, 선박, 항공기, 플랫폼이나 기타 해상인공구조물의 고의적인 처분을 투기로 정의하고,[22] 이 투기로 인한 해양환경 오염을 방지, 감축, 통제하도록 요청하고 있다.[23] 한편 이 협약은 그에 관한 세부 내용에 관해서는 관련 국제조약을 체결하여 다루도록 규정하고 있으며, 이에 해당하는 국제조약이 1972년 런던협약에 대한 1996년 의정서(런던의정서)이다. 이 의정서는 2006년 3월에 발효되었다.

런던의정서에서 해양 투기 허가를 심의할 수 있는 대상물질은 (1) 준설물질, (2) 하수처리오니, (3) 생선폐기물, (4) 선박·플랫폼·그 밖의 해상인공구조물, (5) 불활성무기지질물질, (6) 천연기원유기물, (7) 투기 이외 처분방안이 없는 고립도서에서 발생한 철·강·콘크리트 재질의 대형물체, (8) 해저지질구조격리를 목적으로 포집한 이산화탄소 스트림의 8 가지이다. 하수처리오니, 생선폐기물, 천연기원유기물, 투기 이외 처분 방안이 없는 고립도서에서 발생한 철·강·콘크리트 재질의 대형물체, 이산화탄소 스트림은 육상 활동에 기인한 해양오염원이다. 런던의정서는 이 물질을 해역에 투기하는 경우, 폐기물 방지감사, 투기 이외의 관리방안 심의, 폐기물 특성 규명, 처리기준의 설정, 투기장 선정 방법, 잠정 영향평가를 통해 조건부로 허가하고 투기로 인한 환경영향을 감시하도록 하는 업무를 포함하는 폐기물이나 기타물질의 평가체제를 규정하고 있다.[24] 그리고 런던의정서 당사국회의에서는 개별 물질별로 자세한 평가지침서를 개발하였다. 평가체제에 규정되어있는 폐기물 방지 감사와 해양 투기 이외의 관리 방안의 심의는 해양 사안은 아니고 육상 폐기물 관리 사안에 속한다. 따라서 해양 투기를 해양관련 행정청이 허가하는 경우에는, 반드시 육상 환경 담당 행정청과의 협의가 필요하다.

---

22) 1982년 유엔해양법협약 제1조1항의(5).
23) 1982년 유엔해양법협약 제210조.
24) 런던의정서 제2 부속서.

2) 육상 근원 관리 지역해 환경 보호 조약

세계에서 10개 이상의 지역에서 국가들이 당해 지역해의 환경보호를 위해 1970년대부터 조약을 체결하여왔다. 이 조약들에서는 육상 활동으로 인한 해양오염방지 규정이 대체로 포함되어 있다. 대표적인 것으로는 북동대서양 해양환경보호협약(Convention for the Protection of the Marine Environment of the North-East Atlantic, OSPAR Convention)이 있다.[25]

---

25) 그 외 중요한 지역해 환경보호 협정에는 다음과 같은 것들이 들어 있다. 발트해 주변 국들이 체결한 헬싱키협약(Convention on the Protection of the Marine Environment of the Baltic Sea Area, Helsinki Convention)은 원래 1974년에 체결되었고 1980년에 발효되었으나, 동일한 명칭으로 1992년에 개정되어 2000년에 발효되었다. 지중해 연안국들은 1980년에 '육상 기원 물질로부터의 오염에 대한 지중해 보호 의정서(Protocol for the Protection of the Mediterranean Sea against Pollution form Land-based Sources; LBS Protocol)'를 채택하였으며, 이를 1996년에 개정, 채택하였다. 남동태평양 국가들이 1983년에 채택한 리마협약에 대한 의정서(Protocol for the Protection of the South-East Pacific against Pollution from Land-based Source, Protocol to the Lima Convention)는 1986년에 발효하였으며, 쿠웨이트 지역 협약에 대한 의정서(Protocol for the Protection of the Marine Environment against Pollution from Land-based Sources, Protocol to the Kuwait Regional Convention)는 1990년 채택되어 1993년 발효하였다. 또한, 흑해 협약에 대한 의정서(Protocol on Protection of the Black Sea Marine Environment Against Pollution from Land-based Sources, Protocol to the Black Sea Convention)가 1992년에 채택되어 1994년 발효하였고, 카리브해의 카르타헤나 협약(Protocol Concerning Pollution from Land-based Sources and Activities to the Convention for the Protection and Development of the Marine Environment of the Wider Caribbean Region, Cartagena Convention)은 1999년에 체결되었다. 홍해와 아덴만 의정서(Protocol concerning the Protection of the Marine Environment from Land-based Activities in the Red Sea and Gulf of Aden)는 2005년에 채택되었으며, 서부 및 중앙 아프리카지역의 아비장 협약(Convention for Cooperation in the Protection and Development of the Marine and Coastal Environment of the West and Central African Region, Abidjan Convention)은 1981년 채택되어 1984년에 발효하였다. 그리고 마지막으로, 동부 아프리카지역의 나이로비 협약(Convention for the Protection, Management and Development of the Marine and Coastal Environment of the Eastern African Region, Nairobi Convention)은 1985년에 채택되어 1996년 발효하였고, 카스피해 협약(Framework Convention for the Protection of the Marine Environment of the Caspian Sea)은 2003년 채택되어 2006년에 발효되었다.

이 조약은 육상기인 오염원으로부터의 해양오염방지에 관한 1974년 파리 협약(Convention for the Prevention of Marine Pollution from Land-based Sources, Paris Convention)과 선박과 항공기에 의한 투기로 인한 해양오염방지에 관한 1992년 오슬로협약(Convention for the Prevention of Marine Pollution by Dumping from Sjips and Aircraft, Oslo Convention)이 통합되어 1992년에 채택되고 1998년에 발효되었다.

한편 동북아 해역으로 구분되는 황해와 동해의 경우는 다음과 같다. 우리나라는 1945년 일본의 식민지에서 해방되고 북위 38도선을 경계로 이북은 공산독재체제의 소련 군대가, 이남은 자유민주주의 체제의 미국의 군대가 진주하였다. 1946년 북한에서 공산독재체제의 정부가, 1948년에 남한에서는 유엔의 지원과 합의에 의해 자유민주주의체제의 대한민국 정부가 수립되었다. 1950년 6월 25일 소련의 지원을 받은 북한의 침략으로 시작된 북한의 남침 전쟁일 시작되었고, 동년 6월 27일에는 유엔안전보장이사회의 "북한의 침략행위 즉각 중지와 38도선 이북으로 철수" 요구 결의안을 채택하였고, 미국이 즉각 개입하였고 유엔의 깃발 아래 16개국이 참전하였다. 그러나 공산독재체제의 중국이 1951년 북한을 도와 남침 전쟁에 가담하였다. 남·북한은 1953년 7월에 정전으로 현재 휴전상태이다. 그리고 정전 이후에도 북한은 육상과 해상으로 무장 도발을 벌여오고 있다. 황해와 동해의 일부는 현재까지도 전쟁해역으로 남아 있다.

우리나라는 황해를 공유하는 중국과는 1992년에, 동해를 공유하는 일본과 러시아(당시 소련)와는 각각 1965년과 1992년에 국교를 수립하였다. 그리고 북한과는 1991년에 유엔에 동시 가입하였으나, 황해와 동해에서 각각 3개국(한·중·북한)과 4개국(한·일·러·북한), 동중국해에서의 3개국(한·일·중) 간에는 영토와 해역 경계 등 갈등 상황은 크게 개선되고 있지 않다. 이 지역해에서 육상오염을 제어하는 조약은 현재 체결되어 있지 않고, 다만 북한이 아직 가입하지 않은 상태로 한국, 일본, 중국, 러시아 4개국이 위도 33°N-52°N와 경도 121°E-143°E에 속하는 해역을 대상으로 1993년 UNEP 지역해의 1개 프로그램으로서 행동계획(NOWPAP: Action Plan for the

Protection, Management and Development of the Marine and Coastal Environment of the Northwest Pacific Region)에 합의하였다. 앞에서 소개한 여타 지역해 환경보호협약은 해양환경오염을 육상 활동과 연계하여 규율하고 있지만, NOWPAP은 육상오염원이 특별히 강조되어 있지 않으며 해양환경오염을 해양 문제로 국한하고 있는 것으로 사료된다.

3) UNEP GPA-LBA

인류의 역사는 해안 도시 문명의 번영의 역사이며, 현재 세계 총인구의 약 20%가 해안에 거주하고 있다. 그 결과 도시, 산업, 농업 폐기물과 우수의 해역 입력이 해양환경의 건강, 생산성, 생물다양성을 위협을 하고 있다. 즉, 하수 및 폐수·살충제를 포함한 지속성 유기오염물질(POPs: persistent organic pollutant), 중금속·기름·(식물)영양물질·퇴적물이 해양으로 유입되어 수산물이 오염되고, 해수욕을 할 수 없는 해빈이 늘어나고, 적조가 자주 발생하고 있다. 이러한 상황을 타개하고자 각국 정부는 육상 활동으로 인한 해양환경의 오염을 방지하기 위한 목적으로 1974년 유엔환경계획(UNEP) 내에 지역해 프로그램(Regional Seas Programme)을 설치하고, 당해 해역을 공유하는 지역 국가들 간의 협력 체제를 수립하였다. 그리고 UNEP은 1982년부터 육상 활동(land-based activities)의 해양환경에 대한 영향을 검토하기 시작해 1995년에 '육상 활동으로부터 해양환경보호에 관한 지구적 행동프로그램(GPA: Global Programme of Action for the Protection of the Marine Environment from Land-based Activities)'을 워싱턴 선언(Washington Declaration)을 통해 수립하였다.

GPA의 목표는 (i) 해양을 오염시키는 육상근원과 오염영향을 규명하고, (ii) 우선조치가 필요한 주요 문제들을 규명하며, (iii) 주요문제들의 관리 목표를 설정하고, (iv) 그러한 이 관리 목표를 추진할 전략을 개발하고, (v) 당해 전략들에 대한 평가를 수행하는 것이었다. 이에 GPA는 (1) 하수, (2) 지속성유기오염물질, (3) 방사성 물질, (4) 중금속류, (5) 기름(광유류), (6) (식물)영양물질, (7) 퇴적물 이동, (8) 고형폐기물(litter), (9) 서식지의 물리적 변경 및 파괴의 9가지 종류의 오염원들을 우선관리 품목으로 선정하였다.[26] GPA의 목적은 육상 활동으로 인한 해양 환경의 오염을 방지, 감축, 통제하기 위한 국가들의 활동을 국제수준에서 지원하기 위함이다.[27] 워싱턴 선언은 이러한 목적을 달성하기 위한 구체적인 방법으로서 (i) 유엔체제 내에서 관련 기구 및 프로그램의 승인, (ii) 각국 의사 결정자들 간의 관련 정보, 경험, 과학기술 정보 교환, 재정 지원, (iii) 해양환경상태의 주기적인 정부간 검토 등을 명시하고 있다.[28] GPA는 또한 이에 관한 법적 구속력 있는 규정을 마련하기로 하였으나(제17문단) 아직까지 이를 달성하지는 못하고 있다.

GPA에는 2011년 현재 108개국이 가입하였고 정부간검토회의(IGR: Intergovernmental Review Meeting)를 5년 주기로 개최하여 추진 성과를 점검하고 있다. 2001년에 제1차 IGR에서는 유엔환경계획의 지역해 프로그램의 강화, 각국의 해양 및 연안관리체제의 개선, 재정 지원 등에 관한 몬트리올 의정서를 채택되었다.[29] 제2차 IGR은 2006년에 중국 베이징에서 개최되었다. 이 회의에서 채택된 베이징 선언에는 (1) 지속가능한 재원조달메커니즘 개발, (2) 해양·해안·습지가 제공하는 상품과 서비스의 경제적 가치부여, (3) 담수계와 연안역관리의 연계, (4) GPA 사업과 2002년 요하네스버그 지속가능정상회의의 이행 프로그램(Johannesburg Plan of Implementation)인 빈곤퇴치프로그램과의 연계 등에 관한 내용을 담고 있다.

한편, 육상활동에 의한 해양환경오염은 육상의 폐기물관리차원의 문제로

26) Washington Declaration on Protection of the Marine Environment From Land-Based Activities, paragraph 1.

27) C. Williams, "Protecting the marine environment from land-based activities: a global programme of action," *Marine Policy* (1996), Vol. 20, pp. 95-97.

28) Washington Declaration on Protection of the Marine Environment From Land-Based Activities, paragraph 13.

29) UNEP/GPA, "The Global Programme of Action for the Protection of the Marine Environment from Land-based Activities: Key Outputs of the First Intergovernmental Review Meeting," UNEP/GPA Coordination Office(2001), pp. 11-16.

인식하여야 하나, 일부 국가들에서는 해양환경오염을 연안 해역의 수질문제로 국한하여 인식하고 있어 GPA의 목표 달성에 장애가 되고 있는 사실이 호주에서 증명되었음에도 불구하고,[30] 우리나라에서는 아직도 해양환경오염을 연안 해역의 수질문제만으로 인식한다. 예를 들어 마산시는 하수처리장을 덕동 해안에 설치하고 방류수를 해역으로 배출하고 있다. 이로 인하여 인근 해역이 중금속과 유기오염물질로 계속 오염되어가고 있다[31]. 유럽연합은 육상과 해양환경을 구분하여 관리하는 관행의 단점을 보완하는 방안으로 유럽연합 물 체제 지침(European Union Water Framework Directive; Directive 2000/60/EC)을 공포하였다. 이 지침에서는 물을 유산으로 보호해야 한다고 천명하고, 하천 수계별로 표층수, 지하수, 해양수역의 모든 물을 포괄적으로 관리하도록 하였다.[32] 또한 이 지침에서는 수계에서 우선관리 대상 유해물질을 제거하고, 해양 환경에서는 배경 함량을 유지하는 것을 최종 목표로 삼고 있다.

2. 해저활동

최근 멕시코 만에서의 BP 원유채굴플랫폼에서의 사고[33]로 상당한 양의

---

30) C. Williams, "Combatting marine pollution from land-based activities: Austra-lian initiatives," *Ocean & Coastal Management* (1996), Vol.33, pp.87-112.

31) 하수처리장에서 배출되는 방류수의 수질관리는 산소 요구량, 부유물질, 질소, 인, 대장균으로 관리되어 왔고, 2011년 1월 1일부터는 여기에 생태 독성 항목이 추가되었다(하수도법 시행규칙 별표 1. 공공하수처리시설의 방류수수질기준 참조). H. B. Moon, S. P. Yoon, R. H. Jung, M. Choi, "Wastewater treatment plants(WWTPs) as a source of sediment contamination by toxic organic pollutants and fecal sterols in a semi-enclosed bay in Korea," *Chemosphere* (2008), Vol.73, pp. 880-889.

32) European Union Water Framework Directive, Article 1.

33) 2010년 4월 20일에 멕시코 만의 미시시피 하구에서 50마일 떨어진 해역(28.74°N, 88.39°W)에 위치한 석유채굴 플랫폼(Deepwater Horizon)에서 폭발사고와 화재가

기름이 누출되어 광범위한 해역을 오염시켰다. 현재로서는 이 사고로 인한 기름이 멕시코나 쿠바 관할해역으로 이동된다면 이들 국가들과 협의해야하는데, 이러한 오염을 구체적으로 다루기 위한 적합한 국제 규범들이 아직 마련되어있지 않다. 이와 관련하여 UNCLOS에서는 해저활동으로 인한 해양환경오염을 관리하기 위한 체제, 즉 양자간, 혹은 지역 국가 간에 혹은 지구적인 차원에서 협상을 하도록 요청하고 있으나, 규칙 및 지침서 등과 같은 구체적인 것은 아무것도 마련된 것이 없다. 개별 국가 중 미국의 국내법을 살펴보면, 외해굴착행위는 환경훼손이나 그 밖의 위험이 예상되므로, 1969년 국가환경정책법(National Environmental Policy Act)은 외해에서의 굴착 행위가 환경 훼손이나 기타 위험을 야기할 수 있으므로 관련 사업자로 하여금 환경관리계획서를 제출하도록 하였고, 1970년 청정대기법(Clean Air Act)은 대기로의 오염 물질 배출량에 관한 자료를 제출하도록 하였다.

그리고 1972년 연안관리법(Coastal Management Act of 1972)은 외해굴착활동을 거부할 수 있는 권한을 주 정부에 부여하였고, 1973년 멸종위기종법(Endangered Species Act of 1973)은 멸종 위기종의 서식지 주변에서 굴착(drilling)하는 것을 엄격하게 규제하였고, 1977년 청정수법(Clean Water Act of 1977)에서는 수로(waterway)에 오염물질을 배출하는 경우 사전에 국가 오염물질 배출 제거체제(NPDES: National Pollutant Discharge Elimination System)에 따른 허가를 받도록 하였다. 한편 석유 및 가스 산

발생하여, 이틀 후에 동 플랫폼이 1,500m 수심의 해저면에 가라앉았다. 이 사고로 현장 작업 근로자 126명은 구조되었으나 11명은 실종되었다. 그리고 6월 초에는 루이지애나, 미시시피, 알라바다, 플로리다 해안에 누출된 원유가 상륙하였다. 플랫폼 소유자인 BP사는 여러 번의 시도 끝에 7월 15일 유정을 폐쇄하는 데 시험 성공하였고 9월 19일에 완전히 밀봉하였다. 사고 후 86일 동안 약 4.2백만 배럴의 원유가 주변 해역으로 누출되었고, 총 원유오염해역은 약 75,000km^{2}로 추정된다. 참고로 동 플랫폼은 현대중공업에서 2001년에 건조한 것이다. 기름 오염에 대한 자연적 정화는 W. J. Mitsch, "The 2010 Oil Spill in the Gulf of Mexico: What would Mother Nature do?" *Ecological Engineering* (2010), Vol.36, pp.1607-1610 참조.

업계에서도 자체적으로 환경관리 표준을 만들어가고 있다.[34]

1) 해저유전개발 및 채굴

해저석유 및 가스 생산 활동으로 인한 해양환경오염은 세계 총 해양 환경 오염량의 약 1~2%를 차지하는 것으로 추정되고 있다. 그러나 최근 석유 및 가스 수요의 증가로 인해 해저유전개발 및 채굴이 증가하고 있으며 그로 인한 해양환경 오염 위험도 증가하고 있다.[35] 해저 석유 및 가스 개발의 모든 과정에서 해양환경에 대한 오염이 일어날 수 있다. 그 주요과정을 살펴보면 다음과 같다.

(i) 지질조사(geological surveying) 및 지층탐사에 사용되는 음파는 해양 포유동물의 음파탐지기관을 손상하거나 음파 생산 생리작용을 변형시킬 수 있다. (ii) 탐사와 생산(exploration and production), 해상플랫폼 및 지지 설비 배치, 파이프 라인 매설, 준설작업은 생물 서식지를 교란하고 오염물질을 해역으로 배출할 수 있다. 특히 굴착(drilling) 활동으로 굴착수(drilling fluid)·굴착잔재물(drill cuttings)·형성수(formation water) 등이 생성 배출되고, 플랫폼에서 발생한 하수와 폐기물을 배출하게 되고, 또한 천연가스를 태우게 될 수 있다. (iii) 폐공(decommissioning), 석유 및 가스 생산 활동이 종료된 후에 현장에 방치된 인공 구조물은 환경과 항해에 위험을 초래할 수 있다. 게다가 이 구조물들은 자연적으로 다른 곳으로 이동될 수 있다. 그러나 수천 톤에 달하는 이 구조물을 인양하기는 쉽지 않고, 폭약을 사용하여 현장에서 분쇄하는 경우에도 해양환경이 오염될 수 있다. (iv) 사고와 고의적 행위로 인해 발생할 수 있는 환경피해의 규모는 과소평가되어서는 아니된다. 선박 충돌이나 폭풍 등 자연재해로 인한 플랫폼의 손상,

---

34) 석유 및 가스 산업계에 의한 환경관리 표준에 관하여는 http://www.ogp.org.uk/ 참조.

35) M. Kashubsky, "Marine Pollution from the Offshore Oil and Gas Industry: Review of Major Conventions and Russian Law(Part I)," *Marine Studies* (2006), pp.1-11.

송유관의 파손으로 인한 누출, 유정 분출, 화재 및 폭발 사고 등은 인명 손실을 초래할 수 있고, 해양환경에 장기적으로 악영향을 미칠 수 있다. 또한 사고수습을 위한 고의적 기름 유출, 테러, 방화 등과 같은 불법행위가 발생하여 해양환경이 손상될 수도 있다. 통상적인 해상유전설비의 운영과정에서 배출되는 기름의 양은 연간 약 16,350톤이며, 해상유전에서의 사고로 인한 배출량은 연간 약 600톤, 그리고 송유관 사고로 인해 배출되는 기름의 양은 연간 약 2,800톤이다.[36)

(1) 런던의정서

런던의정서는 해양오염행위의 방지를 다루는 매우 중요한 조약이다. 이 조약에서는 해상 플랫폼과 그 밖의 인공구조물로부터의 폐기물이나 기타 물질의 투기 및 이 플랫폼과 인공구조물 자체의 투기를 다룬다. 그러나 이 조약은 플랫폼의 통상적인 운영에서 발생하는 폐기물의 배출은 다루지 않는다. 또한 "플랫폼이나 다른 인공구조물을 해양에 처분할 목적으로 현장에 방치하거나 넘어뜨리는 행위"를 투기의 범주에 포함하여 이를 금지하고 있다. 이 조약에서는 폐기물이나 다른 물질의 투기로 해양환경이 오염된다는 명백한 증거가 없어도 해양환경 오염의 개연성이 존재하면 투기를 허가해서는 안 된다는 사전방지방식을 채택하였다.

(2) MARPOL 73/78

MARPOL 73/78은 주로 선박운영과 관련된 환경관리 사안들을 다룬다. 그러나 이 조약은 선박의 범주에 이동형 고정 혹은 부유플랫폼(제2조5항)을 포함하고, 당해 시설물들에 대해 400톤 보다 큰 규모의 선박과 마찬가지로 유수 분리기와 슬러지 탱크 및 기름 배출감시 장치 등 오염통제장비들을 마련하도록 규정하고 있다. 또한 이 조약에서는 부유플랫폼에서 하수를 해

---

36) GESAMP, "Estimates of Oil Entering the Marine Environment from Sea-based Activities," GESAMP Reports and Studies No.75(2007), p.96.

역으로 배출하는 것을 금지하고 있고, 또 기름 함량이 15ppm 이상인 혼합물을 특정해역에서 배출하지 못하게 하고 있다.

(3) OPRC 1990

1990년 유류 오염의 대비, 대응 및 협력에 관한 국제협약(OPRC 1990)[37]은 선박, 외해채굴 생산 시설 및 육상 시설이 갖추어야 할 오염응급대응계획에 관해 규정하고 있다. 이 조약은 외해 구조물을 '부유식 혹은 고정식 구조물로서 탐사, 생산, 선적, 하역에 사용되는 모든 것'으로 규정하고, 이와 관련하여 유류사고 대응준비에 관한 국내법의 제정, 지역 국가들 간의 협력, 정보교환, 역량배양 및 해양환경에 악영향을 끼쳤거나 혹은 끼칠 가능성이 있는 사건에 대한 보고서의 교환, 기술개발 등에 관해 규정하고 있다. 이 OPRC는 현재 외해 탄화수소 생산 플랫폼에서 비롯되는 해양환경오염을 다루는 가장 포괄적인 국제법이라고 볼 수 있다.

(4) AFS Convention 2001

2001년 선박의 유해 방오시스템 규제에 관한 협약(AFS Convention 2001)[38]은 부유식 혹은 고정식 외해 플랫폼에 대해 2008년부터 유기주석화합물을 외부에 노출되는 표면에 바르거나 외부에 노출시키는 것을 금지하였다. 그러나 이 조약의 이러한 규정은 2002년 12월 31일 이후 건식-도크(dry-dock)에 올라간 적이 없는 외해 설비들에 대해서는 적용하지 아니한다.

(5) 외해설비 조약(초안)

국제해양위원회(Comité Maritime International)는 1977년 IMO의 요청으로 외해설비의 포괄적인 환경관리에 관한 국제조약의 초안(Draft Offshore

---

37) 이 조약의 정식 영문 명칭은 "International Convention on Oil Pollution Preparedness, Response and Cooperation, 1990"이다.

38) 이 조약의 정식 영문 명칭은 "International Convention on the Control of Harmful Anti-Fouling Systems on Ships, 2001"이다.

Units Convention)을 작성(Rio Draft)하였고 이후 IMO에서 검토를 거쳐 1994년 개정안(Sydney Draft)을 작성하였으나, 국제규제가 필요하지 않고 지역협정으로 다루는 게 더욱 효과적이라고 주장하는 미국의 반대로 채택되지 못하였다. 그러나 2001년 캐나다에서 석유와 해저광물자원의 탐사와 개발에 사용되는 외해 구조물 및 인공 섬과 관련 구조물에 관한 협약 초안 (*Draft Convention on Offshore Units, Artificial Islands and Related Structures Used in the Exploration for and Exploitation of Petroleum and Seabed Mineral Resources 2001*)을 개발하였으나, 그에 관한 구체적 논의는 진행되고 있지 않다. 그러나 이 초안의 외해 설비의 환경관리 규정들은 실제로 환경관리에 도움이 될 것이다.

(6) 지역협정

지역해의 해양환경보호 조약들에서는 해저활동의 규제를 대체로 포함하고 있다. 북동대서양(OSPAR 1992), 지중해(1994 Madrid Protocol to the Barcelona Convention 1976), 홍해와 아덴만(1989 Kuwait Protocol), 발트해(Helsinki Convention 1992)에서는 외해 탄화수소자원 탐사와 채굴에 따른 활동으로 인한 해양환경오염을 다루고 있고, 또 고정식이나 부유식 플랫폼 모두에 적용된다. 또한 이 지역 협정들은 '최고급가용기술(best available technique)' 과 '최고급환경관리관행(best environmental practice)' 을 사용하도록 산업계에 요청하고 있으며, 해양시설로부터 폐기물 투기를 금지하고, 사용하지 않는 플랫폼을 해양에 투기하는 경우 그에 대한 허가를 받도록 명시하고 있다. 이 지역 협정들은 플랫폼과 파이프라인으로부터 배출(discharge and emission)을 금지하지는 않으나 당국의 엄격한 규제를 요청하고 있다.

2) 해저지질구조 이산화탄소 격리사업

석탄이나 석유 등 화석연료 및 바이오 연료를 사용하는 발전 산업, 철강 제조 산업 등은 폐기물인 이산화탄소를 대기로 배출한다. 국가들은 1992년에 유엔기후변화협약을 체결하여 이산화탄소를 비롯한 온실가스의 대기로의 배출을 축소하려고 노력하고 있다. 이러한 노력의 성과로 1997년 교토의정서가 채택되었는데, 이 의정서에 따라 선진국들은 2008~2012년 기간 동안에 온실가스 배출량을 1990년 대비 5%를 감축하기로 하고,[39] 이 목표를 달성하기 위한 방안을 다각도로 모색하여왔다.

이산화탄소 해저 지질 구조 격리는 대기 중 이산화탄소 감소 방안들 중의 하나로서, 산업 공정에서 발생하는 이산화탄소 스트림을 포집하여 이를 해저 지질 구조에 주입해 영구히 격리시키는 방안이다. 국가들은 이산화탄소 해저 지질 구조 격리를 허용하기 위해 2006년에 런던의정서를 부속서 1을 개정하여 투기 가능 품목으로 추가하고, 해저지질구조 격리 목적으로 이산화탄소 스트림을 타 국가로 수출하거나 수입할 수 있도록 런던의정서 제6조를 2009년에 개정하였다. 국가들은 또한 2007년에 런던의정서 부속서 2의 평가 체제(Assessment of wastes or other matter that may be considered for dumping)에 따라 이산화탄소 스트림의 해저지질 구조 격리 사업에 대한 환경관리를 지원하는 특정 지침서(Specific guidelines for assessment of carbon dioxide streams for disposal into sub-seabed geological formations)를 채택하였다.[40] 동 지침서는 폐기물방지감사, 폐기물 관리 방안 심의, 폐기물 특성 규명, 처리 기준, 투기장 선정과 특성 규명(해저지질구조, 해양특성, 잠정 노출영향사정), 잠정영향평가(잠정영향의 사정, 위험 평가, 영향가설), 모니터링과 위험관리(완화 및 복구조치 포함), 허가와 허가조건으로 구성되어 있다.

3) 해저골재 채취

해저골재(marine aggregate) 채취와 관련된 법적 사안들에는 해저광물 소유권, 해저광물 이용권, 해저면 점용권, 시장 가치가 부여되어 있지 않은

---

39) 교토의정서 제3조.

40) IMO, "Report of the Twenty-Ninth Consultative Meeting and the Second Meeting of Contracting Parties," LC 29/17(2007), Annex 4.

생태계 상품 및 서비스, 환경 정보의 접근, 탐사 면허와 채취 면허 및 면허세 등이 포함된다. 유엔해양법협약은 연안국의 해저골재채취권한은 포괄적으로 규정하고 있으나,[41] 그에 관한 구체적인 지침은 마련되어 있지 않다. 한편, 유럽연합은 이를 환경영향평가 체제로 관리하고 있고(Environmental Impact Assessment Directive, Directive 85/337/EEC), 영국, 벨기에 등 OSPAR 협약 국가들은 ICES에서 개발한 해저골재채취지침서(Guidelines for the Management of Marine Sediment Extraction)를 적용하고 있다.[42]

4) 심해저 광업

심해저 광업이란 대개 수심 1,500m보다 깊은 해저에서 다금속 망간단괴(團傀)(polymetalic manganese nodule)나 망간 각(manganese crust)을 채취하거나, 활동 중이거나 사멸된 열수분출구(hydrothermal vent) 인근에 침전된 황화물(해저 대규모 황화물, SMS: seafloor massive sulfides)에서 망간단괴나 황침전물 등 광물질을 채취하는 것을 지칭한다. SMS 광물의 약 40%는 배타적 경제수역 내에 위치하고 있다.[43] 현재 일부 국가들이 안정적인 자원 공급원 확보 차원에서 이 심해저 광업에 관심을 가지고 있으나, 상업성이 확보되지 않아 아직까지 상업적인 대규모 채광이 이루어지지 않고 있다. 따라서 채광에 따른 환경영향은 자세히 알려져 있지 않다. 그러나 채취 작업은 해저에 존재하는 광물질을 해저면으로부터 굴착하여 분리하고, 이를 펌프나 바스켓으로 선상으로 인양하여 유용한 광물질을 선별하고, 나머지 부스러기(tailings)는 다시 해양으로 투입 처분하는 과정으로 이

---

41) 1982년 유엔해양법협약 제56조.

42) C. O'Mahony, G. Sutton, T. McMahon, O'Cinnéide, E. Nixon, "Policy Report — Issues and Recommendations for the Development and Regulation of Marine Aggregate Extraction in the Irish Sea," *Marine Environment & Health Series* (2008), No.32, pp.1-40.

43) P. Hoagland, S. Beaulieu, M. A. Tivey, R. G. Eggert, C. German, L. Glowka, J. Lin, "Deep-sea mining of seafloor massive sulfides," *Marine Policy* (2010), Vol.34, pp.728-732.

루어진다. 굴착 과정에서 해저면 인접 수층과 해저 퇴적물을 교란하여 해저에 서식하는 생물과 서식지가 손상될 수 있다. 또 퇴적물 플룸이 발생하여 해수 중으로의 태양광 투과도가 저해되어 식물의 광합성과 동물플랑크톤의 생리에 영향을 줄 수 있다. 뿐만 아니라 해저에서는 저생 동물의 아가미를 막을 수도 있다. 또한 채광 장비로부터 기름이나 유해물질이 누출되거나 부식으로 해저면 화학조성이 변경될 수 있다.

국가관할권 바깥의 해저를 관리하는 국제심해저기구(International Seabed Authority)[44]는 심해저가 인류 공동 유산으로 인류 전체에 이익이 되도록 이용되어야 한다고 천명하고, 심해저 광업활동의 환경 관리를 위해 7개의 채광코드(Mining Code)를 개발하였다. 이들 규정들에 따르면, 탐사와 채광 단계에서 각각 해양환경을 보호하고 보존하는 조치를 취하고, 만약 환경악영향이 큰 경우에는 탐사와 채광 신청서를 기각해야 한다.

3. 투기 행위

1800년대와 1900년대 산업화의 시기에 유럽이나 미국 등 선진 각국에서는 해양을 폐기물을 처분하기에 편리한 장소라고 인식하였다. 특히 일부 국가들은 제2차 세계 대전 후 상당량의 군수 폐기물을 해양에 투기하였고, 1970년대에는 하수처리오니, 항만의 확장공사에서 발생한 준설물질, 독성 산업폐기물 및 방사성폐기물을 해양에 투기 처분하였다. 1960년대에는 투기 전용 선박과 폐기물 소각 전용 선박이 출현하였고, 준설 전용 선박 또한 출현하였다.

해양 투기는 폐기물을 고의적으로 해양에 처분하는 것이기 때문에 해양 환경 오염행위의 방지 차원에서는 중대한 과제이다. 이에 따라, 국제사회는 이를 규제하기 위해 일찍부터 노력해 왔다. 1958년 공해에 관한 협약은 방

---

44) 1982년 유엔해양법협약 제156조.

사성폐기물의 해양 투기를 국제 기준에 의거하도록 규정하였으며,[45] 1972
년 6월 스톡홀름 선언은 원칙 제7조를 통해 국가들은 해양오염을 방지하기
위한 조치들을 취하도록 요청하였고 그의 행동계획(Action Plan for the
Human Environment)을 통해 자국민의 해양 투기 활동을 규제하고 이의
입법 조치의 완성을 요청하였다. 그리고 같은 해 12월 런던투기협약이 체
결되었다.

투기행위로부터 해양환경을 보호하려는 국제적인 노력은 1982년 유엔해
양법협약에 투기 행위 규율에 관한 규정[46]이 삽입됨으로써 투기행위에 대
한 규율을 해양환경보호라는 넓은 범위에서 다루어지게 되었다. 또한 유엔
해양법협약은 국제기구나 외교회의를 통해 해양투기에 관한 세계적인 규
칙·기준·절차 등을 수립하도록 규정함으로써, 유엔해양법협약 당사국은
런던협약에 의해 구속될 법적 근거를 마련하였다. 런던협약은 1996년 전면
개정되어 런던의정서가 새로이 체결되었다. 이 의정서는 모든 오염원으로
부터 해양환경을 보호 및 보전하는 것을 목표로 규정하고,[47] 사전 방지 주
의 원칙, 오염자 부담원칙, 오염 이동이나 변형 금지 원칙을 채택하였다.[48]
그리고 이 조약에서는 투기허용 품목(부속서 1)을 열거하는 포지티브 목록
방식(positive list approach)을 취하였다. 또한 동 의정서는 이들 각 물질
의 투기허가증 발급을 위한 평가절차(부속서 2)를 포함하고, 또한 분쟁조정
규정(부속서 3)을 포함하여 1972년 런던협약보다는 발전된 체제를 확립하
였다. 또한 이 런던의정서는 2006년 3월에 발효되었으며, 런던협약 가입국
이 런던의정서를 가입한 경우에는 런던의정서가 런던협약을 대체한다.[49]
따라서 1982년 유엔해양법협약 제210조에 규정되어있는 해양투기에 관한
국제규범은 런던의정서를 지칭한다.

---

45) 1958년 공해에 관한 협약(Convention on the High Seas, 1958) 제25조.
46) 1982년 유엔해양법협약 제210조.
47) 런던의정서 제2조.
48) 런던의정서 제3조.
49) 런던의정서 제23조.

한편, 유엔해양법협약의 제 210조는 각국 정부가 해양투기 관리에서 국제적 기준보다 덜 효과적인 국내법을 제정하는 것을 허용하지 않고 있다. 2010년 11월 현재 유엔해양법협약의 당사국은 157개이지만, 런던협약의 당사국은 86개, 런던의정서는 39개국에 지나지 않으며, 지역별로 런던의정서 가입 현황을 살펴보면 특히 아시아, 아프리카, 라틴 아메리카 지역의 가입률이 저조하다. 당해 지역들에서 런던의정서 가입률이 낮은 이유는 이 조약 의무를 이행하기 위한 역량이 부족한 경우도 있고, 투기 관련 지역협정을 체결하고 있는 소규모 국가들의 경우에는 유사한 목적의 국제조약에 복수로 가입하는 부담 등 여러 가지 요인이 있을 것으로 보인다.[50]

1) 런던의정서의 개요[51]

앞서 논의한 바와 같이, 런던의정서는 모든 오염원으로부터의 해양 환경을 보호하고 투기로 인한 오염을 방지, 감축, 배제하는 것을 목적으로 한다. 그리고 이러한 목적을 달성하는 수단으로서 (1) 예방적 접근, (2) 오염자 부담, (3) 환경손상 전가 금지를 원칙을 채택하고, 또한 (5) 해양투기 금지를 폐기물 관리 정책으로 채택하였다. 다만, (1) 준설물질, (2) 하수처리오니, (3) 생선폐기물, (4) 선박, 플랫폼이나 기타 해상인공구조물, (5) 불활성무기지질물질, (6) 천연기원유기물, (7) 고립도서발생 철, 강, 콘크리트재질의 대형물체, (8) 해저지질구조격리를 목적으로 포집한 이산화탄소 스트림 등 8개 품목들은 예외적으로 사전 허가를 통해 해양에 투기할 수 있도록 하였다. 이 품목들의 경우에도 허가 발급 판정을 하기 전에 폐기물평가체제[52]에 의거한 심사를 받도록 하였다. 런던의정서는 또한 해상소각은 금지하고, 해양투기나 소각을 목적으로 폐기물을 다른 국가로 수출하는 것을 금지하

---

50) 문병호·홍기훈, "런던의정서에서 유엔지역그룹체제의 역할에 관한 연구," 『한국해양환경공학회지』(2010), Vol.13, pp.135-150.

51) 홍기훈, "우리나라 폐기물 해양 투기 제도와 투기해역의 환경상태," 『多者間環境協定의 遵守: 런던의정서를 중심으로』(정인사·백진현·홍기훈 편집, 2006), pp.107-184.

52) 런던의정서 부속서 2.

였다.[53]

1996년 런던의정서의 채택은 유해물질 혹은 오염물질의 해양투기를 관리하던 종래의 런던협약의 체제(black and grey list)[54]가 폐기물 품목 관리 체제[55](reverse list)로 전환된 것으로서 해양환경보호를 위한 중대한 변환을 이룬 것이다. 오염(contamination)이란 기술적 관점에서 보면 어떤 물질에 당해 물질과 다른 외래 물질 즉, 오염물(contaminant)이 투입된 상태를 말하나, 일반적으로는 더럽게 되거나(汚染) 해롭게 되었다는 의미로 사용되기도 한다. 그러나 어떤 물질에 외래 물질이 들어온 상태가 '더럽게' 되기 위해서는 입력된 외래 물질의 양과 그의 피해가 외부로 드러나는 외부성(externality)이 고려되어야 하는데, 오염이란 용어 자체에는 '입력의 정도'에 관한 의미를 내포하고 있지 않다. 즉, 오염물이란 환경적 정황에서 생기는 용어로서 본래부터 오염물인 것은 존재하지 않는다.

예를 들어, 중금속 납은 제품 제조 공정에서 혹은 제품의 성분을 구성하고 있을 경우에는 오염물로 불리지 않지만, 강이나 해양에 투입되어 수질을 손상시키고 水棲 생물에 악영향을 미치는 경우에는 오염물로 지칭된다. 즉 동일한 물질이라도 처분을 하기 위한 목적으로 대기, 토양, 해양 등 주변 환경에 투입할 경우에 오염물로 구분되며, 이러한 오염물의 함량이 인간

---

53) 런던의정서 제5조.

54) 1993년 런던협약 72의 부속서 I과 II의 개정으로 투기심의 대상 품목은 1996년부터 96의정서의 부속서 1과 사실상 같게 되었다. 1993.11.12자의 3건의 결의는 런던협약을 근본적으로 바꾸고 이는 96의정서로 연결되었다: (1) Resolution LC.49(16)은 산업폐기물의 투기 금지를 하고 예외적으로 준설물, 생선폐기물, 선박, 플랫폼, 기타 해상 인공 구조물, 비오염 불활성 지질물질, 비오염 천연기원 유기물질만 투기심의대상으로 허용, 발효는 1996.1.1임. 호주는 자로사이트란 폐기물의 투기 수요로 1998. 8.24에 수용하였다. (2) Resolution LC.50(16)은 하수오니와 산업폐기물의 해상소각 금지하였고 1994.2.20에 발효되었다. (3) Resolution LC.51(16)은 방사성폐기물의 전면적인 투기 금지조치로서 1994.2.20에 발효하였으나, 러시아연방은 2005.5.17에 수용하였다. 한편 우리나라에서는 이 결의를 반영하여, 방사성폐기물의 해양투기 조항(원자력법시행령 232조)을 1995·10·19에 삭제하였다.

55) 런던의정서 부속서 1 참조.

건강 및 환경에 수용될 수 없을 정도로 높은 경우에 공해(pollution)를 구성한다. 이러한 이유로 "오염"이란 용어는 런던협약 발효 초기부터 계속 논쟁거리가 되었다.56)

앞서 논의한 바와 같이, 런던의정서는 종래의 "오염물" 대신에 "폐기물"을 직접 관리의 대상으로 삼고 있다. 해양투기 방지를 위한 폐기물 관리에 관한 런던의정서의 의도를 구체적으로 살펴보면 폐기물은 인위적인 활동으로 생산되며, 이 폐기물을 환경에 처분하면 당해 환경은 피해를 입기 때문에, 최선의 폐기물 관리전략은 폐기물의 생산자체를 방지하거나 혹은 환경에 덜 유해한 폐기물을 생산하고, 그에 대한 재활용을 촉진하여 환경으로의 폐기물 처분 수요를 감축하는 것이고, 또한 불가피하게 폐기물을 환경에 처분하는 경우 환경 악영향이 가장 큰 해양 처분은 가급적 피해야 한다는 것이다. 이러한 런던의정서의 관리 방식은 종래의 복잡한 환경관리를 단순화시켜 환경관리를 크게 진전시킨 것이다. 또한 런던의정서와 같이 폐기물들을 품목별로 나누어 관리하면 유해물질별로 나누어 관리하는 것보다 행정 비용이 훨씬 적게 든다. 예를 들어, 하수처리오니를 하수처리공정을 통해 생성되는 생산물로 간주하는 것이다. 즉, "하수처리오니가 발생되었다"라고 하는 종래의 표현이 "하수처리오니를 생산하였다"는 것으로 개념적으로 변경하는 것이며, 이러한 개념 변경은 하수오니의 품질 개선에 대해 정책 개입의 기회를 증가시킨다. 왜냐하면 생산물의 품질 관리는 모든 제조 공장들에서 핵심 사항이므로, 생산물의 용도를 확장시키기 위한 하수오니 품질 개선 사업은 지극히 자연스러운 하수처리장의 활동의 일부로 인식되기 때문이다.

한편, 런던의정서는 동 의정서의 이행을 지원하기 위해 1997년 폐기물 일반 평가지침서를 채택하고, 이어서 준설물질, 하수처리오니, 생선폐기물, 선박, 플랫폼이나 인공구조물, 불활성 무기지질물질, 대형물체에 대한 특정

---

56) IMO, "Draft eligibility criteria for inert, inorganic geological material," LC/SG 29/2/3(2006), pp.1-6.

폐기물별 평가지침서를 각각 개발하였다. 그리고 국제원자력기구(IAEA)는 1999년에 런던협약의 요청에 의해, 상기 물질들에 포함될 수 있는 천연 및 인공 방사성핵종에 대한 면제기준(*de minimis*)을 사정하기 위한 지침서를 개발하고 이를 2003년에 보완하였다.[57] 런던의정서는 또한 2007년에 이산화탄소 특정 지침서를 채택하였고, 인공어초배치와 해양시비사업에 대한 평가체제를 2009년과 2010년에 각각 채택하였다.

2) 런던의정서에서의 사전방지방식의 채택

런던의정서는 폐기물이나 그 밖의 물질이 해양환경에 투입되었을 때 해를 미칠 가능성이 있는 경우, 비록 그에 대한 직접적인 인과관계가 입증되지 않더라도 해양환경을 보호하기 위해 사전방지 조치를 취하도록 당사국에 요청하고 있다. 이를 위해 런던의정서는 부속서 1에 열거한 품목에 한해 투기 허가를 심의할 수 있도록 하고, 투기 허가를 심의할 수 있는 품목이라고 할지라도 (1) 폐기물 방지 감사 및 폐기물 관리 방안을 통해 당해 폐기물의 발생을 근원적으로 방지하거나 혹은, (2) 청정 생산 기술의 도입 등과 같은 폐기물 방지 전략을 수립하며, 또한 (3) 당해 폐기물의 재활용 방안을 심의하도록 하였다. 즉, 런던의정서는 부속서 1에 포함된 품목들이라고 할지라도 상기와 같은 폐기물 방지 방안이 존재하는 경우에는 당해 물질의 해양 투기를 허가하지 않도록 규정하고 있다. 런던의정서는 또한 당해 폐기물이 인간 건강이나 환경에 미치는 영향을 평가하기 위해, 그에 대한 특성이 충분히 규명되지 않으면 해양 투기 허가를 거부할 수 있다고 명시하였다. 사전 방지 접근 방식은 런던의정서의 핵심이나 투기 허가 부서가 해양관련 행정청일 경우에는 이 조항들은 해양관련 행정청의 통상 업무 범위에 속하지 않기 때문에 육상 환경 관련 행정청과의 긴밀한 협조가 필요하다.

---

57) IAEA, "Determining the suitability of materials for disposal at sea under the London Convention 1972: A radiological assessment procedure," IAEA-TECDOC-1375(2003), p.62.

3) 런던의정서의 투기허가 예외 제외 조항

런던의정서는 불가항력의 경우에 인간 생명이나 선박, 항공기, 플랫폼 및 기타 해양 인공구조물의 안전을 확보하거나, 혹은 인간 생명이나 환경 응급사태가 발생한 경우에도 해양 투기를 허용하고 있다. 전자의 경우에는 사후에 사무국에 보고를 하도록 되어 있고, 후자의 경우 사전에 영향범위에 속할 가능성이 있는 국가들과 협의하고, 또 사무국에 통보하고, 사후에도 그 결과를 사무국에 통보하도록 하고 있다58)(런던의정서 제8조).

4) 배치행위와 해양시비의 규제

(1) 배치행위

런던의정서는 해양에 물질을 투입하는 행위를 투기행위(dumping)와 배치행위(placement)로 구분하고, (1) 단순한 처분 이외의 목적으로 물질을 해양에 배치하는 행위로서, 이 의정서의 목적에 반하지 않는 것, 그리고 (2) 선박, 항공기, 플랫폼이나 그 밖의 해상 인공 구조물의 통상적인 운용에서 발생한 폐기물이나 기타 물질을 배출하는 것을 투기로 간주하지 않는다.59)

이와 관련하여, 배치행위를 투기행위에 포함시키지 않는 런던의정서 조항의 해석에 관해 국가들 간에 이견이 존재하였는데, 2002년부터 2005년까지 4년에 걸친 논의를 통해서도 그에 대한 총의(consensus)가 이루어지지 않았고 결국 런던협약 당사국들은 배치 행위에 관하여 다음과 같은 정책적 지침에 합의하였다: (1) 배치는 폐기물을 해양에 처분하기 위한 핑계로 사용되어서는 안 되고, (2) 배치는 동 협약의 목적에 위배되지 않아야 하며, (3) 배치 행위는 사무국에 보고되어야 하고, (4) 배치에 사용된 물질들은 관

---

58) 런던의정서 제8조.

59) D. L. VanderZwaag, A. Daniel, "International Law and Ocean Dumping: Steering a Precautionary Course Aboard the 1996 London Protocol, but Still Unfinished Voyage," *The Future of Ocean-Regime-Building: Essays in Tribute to Douglas M. Johnston,* A. Chircop, T. L. McDorman, S. J. Rolston (eds.) (Leiden: Martinus Nijhoff Publishers, 2009), pp.515-550.

련 특정 지침서들 에 의거하여 평가되어야 한다. 그러나 배치 행위가 협약에 위배되는지의 판단에 대하여서는 당사국들 간에 아직 포괄적으로 합의하지 못하고 있다. 예를 들면, 28차 당사국회의에서 국제그린피스는 미국이 해군 군함을 플로리다 해안에 인공어초로 배치했는데 여기에는 PCB가 남아 있기 때문에 협약 위반이라고 주장하였다. 미국은 이에 대해, 동 선박은 미국 규정에 의거 완전히 청소한 후에 해저에 배치하였고, 전선내부에 남아 있는 PCB는 해양환경으로 누출될 가능성이 없기 때문에 위험하지 않다고 주장하였다. 또한 미국은 협약 목적의 위배 여부는 제13차 당사국 회의(1990)에서 개별 당사국이 판단하기로 결정하였음을 상기시켰다.[60] 이와 관련하여 제27차 회의에서 인공어초배치에 관한 지침서를 개발하기로 결의하였고 앞서 언급한 바와 같이 2009년에 인공어초지침서를 채택하였다.

(2) 해양시비(Ocean Fertilization)

해양시비(施肥)란에 해양에 비료를 살포하거나 해양에 장치를 배치하여 식물 영양물질이 풍부한 저층수를 인공적으로 용승시킴으로써 해양에서 식물의 광합성으로 촉진시켜 대기 중의 이산화탄소함량을 감축하려는 시도이다. 이 시비로 인해 발생한 탄소 감축분량을 탄소 배출권(carbon credit)이나 탄소상쇄권(carbon offset)으로 사용하고자 하는 시도들이 최근 출현하였다. 그러나 이 해양시비에 대하여 과학적으로 충분하게 검증이 이루어지지 않았고, 해양 시비 활동이 또한 해양환경을 오염시킬 우려가 있고, 생물다양성을 축소시킬 가능성이 있다는 우려들이 과학계와 생물종 다양성협약에서 제기되었다. 이에 따라 런던협약 및 의정서 당사국회의는 2007년에 '우려성명서'를 발표하고 2008년에는 해양시비에 관한 결의서를 채택하였다.[61]

동 결의서는 해양시비를 런던의정서의 관할 범위에 속하는 것으로 규정하고, 해양시비를 포함하는 합법적 과학연구는 배치에 속한다고 선언하였

---

60) IMO, "Report of the Twenty-eighth Consultative Meeting and the First Meeting of Contracting Parties," LC 28/15(2006), para. 161-170.

61) Resolution LC-LP.1(2008) On the regulation of ocean fertilization.

으며, 어떤 해양시비 활동이 합법적 과학 연구에 속하는지에 관해서는 "해양 시비를 포함하는 과학연구사업의 평가체제"를 적용하여 심의하도록 하였다. 동 결의에 의거 평가체제 작성에 돌입하여 2010년 10월에 완료하였다. 해양 시비 행위에 대한 상기와 같은 결의는 런던의정서의 관할범위와 배치의 개념에 대한 새로운 해석이다.

그러나 현재 의정서에서는 배치 행위를 관리하기 위한 규정이 존재하지 않기 때문에 해양 시비 활동에 대한 효율적인 관리를 보장할 수 없고, 또 당해 결의의 법적 구속력에 관해서도 무임 승차자를 규제할 수 없다는 우려가 해양시비사업 후보해역 인근 국가들에서 대두되었다.

2008년 결의서에 근거하여 법적 구속력 있는 방안으로 "해석적 결의서" "배치"에 대한 신규 조항을 도입하거나 "별도의 해양시비관련 조문"을 신설하는 방안이 계속 논의되고 있다. 런던의정서에서의 이 해양시비 규율은 최근 대두되고 있는 기후관련 지구공학 전반에 걸친 국제관리 체제의 등장이란 측면에서 런던의정서뿐만 아니라, 생물 다양성 협약, 유엔 총회 등 세계에서 그의 진전을 주목하고 있다.

5) 손상화물과 방오도료 탈착 공정 관리

런던의정서는 선박의 통상적인 운용에서 해양으로 배출되는 폐기물을 관할 범위에서 제외하고 있다. 이는 MARPOL 73/78이 선박의 통상적인 운용에서 비롯되는 해양환경오염을 다루고 있기 때문에 두 조약 간의 관할 범위를 구분하기 위해 삽입되었다. 제26차 런던협약 당사국회의는 손상화물(주로 농산물)의 관리와 선체의 방오도료 탈착(hull scrapping) 사안을 런던협약과 MARPOL 73/78간의 경계사안으로 선정하고, MEPC와 합동으로 작업반을 구성하여 논의하였다. 동 작업반 논의 결과, 손상화물이 MARPOL 73/78의 부속서 5의 지침서에서 별도로 규정한 정의에 해당되지 않은 경우 런던의정서 관할 대상에 속하며, 이에 따라 관할 당국은 당해 손상화물에 대해 런던의정서의 규정(사전 허가, 평가체제, 천연기원유기물 특정 평가체제)을 적용하여 심의한 후에 투가 허가증을 발급할 수 있도록 하였다.[62]

2001년 방오시스템 협약(AFS 2001)이 2008년 9월 발효함에 따라, 유기
주석화합물을 선체에 사용하는 것이 금지되고, 이를 사용하는 경우에는 외
부에 직접적으로 노출되지 않도록 특수한 처리를 해야 한다. 그러나 유기
주석 함유 방오도료를 선체로부터 탈착하거나 다른 물질로 덧칠하는 과정
에서 유기주석함유 방오도료 함유 폐기물(예, 페인트 부스러기)이 제대로
관리되지 못하면 인근 해양 환경에 입력될 수 있다. 이 폐기물은 해양생태
계에 해를 끼치게 되고, 또한 이 폐기물을 포함한 퇴적물을 준설하게 되는
경우, 준설물질이 오염되었기 때문에, 이의 관리에 많은 비용이 소요될 수
있다. 이와 관련하여, 런던의정서는 준설물질에 대한 폐기물 방지 감사를
통해 오염원을 통제하도록 요청하고 있으며, 2007년부터 MEPC와 협의하
여 2009년에 'TBT 선체 페인트 포함한 방오용 덧칠의 제거에 관한 최고급
관리관행지침서'를 개발하였다.[63] 특히 런던의정서가 내수의 환경관리를
개별 당사국의 관할로 인정하고 있는 점[64]을 고려하면, 당해 지침서는 선
박의 방오시스템 구성 물질을 관리하는 도구를 제공한다고 볼 수 있다. 또
한 선박의 정상적인 가동에 따른 폐기물 배출은 바젤협약(1.4조)에서도 제
외되어 있으므로, 런던의정서에서 다루는 것은 매우 적합하다.[65]

4. 선박 기인

세계에서 선박 운항으로 인해 해양에 배출되는 기름은 빌지수(bilge
water, 배 바닥에 괴는 오수)와 연료유 슬러지를 포함하여 연간 약 188,000
톤이고 연료탱크로부터의 기름성 발라스트 수 형태로 연간 약 900톤이 배

---

62) IMO, "Guidance on Managing Spoilt Cargoes," MEPC.1/Circ.688(2009), para. 7.
63) IMO, "Guidance on best management practices for removal of anti-fouling coatings from ships including TBT hull paints," AFS.3/Circ.3(2009).
64) 런던의정서 제7조.
65) D. L. VanderZwaag, A. Daniel, *supra* note 59, pp.515-550.

출된다. 또한 유조선의 경우 탱크 세척을 포함하여 연간 약 190,000톤, 휘발성 유기 화합물이 연간 약 68,000톤, 선박 사고로 연간 약 169,000톤의 기름이 배출된다. 1990년의 조사에 따르면 전체 해양오염 중에서 선박운항에서 비롯되는 오염물질 배출은 약 12%를 차지한다고 평가되었다.[66] 2010년 현재에는 상황이 상당히 달라졌을 것으로 보이나 아직 알려져 있지 않다. 선박기인 해양오염에 대해서는 제14장에서 다루기 때문에 여기서는 이를 간략히 소개한다.

해운업에 종사하는 선박은 연안국의 국민이 소유, 임대할 수 있을 뿐만 아니라 타국 국민에 의해서도 운영, 관리될 수 있다. 또한 국제무역거래에 사용되는 선박은 한 국가의 관할해역에서 출발하여 공해를 거쳐 다른 국가의 관할해역으로 들어간다. 따라서 그에 관해 관련 국가들 간에 관할권이 충돌할 수 있다. 국제 해운 활동으로부터 해양환경을 보호하기 위한 정책들은 주로 선주, 화주, 정부, 보험사, 선급협회, 해군, 그리고 관련 비정부간 단체 등 여러 이해당사자들이 결정해 왔다. 예를 들어, 선주는 해양환경 관리의 부담을 피하기 위해 무한 자유항행을 원할 것이고, 보험사는 해양환경을 오염 않는 안전한 항해를 보장하는 조치를 선주에게 요구할 것이며, 선급협회는 화주와 보험사에게 당해 선박의 안전성 등급을 제공하고, 정부는 선박의 등록 제도를 통하여 필요한 환경관리 조치를 취할 것이다.

따라서 이러한 이해당사자들의 국제적인 합의가 이루어지지 않으면 국제 무역에 커다란 장애가 발생할 수 있다. 국제적인 기준과 규칙이 수립되어 세계적으로 적용되어야만, 일국의 해운업자가 다른 수준의 해양환경 관리규범을 적용받는 다른 국가의 경쟁업자에 비해 불리하지 않기 때문이다. 이로 인해 국제 해운에 관한 환경 규칙들은 여타 국제환경법들보다 비교적 용이하게 제정되고 있다. 과거에는 미국, 일본, 영국, 노르웨이, 독일, 네덜란드, 그리스, 이탈리아, 프랑스, 스웨덴, 덴마크 등 선박, 화물, 보험사, 조

---

66) GESAMP, "The state of the marine environment," GESAMP Reports and Studies No.39(1990), p.111.

선 산업과 선급협회를 상당수 소유한 해양 국가들이 국제 해운 활동을 규제
하는 해양환경을 보호 조치들을 꺼려왔고, 캐나다, 호주, 뉴질랜드, 아일랜
드 등 연안 국가들은 해양환경보호를 위한 규제들을 강화하려는 경향을 보
였다. 그리고 개도국들은 대체로 선주의 입장에서 그러한 규제들이 과도하
다고 여겼다. 그러나 1970년대 이후 북-남의 간격은 거의 사라졌으며, 국제
해운의 환경규제 법안들을 제정하는 역할을 하는 국제해사기구의 관점이
친해운(pro-shipping)에서 친환경(pro-environment)으로 이동하고 있다.
이러한 변화는 다원주의적 민주주의 정치제도를 가지고 있는 전통적인 해
양 국가들의 해양환경보호 강화 경향과 맥락을 같이 한다.

일반적으로 선진국들은 자국민 소유의 선박에 대해서만 등록을 허용하는
폐쇄형 등록제(closed registry)를 운용하고, 그에 대해 자국의 세금, 선원
고용 조건, 안전, 오염관리기준을 준수하도록 요구한다. 이 폐쇄형 등록제
는 선박 운영자에게는 부담을 지우기 때문에, 상당수의 선박들이 이를 피해
공개등록제(open registry) 운영 국가로 선적을 변경하기도 하였다. 공개등
록제를 운영하는 국가들은 대부분 선박 안전 기록 및 오염관리가 취약하고,
선원의 훈련이 부족하면, 선박 근무 조건이 불량해진다. 게다가 무한등록제
를 운용하는 일부 국가들은 관련 국제조약에도 가입하지 않았기 때문에 해
당 국제조약의 관할로부터 배제되어 있다. 한편 군함은 국제관습법에 의거
하여 유엔해양법협약이나 런던의정서 등과 같은 국제조약들로부터 면제를
향유하지만, 사후 보고 등과 같은 조약 의무를 일정 부분 부담한다.[67]

1) 1948년 국제해사기구협약

국제해운 분야에서는 국제협력의 중요성은 일찍부터 인식되어왔다. 왜
냐하면 선박은 여러 국가의 관할 해역을 드나들고, 외국항구에서 외국의
난민을 구조하거나 황천(荒天)에서 인명을 구조하기 때문이다. 해운업에
중요한 통신 및 기상에 관한 국제 협력 체제의 발달을 보면 1865년의 국제

---

67) 예를 들어, 런던의정서 제10조 제4항 참조.

전신기구(International Telegraph, 현 Telecommunication Union), 1873
년의 세계기상기구(International Meteorological Organization, 현 World
Meteorological Organization) 그리고 1874년의 국제우편연합(Universal
Postal Union)이 설립되었다. 그러나 해운 자체의 국제 협력은 해운활동과
상업적 자유가 제한을 받을 가능성을 우려하여 1889년 미국 워싱턴 DC에
서 개체된 국제해운회의에서도 상설기구 합의에 이르지 못하였다. 그 후
1945년에 국제연합이 수립되고, 국제민간항공기구, 국제식량농업기구, 세
계보건기구 등 전문기구들이 UN 산하에 설치되면서, 1948년 제네바 회의
에서 정부간해사기구(Inter-governmental Maritime Consultative Organi-
zation, 1982년에 International Maritime Organization로 改名)의 수립에
관한 협약(1948 Convention on the International Maritime Organization)
이 채택되었다.

이 기구의 임무는 국제무역에 종사하는 선박들의 안전과 항해의 효율성
을 보장하고, 불필요한 정부의 간섭을 배제하는 것이었다. 한편 이 IMO
협약은 1975년에 제1조를 개정하여 '선박으로부터의 해양오염방지와 제
어'를 협약의 목적으로 추가하고, 관련 법률사안들을 다루기 위해 해양환
경보호위원회(MEPC: Marine Environment Protection Committee)를 설
치하였다. 동 위원회의 목적은 선박으로부터 해양오염을 방지 및 통제하기
위한 국제조약들의 채택과 개정을 지원하고 당해 조약들에 대한 국가들의
준수를 촉진하는 것이다. 최근 IMO에서 논의되는 선박배출 온실가스 감축
에 관한 사안은 선박 운영으로부터 오염물질의 배출을 억제시켜 온 국제적
인 노력의 연장선에서 이해될 수 있을 것이다. 이미 IMO에서는 1987년
오존층고갈물질에 관한 몬트리올 의정서(1987 Montreal Protocol on Sub-
stances That Deplete the Ozone Layer)에 의거하여 1997년에 MARPOL
73/78의 부속서 6에 선박의 염화불화탄소(온실가스) 배출을 규제하기로 개
정하였다.

2) MARPOL 73/78

유조선 사고로 인해 유류가 해양에 유출되는 것을 관리하기 위해 1954년에 석유 오염 방지를 위한 국제협약(International Convention for Prevention of Pollution by Oil)이 채택되었다. 그 후 1967년 유조선 토리캐년(Torry Canyon)호의 석유 유출(流出)사고가 계기가 되어 석유, 화학물질, 포장유해물질, 하수(sewage), 폐기물(garbage) 등으로 인한 해양 오염을 방지하기 위해 1973년 선박으로부터의 오염 방지에 관한 국제협약(1973 International Convention for the Prevention of Pollution from Ships, MARPOL)이 체결되었다. 그런데 이 1973년 MARPOL 협약이 발효되기도 전에 유조선들의 사고에 대한 1974년 해상인명안전협약(1974 Convention on the Safety of Life at Sea, 1974)의 수요에 부응하여, 1978년에는 1973년 MARPOL 협약에 대한 의정서가 채택되었다.[68] 현재 이 두 조약은 '1973/1978년 선박으로부터의 오염방지에 관한 국제협약 [69]으로 통합되었으며, 1983년에 발효되었다.

MARPOL 73/78은 선박 관련 사고와 통상적인 운항으로부터 배출되는 해양 오염을 방지하기 위하여 6개 기술 부속서를 제정하였는데, 여기에서는 (1) 선박으로부터의 기름(부속서 I), (2) 벌크위험액체물질(부속서 II), (3) 포장 유해물질(부속서 III), (4) 하수(부속서 IV), (5) 폐기물(부속서 V), (6) 대기오염물질(부속서 VI)이 포함된다. 그 중에서 부속서 VI은 황산화물, 질소산화물과 오존 고갈 물질에 국한되어 있다.

3) 선박사고 관련 보상과 책임 관련 조약

일반적으로 오염피해로 인한 책임과 보상은 오염되어 피해를 본 해역을 관할하는 국가법에 의하여 지배된다. 그리고 대부분의 국가들이 해양오염

---

68) Protocol of 1978 relating to the International Convention for the Prevention of Pollution from Ships, 1973.

69) International Convention for the Prevention of Marine Pollution from Ships, 1973, as modified by the Protocol of 1978 relating thereto(MARPOL 73/78).

책임과 보상에 관련된 국제 조약에 가입하고 있다.[70] 형사 사안을 제외하면, 보상의 1차적인 책임은 선주에게 있고, 화주는 2차적인 책임자로서 선주가 일차적으로 배상을 적정하게 하지 못할 경우에만 담당하는 게 보통이나, 선주에 대해서는 무과실책임체제를 채택하여 제3자에 대한 책임의 한계를 설정한 국가들이 많다.

4) 관광여객선

관광여객선(cruise ship)은 거의 원시 상태로 남아 있는 해안이나 해안에 위치한 유명 유적지를 2천여 명의 대규모 인원들이 동시에 방문하고, 또한 한 여행 일정 동안 여러 나라를 방문하는 경우가 흔하다. 따라서 관광여객선의 운항으로 대량의 오염물질이 해역으로 배출되고, 또한 밸러스트 수의 교환이나 사람, 화물을 통하여 외래 생물종이나 병원균이 국가 간에 이동될 수 있다. 세계적으로 매일 약 3천 명이 선박에 승선하고 있는 상황에서, 크루즈선의 오염물질 배출 현황을 살펴보면 매일 일인당 약 46리터의 오수를 해양으로 배출하는 것으로 조사되었다. 그리고 선박 1척당 매일 약 1.4 백만 리터의 기름 빌지 수(oily bilge water)를 배출한다. 또한 플라스틱 등 고형폐기물(solid waste)이 배출되어 해역을 위태롭게 할 수 있다.[71] 따라서 국제적으로 이러한 크루즈선의 운항을 MARPOL 73/78에 의거하여 규제하게 된다.

---

70) 선박 사고 관련 보상과 책임 관련 조약 들 중 중요한 것으로는 1969 International Convention on Civil Liability for Oil Pollution Damage('CLC 69), 1992 Civil Liability Convention, 1971 International Convention on the Establishment of an International Fund for Compensation for Oil Pollution Damage(Fund 71), 1992 Fund Convention(Fund 92) 2003 Protocol to Fund 92 등이 있다.

71) A. Ritucci-Chinni, "The solution to international cruise ship pollution: How harmonize the international legal regime can help save the seas," *The Dartmouth Law Journal* (2009), Vol.7, pp.27-60.

5) 항만 폐기물 접수 시설

선박이 항해 중에 발생한 폐기물을 해양에 배출하지 않기 위해서는, 항해 중에는 당해 폐기물을 선상에 보관하다가, 입항 후에 항만에서 이를 배출하는 방안이 마련되어야 한다. 이를 위해서 MARPOL 73/78은 항만에 선박 폐기물 접수 시설(waste reception facilities)을 마련하도록 요구하고 있다. 동 조약은 선박에서의 오염 방지 설비 및 관행을 강화하는 대신에 국가들로 하여금 선박이 운항기간 동안 보관해온 폐기물을 항만에서 배출할 수 있도록 폐기물의 접수시설을 설치하게 하였다. 이에 관한 해운업계와 정부들 간의 의무 부담은, 폐기물을 해양으로 배출할 수 없도록 금지한다면, 항만에서는 당해 폐기물들을 받아주는 것이 논리적이라는 점에서 볼 때 바람직하다. 그러나 일부 정부는 항만 접수시설을 마련하는 대신, 선상 배출을 더욱 규제하고 장비의 규격을 더 강화하기도 한다.

5. 대기 기인

1) 육상 대기 기인

폴리 클로리네이티드 비페닐(PCBs) 등과 같은 휘발성 오염물질들은 바람을 타고 육지로부터 해양으로 이동된다. 이러한 오염물질들은 도시 및 산업지대의 토양에서 휘발하여 대기로 올라가고, 대기를 통해 다른 지역이나 해역으로 이동하여 먼지와 함께 건식으로 침적되거나 강수와 함께 습식으로 침적된다. 이 오염물질들은 해양에 침적되어 해양을 오염시키거나, 혹은 다시 휘발되어 해상 대기를 오염시키기도 한다.[72] 이들 물질들은 항만이나 연안 해역에서는 주로 하천 경로를 통해 입력되지만,[73] 태평양 등 대

---

72) N. Garcia-Flor, J. Dachs, J. M. Bayona, J. Albaigés, "Surface waters are a source of polychlorinated biphenyls to the coastal atmosphere of the North-Western Mediterranean Sea," *Chemosphere* (2009), Vol.75, pp.1144-1152.

73) P. Zhang, J. Song, Z. Liu, G. Zheng, N. Zhang, Z. He, "PCBs and its coupling

양에서는 전적으로 대기를 통하여 입력된다.[74] 지속성유기오염물질 배출
은 스톡홀름협약[75]에서 규제하고 있다.

2) 선박 운항 기인

선박은 연료로 벙커유를 주로 사용하고, 이를 연소하면 이산화탄소(CO_2),
질소 산화물(NO_x), 미세입자들(PM: Particulate Matter)이 대기로 배출된
다. 질소산화물은 대기 중에서 오존 가스 형성을 촉진한다. 오존 가스는
인체에 해로울 뿐만 아니라, 이산화탄소와 마찬가지로 온실가스이다. 그리
고 미세입자에 인체에 매우 유해하다. 세계에서 운항되는 총 선박이 배출
하는 이산화탄소와 질소산화물의 양은 화석연료 이용을 통해 배출되는 세
계 총량의 약 3.3%[76]와 15~30%를 각각 차지하고 있다. 또한 입자물질은
약 1Tg이 선박으로부터 배출되며, 이는 세계 도로교통에서 발생되는 총양
의 절반에 해당된다. 그 외에도 벙커유가 연소될 때 벤젠(benzene), 톨루
엔(toulene), 부틸아세테이트(butyl-acetate) 자일렌(xylene) 등 휘발성 유
기화합물(VOC)과 바나듐(V) 니켈(Ni), 구리(Cu) 등 중금속도 배출된다.[77]
따라서 선박이 배출하는 대기 오염물질들이 대기 환경 및 지구 온난화에
미치는 영향들은 무시될 수 없다.

선박 운항은 특히 연안국들에게는 심각한 오염원이다. 예를 들어, 북해
에 인접한 독일과 덴마크에서는 여름철에는 대기 중에 황산, 질산, 암모늄

with eco-environments in Southern Yellow Sea surface sediments," *Marine Pollution Bulletin* (2007), Vol.54, pp.1105-1115.

74) GESAMP, "The Atmospheric input of trace species to the world ocean," GESAMP Reports and Studies No.38(1989), p.124.

75) 2001 Stockholm Convention on Persistent Organic Pollutants, Article 11.

76) IMO, "Report of the Marine Environment Protection Committee on its Fifty-ninth Session," MEPC 59/24/Add.1(2009), Annex 14.

77) J. Moldanova, E. Fridell, O. Popovicheva, B. Demirdjian, V. Tishkova, A. Faccinetto, C. Focsa, "Characterisation of particulate matter and gaseous emissions from a large ship diesel engine," *Atmospheric Environment* (2009), Vol.43, pp. 2632-2641.

〈그림 2〉 세계 선박 교통 분포도

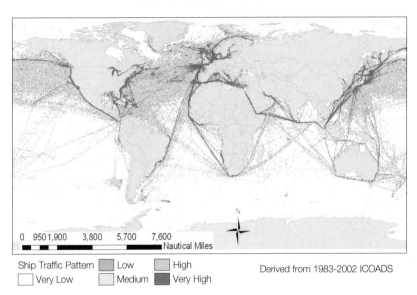

ICOADS 자료, IMO MEPC 59/INF.10

에어로졸의 함량이 50%나 증가하는데, 이는 선박 운항에서 대기로 배출된 오염물질 때문인 것으로 알려졌다.[78] 그리고 우리나라의 경우 부산과 홍콩을 잇는 해로(海路)에서 교통량이 높으므로(〈그림 2〉), 선박 운항 기인 대기 오염이 남해에서는 비교적 높을 것으로 사료된다. 선박 운항 기인 대기 오염물질 중에서 2.5마이크로미터(μm) 이하 크기의 미세 분진(PM2.5)은 천식, 심장미비, 입원, 조기 사망 등을 초래할 수 있으며, 이로 인해 세계적으로는 약 6만 건의 심장 질환이 발생하는 것으로 보고되고 있다. 이러한 피해 건수는 특히 선박 교통량이 집중되어 있는 유럽, 동아시아, 남아시아

---

78) V. Matthias, I. Bewersdorff, A. Aulinger, M. Quante, "The contribution of ship emissions to air pollution in the North Sea regions," *Environmental Pollution* (2010), Vol.158, pp.2241-2250.

에서 높다.79)

2007년 현재 세계적으로 선박 운항으로 인해 약 1,046백만 톤의 이산화
탄소가 대기로 배출되고 있다. 그 중 국제해운이 870백만 톤을 배출하고
있고, 이는 화석연료 연소로 배출되는 이산화탄소의 세계 총 배출량의 2.7%
에 해당된다. 현재와 같은 추세로 국제 해운업이 증가한다면 2050년에는
2007년에 비해 이산화탄소 배출량이 150~250% 늘어날 것으로 전망된다.
한편, 1992 유엔기후변화협약의 1997년 교토의정서는 그 부속서 1에 속하
는 국가들에 대하여 해운활동에 의한 이산화탄소 배출량을 국제해사기구를
통하여 감축하도록 요청하고 있다.80) 국제해사기구에서는 새로이 건조되는
선박에 대해 일정 수준의 에너지효율설계지수(EEDI: Energy Efficiency
Design Index)를 확보하도록 요구하고, 선박 운항에서 에너지 효율을 극대
화하기 위해 에너지효율운항지수(EEOI: Energy Efficiency Operational
Indicator) 및 선박효율관리계획(Ship Efficiency Management Plan)을 수
립하도록 함으로써 현재의 이산화탄소 배출량을 25~75%로 감축하려는 계
획을 추진하고 있다.

3) 해상 대기 기인

해표면은 대기와 접촉하고 있어서 그의 화학조성은 대기의 영향을 받는
다. 해수를 서식지로 하는 해양 생물의 생리작용을 지배하는 해수의 환경
변수 중의 하나인 산성도(pH)는 대기 중의 이산화탄소 함량에 의해 결정된
다. 세계 해양의 표면수의 평균 산성도는 1850년대에는 pH 단위로 8.21
이었고, 2010년 현재에는 8.10이다. 그 이유는 대기 중의 이산화탄소 함량
이 현재에는 380ppm으로 1850년대의 280ppm보다 증가하였기 때문이다.
대기 중의 이산화탄소 함량이 연간 약 2ppm씩 증가하는 현재의 추세가

---

79) J. J. Corbett, J. J. Winebrake, E. H. Green, P. Kasibhatla, V. Eyring, A.
Lauer, "Mortality from ship emissions: A global assessment," *Environmental
Science and Technology* (2007), Vol.41, pp.8512-8518.
80) 교토의정서 제2조.

지속된다면, 2100년에는 대기 중의 이산화탄소 함량은 500~800ppm에 이르고, 표면 해수의 산성도는 7.80으로 하강할 것으로 전망된다. 이러한 이산화탄소에 의한 해표면의 산성화(ocean acidification)가 진행되면, 해양 생물의 성장이 전반적으로 저하될 것으로 예측되고 있다. 따라서 이산화탄소 등 온실가스의 대기로의 배출을 규제하는 유엔기후협약은 해양환경오염 행위를 방지, 축소, 통제하기 위한 국제법이라고 볼 수 있다.

IV. 결론

인류 공동의 유산인 해양환경을 보호하려는 국제적인 노력은 1970년대 이후 국제조약의 형태로 출현하였으며, 이 조약들은 국제해양환경관리를 규율하는 국제법으로 자리 잡고 있다. 또한 세계 여러 지역해에서 당해 지역해의 이용과 환경특성에 특정적인 지역해 환경보호 협약들이 체결되었다. 또한 해양환경보호 부담을 지지 않으려던 전통적인 해양 국가들이 과학기술의 진전과 다원적 민주주의의 확산으로 인해 해양환경보호에 대해 적극적인 태도를 취하게 되었고, 자국의 행위로 인해 실제 자국의 해양환경이 오염되어 피해를 보아왔던 개발도상국들도 해양환경보호에 적극적으로 되어가고 있다. 또한 해양환경을 보호하려는 국제적인 노력과 더불어 과학적 지식의 진보로 오염행위로 인한 해양환경의 피해에 대한 규명 및 조기 검출이 가능해 지고, 인터넷을 통한 여론 수렴이 용이하게 됨으로써, 그 결과가 거의 즉각적으로 국제 조약에 반영이 되고 있다.

이러한 국제 해양환경법들은 환경관리를 위한 주요 원칙으로서, 선진국에서 개발되어 성공적으로 적용되어온 사전 방지, 오염자 부담, 지속가능 개발, 오염전가 금지, 생태서비스 고려의 원칙을 반영하고 개발도상국과 선진국 간의 공통 및 차별적 책임원칙을 도입하여 세계의 모든 국가들이 이에 참여할 수 있는 장치를 마련하고 있다. 또한 국제조약들은 그의 목적 달성을 위해 정기적으로 당사국 회의를 개최하여 당사국들의 추진 성과를 검토하고, 조약을 준수하는 데 장애물이 무엇인지를 규명하여, 이를 해결하기 방안을 공동으로 모색하고 있다. 특히 개발도상국들에서는 이러한 당사국 회의를 통해 선진적인 해양환경보호 조치들을 도입함으로써 비교적 적은 비용으로 큰 개선 효과를 볼 수 있다. 규범은 대개 어떤 행위가 출현하고 난 후에 관리 도구로서 등장하기 때문에 새로운 행위가 출현하면 이를 관리하기 위해 새로운 규범이 필요하게 된다. 사전에 모든 가능한 행위를 감안하고 규범을 만들기는 쉽지 않다. 따라서 향후에도 새로운 국제규범들이 계속하여 등장할 것이다. 인류 문명의 발달은 수요와 여건을 반영하여 목표를 설정하고, 그 목표 달성을 위한 방안과 추진일정을 개발해 이행하며, 또 당해 목표가 달성된 후에는 새로운 목표를 설정해 다시 이를 달성하는 반복적인 방식으로 발전해 온 인류 문명사와 맥락을 같이 한다.

한편 우리나라는 국제무역국가로서 해양의 이용이 매우 중요한 나라이다. 그러나 해양환경의 보호 측면에서 볼 때 우리나라는 아직 국제 수준보다 미흡한 부분이 많다. 따라서 우리나라는 국제적인 해양환경보호 동향을 면밀히 파악하고, 시의 적절하게 대처하여 관련 국내법들을 정비해 나가야 할 것이다.

▌참고문헌

〈국내문헌〉

문병호·홍기훈. "런던의정서에서 유엔지역그룹체제의 역할에 관한 연구." 『한국해
　　양환경공학회지』, Vol.13(2010).
홍기훈. "우리나라 폐기물 해양 투기 제도와 투기해역의 환경상태." 『多者間環境協
　　定의 遵守: 런던의정서를 중심으로』(정인사·백진현·홍기훈 편집, 2006).

〈외국문헌〉

Conca, K. "Environmental Governance After Johannesburg: From Stalled Legali-
　　zation to Environmental Human Rights?" *Journal of International Law &*
　　International Relations, Vol.1(2005).
Corbett, J. J., Winebrake, J. J., Green, E. H., Kasibhatla, P., Eyring, V., Lauer,
　　A. "Mortality from ship emissions: A global assessment." *Environmental*
　　Science and Technology, Vol.41(2007).
Costanza, P., d'Arge R., de Groot, R., Farber S., Grasso, M., Hannon, B.,
　　Limburg, K., Naeem, S., O'Neill, R. V., Paruelo, J., Raskin, R. G., Sutton,
　　P., van den Belt, M. "The value of the world's ecosystem services and
　　natural capital." *Nature*, Vol.387(1997).
Garcia-Flor, N., Dachs, J., Bayona, J. M., Albaigés, J. "Surface waters are a
　　source of polychlorinated biphenyls to the coastal atmosphere of the North-
　　Western Mediterranean Sea." *Chemosphere*, Vol.75(2009).
Hoagland, P., Beaulieu, S., Tivey, M. A., Eggert, R. G., German, C., Glowka,
　　L., Lin, J. "Deep-sea mining of seafloor massive sulfides." *Marine Policy*,
　　Vol.34(2010).
Kashubsky, M. "Marine Pollution from the Offshore Oil and Gas Industry: Review

of Major Conventions and Russian Law(Part I)." *Marine Studies* (2006).

Koloutsou-Vakakis, S., Chinta, I. "Multilateral Environmental Agreements for Wastes and Chemicals: 40 Years of Global Negotiations." *Environmental Science & Technology*, Vol.45, No.1(2011).

Matthias, V., Bewersdorff, I., Aulinger, A., Quante, M. "The contribution of ship emissions to air pollution in the North Sea regions." *Environmental Pollution*, Vol.158(2010).

Mitsch, W. J. "The 2010 Oil Spill in the Gulf of Mexico: What would Mother Nature do?" *Ecological Engineering*, Vol.36(2010).

Moldanova, J., Fridell, E., Popovicheva, O., Demirdjian, B., Tishkova, V., Faccinetto, A., Focsa, C. "Characterisation of particulate matter and gaseous emissions from a large ship diesel engine." *Atmospheric Environment*, Vol.43(2009).

Moon, H. B., Yoon, S. P., Jung, R. H., Choi, M. "Wastewater treatment plants (WWTPs) as a source of sediment contamination by toxic organic pollutants and fecal sterols in a semi-enclosed bay in Korea." *Chemosphere*, Vol.73 (2008).

O'Mahony, C., Sutton, G., McMahon, T., O'Cinnéide, Nixon, E. "Policy Report —Issues and Recommendations for the Development and Regulation of Marine Aggregate Extraction in the Irish Sea." *Marine Environment & Health Series*, No.32(2008).

Ritucci-Chinni, A. "The solution to international cruise ship pollution: How harmonize the international legal regime can help save the seas." *The Dartmouth Law Journal*, Vol.7(2009).

Santillo, D., Stringer, R. L., Johnston, P. A., Tichner, J. "The precautionary principle: Protecting against failures of scientific method and risk assessment." *Marine Pollution Bulletin*, Vol.36, No.12(1998).

VanderZwaag, D. L., Daniel, A. "International Law and Ocean Dumping: Steering a Precautionary Course Aboard the 1996 London Protocol, but Still Unfinished Voyage." *The Future of Ocean-Regime-Building: Essays in Tribute to Douglas M. Johnston* (Leiden: Martinus Nijhoff Publishers, Chircop, A., McDorman T. L., Rolston, S. J. (eds.), 2009.

Williams, C. "Combatting marine pollution from land-based activities: Australian initiatives." *Ocean & Coastal Management*, Vol.33(1996).

_____. "Protecting the marine environment from land-based activities: a global programme of action." *Marine Policy*, Vol.20(1996).

Zhang, P., Song, J., Liu, Z., Zheng, G., Zhang, N., He, Z. "PCBs and its coupling with eco-environments in Southern Yellow Sea surface sediments." *Marine Pollution Bulletin*, Vol.54(2007).

〈기관별〉

GESAMP. "Estimates of Oil Entering the Marine Environment from Sea-based Activities." GESAMP Reports and Studies No.75(2007).

_____. "Pollution in the Open Oceans: A Review of Assessments and Related Studies." GESAMP Reports and Studies No.79(2009).

_____. "The Atmospheric input of trace species to the world ocean." GESAMP Reports and Studies No.38(1989).

_____. "The state of the marine environment." GESAMP Reports and Studies No.39(1990).

IAEA. "Determining the suitability of materials for disposal at sea under the London Convention 1972: A radiological assessment procedure." IAEA-TECDOC-1375(2003).

IMO. "Report of the Marine Environment Protection Committee on its Fifty-ninth Session." MEPC 59/24/Add.1(2009), Annex 14.

_____. "Draft eligibility criteria for inert, inorganic geological material." LC/SG 29/2/3(2006).

_____. "Guidance on best management practices for removal of anti-fouling coatings from ships including TBT hull paints." AFS.3/Circ.3(2009).

_____. "Guidance on Managing Spoilt Cargoes." MEPC.1/Circ.688(2009).

_____. "Report of the Twenty-eighth Consultative Meeting and the First Meeting of Contracting Parties." LC 28/15(2006).

_____. "Report of the Twenty-Ninth Consultative Meeting and the Second Meeting of Contracting Parties." LC 29/17(2007), Annex 4.

UNEP/GPA. "The Global Programme of Action for the Protection of the Marine Environment from Land-based Activities: Key Outputs of the First Inter-governmental Review Meeting." UNEP/GPA Coordination Office(2001).

United Nations General Assembly. "Report of the World Commission on Environment and Development." UN Doc. A/42/427(1987).

제15장
▬

지구온난화와 극지문제

김기순(산하온환경연구소)

I. 극지의 지구온난화

인간의 화석연료 사용으로 발생되는 이산화탄소 기타 온실가스로 인해 지구의 기온은 인류 역사상 유례없이 상승하고 있다. 이러한 지구온난화 현상은 전 지구적으로 기후변화를 초래하며, 홍수, 폭설, 가뭄, 폭염, 허리케인, 해일 등의 기상이변을 일으키고 있다. 정부간 기후변화위원회(IPCC: Intergovernmental Panel on Climate Change)는 2007년 보고서에서 21세기 내로 지표면 온도는 1.8~4°C, 해수면은 18~59cm가 상승하며 심각한 기후변화와 기상이변이 있을 것으로 예측하고 있다.[1]

극지방은 기후변화의 영향을 더 빠르고 광범위하게 받고 있다. 특히 북극은 지난 수십 년간 지구상의 다른 지역보다 거의 2배가량 기온이 상승하였으며, 알래스카와 서부 캐나다의 겨울철 기온은 3~4°C 상승하였다. 북극

---

1) IPCC, *Climate Change 2007: Synthesis Report* (2007), pp.45-47.

지역의 기온은 2100년까지 4~7°C 더 상승할 것으로 보인다. 기온 상승으로 가장 먼저 나타나는 변화는 빙하의 감소다. 북극 지역의 얼음은 지난 30년간 평균 8% 감소되었고, 얼음 층의 10~15%가 얇아졌다. 21세기 말에는 북극의 여름철 얼음의 절반이 녹아내릴 것으로 전망되고 있다.[2]

남극 지역도 북극보다는 정도가 덜하지만, 빠른 속도로 얼음이 감소하고 있다. 최근 NASA(National Aeronautics and Space Administration: 미국 항공우주국)의 위성은 남극의 얼음이 2002년 이래 매년 200km² 이상 감소하고 얼음감소현상이 점점 더 가속화되고 있는 것을 확인한 바 있다.

그 밖에도 해수면이 상승하고, 바닷물의 염분이 낮아지고, 강수량이 증가하거나 가뭄이 발생하고, 영구동토층(permafrost)이 녹아내리는 등 기후변화는 극지의 환경을 위협하고 있다. 이로 인해 극지방은 물리적, 사회적, 경제적으로 많은 변화를 겪고 있으며, 이 지역의 독특한 생태계도 큰 피해를 입고 있다. 얼음에 의존해 살아가는 북극의 물개, 바다코끼리, 북극곰, 고래, 순록 등은 서식지 변화와 먹이 감소로 멸종위기에 처해 있고, 이들을 주식원으로 하는 이누이트(inuit)족, 사미(saami)족 등 원주민도 큰 타격을 받고 있다. 남극에서도 펭귄의 서식지가 사라지고 개화식물이 확산되는 등 여러 가지 생태적 변화가 일어나고 있다.

남극과 북극은 지구상에 남은 가장 큰 야생지역으로, 무한한 환경적 가치와 풍부한 자연자원을 지니고 있다. 이들 지역은 지구환경에서 커다란 비중을 차지하고 있으며, 지구 전체의 기상과 기후에도 밀접한 영향을 미치고 있다. 국제사회에서는 남극과 북극의 기후변화에 대응하기 위해 보다 효율적인 기후변화협정을 체결해야 한다는 목소리가 높아지고 있다.

한편 극지방의 기후변화로 광물자원의 개발이 가능하게 됨에 따라 주권 및 해양관할권과 관련된 여러 가지 문제가 일어나고 있다. 이러한 문제는 남극보다는 북극에서 더욱 현실적으로 나타나고 있다.

---

2) Susan Joy Hassol, *Arctic Climate Impact Assessment* (Cambridge University Press, 2004), pp.10, 12.

북극 지역에는 원유와 천연가스를 포함한 광물자원이 다량으로 매장되어 있다. 북극권국가들은 광물자원을 차지하기 위하여 영유권을 확보하고 해양관할권을 확대하기 위해 노력하고 있다. 더욱이 1982년 유엔해양법협약이 200해리 이원(以遠)의 대륙붕 수역에 대해서도 해양관할권을 인정함에 따라 가능한 한 더 넓은 대륙붕 수역을 확보하기 위해 치열한 경쟁이 벌어지고 있다. 2008년 영국 Durham 대학 IBRU(International Boundaries Research Unit)에서 발표한 "북극 지역의 해양관할권과 경계선" 지도에 따르면, 북극권국가의 주장대로 대륙붕 경계를 설정하는 경우 북극해의 대부분이 이들 국가의 해양관할권에 속하게 된다. 따라서 북극점 지하를 포함한 북극해가 북극권국가들에 의해 분할되는 경우도 가능할 것으로 보인다.

광물개발 외에도 얼음 감소로 인한 북극항로의 개통, 녹아내린 얼음 속에서 나타난 새로운 섬의 법적 지위, 상업적인 어업활동 등을 놓고 북극권국가들 사이에 많은 갈등과 분쟁이 발생하고 있어 국제사회의 관심이 극지방으로 쏠리고 있다.

II. 영유권

북극 지역은 미국, 캐나다, 러시아, 노르웨이, 아이슬란드, 덴마크 등 북극권국가의 북측 영토와 북극해로 이루어져 있다. 북극의 육지영토는 북미대륙과 유라시아대륙에 연결되어 있어 인접한 북극권국가들이 일찍부터 영유권을 주장해왔다. 북극 지역의 섬과 해양지역은 대부분이 16세기 이래 영국, 프랑스 등의 유럽국가가 중국이나 인도로 가는 새로운 항로를 발견하기 위해 탐험활동을 하는 과정에서 발견되었으며, 러시아와 캐나다도 적극적인 탐험활동을 통해 많은 섬을 발견하였다. 육지영토에 대해서는 분쟁의 소지가 별로 없었으나 섬의 영유권에 대해서는 국가들 사이에 많은 분쟁이 발생하였다. 탐험가들이 서로 섬에 대한 최초 발견을 주장하였을 뿐만 아

니라 이들 섬에 풍부한 광물자원이 매장되어 있었기 때문이다.3)

북극권국가들은 북극 지역에 대한 영유권을 확보하기 위해 발견, 완화된 실효적 점유, 선형이론(sector theory), 할양, 조약 등을 법적 근거로 내세웠다. 완화된 실효적 이론은 인간이 거주하기 어려운 혹독한 기후조건과 자연환경을 갖고 있는 비거주지역이나 인구가 희박한 지역에서 실효적 점유이론의 요건을 완화해야 한다는 이론이다. 따라서 이러한 지역에서는 인간이 상주하지 않고 경미한 정도의 주권이 행사되더라도 실효적 점유가 충족된다고 보고 영유권을 인정한다는 것이다. 이 이론은 팔마스섬(Palmas Island) 사건, 클리퍼튼섬(Clipperton Island) 사건, 동부 그린란드(Eastern Greenland) 사건, 망끼에 및 에크레오(Minquiers and Ecrehos Island) 사건 등에 관한 국제법원의 판결을 통해 인정되고 있다.

덴마크는 동부 그린란드 사건에 관한 상설국제사법재판소(PCIJ)의 판결을 통해 일부지역에 대한 법령 제정과 전신선 설치, 과학탐험대와 방문객에 대한 허가증 발급행위 등을 실질적인 주권행사로 인정받아 그린란드 전체에 대한 영유권을 확보하였다.4) 러시아와 캐나다는 변방의 북측 영토에 건축물을 건설하거나 칙령 내지 각료급 성명을 발표하거나 기마경찰을 파견하는 등 실효적 점유를 뒷받침하는 행위를 통해 영유권을 확보하였다.

선형이론은 북극권국가의 동쪽과 서쪽 끝에서 북극점까지 연결한 부채꼴 내에 포함되는 모든 영토와 섬, 해역에 대해 영유권을 주장하는 이론이다. 이는 실효적 점유를 입증하기 어려운 육지와 섬에 대해 영유권을 확대할 수 있는 근거로서 제시되었다. 대부분의 국제법학자들은 이 이론이 국제법상 기초가 없다고 비판하고 있다. 선형이론은 법적 이론이 아니라 영유권을 많이 차지하기 위한 수단에 지나지 않으며,5) 발견되거나 점유되지

3) Donald Rothwell, *The Polar Area and the Development of International Law* (Cambridge University Press, 1996), p.162.

4) *Legal Status of Eastern Greenland(Denmark v. Norway), Judgement, PCIJ Series A/B N. 43,* 5 April 1933, pp.45-46.

5) Edward E. Honnold, "Thaw in International Law? Rights in Antarctica under the

않은 지역에 대해서도 영유권을 주장함으로써 정상적인 영토 취득과정에
어긋난[6] 것이다.

러시아와 캐나다는 선형이론에 따라 광범위한 북극영토와 섬, 해양지역
을 차지하였다. 러시아는 1926년 포고령(Territorial Rights of the Soviet
Union in the Arctic, 1926.4.15)을 통해, 소비에트 연안과 북극점 사이에서
미래에 발견될 육지와 섬까지도 모두 자국의 영토라고 선언하였다. 캐나다
정부는 선형이론에 대한 명확한 입장을 밝히지 않고 있다. 그러나 1925년
발표된 캐나다의 영유권 선언은 실질적으로 선형이론에 기초하고 있다.

현재 북극권에서는 캐나다와 덴마크 사이에 한스섬(Hans Island)의 영
유권을 둘러싸고 분쟁이 계속되고 있다. 한스섬은 캐나다의 엘즈미어섬
(Ellesmere Island)과 북부 그린란드 사이에 있는 케네디(Kennedy) 운하
에 위치한 1.3km² 면적의 무인도이다. 이 섬에는 원유가 다량으로 매장되
어 있고 새우나 가자미 등 어류가 풍부한 것으로 알려져 있지만, 보다 중요
한 것은 기후변화로 얼음이 사라지게 되는 경우 주변 해역을 통제할 수 있
는 요충지가 된다는 점이다. 따라서 캐나다와 덴마크는 주권을 걸고 한 치
의 양보도 없이 팽팽한 대결을 하고 있다. 양국은 1973년 대륙붕 경계획정
에 관한 협정을 체결하였으나 한스섬에 대한 영유권문제는 해결하지 못하
였으며, 2000년대 이후 서로 자국기를 꽂고 기념동판을 세우거나 군사작전
을 실시하는 등 군사적, 외교적 분쟁까지 벌이고 있다.

북극점에 대해서는 어떤 국가도 주권을 보유하지 못한다는 데 이견이 없
다. 북극점은 물리적으로는 지구의 북쪽 자전축에서 경선이 교차되는 점에
지나지 않지만 북극의 중심이라는 상징적인 의미를 지니고 있다. 1880년대
이래 많은 탐험가들이 북극점에 다다르기 위해 얼음을 뚫고 항해를 하였으
나, 자국민이 북극점을 발견했다는 이유로 영유권을 주장을 하는 국가는

Law of Common Spaces," *Yale Law Journal* (1978), p.805.

6) Ivan L. Head, "Canadian Claims to Territorial Sovereignty in the Arctic
Regions," *Mcgill Law Journal*, V.9(1963), p.205.

없다.7) 북극점은 바다 한가운데 위치하여 있어 특정국가에 의해 점유되거나 소유될 수 있는 대상이 되지 않기 때문이다.

남극은 영국, 오스트레일리아, 프랑스, 노르웨이, 칠레 등 7개국이 남극 전체의 85%에 이르는 지역에 대해 영유권을 주장하고 있다. 이들은 발견, 실효적 점유, 지리적 계속성, 근접성, 선형이론 등을 법적 근거로 제시하고 있으나 국제사회에서는 이를 인정하지 않고 있다. 1959년 남극조약(Antarctic Treaty)은 영유권주장을 동결하여 남극을 둘러싼 영유권 분쟁을 잠정적으로 중단시키고 있다. 영유권주장국들은 현재로서는 별다른 움직임을 보이지 않고 있으나 얼음이 더 녹아 남극 대륙에 인구가 상주할 수 있게 되거나 광물개발이 가능하게 되는 경우 영유권주장을 강화해 나갈 것으로 전망된다.

III. 해양관할권

기후변화로 극지방에 매장된 석유와 가스를 개발할 수 있게 되자 북극권 국가들은 해양관할권 확대에 총력을 기울이고 있다. 북극해는 70%가 대륙붕이고 45,389km에 달하는 긴 해안선을 이루고 있는 반폐쇄해로, 연안지역에 대부분의 석유와 가스가 매장되어 있다. 1982년 유엔해양법협약 제76조는 연안국이 영해기준선으로부터 350해리까지 또는 2,500미터 등심선으로부터 100해리까지 대륙붕 수역을 설정할 수 있도록 규정하고 있다. 따라서 국가들로서는 이 범위 내에서 최대한 넓은 대륙붕 수역을 설정하는 것이 관건이 되고 있다.

---

7) 1909년 미국의 Robert Peary는 북극점을 최초로 발견하였다고 주장하였으나 실제로는 북극점에서 40km 떨어진 지점에 도달한 것으로 밝혀졌다. 따라서 1926년 노르웨이 탐험가인 Roald Amundsen이 북극점을 최초로 발견하였다는 것이 더 신빙성이 있는 사실로 알려지고 있다.

200해리를 넘는 대륙붕 수역을 설정하려는 국가는 대륙붕 한계에 관한 정보를 유엔대륙붕한계위원회(CLCS: UN Commission for Limits of the Continental Shelf)에 제출해야 한다. 대륙붕한계위원회는 연안국이 제출한 정보 및 자료를 심사하여 연안국에 대륙붕 경계획정에 관한 권고를 하며, 이를 기초로 연안국이 설정한 대륙붕의 한계는 최종적이며 구속력을 가진 다(유엔해양법협약 제76조 8항). 대륙붕한계위원회의 권고에 따르지 않는 대륙붕 경계획정은 법적 구속력이 없는 것으로 간주된다. 이때 중요한 것은 대안국이나 인접국의 대륙붕 경계획정은 대륙붕한계위원회의 권고에 의하 지 않는다는 점이다. 즉 대안국이나 인접국의 대륙붕 경계획정은 양국간 합의에 의해 결정하며, 합의에 이르지 못하는 경우 해양법협약의 분쟁해결 절차(제15부)에 따르도록 되어 있다.

북극해에서 가장 큰 이슈가 되는 것은 북극점 해저의 로모노소프 (Lomonosov) 해령을 둘러싼 러시아, 캐나다, 덴마크 사이의 해양관할권 분쟁이다. 로모노소프 해령은 북극점 밑을 지나는 길이 1,800km의 해저산 맥으로, 100억 톤의 천연가스와 원유, 은, 구리, 다이아몬드 등 광물자원이 묻혀 있는 것으로 추정되고 있다. 러시아는 이 해령이 서시베리아의 자연 적 연장이라고 주장하고 있으며, 캐나다는 캐나다북극군도의 엘즈미어섬 과, 덴마크는 그린란드와 연결되어 있다고 각각 주장하고 있다. 이들은 자 국의 주장을 입증하기 위해 과학적 자료를 수집하고 지도를 작성하는 등 활발한 탐험과 연구를 하고 있다.

러시아는 지난 2001년 12월 대륙붕한계위원회에 200해리 밖의 대륙붕 경계획정문서를 제출하였다. 이 문서에는 로모노소프 해령이 위치한 중앙 북극해(Central Arctic Ocean)에 대한 자료와 정보가 포함되어 있다. 그러 나 대륙붕한계위원회는 과학적 증거 부족을 이유로 러시아의 문서를 반려 하였다. 그 후 2007년 8월 러시아 북극원정대의 소형 잠수함 MIR 1호와 2호는 북극점 해저 4,261m 지점에 티타늄으로 된 러시아국기를 꽂고 돌아 옴으로써 세계를 깜짝 놀라게 하였다. 이에 대응하여 캐나다와 미국은 북 극에서 자국 주권을 확인하고 과학적 탐사활동과 군사활동을 대폭 강화하고 있다. 러시아는 유엔대륙붕한계위원회와 관련국 간 양자협상을 통해 평화적으로 해결하겠다는 입장을 표명하고 있지만, 이 지역에는 군사적 긴장이 계속되고 있다.

러시아와 노르웨이는 바렌츠(Barents)해의 바랑게르 피요르드(Varangerfjord)와 루프홀(Loop Hole) 지역에서 대륙붕 수역과 배타적 경제수역이 중복되어 갈등을 빚고 있다. 바렌츠해에 위치한 스발바르군도에 대해서는 1920년 스피츠베르겐 조약(Spitsbergen Treaty)에 따라 노르웨이가 주권을 갖고, 다른 조약당사국들이 경제적인 접근권을 갖도록 합의가 되었다. 그러나 최근 러시아를 포함한 조약당사국들이 인접한 대륙붕 수역에까지 경제적인 접근권을 확대할 것을 요구하면서 양측이 분쟁을 벌이고 있다. 서던 바나나홀(Southern Banana Hole)에서는 노르웨이 본토와 페로(Faroe)군도(덴마크령), 얀 마엔(Jan Mayen), 아이슬란드, 그린란드의 대륙붕이 중복되고 있으나, 2006년 9월 합의의사록(Agreed Minutes)을 통해 대륙붕 수역을 분할하는 데 합의하였다.

미국과 캐나다는 알래스카 주 북쪽 연안에 위치한 보퍼트(Beaufort) 해역의 해양경계획정문제를 놓고 분쟁이 있다. 미국은 등거리선을 따라 해양경계를 획정하도록 요구하는 한편, 캐나다는 1825년 영-러조약에 규정된 육지경계선에 따라 획정할 것을 요구하고 있다. 이 지역에는 많은 양의 원유가 비축되어 있고, 양국이 이 해역에 원유개발권을 보유하고 있어 서로 양보하지 않고 있다.

남극에서는 해양관할권 획정문제가 활발하게 논의되지는 않고 있다. 오스트레일리아는 남극조약이 발효되기 이전인 1953년 오스트레일리아 남극영토(AAT: Australian Antarctic Territory) 주변에 대륙붕 수역을 선포한 바 있다. 2004년 오스트레일리아는 대륙붕한계위원회에 대륙붕 경계획정문서를 제출하면서 AAT 주변에 200해리 이원의 대륙붕 수역을 설정하는 자료를 포함하였다. 이 문제는 국제적으로 많은 논란을 불러일으킬 것으로 예상되었으나, 오스트레일리아 정부 측에서 AAT 주변의 대륙붕과 관련한 자료를 검토하지 않도록 대륙붕한계위원회에 요청함으로써 일단락되었다.

노르웨이는 남극의 대륙붕 수역 경계획정에 보다 적극적인 태도를 보이고 있다. 2009년 노르웨이는 대륙붕한계위원회에 드로닝 마우드 랜드(Dronning Maud Land)에 대한 대륙붕 경계설정 문서를 제출하였다. 드로닝 마우드 랜드는 노르웨이가 영유권을 주장하는 남극 대륙의 일부 지역으로, 이 지역 주변의 대륙붕 수역에 대해 경계획정을 신청한 것이다. 이에 대해 대륙붕한 계위원회는 아직 입장을 밝히지 않고 있어 그 결과가 주목되고 있다.

IV. 광물자원개발과 해양오염

2008년 미국 지질조사국(USGS: US Geological Survey) 보고서에 따르면 북극에는 석유 약 900억 배럴과 천연가스 1,670조 feet^3, 천연가스액(NGL) 440억 배럴 등이 매장되어 있는 것으로 추정되고 있다. 이는 세계 미발견 석유의 13%, 가스의 30%, 천연가스액의 20%에 이르는 것이며, 그 대부분이 연안지역에 분포되어 있다. 분포지역은 러시아, 캐나다, 알래스카, 그린란드, 노르웨이 등이다.[8] 그 밖에도 북극에는 금, 은, 다이아몬드와 같은 귀금속과 아연, 망간노듈, 메탄 하이드레이트 등의 광물자원이 풍부한 것으로 알려져 있다.

북극의 기후변화로 눈과 얼음이 녹으면서 그 속에 매장된 광물자원을 개발할 가능성이 높아지고 있다. 에너지 자원의 고갈로 국제사회는 북극의 광물자원개발에 큰 관심을 보이고 있다. 이미 미국, 캐나다, 러시아 등은 알래스카 북부, 바렌트해, 카라해, 서시베리아지방에서 광구개발권을 보유하고 석유 및 천연가스를 개발하고 있다. 이들 국가는 앞으로 더 많은 광물자원을 개발하기 위한 계획을 세우고 있다.

---

8) Kenneth J. Bird 외, *Circum-Arctic Resource Appraisal: Estimates of Undiscovered Oil and Gas North of the Arctic Circle, USGS, U.S. Geological Survey Fact Sheet 2008-3049, 2008,* pp.1-4.

이러한 광물개발은 경제적인 측면에서는 긍정적인 효과를 가져 오지만 해양환경에 커다란 위협이 되고 있다. 2008년 북극이사회(Arctic Council)가 발표한 석유 및 가스 평가(Oil and Gas Assessment)에 따르면 북극해 연안의 석유 및 가스 개발은 외부변화에 취약한 생물종이나 서식지에 잠재적으로 큰 영향을 미칠 것으로 밝혀지고 있다. 북극은 석유 유출에 특히 취약하고 자연적인 회복력이 적어 생태계가 받는 피해가 더 크다는 것이다.9)

북극해에서 얼음을 뚫고 시추 및 채광 작업을 하는 데에는 많은 어려움이 뒤따르며, 작업과정에서 원유가 바다로 유출될 가능성이 매우 높다. 이때 원유 유출에 대응하는 기술이 극히 제한되어 있으며, 유출된 원유는 생물학적 분해나 증발, 용해 내지 침전이 되지 않기 때문에 북극해의 해양생태계에 잠재적인 영향을 미치게 된다. 또한 개발된 원유와 가스를 운송하거나 항구, 연안 수용시설, 도로, 파이프라인 부설 등 관련시설을 조성 및 운영하는 과정에서도 환경과 생태계에 악영향을 미치게 된다. 1989년 알래스카 연안에서 발생한 엑손 발데즈(Exxon Valdez)호 사고로 해양생태계가 입은 피해는 북극해의 원유 수송이 내포하고 있는 위험을 보여주는 실제 사례이다.

북극권국가로 구성된 북극이사회는 6개의 실무그룹을 설치하여 북극환경의 피해를 예방하고 통제하거나 최소화하기 위한 여러 가지 프로그램을 실시하고 있다. 이들 중에는 북극환경을 감시하고 평가하는 프로그램(AMAP: Arctic Monitoring and Assessment Programme), 북극의 해양환경을 보호하는 프로그램(PAME: Protection of the Arctic Marine Environment), 석유 및 가스 채광과 운송시 발생하는 긴급사태를 방지하고 준비, 대응하는 프로그램(EPPR: Emergency Prevention, Preparedness and Response) 등이 포함되어 있다. 그러나 이러한 조치에도 불구하고 광물개발로 인한 환경피해는 근본적으로 해결되기가 어렵다.

세계야생동물기금(WWF), 세계자연보전연맹(IUCN) 등 국제환경단체는

---

9) Arctic Council, *Arctic Offshore Oil and Gas Guidelines, 2009*, pp.8-9.

북극지방의 광물개발에 반대하고 있다. 이 지역의 광물자원개발로 돌이킬 수 없는 환경오염이 발생하고 생태계에 큰 피해를 미칠 가능성이 있기 때문이다. 유럽연합(EU)은 북극의 기후변화로 인한 위협을 다루기 위해 국제관리가 필요하다는 입장이며, 북극의 환경을 보호하기 위한 북극조약의 협상을 시사하고 있다. 또한 국제사회 일각에서는 남극과 마찬가지로 북극에서도 광물개발을 제한하거나 금지하는 포괄적인 협약을 체결할 것을 요구하고 있다. 이에 대해 북극권국가들은 북극이 남극과 여러 가지로 다르다는 이유로 북극권에 새로운 국제제도를 설립하는 데 완강하게 반대하고 있다.

남극에는 남극해의 풍부한 어류자원 외에도 석유와 천연가스, 금속광물 등 막대한 광물이 매장된 것으로 알려져 있다. 남극조약 당사국들은 1988년 남극광물자원활동규제협약(CRAMRA: Convention for the Regulation of Antarctic Mineral Resource Activities)을 채택하여 남극광물자원의 개발활동에 대비한 법 체제를 마련하였다. 그러나 광물자원개발로 인한 환경오염을 우려한 국가들의 반대로 이 협약은 비준되지 않았다. 대신 1991년 채택된 남극환경보호의정서는 남극에서의 광물개발을 50년간 유예하도록 함으로써 현재 남극에서는 광물개발문제가 논의되지 않고 있다.

V. 북극항로

북극의 얼음이 녹으면서 발생하는 또 다른 변화는 북극항로의 개통이다. 북극해에는 보통 3~4m 정도의 얼음이 뒤덮여 있어 선박이 항해하기가 어려웠으나, 얼음이 감소하면서 항해가 가능해지고 있다. 북극항로에는 캐나다 군도수역을 통과하는 북서항로와 시베리아 연안을 통과하는 북동항로가 있다. 이를 이용하는 경우 유럽과 아시아를 연결하는 기존 항로보다 40% 정도 항로를 단축하게 되며, 북극점을 통과하는 직선항로가 개설되는 경우 훨씬 더 단축된다. 북서항로에서는 2007년 8월 처음으로 쇄빙선의 도움없이 항해가 이루어졌고, 북동항로에서는 2009년 7월 우리나라의 울산항을 출발한 독일화물선 2척이 쇄빙선의 도움을 받지 않고 항해를 하였다.

그러나 북극항로의 법적 지위를 둘러싸고 국가들 사이에 분쟁이 일어나고 있다. 캐나다는 북서항로가 경유하는 캐나다 북극군도수역이 수천 년 전부터 이누이트족이 살아온 역사적 내수라고 주장하고 외국선박의 항해를 규제하고 있다. 캐나다 정부는 국제법적 근거로 유엔해양법협약 제234조를 들고 있다. 연안국이 배타적 경제수역 내의 결빙해역(ice-covered area)에서 선박에 의한 오염을 막기 위해 비차별적 법규를 제정, 집행할 권리를 갖는다는 것이다. 이에 대해 미국과 유럽연합 등은 캐나다 군도수역에서 외국선박이 통과통행권을 누린다고 주장하고 있다. 캐나다 군도수역에 위치한 데이비스(Davis) 해협은 국제항해에 이용되는 국제해협이기 때문에 외국 선박이 캐나다의 규제를 받지 않고 국제법상 통과통행권을 누릴 수 있다는 것이다.

캐나다의 주장에 따르면 캐나다 북극군도수역은 캐나다의 주권이 적용되는 수역으로 외국선박의 항해가 제한된다. 그러나 미국의 주장에 따르면 이 수역은 국제해협이 위치한 해역으로 캐나다 정부의 승인없이 외국선박이 방해받지 않고 계속적으로 신속하게 해협을 통과할 수 있다. 양국은 1988년 북극협력에 관한 협정(Agreement on Arctic Cooperation)을 체결하고 미국 선박이 이수역을 항해할 때 캐나다 정부의 허가를 받기로 합의하였다. 그러나 미국 핵잠수함이 이를 위반하고 항해를 함으로써 양국 관계가 크게 악화되었다.

북동항로는 러시아가 군사용 화물수송이나 군함 이동에 이용하던 항로인데, 1987년 고르바초프에 의해 상업용 항로로 개방되었다. 러시아는 외국선박이 차별없이 북동항로를 항해할 수 있다는 입장이지만, 국내법에 따라 외국선박의 항해를 규제하고 있다. 이는 선박사고가 발생하는 경우 시베리아 연안이 심각하게 오염될 수 있기 때문이다. 러시아는 이 북동항로를 이용하는 선박에 대해 자국의 쇄빙선이 에스코트하도록 요구하고 있다.

미국은 2009년 1월 신북극지역지침(New Arctic Region Directive)/NSPD-

66)을 발표하여 북극 지역에서의 주권을 확인하고 있다. 아울러 북서항로와 북동항로는 국제해협에 이용되는 해협이므로 이들 해협에 통과통행제도를 적용해야 한다고 강조하고 있다.

북서항로와 북동항로가 국제해협으로서의 지위를 인정받으려면 지리적 요소와 기능적 요소, 두 가지를 모두 충족시켜야 한다. 지리적으로는 공해 나 배타적 경제수역의 한 부분과 공해나 배타적 경제수역의 다른 부분을 잇는 좁은 해협이어야 하며, 기능적으로는 국제항행에 이용되는 항로이어 야 한다(유엔해양법협약 제37조). 북서항로와 북동항로는 지리적인 요소를 충족시키고 있으나, 기능적인 요소는 아직 충족시킨다고 보기 어렵다. 항 로를 이용하는 빈도수가 적기 때문이다. 앞으로 북극의 얼음이 더 녹아 선 박의 항해가 급속히 늘어나는 경우 이들 항로가 국제해협으로서의 지위를 갖게 되고 통과통행권도 인정될 수 있을 것으로 본다. 다만 이들 항로에는 수많은 섬들이 산재해 있고 육지에 근접하여 통과하는 경우도 있기 때문에 대형유조선 사고가 발생하지 않도록 사전예방책을 마련해야 할 것이다.

VI. 한국의 극지활동

우리나라는 1988년 남극 킹조지섬에 세종과학기지를 건설함으로써 본격 적인 극지활동에 첫발을 내딛었다. 세종과학기지가 위치한 킹조지섬은 남미 에서 가깝고 얼음이 적어 남극연구를 시작하기에 적합한 곳으로, 우리나라 과학자들은 이곳에서 극지환경의 변화와 극지생태계의 특성을 연구하고 있 다. 2006년부터는 남극 대륙 내의 제2기지를 건설하는 사업을 추진해왔으며, 2010년 2월 쇄빙 연구선인 아라온호를 출항시켜 대륙기지 후보지를 답사하고 돌아왔다. 아라온 호의 조사결과를 기초로 테라노바만(Terra Nova Bay)이 대륙기지로 확정되었고, 그 명칭은 "남극장보고과학기지"로 결정되었다. 북극에서는 2002년 스발바르군도(Svalbard Islands) 스피츠베르겐섬의 니알슨(Ny-Alesund)에 북극 다산과학기지를 설치하였다. 다산기지는 북극의 환경과 자원을 연구하기 위해 개설된 것으로, 연구 인력이 상주하지 않고 필요한 기간에만 체류하며 연구를 하고 있다. 스발바르군도는 환경을 모니터링하고 연구하는 기지로서 세계에서 가장 중요한 곳이며, 지구의 생태계에 미치는 영향을 일찍 검색할 수 있는 이점을 지니고 있다.

우리나라는 남극에 과학기지를 설치하고 실질적인 과학활동을 수행한 성과를 인정받아 1986년 남극조약 협의당사국(ATCP: Antarctic Treaty Consultative Parties)으로 선출되었다. 협의당사국은 남극조약의 의사결정 기구로서 남극문제에 대해 실질적인 조치를 협의, 결정하는 기능을 하고 있다. 북극에서는 2008년 북극이사회의 옵서버 가입을 신청하였으며, 2009년에는 북극이사회에 잠정 옵서버로 참여하여 북극활동의 영역을 넓혀가고 있다. 중국과 일본도 북극이사회에 옵서버 가입을 신청하는 등 주변국들도 경쟁적으로 북극진출을 서두르고 있다.

기후변화는 극지활동에 새로운 전환점을 가져다주고 있다. 이제까지는 극지방의 환경에 대한 연구활동에 주력해 왔지만, 얼음감소로 인한 북극항로의 개통으로 해상운송의 물류비용을 크게 절감하고 북극의 자원개발에도 참여할 수 있는 기회를 얻을 수 있게 되었다. 남극도 30여 년 후에는 광물개발의 유예기간이 끝나기 때문에 머지않아 광물개발에 관한 논의가 재개될 가능성이 있으며, 이는 또 다른 기회가 될 수 있을 것이다.

그러나 이러한 기회는 긍정적인 측면만 있는 것은 아니다. 최근 한반도가 북극의 온난화로 폭설과 한파 등의 기상이변을 겪는 데서 볼 수 있는 바와 같이, 극지방의 기후변화는 직접적인 악영향을 미치고 있다. 광물개발로 인한 환경오염 역시 이와 유사한 형태로 우리에게 악영향을 미칠 가능성이 높다. 아울러 광물개발로 인한 국가 간 경쟁과 원주민의 권익문제 등 극지방의 개발에 따른 부정적인 측면이 다수 있으며, 이러한 이유로 국제사회에서 극지방의 광물개발을 반대한다는 점을 고려해야 할 것이다. 따라서 우리의 극지활동은 기후변화의 명암에 대한 깊은 이해와 성찰 위에서 이루어져야 하며, 보다 장기적인 관점에서 접근해야 할 것으로 본다.

제16장

해양자원개발

진형인(인천대)

I. 서언

해양은 인류가 필요로 하고 있는 물질의 대부분을 가지고 있을 뿐만 아니라 그 보유량이 거의 무한대인 것들도 많다. 막대한 양의 해수 그 자체도 풍부한 공업원료를 지닌 자원이다. 해수 중에는 평균 2.6%(1L해수에 34g)의 염분이 있으며 해수총량 $1.4 \times 1,018$톤에 보존되어 있는 염분은 $3.6 \times 1,016$톤이라는 무한대의 양이다. 이외에도 해수에는 금, 백금, 우라늄, 몰리브덴 및 리듐 등 육상에서 발견되는 대부분의 유용한 원소가 막대하게 용존되어 있다. 또한 해저에는 석유, 망간, 니켈, 코발트, 철, 구리, 아연 등의 광물자원이 엄청난 규모로 매장되어 있기 때문에 개발 가능성도 매우 크다. 또한 해양에는 30만여 종에 달하는 생물 군의 존재가 밝혀져 있으며 이들 생물 군의 재 생산력은 육상생물에 비하여 5 내지 7배에 달한다. 50g 무게의 달걀이 부화하여 5개월 만에 그 30배인 1,500g의 닭이 되는 것과 0.01g도 못 되는 알이 부화하여 5개월 만에 그 5만 배인 500g의 성어가 되는 것을 비교하면 해양에서의 생물의 재 생산력이 얼마나 큰가를 쉽사리 알 수 있다.

이렇게 중요한 해양을 적극적으로 개발, 활용, 보존해야 하며, 또한, 강력한 해양력을 토대로 하여 우리나라의 국력과 국익을 확보하기 위한 효과적인 해양 국제관계를 정립하고, 해양강국을 건설하기 위한 새로운 시각과 접근이 필요한 시점이다. 해양이 우리 삶에서 차지하는 비중은 점점 더 커지고 있으며 UN도 일찍이 1998년을 해양의 해로 선포하고 해양자원의 활용과 해양환경 보존의 중요성을 강조하였다. 이에 세계 각국에서 해양의 활용과 환경보존에 대한 관심이 더욱 제고되면서 해양을 둘러싼 국제 관계도 긴밀함과 긴장감이 더해지고 있다.

해양자원은 육지의 자원이 점점 고갈돼가면서 더욱 주목을 받고 있다. 또한 최근 화석에너지에 의한 환경문제가 대두되면서 바다에서 얻을 수 있는 재생가능 에너지에도 관심이 쏠리고 있다. 본 장에서는 바다로부터 얻을 수 있는 자원의 종류와 양, 그리고 해양의 중요성에 대해서 고찰해본다.

구체적으로는, 첫째, 화석연료의 한계와 해양자원개발의 중요성, 둘째, 해양자원의 정의, 종류 및 개발현황, 셋째, 국내의 해저자원개발 현황, 넷째, 해외 석유 및 가스 탐사 현황, 다섯째, 해외자원개발 투자의 문제점, 그리고 마지막으로 앞으로의 전망 등을 살펴볼 것이다.

II. 화석연료의 한계와 해양자원개발의 중요성

인류는 지난 1970년대 두 차례의 석유위기를 겪으면서 에너지 부족 문제를 인류에 대한 심각한 위협으로 인식하게 되었다. 1980년대 초에는 석유매장량의 절대부족으로 인류의 석유문명은 곧 끝이 날 것으로 보는 비관적인 보고들이 수없이 나왔으며, 1980년대와 1990년대에 계속해서 3차, 4차, 5차의 석유위기가 겹쳐 석유가격이 급등할 것이라는 예상이 지배적이었다.

그러나 1980년대 초반 국제 원유가는 저유가로 돌아섰다. 그 이유는 이전 까지만 해도 석유를 육지에서만 주로 생산해 왔으나 석유탐사 및 개발기술의 발달로 해저에서 석유를 생산하게 됨으로써 매장량이 크게 늘어나 공급이 수요를 초과하였기 때문이다.

그렇지만 현재는 매장량의 한계와 산유국들의 공급 제한 등으로 석유가격은 지속적으로 오르고 있다. 앞으로도 이러한[1] 화석연료의 가격은 지속적으로 오를 것으로 예상된다.

그러나 이러한 화석에너지는 가격 문제와 공급의 문제뿐 아니라, 최근에는 환경문제도 중요하게 대두되고 있다. 이러한 환경문제 때문이라도 인류는 어차피 장기적으로는 새로운 에너지를 찾아야 한다. 공해가 없는 핵융합이나 자연을 이용한 태양열, 풍력, 수력 등이 차세대 에너지원이 될 것이다. 이러한 자연 에너지 중, 해양에서 공급 가능한 조력, 파력, 해수 온도차 발전 등은 재생이 가능한 자원들이다.

그 외에 각종 광물자원도 해양에는 거의 무한대로 매장되어 있는 것이 확인되고 있으며, 특히, 태평양 심해저에 깔려 있는 망간단괴(심해저에서 발견되는 망간을 주성분으로 하는 덩어리를 말하며, 모양은 둥글고 흑갈색이다. 크기는 몇 mm에서 몇 cm가 보통이지만, 2m에 이르는 거대한 것도 있다. 보통 수심 4,000m 이하의 심해저 바닥에서만 발견된다. 망간단괴 속에는 망간·구리·니켈·코발트 등의 원소가 있다. 따라서 미래의 자원으로서 주목받고 있다)의 실용화는 인류의 물질문명을 새롭게 변화시키는 계기가 될 것이다.

---

1) 화석연료(化石燃料, fossil fuel): 석유·천연가스 같은 지하매장 자원을 이용하는 연료. 화석에너지라고도 한다. 지각에 파묻힌 동식물의 유해가 오랜 세월에 걸쳐 화석화하여 만들어진 연료로서 이것에 의해서 얻어진 에너지를 화석에너지라고 한다. 현재 인류가 이용하고 있는 에너지의 대부분이 이에 해당한다.

III. 해양자원의 정의, 종류 및 개발 현황

먼저 해양에서 얻을 수 있는 해양자원은 일반적으로 수산자원, 해양에너지, 해양광물자원으로 나뉘어진다.

1. 수산자원

수산자원 생물이라고도 하며, 수서생물(水棲生物) 중에서 산업적으로 수집 또는 포획 대상이 되는 유용생물(有用生物), 즉 잡아서 사용하거나 먹을 수 있는 자원이다. 자원생물은 개개 생물 종류로 이루어져 있기 때문에 각각의 종류 이름을 따서 부르고 있다. 예를 들면, 고래자원·멸치자원·오징어자원 등이 그것이다. 그리고 사육 또는 양식의 대상이 되는 김·굴 같은 수산생물은 양식생물이라고 하여 구별한다.

2. 해양에너지

해양에너지는 사실상 소멸되지 않는 태양 에너지와 지구상의 중력 작용에 의존한 것이며, 석유를 대신할 다음 세대의 에너지 자원으로 지목되고 있다. 해양에너지는 바다의 파도나 조수 간만, 온도 차, 해류 등을 이용하는 에너지 자원이다. 최근 급격히 발달한 기계, 전자, 소재 등의 공학 기술에 의하여 해양에너지의 실용화가 이루어지게 되었다. 또한 해양에너지 자원은 바다의 자연 현상을 그대로 이용하는 것이므로 발전을 하는 데 연료가 필요 없고 공해도 없으며 반복 사용이 가능한 특징을 가지고 있다. 그렇기 때문에 석유 및 가스 등의 화석에너지를 대체할 에너지로써 현재 세계적으로 활발히 개발 중에 있다.

1) 조력발전

바다의 밀물과 썰물의 차이를 이용해 전기를 생산하는 것이다. 조석현상으로 인해 해면 높이의 차이가 생기게 되고 이 과정에서 발생하는 위치에너지의 차이를 전력으로 변환하는 발전 방식이다. 조석발전이라고도 한다.

2) 파력발전

파도의 상하운동 에너지를 이용해서 동력을 얻어 발전(發電)하는 방법이다.

3) 해류(조류)발전

육상에서 바람을 이용하여 거대한 풍차를 돌리는 것처럼 바다 속에 큰 프로펠러식 터빈을 매달고 해류를 이용하여 이를 돌려 전기를 일으키는 발전 방식이다.

4) 염도 차 발전

해수와 담수와의 염분농도 차를 이용하여 에너지를 얻는 발전 방식. 즉 강물과 바닷물이 마주치는 곳에서의 삼투압 차이를 이용한 발전 방식이다.

5) 해양 바이오 매스 에너지

방대한 해양 공간을 활용해 해양 목장을 조성하여 다량의 해조를 재배한 후, 수확한 해조를 발효하여 메탄가스를 발생시켜 이를 에너지로 이용하는 시스템이다.

6) 가스하이드레이트

'불타는 얼음'이라 불리는 가스하이드레이트는 천연가스가 저온·고압하에서 물 분자와 결합돼 형성된 고체물질로 전 세계적으로 10조 톤이라는 엄청난 매장량(대략 200~500년분에 해당하는 엄청난 양)과 환경친화적인 특성으로 화석연료를 대체할 새로운 청정 에너지원으로 주목을 끄는 지하자원이다. 특히 가스하이드레이트는 메탄이 90% 이상을 차지하고 있어 '메탄 하이드레이트(Methane Hydrate)'라고도 한다.

이외에도 핵연료인 우라늄을 바닷물에서 뽑아내고, 바닷물을 전기 분해하여 무공해 에너지인 수소를 무한정으로 생산하여 이용하려는 연구도 활발하게 진행되고 있다.

3. 해양광물자원

해양에서 채광되는 광물자원으로서 석유나 천연가스 등의 탄화수소자원, 석탄·철광석 암맥 내에 형성된 기타 다른 광물자원의 고결(高結) 침전물이 있다. 석유와 천연가스는 해양광물자원 가운데 가장 가치가 높은 자원이다. 이것은 부분적으로는 육상에서의 생산 및 그와 관련한 비용의 증가에 의해 촉진된다. 해저 유전개발의 역사는 루이지애나 앞바다의 약 1.6km에서 크리올 유전이 발견된 1938년부터 시작되었는데, 개발이 본격화한 것은 제2차 세계대전 후이다. 기업은 기술적·경제적인 문제로 해저 석유굴착작업의 한계를 수심 약 100m로 생각했으나, 대륙붕보다 깊은 대륙사면과 대륙대에서 유망한[2] 광상이 발견되었고, 현재는 수심 약 300m인 곳에서도 석유가 많이 발견되고 있으며, 1,000m 이상의 심해저에서도 석유 개발이 이루어지고 있다. 앞으로의 해저유전 개발은 수심 1,000m 이상의 해양지역이나 북극권 등 조건이 매우 나쁜 지역에서도 이루어질 것이기 때문에 이에 대한 지속적인 기술개발의 연구가 필요하다.

1) 해저 석유

BP통계 2009년판(BP Statistical Review of World Energy June 2009)

---

2) 광상: 유용한 광물이 땅속에 많이 묻혀 있는 부분. 이루어진 원인에 따라 화성 광상, 퇴적 광상, 변성 광상 따위로 나뉜다.

에 따르면 2009년 말 현재 전 세계 석유 가채(可採) 매장량은 1조 3,331억 배럴이며(캐나다 오일샌드 제외), 가채 연수는 45.7년이다. 경제성이 좋은 육상을 먼저 개발하다 보니, 현재 육상 석유매장량은 전체의 38% 정도(추정)만이 남아 있다. 그에 반해 해양 석유는 아직 개발의 여지가 많다. 그 이유는 석유개발 기술의 비약적인 발전으로 석유매장량의 발견이 현저히 증가하게 되었고, 아직 채취되지 않은 매장량이 육상의 38%에 비해 해양에서는 약 69%로 추정된다. 즉, 앞으로 해양석유에 대한 의존도는 점차 높아질 것으로 예정된다. 그런 이유에서 현재 세계적으로 총 석유생산에서 해저 석유생산이 차지하는 비중은 1960년의 11%에서 1970년 16%, 1987년 24%, 1991년 26%, 1996년 30%, 2000년 33%, 2010년 38%로 계속 증가하고 있다. 2012년 이후에는 43% 이상으로 증가될 것으로 예상된다.

최근에 개발되고 있는 신규 유전의 대부분이 해상 유전이고, 앞으로도 대부분의 유전이 해상에서 발견될 것으로 전망된다. 또 최근에는 국제 유가가 인상됨에 따라, 각 석유소비국들은 자국 내 석유공급의 안정화를 기하기 위하여 이제까지 경제성이 없다는 이유로 방치하여 왔던 한계유전지역(限界油田地域)까지도 개발을 서두르게 되었으며, 그 결과 석유개발은 점점 육상에서 해상으로, 천해(淺海)에서 심해(深海)로 주요무대가 옮겨가고 있다.

2) 해저 천연가스

천연가스(NG: Natural Gas)는 인공적인 과정을 거치는 석유(휘발유, 경유)와는 다르게 지하에 기체상태로 매장된 화석연료로서 메탄이 주성분이며, 가스전에서 채취한 상태 그대로 사용할 수 있는 가스에너지이며, 땅속에 퇴적한 유기물이 변동되어 생긴 화학연료라는 점에서 석유와 같다. 천연가스도 석유를 채굴하는 것과 마찬가지로 시추공을 바다 밑으로 깊이 박아 채굴한다.

천연가스는 액화과정에서 분진, 황, 질소 등이 제거되어 연소 시 공해물질이 거의 발생하지 않는 무공해 청정연료이다.

정제된 천연가스는 발열량이 높고, 황 성분을 거의 함유하지 않은 무독성이며, 폭발범위가 좁고 가스비중이 작아 확산되기 쉬우므로 위험성이 적은 특징이 있어, 도시가스용으로 가장 알맞다. 그러나 천연가스의 결점은 수송비가 많이 든다는 점과 같은 열량의 석유에 비해 송유관이 약 4배 커야 하며, 또 액화천연가스(LNG) 유조선은 원유 유조선의 약 2배의 크기인데다 액화 저장 기화 설비의 건설비가 많이 든다는 점이다. 따라서 산지와 소비지가 떨어져 있을수록 경제성이 없어진다.

3) 심해저의 망간단괴

최근에 각광받고 있는 자원으로서 심해저 망간 단괴에 대한 연구가 활발히 진행되고 있다. 심해저 망간단괴는[3] 국제지구물리관측년(IGY; 1957.7.1~1958.12.31) 기간에 심해저를 광범위하게 탐사하면서 전 대륙붕에 막대한 양의 부존이 알려지게 되고 나서야 미래의 가장 소중한 광물자원으로 경제적 중요성을 인식하게 되었다.

망간단괴는 심해저에서 발견되는 망간을 주성분으로 하는 덩어리이다. 모양은 둥글고 흑갈색이다. 크기는 몇 mm에서 몇 cm가 보통이지만, 2m에 이르는 거대한 것도 있다. 일반적으로 수심 5,000~6,000m 사이에 분포한다. 이 망간단괴에는 여러 가지 금속이 함유되어 있는데 이 중 상업적 관심이 높은 금속으로는 코발트, 니켈, 구리, 망간이 있다. 우리나라의 금속 자급률은 1%로 망간단괴가 본격적으로 개발하면 엄청난 금속 수입 대체효과를 볼 수 있다.

전 세계 대양 중 가장 풍부한 망간단괴의 부존지로 알려진 곳은 하와이 섬 동남방의 클라리온-클리퍼턴(clarion-clipperton) 균열대 사이의 해역으로 수심이 4,000~5,000m이며 비교적 평탄한 심해평원이다. 이 지역은 니켈과 구리의 함량이 1.8% 이상인 지역이 약 250만 km²에 달하며 특히 경

---

3) 국제 지구 물리 관측년(國際 地球 物理 觀測年, IGY): 지구 물리학 현상에 관한 국제적인 협동 관측이 있었던 1957년 7월부터 1958년 12월까지의 기간, 64개국이 협력하여, 지구의 기상, 전리층, 빙하, 우주선 등을 공동으로 관측하였다.

제적 가치가 있어 개발대상으로 삼고 있는 니켈, 구리, 코발트 및 망간의 함량이 높다.

이러한 해저망간단괴 개발을 위한 노력은 과거 20여 년간 기술과 자본을 가진 선진 각국의 기업그룹과 국가주도로 활발하게 이루어져 왔다. 1990년대 들어서면서 선진국들(미국, 독일, 프랑스 등)은 1980년대까지 실용기술을 거의 완료하고, 현재는 유엔 국제해저기구에서 쟁점사항이 되고 있는 심해저 채광에 따른 환경영향평가에 집중하고 있다.

우리나라의 경우 1983년에 미국 하와이 대학 조사선을 임차하여 국내 최초로 태평양 심해저 해역에서 망간단괴 탐사를 실기하는 것을 시작으로 1993년까지 계속하여 심해저 탐사를 실시한 결과 1994년에는 중앙태평양[4] C-C(Cloarion-clipperton)해역의 균열대 지역에 15만 km²크기의 단독광구를 획득함으로써 세계에서 7번째 선행투자국이 되었다. 특히 이 지역은 경제적 가치가 있어 개발대상으로 삼고 있는 니켈, 구리, 코발트 및 망간의 함량이 높다.

이 광구는 남한면적의 1.5배가 되는 크기로서 이 지역의 망간단괴 매장추정량은 5억 1,000만 톤, 채광 가능량은 3억 톤으로 연간 300만 톤을 생산할 경우 향후 100년간 개발할 수 있는 막대한 양이 매장되어 있다. 그러나 5,000m 심해저에 있는 망간단괴를 500기압의 압력을 견디며 배까지 끌어올리는 기술은 현재 개발 중이며, 현재는 100m 깊이의 실제 연구가 성공하였으며, 2012년에는 1,000m급을, 2015년에는 5,000m급 시스템을 개발해 망간단괴 채광을 위한 본격적인 연구에 착수할 예정이다.

우리나라의 금속 자급률은 1% 정도 밖에 안 된다. 그리고 4대 금속(망간, 니켈, 구리, 코발트)의 2010년 수입량은 1,744,055톤, 액수로는 7,773,305천 달러에 이른다(〈그림 1〉 참조). 그러나 망간단괴에서 이 4대 금속을 모두

---

4) 하와이에서 남동쪽으로 2,000km에 위치한 해역. 한반도에서 무려 1만 5,000km나 떨어진 동태평양 지역이다. 1990년대 유엔에 이 지역 15만km²를 우리나라 광구로 등록한 데 이어 2002년 국제해저기구(ISA) 총회에서 이 해역 7만 5,000km² 규모를 배타적 개발광구로 승인받음으로써, 이 지역은 한국의 독점권이 인정되었다.

〈그림 1〉 4대 금속(망간, 니켈, 구리, 코발트) 수입가격

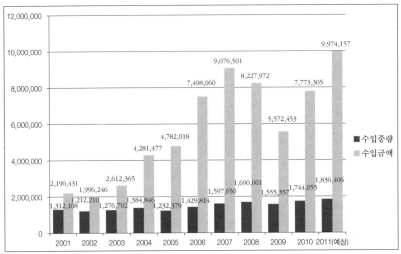

출처: 관세청 수출입 무역통계

추출할 수 있기 때문에, 망간단괴가 본격적으로 개발되면 엄청난 양의 금속 수입 대체효과를 볼 수 있다.

Ⅳ. 국내의 해저자원개발 현황

우리나라에서는 국내의 대륙붕에서 해저 자원 발굴과 채취에 노력하여, 석유 생산에는 실패하였으나, 가스와 가스하이드레이트 발굴과 생산에는 성공하고 있다.

1. 가스 개발

우리나라 대륙붕에서 유전개발이 가시화되기 시작한 때는 1970년 1월부터이다. 당시 약 30만km²에 이르는 국내 대륙붕을 7개의 해저광구로 확정하고 조광제도를 마련함으로써 외국의 석유개발 회사의 참여가 활성화되었고 국내 대륙붕에서 석유탐사가 본격적으로 이루어지기 시작했다.

석유탐사는 고도의 기술과 막대한 자금이 필요한 사업이기 때문에, 1970년대에는 주로 외국 석유개발회사에 의존하여 탐사를 추진하여 왔다. 우리나라 최초의 대륙붕 석유탐사 시추는 1972년 미국 걸프사가 동해의 제 6-1광구에 해저 4,626m까지 굴착한 것이었으나 석유부존 확인에는 실패하였다.

정부는 1997년까지 국내 대륙붕의 개략적인 지질구조를 규명함과 아울러 서해분지,5) 울릉분지, 제주분지 3개의 대규모 퇴적분지를 확인하고 대규모 유전 탐사위주에서 중·소규모 유전 탐사로 전환하여 실질적인 개발을 유도한 결과, 1998년도에 동해 울릉분지의 6-1광구 울산 앞바다에서 양질의 가스층을 발견하였다.

이에 따라 한국석유공사가 2001년 8월부터 가스생산 시설을 착공한 후, 2004년 9월부터 정상생산을 개시하였다.

동해-1 가스전이라 명명한 이곳에서는 천연가스 총 2,650억 입방피트(LNG환산 약 530만 톤)가 매장되어 있으며 하루에 천연가스 1천 톤, 초경질원유 1,200배럴이 생산되고 있다. 생산된 천연가스는 하루 34만 가구가 사용할 수 있고 원유는 하루 자동차 2만 대를 운행할 수 있는 양이다. 동해-1 가스전을 통하여 2018년까지 울산, 경남 지역에 가스를 공급할 예정이며 이로 인한 수입대체효과는 20억 달러에 이를 것으로 전망되고 있다. 앞으로도 동해-1 가스전 인근 유망구조들에 대한 시추탐사를 연차적으로 실시하여 제6-1광구 전역에 대한 본격적인 개발을 추진함은 물론, 국내

---

5) 울릉 분지(Ulleung Basin, ~盆地): 동해 남서부에 위치하고 야마토 해령 남서쪽으로 최대 수심 2,000m 이상의 해저 분지 지형의 지리적 명칭.

대륙붕 내 타 유망광구로의 개발을 점진적으로 확대함으로써 전체 대륙붕에서의 석유 및 가스전 개발을 활성화해 나갈 계획이다.

한편, 정부는 2006년 8월 동해 심해저 울릉분지 내에 제8해저광구를 신설하고 1992년도 영국 커클랜드사 이후 15년 만에 외국 석유회사인 호주 Woodside사를 국내 대륙붕 개발에 참여케 하여 2007년 2월에 한국석유공사·호주 Woodside사와 공동조광계약을 체결하고 심해광구 유전개발을 시작하였다. 이 사업성공시 약 70억 불의 수입대체효과를 예상하고 있으며, 2009년부터 탐사시추를 실시할 계획이다.

2. 가스하이드레이트 개발

기존화석연료의 고갈 및 청정에너지 시대에 대비하여 21세기의 청정연료인 가스하이드레이트의 부존을 규명하기 위해 정부는 2000년부터 2004년까지 동해심해지역을 대상으로 물리탐사 14,345L-km를 실시하였다.

탐사결과 동해 6-1광구에서 광범위한 분포지역을 발견하였으며, 가스하이드레이트 약 6억 톤(국내 가스소비량의 30년분에 해당) 정도의 매장 가능성이 있는 것으로 예상하고 있다. 이에 따라 2015년에 가스하이드레이트의 상업생산을 목표로, 2005년 7월에 가스하이드레이트 개발사업단을 출범시켰다.

2006년에는 추가로 동해 심해저 울릉분지에서 가스하이드레이트의 부존을 암시하는 다양한 물리 화학적 단서를 확보하였고 부존 유망 14개 지역을 찾아내었다. 이를 바탕으로 정부는 울릉분지 내 부존이 유망한 5개 지역에서 부존확인과 매장량 평가 및 실물을 채취할 예정이며, 궁극적으로는 가스하이드레이트 생산기술도 개발하여 2015년도 상업생산을 위해 총력을 기울일 계획이다.

V. 해외 석유 및 가스 탐사 현황

1. 해외자원개발의 중요성

2000년 대 중반 이후 국제 에너지 및 자원시장은 거대개발도상국을 중심으로 한 국제 자원 수요 증가와 함께, 자원 공급 확대가 지연되며 급격한 가격상승과 자원 확보에 어려움이 발생되고 있다. 이에 따라 미국, 중국 등 대규모 자원수요국가들의 자원 확보를 위한 경쟁이 심화되고 있으며, 러시아,[6] OPEC회원국 등 자원보유국들의 경우 자원개발에 따른 경제적 편익 제고와 정치적 영향력 강화를 위한 정책 추진이 확대되고 있다. 우리나라도 또한 자원의 안정적 확보를 위해 해외자원개발 확대를 위한 다양한 정책들이 시행되고 있다.

해외자원개발사업은 산업과 국민 경제 운영의 기본이 되는 전략적 재화로서의 특징을 갖고 있어 정치적 목적으로 수급이 통제되는 상황이 자주 발생되고 있다. 이러한 이유로 많은 국가들이 자원소유권의 국유화, 비축, 해외자원확보 등을 위한 정책을 시행하고 있다. 우리나라의 경우 에너지자원의 경우 97%를, 금속광물자원의 99%를 수입에 의존하고 있어 국제 자원시장 변화에 매우 취약하며, 자원민족주의나 자원무기화 시 심각한 경제적 타격을 피할 수 없어 안정적인 자원확보가 국가 생존과 경제운영에 직결되어 있다.

---

6) OPEC(Organization of Petroleum Exporting Countries): 석유수출국기구. 1960년 9월 사우디아라비아, 이라크, 쿠웨이트, 이란, 베네수엘라 등 5개 산유국이 결성한 '자원 카르텔' 본부와 사무국은 오스트리아 빈에 있다. 그 후 카타르, 인도네시아, 아랍에미리트연합(UAE), 리비아, 알제리, 나이지리아, 에콰도르, 가봉 등 가맹 13국으로 구성되고 있다.

2. 해외자원개발 현황

1977년 산-안토니오 우라늄광산 개발 사업 진출로 시작된 우리나라의 해
외자원개발투자는 '07년 말까지 총 555개 사업이 시행되었는데, 이 중 38%
인 209개가 석유·가스 개발사업이고 62%인 246개가 유연탄·광물자원개
발사업이다. '07년 말 현재 진행사업 수는 286개 사업이며 석유·가스전

〈표 1〉 해외자원개발 투자사업 수 현황(07년 말 기준)

구분	석유/가스		유연탄/일반광물	
	진출국	사업	진출국	사업
진행사업	32	123	37	163
- 생산	17	34	10	33
- 개발	8	12	21	58
- 탐사(조사)	25	77	21	72
종료사업	37	86	28	83
총 진출사업	50	209	46	246

대한광업진흥공사(2008), "2007년 해외자원개발 분석"

〈표 2〉 해외자원개발 투자액 현황

(단위: 백만US$)

구분		~'01	'02	'03	'04	'05	'06	'07	합계
석유/가스	총투자	3,569	437	561	642	953	1,901	2,550	10,612
	에특융자	779	84	118	159	136	184	332	1,790
유연탄/광물	총투자	1,687	66	91	131	154	186	673	2,988
	에특융자	458	45	49	46	48	53	68	757

대한광업진흥공사(2008), "2007년 해외자원개발 분석"

개발사업이 총 123개로 32여개국에서 진행 중에 있으며, 유연·광물자원개발사업이 165개로 37개 국에서 진행 중이다(〈표 1〉).

'07년 말 현재까지 해외자원개발 총 투자액은 총 136억$이며 석유·가스개발투자사업에 106억$, 유연탄·광물자원개발 투자에 30억$가 투자되었으며 정부(지식경제부)가 에너지자원특별회계에서 지원한 융자액은 25.5억$로 전체 투자의 18.7%에 이르고 있다(〈표 2〉).

이상과 같은 해외자원개발 투자를 통한 자원확보량 및 우리나라가 생산과 조달을 주도하는 자주개발실적은 다음의 〈표 3〉과 같다. 먼저 석유의 경우 확보된[7] 가채매장량은 947백만bbl.로 '07년 국내 수입량 규모를 조금 초과하는 수준이며, 가스의 경우 '07년 수입량의 약 6.1배에 이르고 있으나, 자주개발률의 경우 유연탄 38.0%를 제외하고는 석유, 가스, 우라늄 등의 개발률은 10% 이하의 매우 낮은 수준에 그치고 있다.

〈표 3〉 주요 광종 자주개발 현황('06년 말 기준)

구분	석유 (백만 bbl)	가스 (LNG 천 톤)	유연탄 (백만 톤)	철광 (백만 톤)	우라늄 (U톤)	동 (천 톤)	아연 (천 톤)	니켈 (천 톤)
확보가채 매장량	947	152,619	1,178	107	-	22.3	29.7	357.5
총수입량	873	24,765	82	46	3,016	941	787	89
자주개발량	26	2,259	31	5	-	43.9	262	23.1
자주개발률	3.0%	9.1%	38.0%	10.7%	-	4.7%	33.2%	26.1%

대한광업진흥공사(2008), "2007년 해외자원개발 분석"

---

7) 가채 매장량: 현재 실시하고 있는 채취 방법을 계속 쓰면서 현재의 원가 및 가격 수준으로 캘 수 있는 광업 자원의 매장량.

3. 해외자원개발사업의 주요 성과

우리나라의 해외자원개발 투자사업의 주요성과들을 요약하면 다음과 같다.

첫째, 해외자원개발 투자사업의 규모가 크게 확대되었다. '77년부터 시작된 해외자원개발 투자사업의 규모는 '97년 연간 8억$ 정도의 투자규모를 보이다가 '98년 외환위기 이후 '02년까지 연간 5억$ 내외로 크게 위축되었다. 그러나 자원가격의 상승세가 시작된 '03년 이후부터 투자규모가 다시 확대되어 '05년 15.4억$, '06년 21억$로 증가하였으며, '07년 32.2억$로 투자규모는 빠른 속도로 증가하고 있다.

둘째, 해외자원개발 투자사업의 규모가 대형화되기 시작하였다. 과거 우리나라의 해외자원개발 투자사업의 규모는 소형광구 중심이었으나, '05년 이후 서캄차트카 석유광구(추정매장량 37억bbl.), 암바토비 니켈광구(니켈 매장량 125백만 톤) 등 대형광구에 대한 투자가 시작되었다.

셋째, 국내 기업이 운영권자로 참여하는 주도적 참여사업이 크게 증가하기 시작하였다. 과거에는 국내 기업의 해외자원개발 투자형태는 대부분 단순 지분참여 행태였는데 최근 들어 운영권 확보를 통한 투자형태가 크게 증가하고 있다. 예를 들면, 운영권 보유 유전개발 사업 수는 '02년 14개에서 '06년 34개로 크게 증가하였다.

VI. 해외자원개발 투자의 문제점

이상에서 살펴본 바와 같이 최근 들어 우리나라의 해외자원개발 투자는 그 양적으로나 질적으로나 모두 괄목할만한 성장을 이루었다. 그러나 아직도 유사한 경제규모나 자원소비를 갖고 있는 선진국에 비해 크게 낙후된 상태로서 많은 문제점을 갖고 있는데 이를 요약하면 다음과 같다.

첫째, 현재까지 해외자원개발 정책은 단기성과 위주의 산발적 개별프로젝트 수주에 집중하는 방식으로 진행되어 탐사사업과 개발·생산사업과의 균형 있는 사업 포트폴리오 구성이 이루어지고 있지 않다. 예를 들면, 세계 주요 석유 메이저기업의 경우 개발·생산사업의 비중이 60% 수준이나 석유공사의 경우 33%('06년 기준)에 불과하여 투자규모에 비해 자주개발률이 낮은 문제점을 보이고 있다.

둘째, 해외자원개발을 통한 자원의 안정 확보가 중요한 최우선적 국가 아젠다로 등장함에 따라 "국가에너지위원회"와 같은 에너지 전략 논의 기구 및 산업자원부 에너지 전담 차관제와 같은 정부 내 조직 개편이 있었음에도 불구하고 범 정부적 차원의 사업지원 및 부처 간 연계가 부족하여 자원개발 투자의 전략적, 집중적 확대에 어려움이 있다.

셋째, 국내 자원개발 기업의 역량이 경쟁국 기업들에 비해 크게 부족한 실정이다. 국내에서 상대적으로 제일 규모가 크다는 석유공사의 경우도 총 자산 규모가 21억$로 석유개발기업 세계 100위권에도 미치지 못하고 있으며, 공기업의 경우 예산, 인력, 조직 등에 대한 통제로 시장상황 변화에 대한 탄력적 대응이 힘든 상태이다.

바다의 중요성을 봤을 때 해양 투자를 늘려 기술수준을 높이면 그 만큼 해양에서 얻을 수 있는 이익이 매우 많다.

이런 점에서 우리나라는 해양자원의 개발에 적극 노력해야 한다. 특히 자원이 부족한 우리나라는 미래의 인구증가, 경제규모의 확대, 국민복지의 향상에 대응하기 위해서라도 해양자원의 안정적 확보가 전제되어야 하므로 해양자원개발의 중요성은 아무리 강조해도 지나침이 없다.

VII. 결언

만약 인류가 현재 가용자원을 무한한 것으로 보고 양적인 성장위주의 개발정책만을 계속 추구해 나간다면 21세기에는 산업생산과 에너지는 3배로 증가되어야 할 것이므로 결국 자원부족, 환경오염 등으로 심각한 사회문제로 인한 위기에 봉착하게 될 것이다.

이러한 의미에서 해양은 금세기 지구촌 난제를 해결할 수 있는 돌파구로서 미래 인류의 삶의 터전이 될 것이다. 이미 1970년대에 에너지 위기의 심각성을 경험한 세계는 현재 해저에너지 자원개발에 박차를 가하고 있다. 화석에너지의 심각한 환경오염으로 지구온난화 등 인류생존에 대한 위협을 인식한 인류는 좀 더 환경 친화적인 자연에너지로서의 가치가 재인식되고 있는 각종 해양에너지 자원을 얻기 위한 연구에 심혈을 기울이고 있으며, 이는 진보된 기술로 점차 실용화되고 있다.

이러한 해양에너지를 개발함에 있어서는 고도의 과학기술 문제뿐만 아니라 경제적인 측면에서 개발비용의 저렴화, 환경적 측면에서 생태계의 영향 극소화, 이용의 안정성 및 신뢰성 극대화 등의 조건이 만족되어야 하고, 인류의 장래와 후손을 위한 장기적인 안목에서 준비되고, 추진되어야 한다.

제4부

해양관할권 및 해양갈등의 현안

제17장

해양경계획정

신창훈(아산정책연구원)

국제해양법에 있어서 국가관할권이 미치는 공간은 크게 영해, 접속수역, 배타적 경제수역 및 대륙붕으로 대별해 볼 수 있다. 이러한 공간에 대해 육지영토를 보유하고 있는 국가는 자신의 육지영토의 기선으로부터 출발하여 일정한 범위까지 권원(title)을 보유하게 되는데, 이러한 권원은 이웃국가와 서로 인접하거나(adjacent) 혹은 마주보고 있을 경우(opposite) 그 이웃국가의 권원과 중첩하는 경우가 발생할 수 있다. 예를 들어 배타적 경제수역의 경우 연안국은 기선으로부터 200해리까지의 해역에서 선포할 수 있는데, 서로 마주보고 있는 국가들 간에 존재하고 있는 바다가 그 폭이 400해리를 넘지 못하는 경우 이들 대향국가들의 권원은 상호 중첩할 수밖에 없다. 이렇게 권원이 서로 중첩하는 경우 필연적으로 관련국은 자국의 관할권이 미치는 범위를 확정하기 위해 해양경계선을 획정할 수밖에 없을 것이다. 따라서 해양경계획정은 중첩되는 권원을 전제로 하는 관념이라는 인식이 해양경계획정에 관한 법원칙을 이해하는 출발점이라 할 수 있다.

국제해양법은 영해나 배타적 경제수역의 경우 거리(distance)를 권원하여 연안국은 각기 기선으로부터 최대 12해리의 영해와 200해리의 배타적 경제수역을 지닐 수 있다. 그러나 대륙붕의 경우에는 200해리 거리의 권원은 물론 "육지영토의 자연적 연장(natural prolongation of land territory)"이라는 권원도 존재하기 때문에 권원의 중첩양상은 영해나 배타적 경제수역보다는 복잡하다고 할 수 있다.

이하에서는 이러한 권원에 대한 이해에 기초하여 해양경계획정의 법원칙으로 어떠한 것이 존재하며, 영해, 접속수역, 배타적 경제수역 및 대륙붕의 경계획정에 관한 국제법을 소개하고 최근의 동향이라고 할 수 있는 다목적 혹은 단일경계선 획정의 경향을 살펴본 다음 우리나라와 이웃국가 간의 해양경계획정에 관한 합의 현황을 간단하게 소개해 보고자 한다.

I. 중간선론자(중간선원칙)와 형평론자(형평의 원칙) 간의 대립

해양경계획정에 있어서 중간선원칙은 등거리선 원칙이라 불리기도 하는데 경계선의 단순성과 명확성에 있어서 큰 장점을 지니고 있기 때문에 1950년대 국제해양질서를 성문화하는 작업에 있어서 매우 유혹적인 것이었다. 따라서 UN 국제법위원회(ILC)의 해양법에 관한 성문화작업에서도 중간선(등거리선) 원칙은 전폭적인 지지를 받게 되었고, 국제법위원회(ILC) 초안을 기초로 하여 진행된 제1차 UN해양법회의의 산물인 1958년 제네바 협약체제 역시 중간선(등거리선)을 영해는 물론 대륙붕의 경계획정에서도 원칙으로 삼았다.[1] 그러나 중간선(등거리선) 원칙의 엄격한 적용은 여러 가지 사정에서 바람직하지 못한 결과를 도출하였고, 결국 예외적인 사정에 대한 고려가 필연적으로 요구되기에 이르렀다. 이러한 예외적 사정의 고려

---

1) 1958년 영해 및 접속수역에 관한 제네바 협약(Geneva Convention on the Territorial Sea and the Contiguous Zone 1958) 제12조와 1958년 대륙붕에 관한 제네바 협약(Geneva Convention on the Continental Shelf 1958) 제6조 참조.

는 1958년 대륙붕에 관한 제네바협약에서 당사국 간의 합의가 존재하지 않을 경우 "중간선(등거리선)+특별한 사정(special circumstances)" 이라는 공식을 낳게 하였다. 그러나 당해 협약에 규정된 바와 같이 중간선(등거리선)과 특별한 사정은 원칙과 예외의 관계에 있는 것이기 때문에 다소 수정적인(modified) 중간선(등거리선) 원칙으로서의 성격을 지니고 있는 것이지 중간선(등거리선) 원칙이 완전히 배제되는 것을 의미하지는 않았다.

중간선론자에게 있어서 특별한 사정(special circumstances)이란 교정적 형평(corrective equity)의 적용을 통해 등거리선을 수정하는 요인으로서의 성격도 지니고 있다. 더구나 현실의 해양경계획정 관행에 있어서 중간선(등거리선)은 국가들 간의 주권평등을 실현하는 데 있어서 매우 유용한 수단으로서 기능하고 있으며, 또한 중간선(등거리선) 자체가 경우에 따라서는 형평의 원칙을 달성한다고 평가할 수 있는 경우도 존재하기 때문에 특히 양자간 해양경계획정 협상에서조차 중간선(등거리선)이 출발점이 되는 경우가 많고, 협상 결과물인 양자간 협정 중 다수가 중간선(등거리선)을 경계선으로 하고 있다.

그러나 이러한 중간선(등거리선) 원칙은 국제사법재판소(ICJ)의 1969년 북해대륙붕 사건에서 국제관습법상의 지위를 획득했다는 주장이 배척되었다. 그 이후 해양경계획정과 관련한 새로운 법원칙이라 할 수 있는 "형평의 원칙"을 지지하는 형평론자가 해양경계획정의 법원칙과 관련하여 중간선론자의 중요한 대항마가 되기 시작했다. 그러나 형평의 원칙은 북해대륙붕 사건에서 처음으로 형성되기 시작한 법원칙은 아니었다. 해양경계획정에 있어서 형평의 원칙은 1945년 미국의 Truman 대통령의 대륙붕에 관한 선언에서 이미 선포된 바 있다. 당해 선포에서 "대륙붕이 타국의 연안에 미치거나 인접국과 공유하는 경우 경계선은 미국과 관련국에 의해 형평의 원칙(equitable principles)에 따라 결정되어야 한다"라고 규정하고 있다. 그러나 당해 선포에서 형평의 원칙이 무엇을 의미하며 그 기준이 무엇인지에 대해서는 전혀 언급을 하고 있지 않고 있었기 때문에 당시 관련국 간의 경계획정에 있어서 명확한 기준을 제시해주는 법원칙으로 받아들여지기에

는 부족했었다고 평가할 수 있다. 결국 형평의 원칙은 북해대륙붕 사건에
이르러 그 구체적 기준과 구체적 적용 방식을 가지는 명확한 개념의 법원칙
으로 발전하게 된 것이다. 즉 당해 사건에서 국제사법재판소(ICJ)는 해양경
계획정이 형평의 원칙에 따라 합의에 의해 이루어져야 한다고 판시함으로
써 형평의 원칙이 해양경계획정의 법원칙임을 분명히 하고 있음은 물론 적
용 방식과 관련하여 모든 관련 사정을 고려할 것을 요구하고 있다.[2]

　그러나 1969년 북해대륙붕 사건에서 중간선(등거리선) 원칙이 법원칙으
로서의 성격을 상실하게 되었지만, 이후 국제재판소의 판례를 분석할 경우
중간선(등거리선)의 원칙적 적용자체마저 부인된 것은 아니었다. 이러한 현
황을 잘 표현해주는 것이 바로 국제사법재판소(ICJ)의 1993년 Jan Mayen
사건이라 할 수 있다.

　당해 사건에서 재판소는 "1958년 협약상의 중간선(등거리선)-특별한 사
정이라는 공식이 형평의 원칙에 기초한 일반적인 규범을 표현하는 것으로
간주된다면 협약 제6조의 효과와 형평의 원칙에 기초한 경계획정을 요구하
는 국제관습법규 간에 어떠한 차이를 발견하기 곤란할 것"이라고 판시한
바 있다.[3] 구체적인 적용에 있어서 1982년 튀니지아-리비아 대륙붕 사건과
1993년 Jan Mayen 사건은 특히 대향국 간의 해양경계획정사건으로 형평
의 원칙이라는 국제관습법을 적용하면서도 우선 잠정적인 경계선으로 중간
선을 그은 다음 형평한 결과를 달성하기 위하여 관련 사정을 모두 고려하고
형량한 다음 잠정적인 경계선인 중간선을 수정하는 방식을 취하였다. 결국
양 사건에서의 해양경계획정방식은 시각에 따라 중간선론자의 입장을 대변
하기도 하고, 형평론자의 입장을 대변하기도 한다. 결국 중간선론자와 형평
론자의 대립은 최근들어 많이 희석되어가고 있는 경향에 있다고 평가할 수
있으며, 심지어 일부 학자에 의해서는 중간선(등거리선)을 잠정적 경계선
으로 우선 설정한 후 관련 사정의 관점에서 이를 수정하는 방식을 중간선론

---

2) 1969년 북해대륙붕사건(*North Sea Continental Shelf Cases*), para. 101.
3) 1993년 얀 마옌 사건(*Jan Mayen Case*), para. 46.

자들의 기본 원칙인 '교정적 형평의 부활로 소개하고 있는 실정이다.[4]

해양경계획정과 관련한 국제사법재판소(ICJ)의 최근 판례에서 중간선론자의 입장이 부활하고 있다는 경향은 2009년 흑해에서의 루마니아-우크라이나 해양경계획정 사건[5]에 잘 나타나 있다. 당해 사건에서 국제사법재판소(ICJ)가 취한 해양경계획정방식은 크게 세 단계로 이루어져 있다. 첫 번째 단계는 해양경계획정의 대상수역을 확정하기 위해 우선 관련 해안(relevant coast)을 결정하여 기점을 설정한 다음 잠정적인 중간선/등거리선을 설정하는 단계이고, 두 번째 단계는 형평한 결과를 도출하기 위해 관련 사정(relevant circumstances)을 평가하여 잠정적인 중간선/등거리선의 이동여부에 대해 판단을 하는 단계이며, 세 번째 단계는 검증단계로 해안선의 길이 비율을 관련 수역 면적 비율과 비교하는 비례성원칙(proportionality)의 적용을 통해 형평한 결과를 달성했는지를 최종적으로 판단하는 단계이다. 이러한 세 단계에서 알 수 있듯이 최근 판례 경향은 잠정적 중간선(등거리선)의 설정을 경계획정의 출발점으로 하고 있다는 점에 주목할 경우 중간선론자의 입장이 대세를 형성하고 있다는 평가도 가능하다.

II. 영해 및 접속수역의 경계획정

1958년 영해 및 접속수역에 관한 제네바협약과 1982년 UN해양법협약은 모두 두 국가의 해안이 서로 마주보거나 인접하고 있는 경우 영해의 경계획정에 관한 일반 원칙은 양국가가 달리 합의하지 않는 한, 혹은 역사적 권원이나 그 밖의 특별한 사정이 다른 방법으로 양국의 영해의 경계를 획정할

---

4) 예를 들어, Yoshifumi Tanaka, "Reflections on Maritime Delimitation in the Qatar/Bahrain case," 52 *International & Comparative Law Quarterly* 53(2003), p.58 참조.

5) *Case Concerning Maritime Delimitation in the Black Sea* (Romania v. Ukraine), Judgment of 3 February 2009 참조.

필요가 있는 경우를 제외하고, 양국의 기선으로부터 등거리에 있는 모든 점을 연결한 중간선을 경계로 하고 있다.[6] 따라서 영해의 경계획정원칙은 합의나 특별한 사정이 존재하지 않는 경우 중간선을 경계선으로 하고 있기 때문에 앞서 설명한 중간선론자의 입장이 반영된 경계획정원칙이라 할 수 있다.

1958년 영해협약과 1982년 협약은 접속수역제도를 공히 인정하고 있음에도 불구하고 접속수역의 경계획정에 관해서는 어떠한 규정도 두고 있지 않다. 다만 해석론상으로 접속수역의 권원은 영해기선으로부터 24해리라는 거리에 기초하고 있을 뿐이므로 인접국 혹은 대향국 간에 접속수역이 중첩할 경우 중간선 혹은 등거리선이 경계선이 되어야 한다는 주장도 존재한다. 그러나 1982년 UN해양법협약의 전체 취지를 고려해 볼 경우 접속수역은 영해 이원으로서 배타적 경제수역 내에 존재하고 있기 때문에 당해 협약에서 접속수역의 경계획정에 관한 규정을 별도로 규정하고 있지 않는다는 점은 접속수역의 경계획정의 경우 배타적 경제수역의 경계획정원칙을 규정하고 있는 당해 협약 제74조[7]가 그대로 적용된다고 해석하는 것이 당해 협약

---

6) 1982년 UN해양법협약 제15조 대향국 간 또는 인접국 간의 영해의 경계획정 "두 국가의 해안이 서로 마주보고 있거나 인접하고 있는 경우, 양국간 달리 합의하지 않는 한 양국의 각각의 영해 기선상의 가장 가까운 점으로부터 같은 거리에 있는 모든 점을 연결한 중간선 밖으로 영해를 확장할 수 없다. 다만, 위의 규정은 역사적 권원이나 그 밖의 특별한 사정에 의하여 이와 다른 방법으로 양국의 영해의 경계를 획정할 필요가 있는 경우에는 적용하지 아니한다."

7) 1982년 UN해양법협약 제74조 대향국 간 또는 인접국 간의 배타적 경제수역의 경계획정 "1. 서로 마주보고 있거나 인접한 연안을 가진 국가 간의 배타적 경제수역 경계획정은 공평한 해결에 이르기 위하여, 국제사법재판소규정 제38조에 언급된 국제법을 기초로 하는 합의에 의하여 이루어진다.
2. 상당한 기간내에 합의에 이르지 못할 경우 관련국은 제15부에 규정된 절차에 회부한다.
3. 제1항에 규정된 합의에 이르는 동안, 관련국은 이해와 상호협력의 정신으로 실질적인 잠정약정을 체결할 수 있도록 모든 노력을 다하며, 과도적인 기간 동안 최종합의에 이르는 것을 위태롭게 하거나 방해하지 아니한다. 이러한 약정은 최종적인 경계획정에 영향을 미치지 아니한다.
4. 관련국 간에 발효 중인 협정이 있는 경우, 배타적 경제수역의 경계획정에 관련된

초안자의 의도에 부합하는 것으로 보다 설득력이 있어 보인다.

III. 배타적 경제수역 및 대륙붕의 경계획정

배타적 경제수역의 경계획정과 관련하여 1982년 협약 제74조 1항은 "서로 마주보고 있거나 인접한 연안을 가진 국가 간의 배타적 경제수역(EEZ)에 관한 경계획정은 형평한 해결에 이르기 위하여, 국제사법재판소규정 제38조에 언급된 국제법을 기초로 하는 합의에 의하여 이루어진다"라고 규정하여 경계획정에 있어서 합의를 기본 원칙으로 하면서 "형평의 결과"를 합의의 기준으로 제시하고 있다. 당해 규정상 형평의 원칙은 개별 사안마다 특수한 사정을 모두 고려하여 법이 허용하는 범위 내에서 형평의 결과를 도출할 것을 요구하고 있는 것으로 이해하여야 한다.

영해의 경계획정과 관련하여 1982년 협약체제는 합의에 이르지 못할 경우 중간선을 잠정적인 경계로 간주한다는 규정을 두고 있지만, 배타적 경제수역의 경우에는 형평한 해결을 시종일관 요구하고 있다. 또한 합리적 기간 내에 경계획정에 관한 최종적 합의에 이르지 못한 경우 당사국은 당해 협약 제15부상의 분쟁해결제도를 이용하여 분쟁을 해결할 의무가 부과되어 있음을 밝히고 있다.8) 한편 최종적인 경계획정에는 어떠한 영향을 미치지 아니하지만 합의에 이를 때까지 관련국은 상호 이해와 협력의 정신으로 실질적인 잠정협정을 체결하도록 노력해야 할 의무도 부과하고 있다.9)

대륙붕의 경계획정과 관련하여 1958년 대륙붕에 관한 제네바협약은 2개이상의 국가가 동일한 대륙붕의 연안을 서로 마주보고 있거나(opposite)

사항은 그 협정의 규정에 따라 결정된다."
8) 1982년 UN해양법협약 제74조 2항.
9) 1982년 UN해양법협약 제74조 3항 참조.

인접하고 있는(adjacent) 경우 당해 국가에 속하는 대륙붕의 경계는 당해 국가 간의 합의에 의해 결정된다고 하여 우선적으로 합의에 의해 해결할 것을 요구하였으며, 합의가 이루어지지 않는다면 특별한 사정이 존재하지 않는 한 대향국의 경우에는 중간선의 원칙, 인접국의 경우에는 등거리선의 원칙에 의한다고 하고 있다.[10] 이는 특별한 사정이 존재하거나 별도의 합의가 존재하면 형평의 원칙에 따라 경계를 획정하고, 그렇지 않으면 중간선 또는 등거리선에 의해 경계를 획정하라는 의미로 이해되었다. 하지만 1969년 북해대륙붕 사건에서 국제사법재판소(ICJ)는 1958년 대륙붕협약 제6조가 관습법상의 원칙이 아니라고 설시하면서 각국의 해저 영토의 자연적 연장을 구성하는 대륙붕의 경계획정은 형평의 원칙에 따라 합의로서 이루어져야 한다고 판시함으로써 관습법상의 경계획정의 원칙은 형평의 원칙임을 확인하였다.

형평의 원칙을 강조하는 관습법상의 해양경계획정원칙은 이후 1982년 UN해양법협약체제에도 그대로 반영되어 대륙붕의 경계획정에 관한 규정인 1982년 협약 제83조는 배타적 경제수역(EEZ)의 경계획정에 관한 규정인 1982년 협약 제74조와 동일한 구조를 지니게 되었다.

배타적 경제수역과 대륙붕의 경계획정과 관련한 국제관습법을 성문화한 1982년 UN해양법협약에서의 "형평의 원칙"은 특히 대륙붕의 경우 1958년 대륙붕협약상의 "등거리선(중간선)+특별한 사정"이라는 공식을 "관련 사정들 간의 비교형량(balancing)"이라는 방식으로 전환한 것이라는 평가를 받고 있다. 그런데 이러한 형평의 원칙에 있어서 매우 중요한 범주인 "관련 사정(relevant circumstances)"이 구체적으로 무엇인가에 대해서는 명시된 바 없으므로 국제재판소의 판례를 통해 확립되어가고 있다.

---

10) 1958년 대륙붕에 관한 제네바협약 제6조 참조.

IV. 해양경계획정에서 관련 사정에 대한 개요

제1차 UN해양법회의를 위한 초안을 작성했던 국제법위원회(ILC)에서의 논의에서는 "특별한 사정(special circumstances)" 이라는 용어가 선호되었다. 그러나 특별한 사정을 구성하는 요인이나 요소에 대해서는 매우 탄력적이고 유연하며 광범위하고 포괄적인 태도를 취하였다는 점을 강조하였다. 결국 특별한 사정이라는 용어는 1958년 대륙붕에 관한 제네바협약에서 그대로 사용되었다.

그러나 여기에서 주목해야 할 점은 당해 협약상의 특별한 사정의 범주에 관한 해석과 관련한 사건에서 국제재판소는 지리적 요인에 한정하여 매우 좁게 해석하려는 경향이 존재하였던 것도 사실이라는 점이다. 그러나 1969년 북해대륙붕 사건을 계기로 국제관습법상 해양경계획정의 원칙은 모든 관련 사정을 고려하여 형평한 결과를 달성하는 형평의 원칙임이 확인된 이후부터 국제재판소는 "관련 사정(relevant circumstances)" 이라는 용어를 선호하게 되었으며 그 범주 역시 탄력적이고 포괄적인 것으로 인식하기에 이른다. 다만 그 범주가 지나치게 확대되는 것을 피하기 위해 국제재판소는 해석론상 제한을 위한 여러 가지 기법을 마련하게 되었으며 특히 단일경계선의 획정과 관련이 있는 메인만 사건에서는 지리적 요인에 초점을 둔 최협의의 개념으로 관련 사정을 인식한 바 있다.[11]

나아가 1986년 기니아/기니아-비소 중재사건에서는 사정(circumstances)을 불확정 혹은 변화하는 사정과 영구적 사정으로 구분하여 영구적 사정을 관련 사정으로 이해함으로써 경제적 요인과 같은 불확정 혹은 변화하는 사정을 배제하는 방식으로 제한을 가하고자 하였다. 또한 안보요인과 관련하여 국제재판소는 잠재적 관련 사정이라는 표현을 사용하여 사정의 잠재성과 관련성을 평가하는 두 단계 평가방식을 도입하여 관련 사정의 범주의 지나친 확대를 방지하고자 하고 있다.[12]

---

11) 1984년 메인만 사건, 예를 들어 지리적 요소를 강조한 para. 59 참조.

이러한 판례 경향과 국가들이 사건에서 원용하는 관련 사정의 예를 종합해 보면 특히 국제재판소에서 관련 사정으로 당사국에 의해 자주 인용되고 있는 것으로는 해안의 구조, 해안선의 길이, 섬의 존재 등과 같은 지리적 요인은 물론 지질학적 혹은 지형학적 요인 등이 있으며, 자원의 단일성, 국가행위, 안보요인 등도 사안에 따라 자주 원용되고 있다. 그러나 이에 대한 국제재판소의 평가는 사안마다 동일하지 않다는 점에 유의하여야 한다.

V. 다목적 혹은 단일 경계획정의 경향

대륙붕과 배타적 경제수역은 그 기능이나 권원의 측면에서 독자적인 체제라는 점을 이해할 경우 양자의 경계획정에서 고려해야 할 형평의 범주 즉 관련 사정은 차이가 존재한다는 명제가 가능하다. 그러나 1982년 협약은 양자의 경계획정에서 동일 원칙을 규정하고 있고 국제사법재판소(IC) 사건인 1984년 메인만 사건 이래 국제재판소에서 분쟁당사국은 양자의 경계를 하나의 경계선으로 하는 단일경계선을 그어달라는 요청이 증대하고 있다. 이러한 단일경계선(single boundary)은 학자에 따라 다목적경계선(multi-purpose boundary)이라 불리기도 한다. 국제재판소가 아니라 당사국 간의 합의에 의한 해양경계획정에 있어서도 최근 경향은 단일경계선을 선호하는 추세에 있다. 그런데 대륙붕과 배타적 경제수역에 관한 별도의 경계획정을 추진하지 않고 단일경계선을 획정할 경우 고려되어야 할 관련 사정은 양체제에 공통인 사정에 한정되어 매우 좁은 범주에 한정될 가능성이 높다는 점도 쉽게 추론할 수 있을 것이다. 실례로 1984년 메인만 사건에서는 가치중립적인 범주(neutral criteria)라 할 수 있는 해안선과 거리 등의 지리학적(geographical) 요소만이 소재판부(Chamber)에 의해 관련 사정

---

12) 1986년 기니아/기니아-비소 중재사건, para. 124 참조.

으로 인정된 바 있다. 그러나 그렇다고 해서 지질학적 요인이 현저할 경우 단일경계선에서도 이를 무시할 수는 없을 것이다.

VI. 우리나라와 이웃국 간의 해양경계획정 동향

우리나라는 지리학적으로 중국, 일본과의 관계에서 일반적으로 서로 마주보고 있는 대향국의 관계에 있다고 할 수 있다. 그러나 대향국의 관계에 있음에도 불구하고 중국과의 관계에서 우리는 중간선을 선호하고 일본과의 관계에서는 특히 대륙붕과 관련하여 육지영토의 자연적 연장론에 기초한 형평의 원칙을 고수해 오고 있다. 일반적으로 중국은 우리와 달리 형평의 원칙을 선호하고 있으며, 일본은 중간선을 선호하고 있다. 사실 앞선 논의를 종합해 보면 중간선은 해양경계획정의 원칙이라기보다 수단으로서의 성격을 지니고 있으며 따라서 경우에 따라 중간선을 고수한다는 것이 형평의 원칙과 반드시 상충하는 것으로 볼 수 없다는 것을 알 수 있을 것이다. 즉 수단으로서의 중간선이 형평의 원칙을 달성한다면 중간선을 출발점으로 하는 것이 배타적 경제수역 및 대륙붕의 경계획정에 있어서 관습법 및 UN해양법협약상의 법원칙인 형평의 원칙을 위배한다고 단언할 수 없을 것이다.

우리는 1974년 일본과 "한일 양국에 인접하는 대륙붕 북부의 경계획정에 관한 협정"[13]을 체결한 것이 유일한 해양경계획정의 예라 할 수 있다. 이와 함께 9개의 소구역을 공동개발구역으로 하는 "한일 양국에 인접한 대륙붕 남부의 공동개발에 관한 협정"[14]을 일본과 체결하였으며, 1998년에는 일본과 신한일어업협정,[15] 2000년에는 중국과 한중어업협정[16]을 체결한

---

13) 1974년 1월 30일 체결되어 1978년 6월 22일 조약 제644호로 발효.

14) 1974년 1월 30일 체결되어 1978년 6월 22일 조약 제645호로 발효.

15) 1998년 11월 28일 체결되어 1999년 1월 22일 조약 제1477호로 발효. 정식 조약명 "대한민국과 일본국 간의 어업에 관한 협정."

바 있는데, 이들은 앞서 설명한 UN해양법협약 제74조 3항상의 잠정약정의
성격을 지니고 있는 것으로 분류될 수 있을 뿐이다. 따라서 한중일 간에는
확정된 해양경계선이 한일 간의 북부대륙붕 일부에만 존재할 뿐이다.

---

16) 2000년 8월 3일 체결되어 2001년 6월 30일 조약 제1567호로 발효. 정식 조약명은
"대한민국 정부와 중화인민공화국 정부간의 어업에 관한 협정."

제18장

분쟁관리체제

이석우(인하대)

I. 머리말

세계적으로 주요 국가들이 주장하는 해양관할권의 현황을 보면, 외측한 계로 인해 중복수역이 존재하며, 이러한 주요 국가들은 해양영토 및 관할의 확보와 확보된 영토 및 관할의 효율적 유지 관리를 위하여 체계적인 국가시스템을 운용하고 있다. 이 항목은 미국, 아이슬란드, 호주, 중국, 일본 등을 주된 연구 대상으로 선정하여 이들 국가들의 수역별 분쟁관리체제가 어떻게 운용되고 있는지에 대한 기초연구를 바탕으로 작성하였다.

미국은 대표적 해양강국으로서 비록 1982년 유엔해양법협약에 대해서는 당사국이 아니지만 수많은 관행을 통해 해양법질서에 지대한 영향력을 행

---

* 이 글은 이석우 외, "해양경계획정, 분쟁수역관리 및 해양자원개발에 대한 주요 해양국가의 법과 제도," 『서울국제법연구』 제16권 2호(서울국제법연구원, 2009.12), pp.169-214를 참조하여 작성되었다.

<표 1> 주요국이 주장하는 해양관할권 현황

내용 국가	협약발효일	영해 (TS)	접속수역 (CS)	배타적 경제수역 (EEZ)
미국	미비준	12해리 (3해리 법률과 12해리 법률 병존)	24해리	200해리
아이슬란드	1985.6.21.	12해리	접속수역에 관한 규정 없음	200해리
호주	1994.10.5.	12해리 (Torres Strait 3해리)	24해리 (명문의 규정이 없을 경우, 유엔해양법 협약상 범위에 해당)	200해리 (AFZ는 존치)
일본	1996.6.20.	12해리 원칙 (일부지역 3해리)	24해리	200해리
중국	1996.6.7.	12해리	24해리	200해리
한국	1996.1.29.	12해리 원칙 (대한해협 3해리)	24해리	200해리

사하고 있기 때문에 해양강국으로서의 선진화된 국가시스템의 모델을 제시해줄 수 있는 대표적 국가라 할 수 있으며, 아이슬란드는 오랫동안 해양자원의 개발과 해양자원의 확보를 위해 노력을 기울인 국가이며, 호주는 동남아시아 국가와 인접하고 있는 국가로서 동남아시아와의 관계에서 각종 양자간 협정의 체결을 통해 효율적인 해양관할권과 자원을 관리해오고 있는 국가이며, 중국과 일본은 아국과 공동의 해양을 접하고 있는 이해관계가 직접적인 국가이기 때문에 이들 5개국이 지닌 특성에서 도출되는 해양영토 및 관할의 관리와 관련한 현황은 한국의 관련 정책형성에 모범적인 좌표를 설정해줄 수 있는 모델의 역할을 하기에 충분했다고 생각한다.

II. 주요 국가의 분쟁관리체제

1. 미국

미국의 해양경계가 미획정된 상태에서 중복수역의 관리방안은 각각의 현안에 있어 다음과 같이 전개되고 있다. 먼저, Machias Seal Island는 메인만에 위치한 조그만 섬으로 미국과 캐나다 간의 영유권 다툼의 대상이 되고 있다. 양국은 메인만 경계획정을 위해 ICJ에 부탁할 때에도 일국에 극단적인 결과를 초래하는 것을 피하기 위해 이 섬에 대한 ICJ의 판단은 배제하기로 합의했었다. ICJ는 이 섬에 대한 영유권 문제는 판단하지 않았다. 현재 캐나다가 유인 등대를 유지하며 실질적인 영토관할권을 행사 중이다. 하지만 양국은 철새들의 서식지 보호를 위해 적극 협력, 관리하고 있다.[1] 이 지역에 석유, 가스 등의 지하자원은 거의 없는 것으로 판단해서 양국은 영유권 주장의 강도를 완화하고 있지만, 분쟁의 주된 이유이기도 한 이 지역의 경제적 가치인 풍부한 바다가재와 관련해서, 지속가능한 랍스터 어획을 위해 양국이 협력하고 있다.

Beaufort Sea(US v Canada)는 이 지역에 대량의 석유가 매장되어 있는 것이 밝혀지면서 분쟁이 첨예화되고 있다. 미국은 이 지역에 대한 대륙붕 개발 리스를 유보하고 있는 등, 지금까지 양국은 분쟁의 격화를 막기 위해 적극적인 행동은 자제하고 있다. 캐나다는 200해리까지 알래스카와 캐나다 유콘주의 육지 경계선의 동일방향 연장을 주장하고, 미국은 200해리까지 연안방향과 수직 등거리선 경계획정을 주장하고 있다. 과거 영국-캐나다 간의 조약의 해석 문제가 남아 있지만, 미국이 유엔해양법협약 가입 시 미국 주장에 유리하게 작용할 것으로 판단된다. 이에 2007년 10월 캐나다 총리 Harper는 주권 방어를 위해 과학조사를 포함한 일련의 조치를 취할

---

[1] 생태계 공동연구, 1일 방문객 30명 이내, 체류시간을 3시간 이내로 제한 등.

것을 강조하고, 2009년 8월 미국의 상무부 장관은 Beaufort해를 포함한 북극해에 대해 어족과 해양생태계에 대한 충분한 정보를 수집할 때까지 상업적 어업의 확대금지 계획을 승인하였다. 이는 이 지역에서의 지속가능한 어업과 해양생태계를 유지하기 위한 것이었지만 미국의 일방적인 어업금지에 대해 캐나다는 미국 정부에 대해 외교적 항의를 하였다. 2009년 9월 캐나다 외교부는 외교 노트(diplomatic note)를 통해 Beaufort Sea에서 자국의 주권을 침해하는 미국의 어떠한 조치에 대해서도 묵인하지 않을 것임을 밝혔다.

Dixon Entrance(US v Canada)의 경우도 분쟁지역으로 분류가 되고 있다. 딕슨 입구는 알래스카와 캐나다 브리티시 콜롬비아 사이에 위치한 해협으로 1787년 이 지역을 조사한 해군장교이자 모피 무역업자이며 탐험가이기도 했던 딕슨(George Dixon)의 이름을 딴 것이다. 이른바 A-B Line으로 불리는 선은 딕슨 입구의 위쪽 선으로 1903년 알래스카 경계 조약에 의해 획정되었다. 그런데 이 선의 의미가 무엇인지가 명확하지 않아 지금까지 미국과 캐나다 간 분쟁의 원인이 되고 있다. 캐나다는 이 선이 양국간 해양경계선이라고 주장한다. 반면, 미국은 이 선은 단지 섬들이 어느 국가에 속하는지를 보여줄 뿐이며 해양경계선은 양국 섬들 간의 등거리선으로 획정되어야 한다고 주장한다. 미국은 A-B Line이 해저자원이나 어업자원을 목적으로 한 것이 아니기 때문에 어업권을 가진다고 주장하고, 또한 이 해협으로 핵잠수함을 통과시키고 있다. 해양오염 우려에 대한 비판이 있었지만 2007년 10월 30일 캐나다 정부는 미해군 핵잠수함의 자유통항을 허용하였다.

2. 아이슬란드

1981년 10월 22일 노르웨이 Jan Mayen(얀 마엔)과 아이슬란드 간의 대륙붕에 관한 협정이 체결되었다. 동 협정에 의거, 얀 마엔의 융기지형 및 지질에 관한 전문가 그룹의 보고에 따라 조정위원회는 아이슬란드와 얀 마엔 간 거리는 292해리라고 하더라도 아이슬란드와 얀 마엔 간 배타적 경제수역 및 대륙붕 해양경계가 200마일선이 되어야 하며, 아이슬란드는 자국대륙의 자연적 연장을 기초로 200해리가 넘는 얀 마엔의 어떠한 지역에 대한 주장도 할 수 없다고 결정하였다. 이 지역에서의 아이슬란드의 상당한 경제적 이해관계 특히 석유 및 탄화수소(가스)에 대한 이해관계를 고려하여 조정위원회는 해양경계선의 얀 마엔 북쪽에 있는 32,750km²와 아이슬란드 남쪽 12,725km²까지 미치는 직사각형의 "공동개발구역" 설정을 권고하였다. 공동개발구역에서 아이슬란드와 노르웨이 양국은 공동으로 또는 약정에 의해 해양경계선 북쪽 또는 남쪽지역에서 25%까지 탄화수소 자원개발을 각자 주장할 수 있게 되었다.[2]

3. 호주

호주는 동티모르와 석유의 공동개발을 위해 Timor Sea 조약[3]을 체결하였다. 이 조약은 Timor Sea의 해저 경계에 관한 호주와 티모르 간의 잠정체제를 규정하고 있다. 이 잠정체제는 최종적인 심해저 경계획정을 침해하지 않으며, Timor Sea에서 석유 탐사 및 개발의 다양한 측면을 규율하며, Timor Sea의 해양환경의 보호에 관한 당사국들 간의 협력을 규정하고 있다. 이러한 목적을 달성하기 위해 3단계의 공동행정기구, 즉 Designated Authority, Joint Commission 그리고 Ministerial Council이 수립되었다. Designated Authority는 공동석유개발지역의 해양환경을 보호하는 규칙을 공표해야 하고, 그 지역에서 석유 탐사 및 개발활동으로 인한 오염을 퇴치하기 위한 긴급상황 계획을 수립해야 한다.[4] 동 조약은 공동석유개발지역

---

2) 본 협정 제5조.

3) Timor Sea Treaty, *Dili*, 20 May 2002(entry into force: 2 April 2003).

과 생산된 석유의 분배에 대해서도 규정하고 있다.

호주와 동티모르 사이에 있는 Timor해 지역의 석유 탐사 및 개발을 위한 협정에 관한 호주 정부와 티모르 정부 간의 협정을 구성하는 교환공문은 Timor Sea Treaty가 발효될 때까지 그 수역의 석유 탐사 및 개발을 규율하고 있다. 그 수역의 지점은 이 교환공문의 부속서 A에 규정되어 있다. 이 교환공문이 발효 중인 동안에 이 교환공문에 포함된 어떠한 내용과 발생한 어떠한 행위도 심해저 경계 또는 심해저에 대한 호주 또는 동티모르의 입장이나 권리를 해하거나 영향을 미치는 것으로 해석해서는 안 된다.

한편, Sunrise 및 Troubadour 지대에 관한 호주 정부와 티모르 정부 간의 협정5)에서는 호주 정부와 티모르 정부가 Timor Sea에서 호주와 티모르 간의 탐사를 통해 유정의 존재가 입증되었다는 사실과 호주와 티모르가 해양관할권 주장을 하였지만 아직 해양경계가 획정되지 않았다는 사실을 고려하여, 부속서 I에 기술된 지역에서 공동으로 석유를 탐사할 것에 동의하였다. Timor Sea Treaty는 "공동석유개발지역(Joint Petroleum Development Area)" 내에서의 석유 탐사 및 개발활동에 적용되는 것으로 간주되고, 이 협정에 규정된 것과 다르지 않고 달리 규정되지 않았다면 이 협정의 목적을 위하여, Unit Area에서 또는 Unit Petroleum에 관한 석유 개발 및 탐사 활동을 규율하게 될 Regulatory Authorities는 제4조에 규정된 바와 같은 법률의 적용을 통하여 설립된 Regulatory Authorities가 되어야 한다고 이해되었다. 이 협정의 이행을 촉진하기 위해 Sunrise Commission이 설립되어야 하고 Unit Area에서 석유 탐사 및 개발에 관한 문제들을 협의해야 되며, Sunrise Commission은 유정의 개발이 하나의 단일체가 되도록 Regulatory Authorities를 일원화해야 한다.6) 또한, 부속서 II에 규정된 입

---

4) 본 조약 제10조.

5) Agreement between the Government of Australia and the Government of the Democratic Republic of Timor-Leste relating to the Unitization of the Sunrise and Troubadour fields, *Dili*, 6 March 2003.

6) 본 협정 제7조 및 제8조.

법이 Unit Area의 환경보호를 위해 적용되어어야 한다.[7]

4. 중국과 일본

중국과 일본은 동중국해의 댜오위다오(釣魚島, 일본명 센카쿠열도)의 영유권을 둘러싼 분쟁을 지속하여 왔다. 이 지역 주변에 석유와 천연가스의 대량 매장으로 인해 경제적 중요성이 매우 큰 이 섬들을 일본은 2008년 3월 14일 유엔대륙붕한계위원회에 제출한 지도에 자국의 영토로 표시하고 이에 대한 영해를 설정하였다. 이는 중일 간의 전통적 입장을 공식적으로 제기하는 계기가 되었다. 이에 대해 중국은 2008년 5월 14일 강력한 항의를 담은 진정서를 유엔 사무총장에게 제출하였다.

이 진정서에서 중국은 일본이 제출한 지도(W210)는 조어도(釣魚島) 등을 "불법적으로(illegally)" 표시했다고 주장하였다. 그리고 조어도는 고대부터 중국 영토의 일부였으며, 일본의 지도 표시는 중국의 주권과 영해 획정 권리를 "심각하게 침해(severely violates)"하며, 국제법의 일반원칙과 유엔해양법협약의 규정들을 위반하여 "완전 무효(null and void)"라고 주장하였다.[8] 일본은 중국의 위와 같은 강한 항의에 대해 그 다음 달 20일 답변서를 유엔사무총장에 제출하였다. 이 서면에서 일본은 역사적 관점과 국제법에 기초할 때 센카쿠 열도가 일본의 영토임은 "의심의 여지가 없으며" 실제 일본이 유효하게 통제하고 있기 때문에, 이들 섬들을 둘러싼 영유권 분쟁이 존재하지 않으며, 관련 지도에 센카쿠 열도에 대한 영해를 표시한 것은 적법하다고 주장하였다.[9]

---

7) 본 협정 제21조.

8) Law of the Sea Information Circular. LOSIC No.28 Annex II. CML/14/2008(http://www.un.org/Depts/los/LEGISLATIONANDTREATIES/losic/losic28e.pdf) 참조.

9) Law of the Sea Information Circular. LOSIC No.28 Annex II. SC/08/197(http://www.un.org/Depts/los/LEGISLATIONANDTREATIES/losic/losic28e.pdf) 참조.

위와 같은 영유권 분쟁과는 별도로 대륙붕 경계획정은 오키나와 해구의 지위를 어떻게 볼 것인가에 따라 크게 달라진다. 일본은 양국의 중간선을 해양경계선으로 해야 한다는 입장을 견지하는 반면, 중국은 육지영토의 자연적 연장에 따라 오키나와 해구를 양국 대륙붕의 자연적 경계선으로 보아야 한다는 입장을 유지하고 있다. 일본은 오키나와 해구가 육지영토의 자연적 연장 사이에 우연히 생긴 함몰지역일 뿐 동중국해 대륙붕의 연속성을 단절시키지는 않는 하나의 대륙붕이라고 본다. 반면, 중국은 오키나와 해구가 두 개의 서로 다른 대륙붕이 만나는 지점임을 나타낸다고 본다. 이와 관련 해양경계획정 협정을 위한 협상은 진척되지 않고 있다.[10]

2008년 6월 중국과 일본은 동중국해에 있는 춘샤오 가스전을 공동개발하기로 양해각서를 체결하였다. 이 양해각서는 양국이 경계획정을 위한 협정을 체결하기 이전 과도기로서 공동개발구역을 획정하여 상호 갈등을 줄이고 협력과 발전을 모색하기 위한 것이다. 춘샤오 가스전은 양국의 중간선에서 중국 측에 속하여 중국의 주도로 이루어지고 있다. 이에 양국이 "일본법인의 중국법에 의거한 춘샤오 석유가스전 개발참여에 관한 양해"를 체결하여 일본기업의 참여를 가능케 하고 있다. 하지만 아직까지 일본 기업의 참여는 원활히 이루어지지 못하고 있다. 2009년 10월 하토야마 일본 총리는 중국을 방문하여 춘샤오 가스전 공동개발을 통해 양국간 분쟁의 원인이 되고 있는 "동중국해를 우애의 바다"로 만들자고 제안하였다.[11]

---

10) 賈宇, "제6장 중일 동중국해 공동개발의 중국대륙붕 연장전략에의 영향," 양희철(대표저자), 『국제해양질서의 변화와 동북아해양정책』(한국해양연구원, 2009), pp.324-329.
11) 『세계일보』, 2009년 10월 11일자.

III. 평가 및 정책적 제언

전통적으로 한국은 분쟁해결에 있어서 직접 교섭을 통한 외교적 분쟁해결을 선호하였기 때문에 국제사법기관을 통한 분쟁해결에 대해서는 매우 소극적이다. 직접 교섭을 통한 외교적 분쟁해결은 분쟁의 상황을 가장 잘 아는 당사자들이 분쟁을 직접 해결하는 방식으로 양당사자가 수용가능한 원만한 해결에 기여하는 측면이 있지만, 정치적 타협으로 분쟁이 해결되기

〈표 2〉 유엔해양법협약 분쟁해결 선택조항 활용예

내용 국가	선언 일자	분쟁해결 선택조항				배제선언 항목
		유엔해양법 재판소 (ITLOS)	유엔사법 재판소 (ICJ)	제7부속서에 따라 구성된 중재재판소	제8부속서에 따라 구성된 특별중재 재판소	
미국	–	미 비준상태			1	–
아이슬란드		제287조 분쟁해결수단 미선택 (no choice under article 287 made)				제5부속서의 2항 하 조정에 제출되는 83조의 여하한 해석에 대하여 298조의 권리 유보선언
호주	2002. 3.22.	1	3	–	2	제298조 1항 (a)호
일본	해당자료 없음					
중국	2006. 8.25.	제287조 분쟁해결수단 미선택 (no choice under article 287 made)				제298조 1항 (a), (b), (c)호
한국	2006. 4.18.	제287조 분쟁해결수단 미선택 (no choice under article 287 made)				제298조 1항 (a), (b), (c)호

때문에 분쟁해결의 결과가 영구적이지 못한 단점이 존재한다. 사법적 기관을 통한 분쟁해결의 경험이 한번도 없었다는 점 역시 소극적 태도를 더욱 심화시키고 있는 것으로 판단된다. 또한, 한국은 2006년 4월 18일 유엔해양법협약상의 강제절차배제선언을 UN사무총장에게 기탁한 바 있는데, 이러한 배제선언 역시 제3기관에 의한 분쟁해결에 대한 한국의 소극적 자세를 나타내주는 예로 원용될 수 있다.

어족자원의 경우 1998년 한일어업협정, 2000년 한중어업협정에서, 광물자원의 경우 1974년 한일대륙붕공동개발협정에서 중복수역의 활용과 관련하여 공동개발을 경험해 본바 있다. 다만 이러한 경험은 대부분 관할권에 기초한 접근법이 대부분이었으므로 공동개발수역을 설정하는 방식으로 수행해 왔다. 결과적으로, 관할권에 기초하지 않은 공동개발의 경험은 많지 않다. 관할권에 기초한 잠정조치의 활용보다 최근 발전하고 있는 어족별 접근법이나 해양생태계 접근법을 이용한 잠정조치의 개발에 관심을 가져야 할 것이다.

제19장

항만국통제*

방호삼(전남대)

I. 서설

항만을 관찰하면 수많은 선박이 출·입항하는 모습을 볼 수 있는데, 관습 국제법상, 외국선박이 우리나라의 항구에 출입할 수 있는 일반적 권리는 없다. 이는 타국에 속한 항구나 내수는 그 나라의 영토의 일부분으로 취급 되기 때문이다. 오늘날에는 외국적 선박에게 상호 조약을 통해서 그러한 권리를 부여한다. 이와 같은 이유로 해서 국내항에 입항한 선박에 대하여 국내법이 전적으로 적용될 수 있는 것이다. 외국적 선박이 입항한 항만을 관할하는 국가를 항만국이라 하는데, 항만국통제('PSC': Port State Control) 란 당해 항만국의 통제관(PSC Officers)이, 선박의 안전향상과 해양환경보 호를 위해, 입항한 외국적 선박에 대해 자국의 법규 및 자국이 비준한 국제

---

* 본고는 필자의 박사학위논문(H. Bang, *The Contribution of Port States to Combating Marine Pollution from Ships,* supervised by Professor R. Churchill and Dr U. Khaliq(Cardiff University, 2009), pp.112-120을 참고하여 작성했음을 밝힌다.

규칙 및 기준을 충족하고 있는지를 확인하기 위해 당해 선박에 승선하여 임검하는 행위를 일컫는다. 항만국통제와 항만국관할권('PSJ': Port State Jurisdiction)은 어로, 세관, 출입국관리, 검역 및 국가 안보 등 여러 가지 목적으로 구별 없이 행사되고는 있으나,[2] 기준미달선을 통제하는 데 있어서 두 개념을 구별하는 실익이 있다. 본 구별작업은 항만국통제의 개념을 우선 충분히 논한 후 뒤에서 접근하는 것이 타당하다. 근래에는 항만국통제의 행사의 정도가 더한층 증대되어 왔는데, 그 원인으로 기국 및 연안국 관할권 행사의 불능 또는 부족을 들 수 있다. 이하에서 항만국통제의 법적 기초, 의의, 범위 및 항만국통제와 항만국관할권의 이론적인 차이점에 대하여 알아본다.

II. 항만국통제의 법적 기초

항만국통제를 항만국관할권으로부터 구별할 수 있다면 항만국통제의 행사가 국제법적으로 어떻게 정당화될 수 있는지 물을 수 있다. 사실상 항만국통제의 법적 기초와 항만국관할권의 그것은 동일하다.

연안국은 항만을 포괄하는 내수에서도 영토주권을 행사할 수 있다. 이는 내수가 주권이 행사되는 연안국의 영토로 비유될 수 있기 때문이다.[3] 선박은 외국의 항만이나 내수에 진입함으로써 당해 항만국 또는 연안국의 영토

---

2) For the scope and extent of port State jurisdiction, see E. Molenaar, "Port State Jurisdiction: Toward Comprehensive, Mandatory and Global Coverage," *Ocean Development and International Law,* vol.38(2007), p.225.

3) R. Churchill and A. Lowe, *The Law of the Sea* (Manchester: Manchester University Press, 1999), p.61; B. Smith, *State Responsibility and the Marine Environment* (Oxford: Clarendon Press, 1988), p.167; J. Hare, "Port State Control: Strong Medicine to Cure a Sick Industry," *Georgia journal of international and Comparative Law,* vol.26(1997), p.572.

주권에 종속되는 것이다.⁴⁾ 국제사법재판소는 연안국이 항만 진입 규제권을 행사할 수 있는 것은 '주권' 때문이라고 판시했다.⁵⁾ 하지만 실제로는, 우호통상항해조약 덕분으로 외국적 선박은 외국의 항만을 출입할 수 있다.⁶⁾ 외국적 선박이 연안국에 자발적으로 입항했다는 것은 당해 국가의 모든 법 규범 특히, 국제 규칙과 기준을 반영하고 있는 법규를 준수하겠다는 의미도 된다. 항만국의 권한은 유엔해양법협약 제25조에서 확인되는 바, 이는 외국적 선박으로 하여금 당해 연안국의 내수 또는 항만 진입과 관련하여 규정해 놓은 조건을 위반하지 않도록 하기 위해 필요 조치를 취할 수 있다는 기존의 관습국제법을 성문화한 것이다. 본 조문은 사실상, 아래에 나오는 국제해사기구와 국제노동기구의 국제협약을 외국적 선박에게 집행할 수 있는 법적 근거를 제시했다. 다음 절에서 국가가 항만국통제를 실시하는 의의, 방법, 범위 및 항만국통제 양해각서(Memorandum of Under-standing on PSC, 이하 'MOU')에 대해 알아본다.

III. 항만국통제의 의의, 범위 및 항만국통제 양해각서

항만국통제란 외국적 선박의 입항국에서 선박의 안전을 도모하고 해양오염을 방지하기 위해서 국제협약뿐만 아니라 국제협약의 규칙과 기준을 실행하는 국내법규를 당해 선박에게 집행하는 것이라고 정의할 수 있다.⁷⁾ 항

---

4) Churchill and Lowe, *supra* note 3, p.65; T. McDorman, "Regional Port State Control Agreements: Some Issues of International Law," *Ocean and Coastal Law Journal,* vol.5(2000), p.210; see also A. Odeke, "Port State Control and UK Law," *Journal of Maritime Law and Commerce,* vol.28(1997), p.659.

5) *Military and Paramilitary Activities in and against Nicaragua* (Nicaragua v. the United States), Merits, Judgement, I.C.J. Reports(1986), p.14, 111.

6) Churchill and Lowe, *supra* note 3, p.63.

7) Hare, *supra* note 3, p.571.

만국통제라 하면 통상 당해 국가에서 비준된 국제규칙 및 기준을 집행하는
것으로 정의하려 하나, 이는 반드시 그렇지는 않음에 유의해야 한다. 원칙
적으로, 국내법 규정도 당해 외국적 선박에게 집행할 수 있다.[8] 항만국은
자국이 비준한 국제법규뿐만 아니라, 국제해사기구, 국제노동기구 및 기타
국제기구에서 상당한 수의 국가가 비준한 소위 '일반적으로 승인된' 국제
규칙과 기준도 외국적 선박에게 집행할 수 있다. 이는 유엔해양법협약 제
219조에 규정되어 있다. 항만국통제는, 1973년의 선박으로부터의 오염방지
를 위한 국제협약을 성립시킨 1973년에 개최된 해양오염에 관한 정부간해
사자문기구의 회의에서 소개된 이후 국제해사협약을 통해 꾸준히 발달해왔
다. 많은 수의 국제협약이 국제해사기구와 국제노동기구의 지원으로 탄생
함에 따라 선박통제 및 점검의 정도도 가일층 강화되어 왔음을 알 수 있다.
주요 국제해사협약이 항만국통제의 실시에 있어 적용 기준이다.

대표적으로 1974년의 해상인명안전협약('SOLAS'),[9] 위에서 언급한 1973
년의 선박으로부터의 오염방지를 위한 국제협약('MARPOL 73/78'),[10] 1978
년의 선원의 훈련, 자격 및 당직근무의 기준에 관한 국제협약('STCW'),[11]
1976년의 상선의 최저기준에 관한 협약(ILO Convention No.147)[12] 그리

---

8) *Ibid.* Hare는 항만국통제의 목표는 선박으로 하여금 국제항해안전 협약과 아울러 국
  내에서 입법한 해사안전 규정도 준수하도록 하는 것이라고 한다. McDorman, *supra*
  note 4, pp.210-212. McDorman에 따르면, 국제법은 항만국이 입항하는 선박에게
  자국의 국내법을 적용할 수 있음을 인정하고 있다고 한다.

9) International Convention for the Safety of Life at Sea, London, 1 November
  1974. In force 25 May 1980. 1184 *UNTS* 2; 1980 *UKTS* 46.

10) International Convention for the Prevention of Pollution from ships, London,
   2 November 1973, as amended by the Protocol, London, 1 June 1978. In force
   2 October 1983. 1340 *UNTS* 61.

11) International Convention on Standards of Training, Certification and Watch-
   keeping for Seafarers, London, 1 December 1978. In force 28 April 1984. 1984
   UKTS 50.

12) ILO Convention No.147 concerning Minimum Standards in Merchant Ships,
   Geneva, 29 October 1976. In force 28 November 1981. Maritime Labour Con-
   ventions and Recommendations (International Labour Organization, Geneva
   1994), at 15-20.

고 1966년 만재흘수선에 관한 국제협약(Load Lines Convention)[13]을 들수 있다.

비록 선박이 해상안전확보와 해양오염방지에 관한 국제규칙과 기준을 준수하도록 하는 책임은 기국에 있긴 하나, 항만국통제를 통해 그러한 기준을 외국적 선박에게 집행하는 것도 보충적 수단으로서 대단히 효과적이다. 항만국통제의 개념 정의 시 사용하는 용어 '준수(Compliance)'를 '실행(Implementation)'과 '유효(성)(Effectiveness)'과 구별해 볼 필요가 있다.[14] Wolfrum은 '준수'란 한 국가에 의해 채택·비준된 국제의무가 실제로 완전히 이행된 것이라고 한다.[15] 그는 작위(법적 의무 이행)는 국제적으로나 국내적으로 모두 요구된다고 한다.[16] 하지만, 용어 '실행'은 한 국가가 국제의무에 따라 국내법을 채택하는 것인 반면, 용어 '유효(성)'는 주어진 국제법규의 최종목표가, 실제로, 부분적 내지 전체적으로 달성되었는지의 여부를 의미하는 것이다.[17] 요는 국제규칙과 기준을 '준수'하도록 하는데는 '집행(enforcement)'이 요구된다. 선박(정확히 선장 또는 선박소유자)이 국제규칙과 기준을 준수하도록 집행하는 하나의 수단이 항만국통제이며, 일반적으로 승인된 국제규칙과 기준 및 관련 국내법규를 '준수'하지 않는 외국적 선박에 대하여 필요 조치를 취하는 등 선박운항의 안전망을 구축하는 것이 그 목적이다.

---

13) International Convention on Load Lines, London, 5 April 1966. In force 21 July 1968. 640 *UNTS* 133.

14) L. di Pepe, "Port State Control as an Instrument to Ensure Compliance with International Marine Environmental Obligations," in A. Kirchner (ed.), *International Maritime Environmental Law* (The Hague: Kluwer Law International, 2003), p.146.

15) R. Wolfrum, "Means of ensuring compliance with and enforcement of international environmental law," 272 *Recueil des Cours-Collected Courses of the Hague Academy of International La*-1998 (The Hague: Martinus Nijhoff Publishers, 1999), p.29.

16) *Ibid.*

17) di Pepe, *supra* note 14, p.146.

다음으로 논의해야 할 사항은 항만국통제관이 선박에 대하여 임검하는 분야와 임검 결과에 관해서다. 앞서, 여러 가지 목적을 위해 항만국통제를 실시한다고 했다. 세관, 출입국관리, 검역, 어로, 국가안보 등이 그것인데, 선박의 안전을 확보하기 위해서 기준미달선을 근절하는 면에서, 항만국통제관은 선박안전확보, 선원자격향상 및 오염방지와 관련하여 선박이 그러한 국제규칙과 기준을 준수하고 있는지를 점검한다. 이러한 분야는 국제해사기구와 국제노동기구의 주요 국제협약에 세세히 규정되어 있다. 외국적 선박의 임검결과와 관련하여, 만약 당해 선박이 국제규칙과 기준을 충족하지 못하여 결함사항이 발견되면 항만국통제관은 다음의 조치를 취할 수 있다.

출항 전 결함사항 시정조치, 특정조건하에 다음 항구에서 결함사항 시정조치, 경미한 결함사항의 경우, 14일 이내 시정조치 및 선박 출항정지 조치가 그것들이다.[18] 항만국통제를 실시함에 있어, 발견된 결함사항이 중대하여 선박 안전, 선원 건강 또는 해양환경에 명백히 위해를 줄 수 있는 선박의 경우 출항이 정지된다.[19] 원칙적으로, 선박 임검 중에 중대한 결함사항이 발견되었다면, 출항 전에 시정되어야 함은 마땅하다. 바로 그 '시정조치'가 선박의 안전을 확보하고 선박기인오염을 방지하는 데 공헌하는 수단인 셈이다. 시정조치는 선박의 출항정지를 포함하는 것이며, 출항정지는 선박운항 일정에 심각한 차질을 초래하기 때문에 선박소유자와 승선원이 피하려 들고 따라서 하나의 강력한 조치가 될 수 있는 것이다.

선박은 높은 가치를 지니며 많은 운항비용이 소요되는 값비싼 자산이다.[20] 거의 모든 선박은 선박소유자 내지는 용선자가 마련한 꽉 짜여진 운

---

18) G. Kiehne, "Investigation, Detention and Release of Ships under the Paris Memorandum of Understanding on Port State Control: A View from Practice," *The International Journal of Marine and Coastal Law*, vol.11(1996), p.222.

19) See Article X(2) of the STCW Convention; Article 4(1) of the ILO Convention No.147; and Article 219 of the UN Convention on the Law of the Sea.

20) A. Rajadurai, "Regulation of Shipping: The Vital Role of Port State Control," *MLAANZ (Maritime Law Association of Australia and New Zealand) Journal*, vol.18(2004), p.102.

항일정을 소화해야 한다. 선박소유자나 용선자는 출항정지를 당하게 되면 운항일정의 차질에 따른 금전적 손실과 함께 시급히 이행해야 하는 수리작업에 따른 비용도 부담하게 된다.21) 바로 이 점이 국제해사협약의 규칙과 기준을 준수하도록 만드는 요인인 셈이다. 많은 경우, 출항정지 조치는 사법기소보다 즉각적이면서 효과적일 수 있다. 출항 전에 선박안전확보와 오염방지를 저해하는 문제점을 바로 잡을 수 있고, 사법기소보다 훨씬 저렴한 비용으로 미래의 억제효과를 창출해 낼 수 있기 때문이다.

　항만국통제는 1980년대부터 국제적·지역적으로 조직화되어 실시되었다. 특정지역의 여러 나라의 해사당국이 모여 항만국통제에 관한 양해각서를 탄생시켰다. 지금까지 아홉 개의 항만국통제 MOU가 결성되었는데, 한 선박이 상업적으로 운항할 때는 통상 특정지역의 수 개의 항구에 기항하는 점에 착안하여 각 해사당국의 항만국통제를 보다 통일적으로, 조직적으로 실시하려는 데 그 일차적 목적이 있다. 이러한 조화로운 항만국통제를 바탕으로 선박임검 정보를 공유함으로써, 보다 효율적·효과적으로 기준미달선을 통제하는 것이 궁극적인 목적이다. 항만국통제 MOU는 항만국통제에 있어서 그 역할과 중요성이 지대하기 때문에 현재까지 성립되어 운영되고 있는 MOU를 나열해 볼 필요가 있다.

　먼저 1982년에 최초로 항만국통제에 관한 파리 MOU가 유럽지역에서 결성된 후, 그 성공적인 운영과 선박통제에 힘입어 다음의 MOU들이 추가적으로 성립되었다. 1992년의 라틴아메리카 국가들의 Viña del Mar 협정, 우리나라가 가입되어 활동 중인 1993년의 아시아 태평양 지역의 도쿄 MOU, 1996년의 카리브 지역 MOU, 1997년의 지중해 지역 MOU, 1998년 인도양 MOU, 1999년의 서부·중부 아프리카 지역의 Abuja MOU, 2000년의 흑해 지역 MOU 그리고 2004년의 걸프국가들의 Riyadh MOU가 그것이다.22) 각 MOU는 특정 회원국에 상임 직원을 둔 사무국을 설치하며, 각

21) *Ibid.*
22) 보다 상세한 사항은 각 MOU가 운영 중인 웹사이트를 참조할 것. 파리 MOU (http://

회원국의 정부 대표로 구성되는 의결기구인 항만국통제위원회를 매년 개최
하여 지역의 항만국통제 정책을 수립, 시행 및 평가하는 등 보다 효과적인
항만국통제의 시행을 꾀하고 있다.

IV. 항만국통제와 항만국관할권

본 절에서는, 항만국통제와 항만국관할권의 요점을 정리하여 그 차이점
을 조명한다. 항만국통제의 경우, 통상적으로 항만당국이 행정적 집행까지
만 하게 되는데, 즉 중대한 결함사항이 발견되면 시정될 때까지 출항정지
조치를 발령하거나 가까운 수리조선소로 진입하여 문제의 결함사항을 해결
하도록 조치한다.23) 항만국통제를 항만국관할권으로부터 이론적으로 구별
할 수 있는 것은, 항만국은 선박안전향상과 해양오염방지 법령을 위반한
선박을 사법기소하지 않는다는 점이다.24) 선박에 대한 사법기소는 항만국
관할권의 국제법적 개념에 있어서의 특징이다. 국제해사협약이나 항만국통
제 MOU에서 항만국이 국제규칙과 기준 또는 국내법을 위반한 외국적 선
박을 기소할 수 있는 구체적 권한이 부여되지도 않았다. 항만국통제를 실
시함에 있어서, 항만국은 법규 위반 선박에 대하여 사법기소를 하지 않고
출항정지를 통해 결함사항을 시정하는 것으로 만족한다.25) 그와 같은 사례

---

parismou.org/); Viña del Mar 협정(http://200.45.69.62); 도쿄 MOU(http://www.
tokyo-mou.org/); 카리브 지역 MOU(http://www.caribbeanmou.org/); 지중해 지
역 MOU(http://www.medmou.org); 인도양 MOU(http://www.iomou.org/); Abuja
MOU(http://www.abujamou.org/); 흑해 지역 MOU(http://www.bsmou.org/); Riyadh
MOU(http://www.riyadhmou.org/about_us.asp).

23) H. Bang, "Port State Jurisdiction and Article 218 of the UN Convention on the
   Law of the Sea," *Journal of Maritime Law and Commerce,* vol.40(2009), p.292.

24) *Ibid.*

25) Churchill and Lowe, *supra* note 3, p.276.

로 아일랜드와 한국의 경우를 들 수 있다.

한편, 항만국관할권의 행사는 당해 국가의 항만이나 관할 수역에서 발생한 위반에 대한 사법기소에 국한되지 않는다. 유엔해양법협약 제218조에 따라 당해 국가의 내수, 영해, 또는 배타적 경제수역 외측에서 저지른 위반행위도 기소할 수 있다. 유의해야 할 점으로, 항만국통제와 달리 항만국관할권의 주된 특징은 입법관할권의 행사에 있다기보다 집행 및 사법관할권의 그것에 있다고 보아야 한다. 항만국통제의 개념에도 입법관할권의 요소가 내재되어 있기 때문이다. 즉, 외국적 선박을 점검하기 위해서 당해 국가는 반드시 국내법에 그 법적 근거를 마련해 놓아야 하기 때문이다. 그렇지 않으면 항만국통제의 행사 자체가 자의적으로 흐를 수 있으며 법치주의에 반하는 결과를 낳을 수 있다.

V. 항만국통제의 평가

부당한 출항정지 조치가 발령될 수 있다는 것이 항만국통제의 결점으로 작용할 수도 있다.[26] 그러나 유엔해양법협약 제232조에 따라 당해 항만국은 그런 부당한 출항정지 조치로 빚어지는 손해에 대하여 배상책임을 져야 한다. 부당한 출항정지 조치에 대한 보완 절차가 있으므로 그와 같은 항만국통제의 결점은 반드시 결함이라고는 보기 어렵다. 물론, 부당한 출항정지 조치가 취해진 경우, 절차적으로 문제될 소지는 있을 수 있는데, 부당한 출항정지 조치로 피해를 입은 선박소유자는 손해배상을 청구할 수는 있으나, 항만국통제 MOU(양해각서)의 사무국에 곧바로 청구할 수 없다는 데 있다. 파리 MOU는 명시적으로 손해배상규정을 천명하고 있는 유엔해양법협약 제232조와 관련하여 어떠한 영향도 미칠 수 없다고 규정하였다. 또한

---

26) Hare, *supra* note 3, p.590.

파리 MOU는 출항정지 조치에 대하여 분쟁이 있는 경우 그 입증책임을 선 박소유자에게 지우고 있다. 이는 불복구제절차가 실제로는 복잡해질 수 있 음을 의미한다. 항만국통제가 국제규칙과 기준을 실행하는 국내법에 따라 시행되는 국가의 소관업무이기 때문에 부당한 출항정지 조치와 관련한 분 쟁도 당해 국내법규에 의해 해결되는 것이 합당하다. 항만국통제 MOU도 국내법의 우위를 명시적으로 천명하고 있다. 결국, 불복구제절차와 관련한 법규범이 국내법에 의해 마련되어야 한다. 그렇지 않은 경우, 통상의 국내 행정법상 구제 절차가 적용될 것이다. 국내법규범을 마련한 사례로, 미국 해안경비대는 출항정지 조치의 형평성과 일관성을 확보하기 위해 자체적으 로 이의제기 및 항소절차를 도입했다.[27] 뉴질랜드의 국내법 또한 선박소유 자를 위해 구체적 항소절차를 마련해 놓고 있다.[28]

---

27) International Commission on Shipping, Inquiry into Ship Safety: Ships, Slaves and Competition(2000) p.142, at http://www.itfglobal.org/seafarers/icons-site/images/ICONS-fullreport.pdf, accessed on 18 February 2011.

28) Maritime Transport Act, 1994(New Zealand), art. 55(7) in Hare, *supra* note 4, p.590.

제20장

북한과의 현안문제:
국제법이 통하지 않는 남북한 해양 갈등

이정훈(동아일보)

I. 해양 경계선이 없는 남북한

2010년 11월 23일 남북한군이 벌인 연평도 포격전으로 한국 군인 2명과 한국 민간인 2명이 숨졌다. 북한 쪽에서도 인명 피해가 있었다고 한다. 이 사건은 2010년 3월 26일 발생해 46명의 한국 군인을 숨지게 한 '천안함 피격 사건'과 더불어 대표적인 남북 해양 갈등으로 꼽힌다. 두 사건 뒤에는 남북한이 해양 경계선을 결정하지 못한 갈등이 숨어 있다.

유엔 회원국인 남북한을 독립된 나라로 본다면 두 나라는 동·서해에서 해양 경계선을 획정(劃定)해야 한다. 그러나 남북한은 내전인 6·25전쟁의 정전으로 분단됐으니 두 나라로 볼 수가 없다. 대한민국의 정체를 규정한 헌법 제3조는 대한민국의 영토를 한반도와 부속도서로 해놓았다. 따라서 북한정권은 '반(反)국가단체'이고 북한지역은 반국가단체가 불법으로 장악한 '미수복(未收復)지구'가 된다.

북한 헌법[1]에는 영토 조항이 없다. 북한에서는 조선로동당 규약이 헌법

보다 상위이다. 김정일의 3남인 김정은을 후계자로 정한 2010년 9월 28일 조선로동당 대표자회에서 수정된 조선로동당 규약2)에도 영토에 대한 규정은 없다. 그러나 규약 서문에는 조선로동당의 최종 목적을 '온 사회를 주체사상화'로 해놓아, 한반도 전역을 조선로동당 권역으로 하겠다는 것을 분명히 했다.

이렇게 상대 지역을 자기 영토로 주장하니 남북한은 충돌할 수밖에 없다. 하지만 1953년 체결한 정전협정이 있어 공개적인 충돌은 하지 못한다. 상대가 결정적인 허점이 보이지 않는 한 상대 지역을 자기 영토에 편입하는 과감한 노력(전면전)을 자제하고 있으니, 작금의 한반도 질서를 규율하는 것은 정전협정이라고 해도 과언이 아니다. 문제는 이 정전협정에 해양 분할에 대한 내용이 없다는 점이다.

왜 정전협정은 해양 경계선을 획정하지 않은 것일까. 그 해답은 6·25전쟁 전후사에서 찾아야 한다. 남북한 해양 갈등은 통일이 될 때까지 계속될 수밖에 없으니 주의 깊은 연구와 대책 마련이 절실하다.

---

1) 이 글에서의 북한 헌법은 2009년 4월 8일 최고인민회의에서 8번째로 수정한 '조선민주주의인민공화국 사회주의 헌법'을 말한다. 김일성을 찬양하는 서문과 함께 7장 172조로 구성된 이 헌법에는 공산주의라는 단어가 등장하지 않는다. 대신 김일성의 주체사상과 김정일의 지도이념인 '선군(先軍)사상'을 지도 지침으로 삼는다고 밝혀 놓았다. 국방위원장을 '최고 영도자(국가원수)'로 못박은 것도 특징이다. 이전 헌법에서는 최고인민회의(국회)를 '최고주권기관'으로 규정해 최고인민회의 상임위원장(국회의장)이 명목상 국가원수 노릇을 했다.
2) 서문과 10장 60조로 구성된 이 규약에서도 공산주의라는 단어가 등장하지 않는 것이 특징이다.

II. 정전협정과 유엔해양법협약,
남북기본합의서를 둘러싼 힘겨루기

1953년 7월 27일 발효된 정전협정에 따라 남북한은 양쪽 군이 위치한 곳의 정중앙을 따라 '군사분계선(MDL: Military Demarcation Line)'을 긋고, 그 남북으로 2km까지를 '비무장 지대(DMZ: De-Militarized Zone)'로 정했다. 비무장지대 안에는 정전체제 유지를 위해 소화기(小火器)3)만 가진 경찰력을 투입하고, 정규군은 바깥에 두기로 했다.

대한민국 정규군이 갈 수 있는 군사분계선 남쪽 2km선이 '남방한계선', 북한 정규군이 접근할 수 있는 군사분계선 북쪽 2km선이 '북방한계선'이다. 남방한계선과 북방한계선 사이의 비무장 지대에 한국군은 '민정경찰(民政警察)' 자격을 가진 부대(수색대)를 투입하고, 북한군은 특수전 훈련을 받은 요원들로 구성된 '민경대(民警隊: 민정경찰대의 줄임말)'를 집어넣고 있다.

대한민국 민정경찰대(수색대)와 북한의 민경대가 주둔하는 초소가 GP(Guard Post: 경계초소)이다. 남북 GP 사이에서는 이따금 총격전이 벌어지기도 한다. 대포와 전차 장갑차 등으로 중무장한 정규군은 남·북방한계선 밖에 주둔한다. 남·북방한계선을 따라 설치된 정규군의 최전방 진지가 GOP(General Out Post: 일반전초)다. 여기에서 기억해둬야 할 것이 북한 정규군의 최전방선인 '북방한계선'이다. 이 북방한계선은 뒤에서 설명할 해상의 북방한계선과 그 성격이 크게 다르다.

정전협정은 이렇게 육상의 군사분계선에 대해서는 자세히 규정했지만, 해상의 군사분계선은 아예 언급하지 않았다. 정전협정은 해상에 있는 섬에 대한 영유권만 결정했다. 따라서 남북 모두 해양 경계선을 그을 수 있다.

---

3) 소화기라 함은 권총과 개인용 소총, 개인용 기관총을 뜻한다. 포나 미사일 등은 중화기(重火器)에 속한다. 민정경찰이나 민경 자격을 갖고 비무장 지대에 들어가는 남북한 부대는 전차나 장갑차 같은 장비도 사용하지 못한다.

지금 해상에는 1953년 유엔군이 정한 '북방한계선'과 1999년 북한이 서해
만을 대상으로 설정한 '해상군사분계선'이 병존하고 있다. 이 두 개의 라
인 가운데 실질적으로 분계선 역할을 하는 것은 유엔군이 정한 북방한계선
이다.

6·25전쟁 때 UN군 사령부 역할을 수행한 것은 일본 도쿄에 있던 미국
극동군 사령부(사령관 더글러스 맥아더 육군 원수)였다. 6·25전쟁이 일어
나기 전 극동군사령부는 미국 정부의 결정에 따라 한국 주둔 미군을 철수시
키고 'KLO(Korea Liaison Office)'라고 하는 주한연락처(駐韓連絡處)를
두었다. 이 상태에서 전쟁이 일어나자 연락사무소에 불과한 KLO의 비중이
높아졌다.

전쟁을 수행하려면 첩보 수집을 해야 하므로 KLO는 북한에서 내려온 청
년들을 모아 특수 훈련을 시켜 북한으로 침투시켰다. 당시의 한국인들은
이 조직을 '켈로(KLO)⁴⁾ 부대'로 불렀다. 6·25전쟁 때 유엔군은 동·서해
의 제해권을 완전 장악했다. 켈로 부대들은 북한 주요 도시로 침투가 용이
한 평북 신의주 앞바다의 수운도와 대화도, 평남 남포 앞바다의 초도 등을
장악했다. 황해도 앞바다에 있는 백령도는 이들의 최후방 기지였다. 백령
도는 황해도 구월산에서 활동하는 한국 유격대를 지원하는 기지역할도 했
다. 동해에서는 한국군 해병대가 주요 섬을 차지하고 있었다.

반면 북한은 남한에서 지리산 빨치산⁵⁾으로 대표되는 빨치산 부대를 운

---

4) 6·25전쟁 때 일반 한국인들의 외국에 대한 정보가 거의 없었기에 KLO를 "케이 엘
오"가 아니라 "켈로"로 편하게 발음했다. 6·25전쟁 때 영국 캐나다와 영연방군을 편
성한 호주(오스트레일리아)는 소규모 공군을 파병했는데, 일반 한국인들은 호주(濠洲)
공군기를 '호주기(濠洲機)'로 불렀다. 이승만 대통령의 부인인 프란체스카 여사는 오
스트리아인이다. 그런데 많은 한국인들은 오스트리아와 오스트레일리아(호주)가 같은
나라인 줄 알고, 호주가 사위(이승만 대통령) 나라를 돕기 위해 호주기를 보냈다고
이해했다. 나중에는 미 공군기까지도 호주기로 불렀다. 역사 속의 작은 에피소드다.
5) 공산주의자들은 평등을 강조하기에 동료를 '동무'로 부른다. 동무를 프랑스어로 parti
라고 하는데 여기서 partisan이라는 말이 나왔다. 공산 게릴라인 '파르티잔'이 한국에
서는 '빨치산'으로 불리게 됐다. 켈로처럼 외국어에 서툴던 시절 만들어진 조어이다.
게릴라(guerrilla)는 나폴레옹군이 쳐들어왔을 때 저항한 스페인 민병대를 뜻하는 고유

용했다. 지리산은 6·25전쟁 이전에도 빨치산의 무대가 된 적이 있었다. 대한민국 정부 수립[6] 직후인 1948년 10월 19일, 전남 순천에 있던 국군 14연대에서 숨어 있던 공산주의자들이 선동해 무장봉기를 일으키고 순천과 여수를 점령했다(여순사건). 그로 인해 국군이 토벌작전을 펼치자 지리산 으로 도주해 저항했는데, 이들이 세칭 '구(舊) 빨치' 다. 구 빨치에 대한 토 벌은 6·25전쟁 직전까지 계속됐다.

낙동강 방어선으로 몰렸던 유엔군은 인천상륙작전으로 일거에 전세를 역전시켰다. 그러자 제때에 퇴각하지 못한 인민군 패잔병들이 지리산으로 몰려가 북한군이 다시 내려올 때까지 항거하는 빨치산 투쟁에 들어갔다. 지리산 빨치산의 횡포는 위협적이었기에 1951년 11월 26일 한국군은 2개 사단으로 구성된 '백야전사[7](이후 서남지구 전투사령부로 개칭)' 를 만들 어 1952년 8월 5일까지 토벌작전을 펼쳤다. 빨치산들은 지리산 이외 지역 에서도 소규모 저항을 했다.

이런 식으로 남북은 상대 지역에 '자기 구역' 을 갖고 있었다. 정전협상 에서는 이 지역 처리를 놓고 논쟁하다 '상대에게 돌려 준다' 는 합의를 했 다. 그러나 모든 지역을 돌려주는 게 아니라 38선을 경계로 돌려주기로 했 다. 유엔군은 동·서해의 섬과 구월산 지역을 북한에 돌려주고, 북한은 빨 치산이 활동한 지리산 등을 포기했다. 그러나 백령도를 포함한 서해 5도는 38선 이남에 있기에 우리가 그대로 영유하게 되었다.[8]

한국인들은 이 합의에 격렬히 반대했다. 지리산 빨치산 등은 우리 군의

명사에서 생겨났다.

6) 1945년 8월 15일 일제로부터 독립한 우리는 3년 뒤인 1948년 8월 15일 대한민국 정부 를 수립했다.

7) 6·25전쟁 때만 해도 지휘관의 이름을 따서 부대 이름을 정하는 경우가 가끔 있었다. 6·25전쟁 때 최초로 참전한 미군 부대인 스미스 부대는 지휘관인 스미스 대령의 성을 딴 것이다. 백(白)야전사는 사령관인 백선엽 소장의 성을 딴 것이다. 6·25전쟁 개전 때 준장으로 1사단을 맡았던 백선엽 씨는 소장으로 진급해 1군단장을 하다 백야전사 사령관이 되었다.

8) 백령도를 포함한 서해 5도는 38선 이남에 있기에 6·25전쟁 이전에도 우리가 영유했다.

토벌로 사실상 소멸됐지만, 우리 군은 동·서해의 섬과 구월산을 완벽히 장악하고 있어 둘을 같이 볼 수가 없기 때문이었다. 유엔군의 지시로 북한 섬에서 철수해온 한국군은 되돌아가려고 했다. 이렇게 되면 정전협정이 깨지므로, 유엔군은 정전협정 체결 한 달 뒤인 8월 30일 한국인들이 북상(北上) 한계선인 '북방한계선(NLL: Northern Limit Line)'⁹⁾을 선포하고, 미군 함정을 동원해 이 선을 넘으려는 한국 선박을 단속했다.

유엔군이 북방한계선을 선포한 것은 1952년 9월 27일 유엔군 사령관인 마크 클라크 미 육군 대장이 선포한 '한국방위수역'과도 약간 연관이 있다 (〈지도 1〉). '클라크 라인'으로 불렸던 한국방위수역은 북한을 완전 해상 봉쇄하는 것이라, 북한은 큰 스트레스를 받았다. 때문에 정전협상에서 이의 철폐를 요구해 관철시켰다. 유엔군은 정전협정 체결 한 달 뒤인 1953년 8월 27일 클라크 라인을 철폐하고, 사흘 후 한국 선박이 들어가서는 안 되는

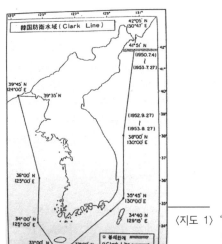

〈지도 1〉 '클라크 라인'으로 불렸던 '한국방위수역'
북한 해상봉쇄인 클라크 라인을 폐지하면서 유엔군은 북방한계선을 설정했다

---

9) 서해에 선포한 것은 북방한계선이었으나 동해에 선포한 것은 '북방경계선(NBL: Northern Boundary Line)'이었다. 그러나 유엔군은 1996년 7월 1일 동해의 북방경계선을 북방한계선으로 개칭했기에 이 글에서는 북방한계선으로 통칭한다.

북방한계선을 선포했다.

이렇게 해서 탄생한 것이 해상의 북방한계선이다. 육상의 북방한계선은 북한 정규군이 배치될 수 있는 한계선이지만, 해상의 북방한계선은 한국군이 북상할 수 있는 한계선 성격을 가진 것이다. 북한은 유엔군이 한국 세력의 북상을 막기 위해 설정한 북방한계선은 반겼다. 1959년 북한의 중앙통신사는 유엔군이 선포한 북방한계선을 남북한 사이의 해상 분계선으로 표시한 황해남도 지도를 '조선중앙연감' 에 게재하기도 했다(〈지도 2〉 참조).

여기서의 궁금증은 왜 유엔군은 '섬 영유권 문제만 결정하고 해양 분계선은 긋지 않았는가' 라는 의문이다. 이 문제는 당시의 해양 질서가 지금과 달랐던 데서 찾아야 한다. 지금은 12해리 영해와 200해리 배타적 경제수역이 적용되지만, 당시는 배타적 경제수역은 없고 3해리 영해가 적용되던 시절이었다. 1해리는 1.852km이니 3해리는 5.556km이다. 따라서 11.112km(6해리)만 떨어져 있으면 양측은 굳이 경계선을 그을 이유가 없다. 서해 5도

〈지도 2〉 황해남도와 서해 5도 사이 경계선을
북방한계선과 비슷하게 그은
조선중앙연감의 지도

가운데 북한과 가장 가까이 있는 연평도에서 북한의 개머리 해안까지의 거리가 12km였으니 양측은 골치 아프게 바다 경계선을 그을 이유가 없었다.

이러한 해양질서가 1977년부터 바뀌게 됐다. 많은 나라에서 영해 폭을 12해리로 늘이고, 200해리까지를 배타적 경제수역으로 하자는 주장이 나온 것이다. 그리하여 미국이 12해리 영해제를 채택하자, 한국과 일본도 3해리 영해를 버리고 12해리 영해제를 채택했다. 이러한 분위기 속에서 유엔은 12해리 영해, 200해리 배타적 경제수역을 주 내용으로 한 유엔해양법협약을 제정했다.

이 협약에 한국과 미국 일본, 중국 북한은 서명했다. 이 협약은 1994년 60개국이 국회의 비준 동의서를 기탁함으로써 발효되었다. 한국과 미국 일본 중국은 1994년이 오기 전 국회 비준서를 기탁했으나 북한은 2011년까지도 국회 비준서를 기탁하지 않았다. 유엔해양법협약이 발효되자 한국과 일본 중국 미국 등은 추가로 200해리 배타적 경제수역을 선포했다. 이때 정해진 원칙이 영해선이나 배타적 경제수역선이 겹치면 그 중간선을 경계선으로 한다는 것이었다.

그런데 유엔해양법협약이 발효되기 2년 전인 1992년 2월 19일 남북한은 남북기본합의서(정식명칭은 남북 사이의 화해와 불가침 및 교류 협력에 관한 합의서)를 발효시켰다. 이 합의서 제2장 제11조[10]에는 유엔군이 선포한 북방한계선을 인정하는 내용이 담겨 있었다. 1992년 9월 17일부터 효력을 발휘한 '남북기본합의서 제2장의 남북 불가침의 이행과 준수를 위한 부속합의서' 의 10조[11]에도 같은 내용이 들어 있다.

유엔해양법협약은 무조건 12해리 영해와 200해리 배타적 경제수역을 도입한다고 규정하고 있지 않다. 양측이 이전에 합의한 것이 있으면 그것을 준수하고, 양측이 합의해야 유엔해양법협약을 따라 새 경계선을 그을 수

---

10) 제2장 제11조 남과 북의 불가침 경계선과 구역은 1953년 7월 27일자 군사정전(휴전)에 관한 협정에 규정된 군사분계선과 지금까지 쌍방이 관할하여 온 구역으로 한다.

11) 제10조: 남과 북의 해상 불가침 경계선은 앞으로 계속 협의한다. 해상불가침구역은 해상 불가침 경계선이 확정될 때까지 지금까지 관할하여온 구역으로 한다.

있다고 해놓았다. 1953년 유엔군이 선포한 북방한계선은 이후 북한 해군의 남하를 막는 선으로 성격이 변모해 한국 해군이 지키게 됐는데, 한국 해군은 이 선을 잘 지켜냈다. 북방한계선은 남·북한 사이의 해양 경계선으로 기능하게 된 것이다.

이것이 유엔해양법 시대를 맞은 북한에게 불만이 됐다. 북한은 정전협정은 섬 영유권 문제만 확정했지 해양 분할은 거론한 바 없다며 새로운 해양 분할을 요구했으나, 한국은 "남북기본합의서에 합의해 놓고 무슨 소리냐"라고 일축했다. 북한은 무력으로 서해의 북방한계선을 무너뜨리는 시도를 해보았으나 여의치 않았다. 1999년 6월 15일 발생한 제1차 연평해전이 대표적인 무력도발인데, 한국 해군의 단호한 대처로 완전 실패했다.

북한은 제1차 연평해전 발발 석 달 뒤인 1999년 9월 2일, 정전협정에 따라 서해 5도에 대한 유엔군(한국)의 영유는 인정하나 그 주변 바다는 북한 것으로 표시된 서해 해상군사분계선을 발표했다(〈지도 3〉 참조). 북한은, 유엔군(한국)이 북한이 정한 해상군사분계선 밖에서 서해 5도를 출입할수 있도록 폭 2해리의 수로만 열어준다는 사족을 달았다. 그러나 북한은 해군력이 달려 이러한 해상군사분계선을 현실화하지 못했다.

이러한 북한은 2009년 1월 30일 조국평화통일위원회 성명을 통해 남북기본합의서와 그 부속합의서에 있는 서해 해상군사경계선(유엔군이 정한 북방한계선을 지칭함)에 관한 조항들을 폐기한다고 발표했다. 그리고 2009년 11월 10일 경비정을 북방한계선 남쪽으로 집어넣었다가 한국 고속정의 호된 반격으로 반파(半破)돼 퇴각하는 사태를 맞았다. 그러자 북한은 서해 5도 주변 바다로 무더기 사격을 퍼붓다, 2010년 3월 26일 천안함을 격침하고, 2010년 11월 23일에는 연평도로 포사격을 하는 전대미문의 도발을 감행했다.

III. 북방한계선을 무력화하려는 북한의 무력 도발

평양을 비롯한 북한 주요부와 가까이 있는 서해 5도는 북한에겐 눈엣가시 같은 존재다. 이 섬들을 뺏으면 북한은 우환거리를 제거하고 인천을 비롯한 한국 서부를 압박할 수 있다. 이러한 필요성 때문에 북한은 오래전부터 북방한계선에서의 도발을 반복해왔다. 도발은 군사적인 준비를 갖춘 뒤 일어나는 경향을 보였다.

아랍국들과 갈등하던 이스라엘은 1967년 6월 5일 아랍국가들에 선제공격을 퍼부어 6월 10일 굴복을 받아내는 쾌거를 올렸다(3차 중동전 - 일명 6일 전쟁). 그러나 바다에서는 이스라엘의 구축함인 에일라트 함이 이집트 해군이 보유한 소련제 코마급 고속정에서 발사한 스틱스 대함(對艦) 미사일에 맞아 격침되는 망신을 당했다.

〈지도 3〉 1999년 북한이 주장한 서해 해상군사분계선: 정전협정에 따라서 서해 5도는 유엔의 영유를 인정하나 주변 바다는 그들의 것으로 주장한다. 북한은 서해 해상군사분계선 남쪽에 서해 5도를 출입할 수 있도록 폭 2해리의 수로를 열어준다고 밝히며 이러한 제도를 '서해통항질서'란 이름으로 발표했다

이 사건을 계기로 소련은 코마급과, 코마급을 발전시킨 오사급 고속정을 많이 수출하게 됐는데, 중요 수입국 가운데 하나가 북한이었다. 1973년 이러한 북한이 코마급과 오사급 고속정을 이용해 서해 5도를 넘보는 모험을 강행했다. 당시는 3해리 영해 시절이니, 한국과 서해 5도 사이는 물론이고 서해 5도 사이에도 '주인 없는' 공해(公海)가 존재했다. 북한은 이러한 공해로 코마급과 오사급 고속정을 투입한 것이다.

그러나 정전협정을 깼다는 부담은 쓰기 싫었는지 무력은 쓰지 않았다. 비상이 걸린 한국 해군은 정전협정을 어겼다는 부담을 무릅쓰고 무력을 써 북한 고속정들은 북방한계선 밖으로 격퇴할 것이냐를 놓고 고민하다 정전협정을 깼다는 부담을 피하기 위해 우리 고속정으로 들이받기 공격을 해 물리친다는 계획을 세웠다. 그리하여 도처에서 남북 고속정들이 들이받는 싸움이 벌어졌는데, 이 싸움에서 북한이 져 퇴각했다. 그 후 한동안 북한은 북방한계선을 넘을 생각을 하지 않았다.

1984년 여름 한국이 큰 홍수 피해를 입자 북한은 수해 물자 지원을 제의했다. 한국이 받아들이자 북한 선박이 각종 물품을 싣고 남하하다 북방한계선에서 우리 함정을 만나 인천항으로 들어왔다. 이러한 사실은 북한이 북방한계선을 남북한 사이의 해상 경계선으로 인정했다는 뜻이 된다. 그리고 10년 뒤인 1994년 유엔해양법협약이 발효되자 북한은 북방한계선을 인정하지 않는 쪽으로 표변했다.

1999년 6월 15일 북한은 연평도 부근에서 경비정 한 척을 북방한계선 남쪽으로 집어넣었다. 이에 우리 고속정이 부딪치기 공격을 가하자, 충격을 견디지 못한 북한 경비정의 군인들이 선제 사격을 해 치열한 교전이 벌어졌다. 이 싸움에서 북한이 대패해 퇴각했다(제1차 연평해전). 약이 오른 듯 북한은 그해 9월 2일 서해 행상군사분계선을 일방적으로 발표했다.

그러나 현격한 실력 차이는 어쩔 수 없었는지 시간을 끌다, 2002년 6월 29일 제2차 연평해전을 도발했다. 이 해전은 들이받기 싸움이 아니었다. 북한군 경비정이 함포를 먼저 쏘는 것으로 시작됐기에 결정타를 맞은 우리 고속정이 침몰했다. 하지만 선공을 가한 북한 경비정도 지원 나온 한국 함정의 공격으로 반파(半破)돼 돌아갔기에 북한은 북방한계선 무력화 성과는 거두지 못했다.

2009년 1월 남북기본합의서상의 북방한계선 이전 조항 폐지를 선언한 북한은 2009년 11월 10일 대청해전을 도발했다가 그들의 경비정만 반파되는 피해를 입었다. 그리고 2010년 3월 26일 연어급 잠수정을 북방한계선 남쪽으로 침투시키고 그 잠수정에서 어뢰를 쏴 한국 해군의 천안함을 침몰시켰다.

천안함 위기가 계속되던 2010년 11월 23일, 한국군은 북한에 '연평도에서 북방한계선 남쪽으로 사격연습을 한다'고 통보하고 사격연습을 했다. 그러자 북한은 '연평도는 유엔군 관할지역이지만 주변 바다는 북한 영해인데, 왜 그곳으로 포를 쏘냐'며 연평도를 향해 포사격을 퍼부었다. 그로 인해 1시간 6분 동안 남북한 군이 포격을 주고받는 사태가 벌어졌다. 남북 해양갈등이 최고조에 달하게 된 것이다.

IV. 남북한 해양 갈등을 없애는 방법

서해에는 실질적인 경계선 역할을 하는 한국의 북방한계선과 북한의 해상군사분계선이 병존하므로 갈등이 끊이지 않는다. 이 갈등을 해결하는 길은, 통일을 이루거나 남북한이 독립된 나라로 완전 갈라선 다음 평화관계로 들어서는 것 외에는 방법이 없는 것 같다. 남북한이 독립된 나라로 갈라서 평화협정을 맺으려면 그 전에 해양 경계선부터 획정해야 한다. 그러나 남북한은 이 문제에 대한 합의점을 전혀 찾지 못하고 있으므로 평화협정을 맺은 독립국가로 갈라설 수도 없다.

북한은 유엔해양법협약에는 서명했으나 국회 비준서를 기탁한 바 없다. 이러한 북한이 200해리 배타적 경제수역을 주장하는 것은 설득력이 없다. 북한이 국회 비준서를 기탁해 완전한 유엔해양법협약 가입국이 된다고 해도 서해에서는 북한이 주장하는 것 같은 해상분계선이 나올 수 없다.

유엔해양법협약이 '사람이 사는 섬은 육지와 똑같이 영해선과 배타적 경제수역 선을 긋는 기선(基線)이 된다'라고 정의하고 있기 때문이다. 이 원칙에 따르면 서해 5도는 북한 해안과 똑같은 기선이 되므로 그 사이로 중간선을 그어야 하는데, 이 중간선이 지금의 북방한계선과 비슷하다. 백령도 서쪽에서는 백령도 때문에 중간선이 서북쪽으로 올라갈 것이므로 북한의 배타적 경제수역은 오히려 좁아진다. 동해에서도 우리가 영유하는 울릉도 때문에, 중간선이 동북쪽으로 올라가 북한의 배타적 경제수역은 더 좁아진다.

해양 분할 원칙을 안다면 이러한 것은 쉽게 알 수 있다. 그런데도 북한이 북방한계선 철폐를 주장하는 것은 눈엣가시인 서해 5도를 빼앗겠다는 것밖에는 다른 해석이 나올 수밖에 없다. 한국은 서해 5도를 절대로 내줄 수 없으므로 남북한은 평화협정을 맺지 못하게 된다. 북한은 한국에 대해 평화협정 체결을 주장한 바도 없으니 한반도의 해상 대치는 통일이 될 때까지 계속된다고 보아야 한다.

그렇다면 한국이 주력해야 할 것은 남북한 사이의 해상경계선 획정이 아니라 통일이다. 통일은 남북한 해양 갈등을 푸는 유일한 해법이다.

제21장

중국과의 현안문제

양희철(한국해양연구원)

I. 서론

지리적인 측면에서 우리나라와 중국은 황해 전체와 남해, 동중국해라는 넓은 반폐쇄해를 마주하고 있다. 더욱이 중국 대륙 해안선이 약 18,000km에 달하고 도서 해안은 약 14,000km에 달하며,[1] 500평방미터 이상의 섬이 6,500개에 이르고, 이들 대부분의 섬이 근해에 분포하고 있다는 중국 측 주장을[2] 고려한다면, 우리나라와 중국의 해양문제는 사실 갈등과 협력요소를 포함한 모든 해양문제에서 연계되어 있다고 볼 수 있다.

황해와 남해에서 중국 어선의 불법 조업, 자원조사를 위한 해양과학조사, 이어도 해양과학기지를 둘러싼 분쟁 등은 언제든지 한중 간 외교 갈등으로

---

1) Jeanett Greenfield, "China and the Law of the Sea," in James Crawford and Donald R. Rothwell (ed.), *The Law of the Sea in the Asian Pacific Region* (Dordrecht: Nijhoff, 1995), pp.21-49.
2) 張輝光, 『中國邊疆地理(海疆)』(北京: 科學出版社, 1996), 9-18쪽.

부각될 수 있는 사안이다. 또한 한중 간 갈등은 아니지만 영유권을 둘러싼 중일 간 조어대(일본명 센카쿠 제도) 문제 등은 직접적이든 간접적이든 우리나라의 해양 이익과 밀접하게 관련되어 있다. 이 외에 동중국해 자원개발 갈등과 남중국해 영유권 및 관할권 분쟁 역시 우리의 자원 및 해상교통로 확보, 그리고 방위를 포함한 안보적 측면에서 중요한 요소로 작용한다.

반면, 반폐쇄해라는 공통의 이해를 갖는 황해와 동중국해에서 양국은 해양환경 보전이라는 공동의 이해를 갖고 있다는 점에서는 지역적 혹은 양국 간 협력을 필요로 한다. 여기에는 해양오염뿐 아니라 수산자원과 해양쓰레기를 포함하는 포괄적 의미의 협력을 포함하고 있다는 것은 의심의 여지가 없다. 즉, 우리나라와 중국은 해양 문제에 관한 많은 갈등 관계를 형성하면서도 환경문제 등에서는 절대적 협력이 필요한 관계이다. 이는 우리나라와 중국 간 해양 현안이 상시적인 갈등과 함께 협력의 요소를 내재하고 있다는 것을 의미하며, 동시에 갈등과 협력은 제도적이면서도 동시에 정치적 관계로 접근되거나 혹은 대립될 가능성이 있음을 의미한다.

따라서 본 장에서는 한중 양국간 해양 현안에 대한 구체적 문제를 논하기 위해 먼저 중국의 주요 해양정책 변화를 먼저 살펴보고, 구체적 갈등을 중심으로 한중 해양 현안을 분석하는 것으로 한다.

II. 중국의 해양정책

중국의 해양 관련 정책은 국토자원부 산하의 국가해양국, 교통부 산하의 해사국, 농업국 산하의 어업국, 국가환경보호부, 해군 등에 산재된 형태로 관리되고 있다. 이 중, 국가해양국은 우리나라의 해양경찰에 해당하는 해감총대, 해양자원별 연구 수행 기관, 해양정책 관련 연구소 등 전국 약 25개 직속기관을 통해 해양정책을 총괄하는 기능을 수행하고 있다.[3]

입법적인 측면에서, 중국의 가장 중요한 해양 관련 법률 문건은 1958년

9월 4일 공포된 〈영해에관한성명(關於領海的聲明)〉에서 시작되었다고 볼 수 있다. 물론 중국이 해양정책에 적극성을 가지기 시작한 것은 UN에서 유일 합법정부로 인정받기 시작한 1971년 때부터이다. UN에서 유일 합법 정부로 인정받은 후, 중국은 1973년부터 1982년까지 9년 동안 지속된 제3차 UN 해양법 회의에 처음부터 참여하였으며, 이 회의를 통해 해양 정책에 대한 기본 입장과 함께 많은 해양관련 국내법 제도를 정비하기에 이르렀다.[4]

중국의 해양 관련 입법의 정비와 체계화는 고대로부터 인식되어온 소위 "국토" 개념에 대한 중대한 변화를 의미한다. 역사적으로 전형적 대륙 중심의 국가 정책을 펼쳤던 중국에게 해양은 단순한 안보상의 경계선에 불과하였기 때문이다. 그러나 1979년 표방한 개혁개방정책이 1990년대 본격화되면서 연해 지방을 중심으로 중국 경제발전이 급성장하기 시작하였다. 이에 따라 바다를 활용한 국가경제 성장이라는 새로운 가능성과 해양을 적극 활용한 국토정책으로의 방향 전환 필요성이 내부에서 제기되기 시작하였다. 해양이 국토의 중요한 일부로 대두되기 시작한 것 역시 이 시기에 들어서이다.[5] 이러한 측면에서 해양에 대한 중국 정부의 인식변화는 정책적 의지라기보다 개혁개방이 가져온 사회 발전의 산물이라고 해도 과언이 아니다. 즉, 국가 안보적 차원에서의 해양진출 필요성, 자원에 대한 수요 급증, 중국 해군의 역량 강화를 위한 전략적 필요성 등 다양한 원인이 중국 해양 정책의 확대를 이끌게 되었다. 물론 여기에는 해양이 과거의 전통적 개념에서의 군사적 의미를 넘어 엄청난 경제적 이익을 함께 내포하고 있다는 점[6]

---

3) 권문상 외, 『중국 해양관련법령 이해』(서울: 삼신, 2008), 68-71쪽.

4) GA Resolution 2758(XXVI), 25 October 1971; Nien Tsu Alfred Hu, "The Two Chinese Territorial Sea Laws: Their Implications and Comparisons," *Ocean & Coastal Management,* Vol.20, No.1(1993), pp.89-90.

5) 중국에서의 해양영토라는 개념은 于光遠이 1984년 『海洋開發』이라는 저널에 "해양 또한 국토의 일부분이다"라고 발표한 것에서 처음 찾아 볼 수 있으며, 이후 1996년 江澤民 주석 또한 해양 석유에 공헌이 있는 노동자 표창 시상식에서 '해양국토'라는 용어를 사용함으로써 보편화되기 시작하였다. 徐質斌, 『海洋國土論』(北京: 人民出版社, 2008), 1쪽, 23-24쪽.

6) 양희철 외, "해양경계획정 제도에 대한 중국의 입장과 통킹민 사례 고찰," *Ocean*

또한 중국의 해양에 대한 인식 변화를 가져온 원인이었다. 현재, 중국 전체 육지 면적의 약 11%, 인구의 약 36%에 달하는 연해 지방정부(9개의 省 정부와 3개 직할시)의 중국 GDP 비중은 2001년 55.4%에서 2008년 62.6% 까지 상승하고 있다는 점에서7) 중국경제에서 해양이 차지하는 영향은 앞으로도 지속될 것임을 알 수 있다.

그러나 법적 및 제도적 차원에서의 정비와 인식변화에도 불구하고, 해양이 중국 국가 정책의 주요 추진과제로 편입된 것은 1990년대 이후의 일이다. 중국은 1991년 국무원 비준을 통해 처음으로 중앙정부 차원의 해양관련 회의를 개최하고 ≪1990년대중국해양정책과업무요강≫을 통과시켰다. 이 업무요강은 총 10개 영역에서 중국 해양정책과 사업 추진을 위한 방향을 제시하고 있는데, 이는 1996년 제정된 ≪중국해양21세기의정≫을 설정하는데 중요한 역할을 하였다.8)

해양관련 백서에도 불구하고, 해양에 관한 첫 번째 종합계획으로 평가받는 것은 2008년 국가해양국이 국무원 비준을 통해 공포한 ≪국가해양사업발전계획요강≫이다. 이 요강은 2006년부터 시작된 11·5 국가계획 동안 수행되는 것을 목표로 하고, 장기적으로는 2020년까지 추진되도록 설정되었다. 해양종합관리의 심화, 권익보호 우선원칙, 안전대응능력 제고와 함께 지속가능한 개발원칙, 자원환경 보호 강화를 주요 내용으로 하는 본 요강은 2010년까지 해양생산총가치를 GDP의 11% 이상까지 증대시키고, 해양관련 인력은 매년 100만 명 이상 증대시키는 것을 목표로 하고 있다.9)

≪국가해양사업발전계획요강≫에서 눈에 띄는 것은 주변해역 지질조사

and Polar Research, Vol.26, No.4(2004), 670쪽.

7) 海洋發展戰略研究所課題組, 『中國海洋發展報告』(北京: 海洋出版社, 2010), 239쪽.

8) ≪중국해양21세기의정≫은 중국 해양산업의 지속발전을 위한 전략으로 (1) 국가해양 권익 유지, (2) 해양자원의 합리적 개발과 이용, (3) 해양생태환경 보호, (4) 해양자원과 환경의 지속가능한 이용과 해양산업의 조화로운 발전을 설정하고 있다. 양희철, "중국의 해양정책: 블루 대동맥을 향하여 走出去," 『독도연구저널』 제4호(2008), 103-104쪽.

9) 양희철·주현희, "중국해양환경관리정책의 변화와 시사점," 『해사법연구』 제22권 제2호(2010), 175쪽.

와 중점해역 석유가스자원 탐사에 대한 체계적 진행을 통한 지질조사 데이터 센터 건립이다. 이와 동시에, 관할해역에서의 법집행력 강화를 위한 감시선박 건조와 Y-12IV형 감시비행기 구매 등은 해상, 항공, 연안의 입체적 법집행 능력 제고를 통한 국가영토 수호 의지와 연계된다는 점에서 주목할 만하다. 중국의 주변해역 지질조사와 법집행력 강화는 우리나라와의 관할권 및 자원 문제와 관련된다는 점에서 양국간 관할권 분쟁의 불씨를 제공할 여지가 있기 때문이다. 특히 중국이 해양정책을 통해 의도하는 국토·경제·과학기술·국토방위·해양 생태라는 다각적 영역의 동시적 발전은 그 집행 과정에서 우리나라와는 피할 수 없는 갈등을 이어질 가능성이 있다.[10]

III. 한국과 중국의 해양 현안

앞에서 본 바와 같이, 중국 해양정책은 국내외 해양에서의 중국 권리 확보와 해양과학기술 발전을 전제로 한 국제 해양질서의 주도에 있다고 보여진다. 문제는 중국이 설정한 해양정책 목표가 자국 안보 증대와 지역 내 영향력 확보 등을 포함하고 있으며, 어떠한 형태로는 한반도 주변수역의 자원과 영유권, 해상교통의 안정과 연계되어 있다는 점에 있다. 이 중, 한중간 해양연안으로 대두될 사항으로는 크게 해양관할권 문제와 해양안전 문제를 들 수 있다.

---

10) 양희철 외, "중국 해양관련 법령의 발전과 입법체계에서의 지위 및 해석," *Ocean and Polar research*, Vol.30, No.4(2008), 428쪽.

1. 해양관할권 문제

한중 간 해양 현안 중 가장 갈등적 요소로는 해양관할권 문제를 꼽을 수 있다. 여기에는 한중 양국간 해양경계획정 문제와 이어도의 법적 지위 문제, 해양자원개발과 해양과학조사를 둘러싼 갈등 문제 등 다양한 행태로 표출될 가능성이 있다. 물론 그 갈등의 이면에는 해역에 매장된 무한한 가치의 자원과 넓은 해양관할권 확보, 안보적 이해관계 등 종합적 원인이 작용하고 있다고 보아야 한다.[11]

주지하는 바와 같이, 유엔해양법협약의 발효는 한반도를 둘러싼 해양관할권과 자원 확보 등의 문제에 많은 변화를 가져왔다. 한중일 삼국은 1994년 유엔해양법협약 발효 이후 잇달아 200해리의 배타적 경제수역을 선포하였고,[12] 이로 인해 좁은 해역을 마주하고 있는 삼국 간에는 배타적 경제수역이 중첩되는 현상이 발생하게 되었다. 물론 이는 우리나라와 주변국 해안과의 거리가 모두 400해리 미만이라는 측면과 해양경계획정을 위한 명확한 원칙이 제시되지 못하고 있다는 문제를 우선 지적할 수 있다.

우리나라와 중국은 황해와 동중국해(남해 포함)에서 관할해역에 대한 경계선을 획정지어야 한다. 황해 북부 해역에서는 북한과의 관계가 있다는 것을 고려한다면, 한중 간에는 황해 남부와 동중국해 북부 해역에서의 해양경계획정 문제가 미결된 상태이다. 양국은 2010년 현재까지 총 14차례의 해양경계획정 회담을 가졌으나, 경계획선을 위한 고려 요소를 둘러싼 입장 차이로 문제 해결에 이르지 못하고 있다.

중국의 일부 학자들은 황해에서 우리나라와의 해양경계획정이 특별한 사정의 부재로 인해 쉽게 해결될 것이라고 언급하고 있으나, 이는 어디까지나 개인적 견해에 불과하다. 이러한 견해의 배경에는 현재 중국이 주장하

---

11) 양희철 외, "해양경계획정에서 지질 및 지형적 요소의 효과에 관한 고찰," *Ocean and Polar Research,* Vol.29, No.2(2007), 55쪽.

12) 우리나라 배타적 경제수역법(1996년) 제2조, 일본의 대륙붕과 배타적 경제수역에 관한 법(1996년) 제2조, 중국의 배타적 경제수역과 대륙붕법(1998년) 제2조.

는 대부분의 요소들을 고려한 상태로 양국간 협정이 이루어져야 한다는 것을 기본적으로 반영하고 있기 때문이다. 중국은 황해에서의 경계가 양국의 해안선 길이와 육지면적, 인구 등의 요소를 고려하여 형평의 원칙에 따라서 결정하여야 한다고 주장하고 있다. 그러나 황해에서의 양국간 해안선 길이가 해역에 대한 고려요소로 작용할 만큼 큰 차이를 보이고 있지 않으며, 후자의 요소 역시 해양경계획정 요소로 인정된 바 없다는 점에서 받아들이기 힘들다. 오히려 황해가 단일 대륙붕으로 이루어졌다는 점에서 양국간 중간선을 기본으로 설정되어야 하며, 중국이 설정하고 있는 일부 영해기점(예를 들어, 상해 앞바다 약 69해리에 설정된 '해초(海礁)') 역시 유엔해양법이 설정하고 있는 기점 기준에서 상당히 일탈되어 있다는 점에서 인정할 수 없다고 본다. 제9번 기점과 제10번 기점 역시 기점으로 설정할 수 없는 수중 저조고지 혹은 간조노출지라는 점에서 받아들이기 어렵다.

남해(동중국해)에서는 한중, 한일, 중일, 한중일 등 각각의 경계획정이 필요한 수역이다. 우리와 일본은 이미 1974년 남해와 동해에서 각각 대륙붕공동개발협정과 대륙붕경계협정을 체결(1978년 발효)한 바 있다.

남해에서 일본과의 경계획정과 함께 중국과의 경계획정 역시 추진하여야 한다. 최근, 우리나라와 중국은 마라도 서남방 149km 지점에 설치한 이어도 종합해양과학기지를 둘러싸고 외교적 갈등이 있었다. 이어도는 수심 4.5m의 수면 아래에 상시적으로 잠겨 있는 수중암초로 유엔해양법협약상 섬이 아니며, 따라서 영해나 EEZ를 갖는 영토가 아니다. 유엔해양법협약 제121조 1항이 규정하는 섬이란 "바닷물로 둘러싸여 있으며 밀물일 때에도 수면위에 있는, 자연적으로 형성된 육지지역"으로 규정되어 있다. 또한 우리가 이어도에 해양과학기지를 건설하였다고 해도 해양경계획정 시 이어도를 해양경계의 기점으로 삼을 수 있는 근거는 없다. 유엔해양법협약 제60조 8항은 "인공섬, 시설 및 구조물은 섬의 지위를 갖지 않는다"고 분명하게 명시하고 있기 때문이다. 그럼에도 불구하고, 중국은 해양과학기지 건설이 진행 중이던 2000년과 2002년 외교경로를 통해 이의를 제기한 바 있으며, 2005년 국가해양국은 공보를 통해 이어도 해양과학기지에서의 우리 측 활동을 꾸준히 정찰하고 있었다는 사실과 이어도 부근 정밀탐사를 통해 새로운 암초를 발견하였다는 보고서를 작성한 바 있다[13].

우리나라의 합법적 관할권 행사에 대한 외교적 항의조치와 별도로, 중국은 2008년에 일본과 동중국해 일부 수역을 공동 개발하는 데 합의하였다.[14] 해당 지역은 우리나라 관할해역 및 한일 간 체결한 공동개발수역과 지근거리에 위치하고 있다는 점에서 우리나라 자원을 흡수하는 형태로 개발될 가능성도 있다. 현재까지 중일 양국의 합의는 정부 간 협정으로 발전되지 않았다. 이 외에 중국(해양석유총공사)은 지난 2006년 우리나라가 설정한 제2해저광구와 중첩 가능성이 농후한 11/34광구를[15] 미국 Devon Energy Corporation사와 유전탐사시추를 포함한 생산물분배계약을 체결하여[16] 우리 정부의 항의를 받는 등[17] 주변해역 자원개발을 위한 삼국의 갈등은 지속되고 있다. 이는 해양법에 관한 새로운 질서의 태동에도 불구하고, 자원확보와 이익 극대화라는 생존 전략 앞에서 때로는 일방적 관할권 주장으로 확대될 수 있음을 의미한다.

2. 해양안전문제

유엔해양법협약이라는 새로운 해양질서 태동과 함께 중국의 안보 환경에도 중요한 변화가 있었다. 예컨대 그동안 해양방어의 주요 개념이었던 연안방어는 1980년대 중반을 중심으로 근해방어로 전환되었는데, 여기에는 남사군도와 괌, 마리나 열도를 포함하는 공세적 방어전략을 포함하고

---

13) 劉忠臣 외, 『中國近海及隣近海域地形地貌』(北京: 海洋出版社, 2005), 57-59쪽.

14) 일본 『Nikkei Net』(2008.6.18); 『Ashai신문』(2008.6.19); 『Yomiuri신문』(2008.6.18).

15) 중국의 광구는 우리나라의 제2해저광구와 양국간 좌표사용 방식의 차이로 인해 정확한 측정은 어려우나 약 8만m²가 중첩되는 것으로 보고되고 있다.

16) 『동아일보』(2006.11.9).

17) 외교부 국정브리핑(2007.1.26).

있다. 중국의 전략 전환은 인접국가와의 분쟁에 대비한 해양관할권 확보와 분쟁도서 방어, 안정적인 해상 원유공급로 확보 필요성 때문이다. 중국 전문가들 역시 향후 대만문제나 남중국해 영토분쟁, 동아시아 세력 균형에 관한 전략적 판단에서 해군력이 가장 중요한 군사력으로 작용할 것으로 판단하고 있다.[18] 더욱이 동북아에서 해양을 둘러싼 안보 위협은 민족적 감정, 해양갈등, 에너지 확보 경쟁 등의 요소와 연계되어 무력 가능성을 전적으로 배제할 수 없다는 점에서 문제의 심각성이 있다. 최근 중일 간 조어대(센카쿠)와 해양자원을 둘러싼 갈등에서 보는 바와 같이, 해양갈등에 양국 국민의 감정적 정서가 편승될 경우 외교적 및 정치적 갈등으로 확대되기도 한다.

특히, 군사적 측면에서의 갈등과 해상교통로 확보라는 측면에서 동중국해와 남중국해를 둘러싼 갈등은 언제든지 수면위로 떠오를 수 있는 화약고이기도 하다. 남중국해 분쟁은 한중 간 직접적인 관련이 없으나, 중국의 남중국해 지배권이 강화될수록 이 지역 해로안보와 해상교통로는 중국에 의해 좌우될 수밖에 없는 연계성을 가지고 있다.[19] 특히 이 지역은 우리나라 해상운송량의 절대적인 의존도를 보이는 남중국해-인도양-중동을 잇는 말라카 해협으로 통하고 있다는 점에서 해당 지역의 안정 여부는 우리 경제동맥에 중요한 영향을 줄 수 있다. 이 해역은 우리나라 물동량 약 30%, 원유 수입선의 약 90%가 통과한다.

군사적 혹은 영유권을 매개로 하는 해양안보상의 갈등은 해상교통로를 둘러싼 연안국의 관할권 강화와 해로 규제의 부정적 영향을 미치기도 한다. 이미 지난 2008년 말라카 해협의 3국은 우리나라가 해당 해협에 설치한 등대, 부표 및 등부표 등 항행안전시설을 무료로 사용하고 있다는 점을 주장하면서, 자체 펀드에 투자하거나 다른 프로젝트 참여 요청을 한 바 있다.

---

18) 이홍표, "중국의 해양전략과 해군력 발전," 한국국제정치학회·한국해양전략연구소 편, 『21세기 해양갈등과 한국의 해양전략』(서울: 한국해양전략연구소, 2006), 216-230쪽.
19) 이서항, "한국의 해로와 해로안보," 한국국제정치학회·한국해양전략연구소 편, 上揭書, 95쪽.

물론 유엔해양법협약상 연안설비의 사용에 협력하여야 한다는 선언적 조항은 있으나 강제조항은 없다. 그러나 연안국이 유해통항 방지를 위해 우리 선박의 무해통항을 일시 정지하거나 정선조치를 할 경우의 손실을 고려한다면, 타국의 대응방안을 보아 적절한 지원책은 필요할 것으로 보인다.

IV. 결론

관할권 확대의 법적 타당성과 해양 전체를 종합적으로 관리하는 것을 목적으로 제정된 유엔해양법협약은 현재 전 세계 대다수의 국가에 의해 수락된 국제적 체제로 성립되었다. 하지만, 각국의 해양법질서의 국내적 이행과 실행정도는 다양하게 나타난다. 자원의 한계가 분명한 우리나라로서는 확고한 관할해역 수호의지와 함께 중국과의 해양 문제에 대한 단계적 대응방안 수립이 요구되는 때이다.

우선, 한반도 주변해역의 해양경계획정 문제는 국민적 여론과 외교적 대응을 전략적으로 활용하되, 객관적으로 대응하여야 한다. 해양경계획정을 이루기 위한 다각적 정부 노력이 이루어지고 있으나, 우리의 일방적 의지와 주장으로 이루어질 수 없는 다양한 외부적 고려요소들이 있다. 물론 이러한 요소들이 우리의 정당한 관할권 주장을 훼손하는 것까지 방치하는 방식으로 고려된다는 의미는 아니다. 이미 주변해역에 대한 관할권 확대가 자원과 성장의 주요 동력으로 작용할 것임을 지적한 바 있거니와, 정치적·외교적 환경이라는 것이 국가성장에 우선할 수는 없기 때문이다.

둘째, 해양영토 확보를 위한 예산의 확충과 해양과학조사를 통한 과학적 데이터의 확보다. 중국은 주변해역에 대한 과학적 데이터 수집에도 장기적 집중투자를 하고 있는데, 예를 들어 2004년부터 2009년까지 약 3,300억 원이 투자된 〈근해 해양종합조사 및 평가사업(908계획)〉은 영해와 대륙붕을 대상으로 모든 주변 해역의 종합조사와 평가작업을 완료한 바 있다. 기술적 그리고 과학적 조사자료의 확보는 관할권과 자원, 해양안전에 중요한 기반이라는 점에서 국내적 대응이 필요하다.

셋째, 이를 바탕으로 관할해역에 대한 과학적 이용과 관리능력의 확보다. 특히 주변해역의 해저지형과 지층에 대한 정확한 분석, 미개척 자원의 부존량 파악과 개발, 배타적 경제수역 및 대륙붕의 자원 분포도 작성은 이러한 과제를 수행하기 위한 기초연구이다. 동시에 최적·최대의 해양관할권과 안정된 자원보급처 확보, 동북아 해양질서의 주도권 장악, 원천 해양기술을 활용한 대양 자원 확보라는 장기적 전략을 위해 반드시 추진되어야 할 과제이기도 하다.

유엔해양법협약은 그 전문을 통해 "해양의 여러 문제가 서로 밀접하게 관련되어 있으며 전체로서 고려되어야 할 필요성이 있음을 인식"하여 합의하였음을 언급하고 있다. 이 새로운 해양질서는 연안국의 관할해역을 확대하고, 해양 전체의 종합적 관리를 목적으로 하고 있음을 알 수 있다. 해양이 지금까지와 같이 단순한 이용의 장소로 보는 것이 아닌 개발이용, 환경보호·보전, 안전보장 등의 여러 영역을 종합적·공간적으로 관리해 가는 시대로 전환된 것을 의미한다. 동시에, 각국은 자국의 광대한 해역을 권리와 책임을 가지고 관리함과 동시에 인류의 이익을 위해 협력함으로써 해양 전체의 평화적 관리에 대처할 것을 요구받고 있다.

한중 양국의 해양문제 역시 20세기의 이념적 혹은 사상적 갈등에 기반을 두었던 것과는 많은 환경적 변화가 있었다. 이미 양국의 교역량은 상호 무시할 수 없는 동반자 관계로 성장하였고, 결과적으로는 쌍방의 경제적 이익 추구와 함께 안보적 이해에 대하여 적절한 타협을 모색하여야 하는 관계로 재설정되고 있다. 물론, 양국이 설정한 경제적 이해관계 및 안보적 위협에 따라서는 해상에서의 무력 충돌 가능성을 배제할 수는 없다. 단, 어떠한 정치적 환경 변화에도 불구하고 양국의 갈등 혹은 협력은 해양을 통해 형성되고 전개될 것이라는 점은 분명해 보인다. 이는 정치적 이해에도 불구하고 한중 간 해양 영역의 많은 부분은 중국과의 갈등 해결과 상존을 위한 협력 방안 도출의 문제로 접근할 필요가 있다는 것을 의미한다. 예를 들어,

본문에서는 논의되지 않았으나 해양수산 자원관리와 국가 간 육상오염원에 대한 효율적 관리를 포함한 해양환경 협력과 불법 어선에 대한 효율적 단속 협력 등은 좋은 예이다. 이는 공동의 권리를 가지는 해역을 지속가능하게 사용할 수 있게 하는 가장 기본적 전제 조건이기 때문이다.

제22장

일본과의 현안문제:
한일 관계와 해양안보

배종윤(연세대)

I. 탈냉전과 한일 관계, 그리고 해양안보

한국과 일본의 양국관계는 넓지 않은 해양을 사이에 두고 근접해 있는 지리적 성격으로 인하여 협력적 교류와 갈등적 충돌이라고 하는 양면적인 사건들이 복잡하게 얽혀 있는 오랜 역사를 함께 공유하고 있다. 그리고 경제적, 문화적 교류의 역사가 오래된 만큼, 정치 군사적 충돌의 횟수와 심리적 갈등의 심각성 또한 그 뿌리가 깊고 오래된 연원을 가지고 있다. 특히 동북아시아 지역에서 대륙세력이 해양으로 진출하는 경우이거나, 해양세력이 대륙으로 진출하고자 하는 경우에는 한국과 일본 양국은 예외없이 서로 접촉하거나 충돌할 수밖에 없는 지리적 성격을 공유하고 있다.

국제사회에서 냉전체제가 지속되는 시기 동안의 한일 관계는 냉전적 가치의 절대성으로 인해 직접적인 충돌을 야기할만한 심각한 상황에 직면하는 것은 피할 수 있었다. 그러나 탈냉전 이후의 양국관계는 19세기 후반과 20세기 초에 발생하였던 극히 혼란스러웠던 동북아시아의 상황으로부터 심각한 영향을 받고 있다. 1965년 한일 양국이 국교를 회복하고, 2008년 4월, 양국 정부가 '성숙한 동반자 관계'를 수립했다는 점을 공개적으로 합의했음에도 불구하고, 양국의 국민들이 갖고 있는 상대방에 대한 부정적인 집단적 기억은 여전히 강력하게 작용하고 있고, 이는 양국의 정치외교적 측면에까지 상당한 영향을 미치고 있다. 경제적 상호의존과 문화적 교류의 수준은 상당한 형태로까지 발전하고 있음에도 불구하고, 한일 양국의 정치적, 군사적, 심리적 교류와 협력은 상대적으로 미진한 상태에 놓여 있다. 상대방에 대한 심리적인 경계심과 정치적인 불신, 군사적인 불안감은 탈냉전 이후 발생되고 있는 과거 역사에 대한 인식의 오류, 영토 문제 등이 돌출할 때마다 더욱 악화되는 상황을 보이고 있다.

특히, 반도인 한국과 섬들로 구성된 일본 양국의 인적, 물적 접촉과 교류는 해양을 통해 시작되었고, 양국의 국가 주권적 경계가 해양에서 구분되고 있으며, 한일 양국 모두 해양자원과 해양 교통의 중요성을 매우 중시하고 있다는 점에서 한일 양국의 관계에 있어 해양안보의 의미는 결코 간과될 수 없는 사안이라 할 수 있다. 따라서 동북아시아의 여타 지역들에 비해, 한일 관계에 있어서는 해양안보와 관련한 양국의 현안에 대한 분석과 객관적인 이해의 필요성이 더욱 절실히 요구되고 있다 하겠다. 본 장에서는 한일 양국 간의 다양한 현안들 중에서 독도를 둘러싼 영토문제와 해양자원을 둘러싼 배타적 경제수역의 문제 등 해양안보와 직접적으로 연계되어 있는 두 가지 현안들을 중심으로 살펴보고자 한다.

II. 탈냉전 이후 민족주의의 심화와 안보적 경계의 강화

1989년 12월 탈냉전이 선언된 이후, 2002년 월드컵의 한일 공동개최가 결정되자 김영삼 정부 때부터 한일 양국의 부정적 과거 인식을 극복하고 '미래지향적인 관계 발전'의 필요성을 강조하면서, 한일 양국의 문화적 교류를 확대시키고, 관련 시장을 단계적으로 개방시켜 왔다. 그러나 이러한 시도에도 불구하고, 동북아시아의 과거사에 대한 분명한 단죄의 실패, 냉전시기동안 진행되어온 미국의 전략적 판단과 일본의 부흥, 동북아시아의 지역 패권국으로 부상하고자 하는 일본의 야심과 도발적 행태 등으로 인해 한일 양국 간에 존재하고 있는 심리적인 경계심과 정치적 불신, 군사적 불안감은 여전히 지속되고 있다. 1990년대 들어 더욱 악화되고 있는 일본군 위안부 문제, 한국인 원폭 피해자에 대한 보상 문제, 식민지 시기 한국인 강제 징집자에 대한 보상 문제, 역사 교과서 왜곡 문제, 독도 영유권 문제 등은 일본에 대한 한국인들의 부정적인 집단적 기억을 악화시키는 결과를 초래하였고, 이들 현안들에 대한 일본 정부의 무성의한 대응과 의도적인 무시, 역사의 왜곡은 한국 민족주의의 배타적 성격을 강화시키고 있고, 한일 양국 간의 감정적 대립을 부정적으로 심화시키는 결과를 초래하였다. 특히, 2001년부터 2006년간 일본 총리로 재임했던 고이즈미 준이치로(小泉純一郎) 총리가 재임 기간 중 매년 8월 15일을 즈음하여 태평양 전쟁의 A급 전범들이 안치되어 있는 야스쿠니 신사(靖國神社)를 참배하는 모습은 일본 극우파들을 독려하는 요인이 되기도 했으며, 반대로 한국의 반일 감정을 악화시키는 결과를 초래하기도 하였다.

그리고 일본이 시도하는 '보통국가화' 및 '군사대국화'의 시도는 한국을 포함한 주변국가들에게 상당한 안보적 불안감을 초래하였다. 막강한 경제력에 기반한 일본의 '보통국가화' 및 군사대국화는 패전 50주년에 해당하는 1995년에 신방위계획대강을 작성하면서 본격화되었다. 그리고 이와 병행하여 일본 평화헌법의 개정 필요성이 일본 정치권과 우익 세력으로 부터 제기되기 시작하였다. 특히 1994년 5월 북한의 노동 미사일이 일본 앞 바다에 떨어지고, 1998년 8월에는 북한의 대포동 미사일이 일본 열도를 넘어가는 일이 발생하면서, 북한의 핵개발 프로그램과 미사일 개발 및 수출은 일본으로 하여금 재무장을 정당화하는 좋은 소재로서 활용되고 있다. 더욱이 1999년 3월과 2001년 12월에 일본 영해를 침범한 북한의 불법적인 스파이 선박 운용사건, 2002년 김정일 위원장과 고이즈미 총리 간의 제2차 북-

일 정상회담에서 김정일이 일본인 납치사건을 시인한 것 등은 일본의 재무
장을 정당화시키고 가속화시키는 요인으로 작용하였다.

특히 일본은 자신의 강력한 경제적 역량을 군사적 재무장으로 연결하면
서 재무장의 속도를 가속화시키고 있고, 자신의 군사적 역량을 국제사회에
과시하고 있다. 일본은 1999년의 주변사태법 발표 등과 함께 자위대의 해
외 파병을 공개적으로 본격화하였지만, 이미 일본은 1991년 4월에 자위대
법을 개정하지도 않은 상태에서 일본의 수송선 보호를 명분으로 하여 소해
정 4척과 해상자위대 400여 명을 걸프전에 파견하였다. 이는 2차 세계대전
에서 일본이 패배한 이후 최초로 진행한 해외 파병이었다. 그리고 1992년
에는 'UN 평화유지활동 등에 대한 협력에 대한 법률안'을 제정하였는데,
일본은 이에 근거하여 1992년 9월 캄보디아에 자위대를 정식으로 파견하게
되었고, 그 이후에도 자위대의 해외 파병에 적극적인 모습을 보이게 된다.

2001년에는 미국의 대테러 전쟁에 적극 동참할 것을 선언하고, 해외 분
쟁 지역인 아프가니스탄 전쟁에 무장 자위대를 공식적으로 파병하기도 하
였다. 그리고 2003년 이라크 전쟁이 발발하자, 일본 정부는 미일 공조의
원칙을 강조하며 이라크 파병을 결정하였고, 이를 계기로 '유사법제 3개
법안'을 제정하게 된다. 이는 유사시 일본 총리의 권한 강화와 자위대의
활동 범위를 크게 확대시키는 것을 골자로 하고 있는데, 이러한 내용들은
일본의 재무장을 부인하고 있는 평화헌법 제9조의 전수방위 원칙을 사실상
파기한 것이라 할 수 있다. 이처럼 군대의 보유 및 재무장을 통한 '보통국가
화'를 시도하는 일본의 움직임은 한국을 포함한 주변 국가들에게 과거 식민
지의 기억을 떠올리게 만들었고, 안보적 불안감을 초래하게 만들고 있다.

2002년 한일 월드컵의 공동 개최를 계기로 한일 양국은 문화교류를 확대
하는가 하면, 월드컵 공동 개최를 계기로 독도 문제를 포함한 다양한 이슈
들이 긍정적인 국면을 맞이할 수 있는 계기가 될 것으로 기대되었다. 그러
나 현실은 기대와 달리, 월드컵의 공동 개최에도 불구하고 한일 양국 간의
민족적 감정은 쉽게 개선되지 못하였다. 2005년 7월 한국사회과학데이터
센터가 조사한 '한-일 공동 국민여론조사'의 결과에서는[1] 한국 응답자의

84.3%가 '일본이 과거 역사를 반성하지 않고 있다'고 응답하면서, 응답자의 89.7%가 '일본이 과거 한국에 대한 식민통치에 대해 충분히 사죄하지 않았다'는 부정적인 대답을 제시하였다. 그리고 그 원인으로서 '독도 영유권 문제', '과거 역사문제', '야스쿠니 참배 문제' 등을 지적하였다. 더욱이 당시에 동아시아의 안전보장을 위협하는 국가로서 일본을 지적한 비율이 20.6%로서 북한 17.1% 보다 높은 수치를 기록하기도 하였다. 이러한 수치들은 한일 양국 간의 경제적 교류가 확대되어 왔고, 인적 교류가 활성화되어가고 있음에도 불구하고, 일본에 부정적인 한국 민족주의의 배타성은 오히려 악화되고 있으며, 그 배경에는 독도 문제를 포함한 한일 양국 간의 해양안보적 현안들이 주요하게 작용하고 있음을 의미한다 하겠다.

III. 영토분쟁과 독도

동도와 서도의 2개 섬과 33개의 작은 바위들로 구성되어 있는 독도에 대한 영유권 문제는 1990년대부터 악화되기 시작한 한일 양국 간의 민족주의적 반감과 일본 내 우경화 움직임 등으로 인해 상당히 악화되어 왔다. 특히 2000년대에도 계속되고 있는 일본의 역사 교과서 파동은 독도에 대한 일본의 영유권 주장을 강화시키는 또 다른 요인으로 작용하면서, 한일 양국 간의 적대적 감정을 악화시키고 있다.

독도에 대한 일본의 영유권 주장은 다음과 같이 정리될 수 있다. 17세기 중엽부터 독도에 대한 영유권을 일본이 행사하고 있었을 뿐만 아니라, 러일전쟁이 진행되던 1905년 2월 일본 정부가 시마네현 고시 40호를 통해 독도를 시마네현에 공식적으로 편입시켰다고 주장한다. 이후 1945년 태평양 전

---

1) 자세한 데이터는 http://ksdc.re.kr/databank의 '통일, 국제관계'와 관련한 여론조사 내용 참조.

쟁에서 일본이 패배한 이후에도 1951년 체결된 샌프란시스코 강화조약의 제2조에서 일본이 포기하는 한국의 영토 명단에 독도가 포함되어 있지 않았다는 점을 근거로 독도가 일본의 영토라는 사실을 강조하고 있다. 따라서 일본은 1953년 7월부터 독도가 일본의 영토라는 주장을 한국 정부에 제기하고 있으며, 1954년 9월과 1962년 3월에는 독도에 대한 한일 간의 분쟁을 해결하기 위해 독도에 대한 영유권 문제를 국제사법재판소에 회부하여 해결하자는 주장을 한국 정부에 제의하고 있다. 그리고 1965년 한일 회담 때는 물론이고, 그 이후에도 독도에 대한 영유권 주장을 노골적으로 진행해오고 있는 상황이다.

그러나 이에 대한 한국 정부의 대응은 독도에 대한 한국의 '실효적 지배' 사실을 강조하는 한편, 독도는 원래 한국의 땅이기 때문에 논란의 대상이 되거나, 국제사법재판소에 회부할 이유가 전혀 없다는 것이 기본적 입장이다. 우선 일본의 주장이 갖고 있는 허구성을 역사적 사실을 통해 반박하고 있다. 1905년 이전에는 한국의 역사적 문헌 기록들뿐만 아니라 일본의 문헌과 지도 등을 통해서도 일본이 공식적으로 독도를 자국 영토에 포함시키지 않고 있었다는 사실을 지적하고 있다. 그리고 1905년 독도의 일본 편입은 1910년의 한일 병합과 마찬가지로 국제법상의 불법적인 강제 침탈 행위에 불과하므로 일본의 주장은 법률적 근거가 전혀 없다는 점을 지적하고 있다. 1951년 9월에 체결된 샌프란시스코 강화조약과 관련한 일본의 주장에 대해서도, 1943년의 카이로 선언과 1945년 포츠담 선언에서 연합국은 독도가 일본 영토가 아니라는 사실을 확인하였다는 점과 1946년 1월 29일에 실시된 연합국총사령부 훈령(SCAPIN: Supreme Commander for the Allied Powers Instruction) 제677호에도 일본의 영토를 명기한 내용에 독도가 포함되어 있지 않았다는 점, 그리고 1951년 10월 일본 정부가 샌프란시스코 강화조약에 근거하여 일본의 중의원에 제출한 일본 영토를 표시한 '일본영역도'에도 스스로 독도를 한국의 영토에 포함시키고 있었다는 사실들을 지적하며, 일본의 주장이 허구이며 억지라는 점을 강조하고 있다.

한편, 국제사법재판소에 독도 문제를 회부하여 '분쟁지역화' 함으로써 독도에 대한 일본의 영향력 행사를 국제사회로부터 인정받으려는 일본의 전략과 관련하여, 한국 정부는 독도는 한국이 실효적으로 지배하고 있는 명백한 한국의 영토이며 이는 부인할 수 없는 사실이기 때문에 재판소에 해당 문제를 회부할 어떠한 사법적 이유나 근거가 존재하지 않는다는 점을 지적하고 있다. 재판에서의 승패 여부를 떠나서, 국제사법재판소에 독도 문제를 회부하는 것만으로도 독도가 한국의 영토라는 사실을 한국 스스로 부정하는 것으로 해석될 수 있다는 점에서, 재판소 회부가 무의미하며 불필요하다는 것이 한국 정부가 표명하고 있는 공식적인 입장이다.

1945년 태평양 전쟁이 종전된 이후, 일본이 독도 영유권 문제를 다시 제기하게 된 것은 1952년 한국 정부가 한국의 어로행위 범위와 관련한 '평화선'을 제시한 것을 시작으로, 1965년 6월 한일 국교정상화를 위한 한일 기본조약의 체결과 관련되어 있다. 경제적 발전을 위해서는 일본으로부터 제공되는 전쟁배상 청구권에 의한 배상금 성격의 차관이 필요했던 한국 정부는 한일 양국 간의 경계에 대한 논의와 한일 국교정상화 논의가 시작되면서 독도문제를 국제사법재판소에 제소하여 영유권 문제를 해결하자는 일본 정부의 강력한 요구에 직면하였다. 결국 회담이 지연되는 가운데, 한일 양국 정부는 1965년 6월 22일 '한일국교정상화를 위한 제 조약 및 협정'을 최종 조인하면서, 독도 문제를 포함한 외교적 현안들을 분명하게 결론내리지 않은 상태로 '분쟁해결에 관한 교환공문'에 포함시킨 채 봉합시키게 된다. 결국 이러한 '외교적 합의'는 1990년대부터 일본이 독도에 대한 영유권 주장을 재개하게 만드는 한 요인으로 작용하게 된다.

이후 독도에 대한 영유권 문제는 배타적 경제수역(EEZ: Exclusive Economic Zone)과 관련한 한일 양국 간의 주장이 충돌한 1996년부터 본격적으로 제기되었다. 1994년 12월 유엔해양법이 발효되었고, 한일 양국은 각자의 배타적 경제수역을 결정하여 그 내용을 발표하였는데, 1996년 2월 당시 이케다 유키히코(池田行彦) 일본 외상이 '독도는 역사적으로나 국제법적으로나 일본의 영토이다'라며 독도를 일본 EEZ의 기점으로 할 것으로 주장하였기 때문이다. 이후 김영삼 대통령의 강경한 대일 발언이 있었고,

이후 한일 양국 간에는 독도에 대한 영유권 문제가 다시 재발되었으며, 1998년 '신한일어업협정'이 체결되어 양국 간에 배타적 경제수역에 대한 일정한 합의가 이루어질 때까지 계속되었다.

1998년 '신한일어업협정'이 체결된 이후 다소 잠잠하던 독도 문제는 2005년에 크게 악화되는 상황에 직면하였다. 2005년 3월 일본 시마네(島根)현이 독도를 시마네현 오키군 고카무라의 행정구역에 포함시키고, 2월 22일을 '다케시마(竹島)의 날'로 선포하면서 독도에 대한 한국 국민들의 민족적 감정을 크게 악화시켰기 때문이다. 더구나 다카노 도시유키(高野紀元) 주한 일본대사가 외신기자클럽에서 진행된 기자간담회에서 '다케시마는 일본 땅'이라고 발언하는가 하면, 독도를 일본영토라고 표기한 우익성향의 일본 역사교과서가 일본 문부성의 검정을 통과하는 상황이 2005년에 발생하였다. 그리고 2005년 3월 8일에는 일본 『아시히 신문(朝日新聞)』소속 경비행기 1대가 한국의 방공식별구역(KADIZ: Korea Air Defense Identification Zone)의 8마일까지 접근하였고, 3월 9일에는 일본 해상보안청 소속 초계기가 KADIZ 10마일 이내로 접근하는가 하면, 3월 16일에는 일본 항공자위대 소속 RF-4 정찰기가 독도 외곽 지역에 접근하여 한일 간의 군사적 충돌에 대한 긴장감을 높였고, 이러한 사실은 한국 국민들의 반일 감정을 높이는 계기가 되기도 하였다.

한편, 2006년 4월에는 일본 정부가 독도 인근의 해저분지에 대한 조사결과를 토대로 해당 지역의 명칭을 국제수로기구(IHO: International Hydrographic Organization)에 등록할 목적으로 독도 주변의 한국 측 EEZ 지역에 대한 해저 탐사를 진행하겠다는 일정을 한국 정부에 통지해오면서 한일 양국 간의 긴장감이 높아졌고, 한국은 20여 척의 선박을 해당 지역에 파견하여 일본의 해저 탐사선 활동을 저지하는 일이 벌어지기도 하였다. 그리고 2005년에 발간된 일본의 「방위 백서」에서는 독도를 일본 자위대가 관할하는 도서들 중의 하나로 표현하였고, 2006년도 「방위 백서」부터는 독도를 일본 땅으로 규정하면서 '일본 고유의 영토인 북방 영토 및 독도 문제가 여전히 해결되지 않는 상태로 남아 있다'며 일본의 안보 환경을 설명하고 있는데,

이러한 서술은 2010년도 백서에까지 지속되고 있다. 그리고 일본 문부과학성은 2008년도 중학교 사회과 학습지도요령 해설서에 독도는 일본 땅이라는 점을 기술하며, 독도에 대한 교육을 강화할 것으로 명시하고 있다.

이러한 일본의 도발적 행위와 관련하여, 독도를 '천연기념물 제336호'로 지정하고 있는 한국 정부는 '분쟁지역화' 하려는 일본의 전략에 말려들지 않기 위해 '조용한 외교'로 대응하여 왔다. 그리고 독도에는 상주하는 주민이 없는 바위덩어리 또는 암석에 불과하기 때문에 섬으로서 영유권 행사를 인정할 수 없고, 이로 인해 독도가 국제사회에서 리앙쿠르 락스(Liancourt rocks)로 명명되고 있는 것과 관련하여, 한국 정부는 독도에 주민들의 주거를 허용하는 것은 물론이고, 등대와 선박 접안시설을 확충하고 경비대를 파견함으로써 독도가 섬으로서의 기능을 갖추고 있고, 한국이 실효적 지배를 하고 있다는 사실을 강조해오고 있다.

다른 한편으로, 한국 정부는 1996년부터 '동방훈련'이라고 명명되는 독도방어훈련은 실시해오고 있는데 2002년까지 연 5~6회를 실시하였으나, 2005년부터는 연 2회 해군 1함대 주관하에 관련 훈련을 실시해오고 있다. 한국의 독도방어훈련은 2008년 이전까지는 한일 간의 관계 악화를 우려하여 비공개로 진행하여 왔지만, 2008년 7월에는 한국군의 독도방어훈련 사실을 처음으로 공개하며, 공군의 F-15K와 해군의 광개토대왕함을 비롯한 함정 6척과 해상초계기 P-3C, 대잠헬기, 해경 함정 2척 등이 참석하는 사상 최대 규모의 훈련을 진행함으로써 독도방어에 대한 한국 정부의 강력한 의지를 공개적으로 피력하였다. 김대중 정부 시절인 2000년 7월에는 독도 해역에서 한미 해상합동군사훈련을 실시하여 독도에 대한 영유권을 과시하기도 하였다.

2000년대에 진행된 한국의 차기 군사무기 시스템의 도입도 독도 방어와 관련된 측면들이 있다. 우선 공군력과 관련하여, 2005년 3월 처음으로 도입된 F-15K 전투기는 독도 영공의 적극적인 방어라는 측면에서 긍정적인 의미를 가지고 있다. 당시 한국 공군의 주력기였던 KF-16의 전투방경이 920km에 불과하여 독도 지역에서의 작전이 8분여에 불과했다는 것이 한계로 지적되고 있었기 때문이다. 그러나 F-15K의 도입으로 인해 '독도를 배타적 경제수역의 기점으로 확정하더라도 독도 영공의 방어능력은 충분하다'는 결론에 도달할 수 있게 되었다. 이는 F-15K 편대를 한반도 동쪽의 대구 지역에 배치한 점, 2006년 1월 2일에는 당시 공군참모총장이 처음으로 F-15K에 탑승하여 독도 상공에서 지휘 비행을 진행하며 독도에 대한 방어능력을 과시한 측면에서도 이해될 수 있다.

그리고 해군력과 관련해서도, 일본의 해군력에 맞설 수 있는 해군력 강화를 추진해 오고 있다. 한국 해군은 1996년에는 KDX-I 사업의 성과로서 3,000t급 경량 구축함인 「광개토대왕함」을 건조하였고, 2002년도에는 KDX-II 사업의 일환으로 「충무공 이순신함」을 비롯한 4,000t급 구축함 6대 건조, 2001년부터 시작된 KDX-III 사업의 결과로서 한국 최초의 이지스급 구축함인 7,000t급 「세종대왕함」의 취역을 추진하였다. 그리고 잠수함도 디젤 잠수함중에서는 최고의 성능을 가진 것으로 평가받는 214급 잠수함을 건조하여 실전에 배치하고 있다. 이러한 해군력 강화의 배경에는 동북아시아 지역의 군사적 환경 변화가 주요하게 작용한 결과라고 할 수 있겠지만, 독도에 대한 영유권과 해양안보의 확보라는 점이 주요하게 작용하고 있는 것이 사실이다. 또한 독도와 관련한 유사시 울릉도에 대형 선박을 정박시킬 수 있도록 울릉도 사동항에 해경 접안시설을 확충한 사례나, 제주도에 신설을 추진하고 있는 해군기지도 해양안보의 측면에서 그 필요성이 이해될 수 있다 하겠다. 그리고 실제로 1996년 일본이 독도에 대한 영유권을 주장하자, 독도에 선박이 접안할 수 있는 접안시설 건설을 추진하였으며, 2009년에는 독도에 대형 선박의 접안이 가능할 수 있도록 접안시설을 확충하는 공사를 진행하기도 하였다.

1997년에 발간된 한국의 「국방백서」에서는 이전과 달리 독도 부근에서의 작전 활동 사실을 지적하면서, 자주해양관할권 유지를 위한 작전활동의 대상으로서 서해 5도 도서와 마라도, 울릉도, 독도를 명시하고 있다. 그리고 2008년도에는 국무총리 훈령 제517호에 근거하여, 국무총리실을 중심으로 14개 정부 부처로 구성된 '정부합동 독도영토관리대책단'이 구성되어 독도에 대한 영토관리와 환경보전을 위한 정부 부처 간 공조체제를 유지하도록 하고 있다. 2008년 8월에는 동북아역사재단 산하에 '독도연구소'[2]를 설립하여, 독도 영유권 주장과 관련된 사료 및 자료를 수집 분석하는 것은 물론이고, 독도 문제에 대한 종합적인 대응방안을 수립하는 데 집중함으로써, 한국 정부는 군사적 준비는 물론이고, 정치적, 학술적 영역에서의 대응과 준비를 꾸준히 진행해오고 있다.

IV. 한일 간 배타적 경제수역과 해양자원

배타적 경제수역(EEZ)은 자국의 연안으로부터 200해리에 이르는 수역에 대해 천연자원의 탐사, 개발 및 보존, 해양환경의 보존과 과학적 조사활동 등 모든 주권적 권리를 해당 국가에게 인정하는 유엔해양법상의 개념이다. 이 개념은 1982년 12월에 채택되어, 1994년 12월에 발효한 '유엔해양법'에 근거하고 있는데, 한일 간에 배타적 경제수역 개념이 문제가 되는 것은 한일 양국 간의 거리가 배타적 경제수역의 대상이 되는 양쪽 거리인 총 400해리보다 좁은 지역이 존재하고 있기 때문이다. 따라서 양국 간의 거리가 400해리가 되지 않는 지역에 대한 해양자원개발 및 어업자원개발 등과 관련한 양국의 배타적 권리가 서로 충돌하게 되는 현상이 발생하게 되었고, 이는 다시 독도의 영유권에 대한 양국 간의 마찰을 초래하게 되었다.

배타적 경제수역을 둘러싼 해양자원에 대한 논란과 관련하여, 독도 주변의 동해에는 청정 에너지원으로 평가받고 있는 가스하이드레이트가 6억 톤가량 매장되어 있는 것으로 평가받고 있다. 그리고 독도 주변의 해양지역은 난류와 한류가 교차하고 있는 지역으로서 플랑크톤이 풍부하여 황금 어장으로 이해되고 있다. 한편, 대륙붕지역에 매장되어 있는 것으로 예상되는

---

2) 인터넷 홈페이지(http://dokdohistory.com) 참조.

석유에 대한 한국과 일본의 공동개발 문제는 1974년 1월에 한일공동개발협정이 체결되었다. 해당 협정의 대상은 동지나해 대륙붕의 석유광구로서 그 면적이 약 82,000km²에 이르며, 협정이 조인된 이후 1980년 5월에 한일 간의 공동개발이 시작되었으나, 의미 있는 성과는 거두지 못하고 있다.

배타적 경제수역에서의 어업자원과 관련해서는 1965년 6월 22일 한일 국교정상화가 이루어진 이후 체결된 '대한민국과 일본국 간의 어업에 관한 협정'이 최초의 합의이다. 당시에 한국 정부는 40해리의 전관수역 개념을 주장하였으나, 일본의 반대에 직면하였다. 결국 한국은 일본의 차관을 수용하는 대신 일본 측 주장을 수용하게 되는데, 한일 간의 합의에서는 12해리까지를 배타적 관할권이 행사되는 영해로 규정하는 한편, 관할 수역 밖의 해역에 대해서는 '공동규제수역'과 '공동자원조사수역'을 각각 설치하였다. 그리고 독도는 공해(公海)의 개념에 해당하는 '공동규제수역'으로 설정되어 있었다. 그러나 1996년 12월 발효된 유엔해양법은 배타적 경제수역(EEZ)의 개념을 새롭게 도입하여 해양의 관할권을 12해리에서 200해리로 크게 확장시켰고, 이로 인해 한일 간에는 배타적 경제수역에 대한 갈등이 불가피하게 되었다. 당시 일본은 유엔해양법상의 군도수역(群島水域)에 대한 새로운 인정 내용에 근거하여 일본 근해의 작은 섬들을 직선으로 연결하여 일본의 영해 기선을 새롭게 설정하였고, 1997년 1월 1일을 기해 관련 법령을 시행하였다. 그리고 배타적 경제수역의 선정 기점으로서 독도를 포함시켰고, 독도를 일본의 영토라고 주장하였다.

반면 한국은 1995년 12월 배타적 경제수역에 관한 법률을 제정하고 1996년 9월에 EEZ의 내용을 선포하였으나, 일본의 강력한 반발에 부딪히게 되었다. 결국, 1997년 8월 김영삼 정부는 EEZ의 기점을 독도가 아닌 울릉도로 설정하고 한국의 울릉도와 일본의 오키섬 사이의 중간선을 EEZ 경계선으로 설정하였다. 1997년 10월에는 1965년 한일어업협정에서 합의되었던 잠정 공동수역안을 수용하여 분쟁의 대상이 되고 있는 독도 지역을 '중간수역'으로 설정한다는 점을 일본과 합의하게 된다. 이와 관련하여, 1998년 1월 일본은 비현실성을 이유로 기존에 체결되어 있던 한일어업협정을 일방적으로 파기하여 한일 간의 외교적 갈등을 유발시켰다. 그 이후 수차례의 회담을 거쳐 1998년 9월 새로운 신한일어업협정이 체결되어 1999년 1월부터 발효되고 있는데, 1998년 당시 최대의 걸림돌은 한국의 동쪽 한계선으로서 '대화퇴 어장'을 어떤 경계로 구분하느냐 하는 것이었다. 오징어잡이로 유명한 대화퇴 어장과 관련하여, 한국은 동경 136도선을 주장했던 반면, 일본은 동경 135도선을 주장하였고, 결국 중간선인 135.5도선에서 절충이 되었다. 그리고 신한일어업협정은 독도 지역에 대해 '중간수역'이라는 개념을 도입하게 되는데, 중간수역의 설정에서는 한일 양측의 연안으로부터 35해리를 기준으로 중간수역의 동쪽 한계선은 동경 135.3도, 서쪽 한계선은 동경 131.4도로 정하였다.

한편, 한일 양국의 배타적 경제수역을 결정하고 합법적으로 조업할 수 있는 수역을 결정하는 한일어업협정의 합의가 독도 영유권 문제에 어떠한 영향을 미치는가 하는 논란이 제기되고 있다. 이와 관련하여, 신한일어업협정에서는 독도에 대한 영유권 문제는 서로 명시적으로 거론하지 않기로 합의하였는데, 1996년 EEZ의 기점을 독도가 아닌 울릉도로 설정하였던 당시 김영삼 정부의 입장은 유엔해양법에 근거하여 EEZ의 기점을 설정하고 한일 간의 공동수역을 설정하는 문제는 독도를 한국의 영토로 명기하고 주장하는 문제와 별개의 사안이라는 판단에 근거한 것이었다. 그리고 이러한 판단의 내용은 1998년 9월 신한일어업협정이 체결될 당시 김대중 정부의 결정에서도 지속되었다. 한편, 독도문제를 명시하지 않은 신한일어업협정이 독도에 대한 영유권을 포기한 것이라는 점에서 대한민국 헌법 3조의 내용을 위반하였다는 위헌심판제청이 한국에서 진행되기도 하였으나, 2001년에 이어 2009년의 헌법재판소 전원재판부의 판결은 'EEZ의 경계획정이 독도에 대한 대한민국의 영토권을 침해하지 않았다'는 결정이 내려지기도 하였다.

EEZ 개념이 도입되고, 1999년 1월 신한일어업협정이 발효되었지만, 한일 양국 간의 해양자원을 둘러싼 갈등이 완전히 해소된 것은 아니다. 오히려 양국의 경계선에 위치한 수역에서는 새로운 영해 개념의 적용으로 인한 긴장감이 높아지는 사건들이 연이어 발생하고 있다. 2001년 9월에는 일본 수산청 소속 어업지도선이 일본 측 EEZ를 침범했다는 이유로 한국어선을 들이받아 침몰시키는가 하면, 2004년 5월에는 일본 측 EEZ 침범을 이유로 한국어선에 사과탄과 형광탄을 무차별 난사하기도 하였다. 그리고 2005년 6월에는 일본 순시선이 EEZ 침범을 이유로 한국 어선을 나포하려는 과정에서 한국의 순시선들과 동해상에서 37시간 동안 서로 대치하는 상황이 발생하기도 하였다. 2005년 3월에는 제주도 남쪽 150마일 해상에서 조업하던 한국 어선들이 일본의 EEZ를 침범했다는 이유로 일본 측으로부터 조사를 받기도 하였는데, 한국은 한일 간의 중간수역이라는 입장인 반면, 일본은 일본의 EEZ에 해당된다는 주장으로 논란을 빚기도 하였다. 그리고 2006년 4월에는 일본 정부가 독도 인근 지역을 포함하여 한국 측 EEZ에 해당하는 영해에 대해 해양탐사를 진행하겠다는 계획 내용을 국제수로기구(IHO)에 통보하였는데, 이로 인해 한국은 경비함을 배치하여 서로 대치하는 상황이 발생하기도 하였다.

이처럼 한일 간의 EEZ를 둘러싼 논란이 빈번해지기 시작하자, 한국 정부는 보다 강력한 대응을 진행하게 되는데, 1996년에 발효한 한국의 배타적경제수역법과 관련하여, 한국의 EEZ에서 활동하는 외국선박에 대한 주권적 권리 행사를 위해 외국선박에 대한 벌금 부과에 그쳤던 대응 방식을 2007년도 개정에서는 이를 강화하여, 불법 어업활동 혐의가 있는 외국선박에 대해서는 정선, 승선, 검색, 나포 등의 조치를 취할 수 있도록 강화하는 한편, 주권의 적극적인 행사가 가능하도록 하였다. 그리고 독도를 한일 간의 어로 중간수역 또는 공동수역에 포함시킨 것과 관련하여, 일본의 독도 영유권 주장이 다시 제기되던 2006년에는 노무현 정부가 EEZ의 새로운 기점으로서 울릉도가 아닌 독도를 설정하여 발표함으로써, 독도에 대한 한국의 영유권을 분명히 하는 모습을 보이기도 하였다.

종장

글로벌 해양 정치(Global Ocean Politics)와 한국해로연구회

김달중(한국해로연구회 명예회장)

금년 2011년은 한국해로연구회(韓國海路研究會, SLOC Study Group-Korea) 창립 30주년이 되는 해이다. 이를 기념하기 위해서 한국해로연구회가 지난 30여 년간 국내외적으로 연구해 온 해양문제 주요 영역의 쟁점들을 소개하고, 이 모두를 아우르는 다 학제적 차원에서의 "글로벌 해양 정치"를 정립하기 위해 『해양의 국제법과 정치』를 간행하게 되었다.

한국해로연구회는 1981년 6월 29일 서울 남산 소재 '동보성'에서 개최된 창립발기총회에서 창립준비를 주도해 온 민관식 박사(아시아정책연구원장)를 연구회 회장 겸 운영위원장으로 선임하고, 이한기 박사(감사원장, 전 서울대 법대교수)와 이맹기 회장(대한해운, 전 해군참모총장)을 고문으로 추대하고, 동시에 함병춘 교수(연세대, 전 주미대사)를 연구위원장으로 선임하였다. 당시 국제정치, 군사전략, 국제법 등 해양문제 전문가 27명이 창립회원으로 참여하였다.

이렇게 한국해로연구회가 탄생하게 된 데에는 당시 국제정치적 배경이 있었다. 1970년대 주요 동아시아국가들의 경제성장은 1980년대에 근접하면서 새로운 "태평양 시대" 도래를 전망하게 되었고, 이의 실현을 위하여 지역 국가 간 협력 필요성이 점차 확산 강조되고 있던 터였다. 반면에, 미·소 간 "신 냉전" 체제하에서 소련 태평양함대 증강은 서태평양해역에서 미국과 미국의 동맹국들의 경제적 군사적 "생명선(Life Line)"인 해상교통로(SLOC: Sealane of Communications)에 심각한 위협으로 간주되었다. 또한, 1980년대가 시작되면서 그동안 장기간 진행되어 온 유엔해양법협약 체결에 관한 협상이 곧 마무리될 것이라는 전망 가운데, 체결 후 전개될 신해양질서가 자국에 줄 영향과 이에 대한 대책수립에 모두가 관심을 갖고 있던 시점이었다.

이러한 시대적 배경하에서, 1982년 9월 샌프란시스코 소재 Fairmont호텔에서 개최된 제1차 국제SLOC회의에서 미국의 U. Alex Johnson 대사(전 국무부 차관)와 Richard G. Stilwell 장군(전 주한미군사령관), 일본의 Shin Kanemaru 전 방위청장관, 한국의 민관식 박사(전 국회의장 직무대행), 그리고, 대만의 Han Lih-wu 박사(Asia and World Institute이사장) 등이 주축이 되어 민간차원의 다자간 국제협력을 통한 해로안보연구를 추진하기로 합의하였다.

이 합의에 따라, 미국의 William Carpenter 전 제독, 일본의 Kenichi Kitamura 전 제독, 한국의 김달중 교수, 그리고 대만의 Ko Tun-hwa 전 제독 등 4인으로 국제SLOC운영위원회(International SLOC Steering Committee)가 조직되어 향후 해로안보연구와 SLOC국제회의 조직 등 협력 사업을 추진하게 되었다. 그 후, 추가로 국제SLOC운영위원회에 호주가 정식 참여함으로써 5개국 국제SLOC운영위원회가 되었다. 그 외에도 싱가포르, 인도네시아, 말레이시아, 그리고 태국이 참여하여 국제SLOC운영위원회는 한때 9개국으로까지 위원국이 증가한 적이 있었다. 그뿐만 아니라 SLOC국제회의에는 캐나다와 인도 등 더 많은 아·태지역과 인도양 연안 국가로부터 전문가들이 참여하고 있다.

한국해로연구회는 창립 초기 5년간 두 차례의 주관기관 변동을 거쳐, 최종적으로 1985년 7월 연세대 동서문제연구원(Institute of East and West

Studies)에 안착하게 되었다. 아시아정책연구원이 연구회 활동을 계속 주관하기가 어렵게 되자, 1983년 4월 민관식 운영위원장과 함병춘 연구위원장(청와대 외교안보특보)의 권유와 이상옥 외교안보연구원장의 협조로 한국해로연구회 사무처가 외교안보연구원으로 이관되었고, 이상옥 원장이 해로연구회 운영위원장(2대)직을 승계하였다. 그 후 2개월 뒤 외교안보연구원장 교체로 박근 대사가 잠시 운영위원장(3대)을 맡았다가, 다시 1984년 신임 외교안보연구원장 오재희 대사로 운영위원장(4대)직이 승계되었다.

그 후 1985년 7월 5일 개최된 한국해로연구회 운영위원회에서 정부기관인 외교안보연구원이 민간학술연구단체의 운영책임을 맡고 활동을 주관하는 것 보다 주관기관을 다른 민간기관으로 이관하고 외교안보연구원은 뒤에서 지원하기로 결정하였다. 이 결정에 따라 운영위원회는 연세대 동서문제연구원에 해로연구회를 즉시 이관할 것과, 김달중 연세대 교수를 신임 운영위원장(5대) 겸 집행위원장(1대)으로 선임하였다. 동서문제연구원은 SLOC프로그램을 원내에 설립하고 해로연구회활동을 수행하기 시작하였다.

그 후부터 오늘에 이르기까지 연세대 동서문제연구원은 한국해로연구회 운영위원회와 함께 연구회 활동을 공동 주관해 오고 있다. 연구회 사무처도 동서문제연구원 해양문제연구센터에 위치하고 있다. 그리고 거의 대부분의 연구활동과 행사가 한국해로연구회와 동서문제연구원 SLOC프로그램(1985~1993)과 해양문제연구센터(1994~현재)와 공동으로 수행해 오고 있다. 또한, 1996년에 설립된 한국해로연구회 기금도 동서문제연구원과 한국해로연구회 기금위원회가 공동책임하에 관리하고 있다.

1989년은 한국해로연구회와 해군과의 협력관계에 있어서 중요한 시발점이 된다. 창설 9년만에 처음으로 대한민국 해군과 공동주최로 제1회 국제해양력심포지엄을 개최하였다. 그로부터 또다시 8년 후 1997년에 그동안 해군이 1992년부터 단독 개최해 오고 있던 해군함상토론회(제6회)를 공동 개최하게 되었다. 그 후로 한국해로연구회는 해군의 해양력심포지엄과 함상토론회조직 개최에 협력해 오고 있다. 이러한 협력관계를 효율적으로 추진하기 위해 1997년부터 한국해로연구회 집행위원회에 해군본부 전투발전단 계획운영실장이 당연직 위원으로 참여하고 있다. 또한, 2003년부터 연세대 대학원 정치학과에 위탁교육으로 파견된 해군장교 중 한 명을 선발하여 해로연구회 간사로 임명하고 사무처 실무를 담당케 하고 있다.

1990년대에 한국해로연구회는 제도적 기반을 더욱 다져 나갔다. 1992년 해로연구회는 외무부 산하 사회단체로 등록하였다. 그리고, 1994년 동서문제연구원 안에 기존 SLOC프로그램을 해양연구센터(Center for Maritime Affairs)로 승격 설립하고, 김달중 동서문제연구원장이 센터 소장을 직접 겸임하였다. 동시에 이서항 교수(외교안보연구원)가 김달중 교수 후임으로 2대 집행위원장에 선임되고, 백진현 교수(외교안보연구원)가 박춘호 교수(고려대) 후임으로 3대 연구위원장으로 선임되었다. 그리고 박춘호 교수는 고문으로 추대되었다.

또한, 1996년에 한국해로연구회는 자체 재정능력을 갖추기 위해 오랜 숙원이었던 기금을 설립하였다. 연구회 스스로 솔선하여 1990년부터 연간 예산지출을 절약해 모은 종자돈과 1994년부터 5년간 매년 이맹기 고문(대한해운 회장)이 희사한 기부금으로 기증자 아호를 따 '해성(海星)해양문제연구기금'으로 정식 출범하였다.

이 기금은 기금 내규에 따라 연세대 동서문제연구원 측 추천 위원과 해로연구회 측 추천 위원 7명이 연세대 총장 위촉으로 구성된 기금위원회가 주관하고 있으며, 연세대 대학본부 재무처가 기금을 관리 운영하고 있다. 2006년에 정의승 한국해양전략연구소 이사장 기부금 희사와 2008년에 대한해운으로부터의 2차 5개년 기금 희사가 모두 종료됨으로써 기금기반은 더욱 공고해졌다. 기금위원회는 매년 기금 이자수입금 중 10%는 기금에 재 적립하고 90%에 해당하는 금액 내에서 집행위원회가 신청하는 연차예산을 지원하고 있다.

1990년대 전반 기간 중 한국해로연구회는 해양문제에 관한 권위 있는 국제학술회의를 주관하고 있는 The Law of the Sea Institute 등 해외 유수 연구기관들과 그리고 해양 전문가들과의 협력관계를 심화 확대했다. 또한, 구 소련과 러시아, 그리고 중국과도 해양문제에 대한 연구 및 회의를 공동

개최하면서 연구와 협력의 영역을 글로벌화하였다.

1996년과 1997년은 바다를 사랑하고, 활용하고, 지키려는 해로연구회 회원들에게 매우 뜻깊은 한 해였다. 그 첫 번째 이유는 1996년에 해양수산부가 정부 중앙부처로 처음 창설되었다. 해로연구회는 국제해양질서 변화에 능동적으로 대처하고, 해양자원이용의 능력과 효율성을 높이며, 해양산업의 부가가치를 높이기 위해 해양수산부와 같은 중앙정책부서의 수립을 지지 촉구해 왔다. 이에 대한 해로연구회 입장은 지금도 변함이 없다.

두 번째 이유는 14년간 한국해로연구회 2대 연구위원장으로 연구 활동을 이끌어 온 박춘호 교수가 1996년에 설립된 국제해양법재판소(International Tribunal of the Law of the Sea) 초대 재판관으로 선임되었기 때문이다. 그 후, 2009년 초에 박 재판관 후임으로 또다시 연구회 3대 연구위원장 백진현 박사가 재판관에 선임되었다. 한국해로연구회 역대 두 연구위원장의 재판관 선임은 우리 모두에게 큰 자부심을 가져다 주었다.

그리고, 세 번째 이유는 1997년에 한국해양전략연구소가 창립되었기 때문이다. 연구회 주요 회원들은 연구소 설립준비과정에서부터 설립 후 현재에 이르기까지 연구소 연구 활동에 적극 참여해 오고 있다. 김달중 명예회장은 연구소 창설이사로 현재까지 계속 참여하고 있으며, 고 박춘호 재판관은 해로연구회 고문직을 맡고 있을 때 1999년 7월부터 2000년 6월까지 1년간 연구소 2대 소장을 역임한 바 있다. 그리고, 2010년부터 송근호 현 한국해양전략연구소장이 해로연구회 당연직 운영위원으로 참여하고 있다.

1990년대 후반에 해성해양공개강좌와 해양연구반 활동(Maritime Study Mission)과 같은 새로운 프로그램이 시작되었다. 또한 해성해양연구기금이 정식으로 설립되어 자체적 재정기반을 확립하기도 하였다. 국제해양법재판소 설립과 박춘호 박사의 초대 재판관 선임으로 해로연구회 사기가 고조되기도 했으며, 해양수산부가 창설되어 해외 해양전문가들의 부러움도 샀다. 한국해양전략연구소가 창립되어 해군의 해양력심포지엄과 함상토론회 등 해군행사를 돕는 3각협력이 본격화되기도 하였다. 동시에, 아태안보협력이사회 해양안보협력 연구반(CSCAP Maritime Security Cooperation Study

Group), 동남아해양법프로그램(SEAPOL), 그리고 세계정치학회(IPSA) 등과의 협력이 시작된 시기이기도 하였다.

그뿐만 아니라, 1990년대 후반부터 유엔해양법협약 발효로서 대두되는 신 해양질서에 대응하는 정부의 해양정책 개발에 해로연구회가 적지 않은 공헌을 했다. 주요 해양관련 정책부서 정책담당관과 함께 해양경계획정, EEZ에 대한 대책, 배타적 경제수역 내에서의 해군의 구사활동문제, 어업질서와 관리제도, 한·일 및 한·중 어업협상, 해운항만정책, 남북한 해운협력, 해양환경문제 등 해양정책수립 과정에서 해로연구회가 공헌하였다.

대망의 21세기를 맞이하면서 한국해로연구회 연구 활동에 활력을 불어넣기 위해 주요 임원진 세대교체와 조직정비가 이루어졌다. 2004년에, 1985년부터 운영위원장과 집행위원장을 맡아왔던 김달중 교수 뒤를 이어 6대 운영위원장으로 이서항 교수(외교안보연구원)가 선임되었다. 동시에 이서항 교수 뒤를 이어 3대 집행위원장으로 김우상 교수(연세대, 동서문제연구원 부원장)가 선임되고, 김달중 교수는 고문으로 추대되었다. 그리고, 2007년에 연구회 홈페이지(www.sloc.co.kr)도 개설되었다.

2007년에 한국해로연구회는 정관개정을 통해 회장직을 부활하고 명예회장직을 신설하였다. 연구회 창설 당시 민관식 박사가 초대 회장과 운영위원장을 겸직한 바 있었다. 그 후 외교안보원에서 주관하던 시절부터 회장직명을 폐지하고, 연구회 대표직으로 운영위원장직만 줄곧 사용해 왔다. 정관개정에 따라 이서항 교수가 2대 회장으로 선임되고, 이미 맡고 있는 운영위원장직을 겸임하게 되었다. 또한, 김달중 고문이 초대 명예회장으로 추대되었다.

다음 해, 2008년 5월에 김우상 집행위원장이 주 호주대사로 임명되어 부임하게 됨에 따라, 후임으로 김기정 교수(연세대, 동서문제연구원장)가 4대 집행위원장에 선임되었다. 리더십 변화는 2010년에도 계속 이어졌다. 이서항 회장이 3월에 신임 주인도 뭄바이 총영사로 부임하게 됨에 따라 회장직과 운영위원장직을 사임하였다. 후임으로 백진현 연구위원장(국제해양법재판소 재판관)이 3대 회장겸 7대 운영위원장에 선임되었다. 그리고, 백진현 교수 후임으로 이석우 교수(인하대)가 신임 4대 연구위원장에 선임되었다.

2010년도 마지막 세대교체는 기금위원회에서 이루어졌다. 9월에 개최된 통산 제16차 기금위원회에서 김달중 기금위원장의 사의표명에 따라, 김 위원장 추천으로 신명순 교수(연세대)를 2대 기금위원장(김 위원장 잔여기간)으로 선임하였다. 이로써 김달중 교수는 해로연구회 창립 30주년이 되는 2011년을 한 해 앞두고 현역 봉사 29년을 마감하였다.

21세기 첫 10년간 해로연구회 활동은 매년 다양한 국내 학술행사 개최, 국내외 국제회의 조직, 해외 주요국제회의 파견, 그리고 해군과 해경과의 협력 등이 대체로 균형감 있게 높은 수준으로 수행되었다. 반면에 연구프로젝트(외부 지원금 확보 포함)와 출판활동은 80년대 및 90년대와 비교하여 다소 저조한 모습을 보였다. 그러나, 국제적으로 Law of the Sea Institute와 Council for Security Cooperation in Asia-Pacific와의 협력을 계속 확대하고, 국제해양법재판소(ITLOS)와 협력관계를 성공적으로 시작한 것은 특기할 만하다.

또한, 이 기간 중에 '해양안보포럼'과 같은 새로운 프로그램이 개발되고, 해군대학과 해양경찰청과의 내실 있는 협력이 확대되었다. 또한, 정부의 정책형성과정에서 NLL문제 등 남북한 해양문제, 해양자원탐사 및 개발문제, 해양투기 등 오염방지 문제, 독도문제, 북극문제, 그리고 제주해군기지 건설문제 등에 해로연구회가 의미 있는 공헌을 했다.

끝으로, 어느 조직이던 리더십이 중요하다. 21세기 첫 10년 동안 해로연구회 리더십은 서너 차례에 걸쳐 세대교체가 이루어졌다. 백진현 회장 및 운영위원장(2010), 김기정 집행위원장(2008), 이석우 연구위원장(2010), 그리고 신명순 기금위원장(2010)으로 새 지도팀이 구성되어 2011년 6월 창립 30주년을 맞이하게 되고, 이를 기리는 행사를 준비하게 되었다. 그리고, 이 새 리더십은 한국해로연구회 창립 40주년(2021)을 향하여 더욱 알차게 글로벌 해양 정치(Global Ocean Politics)와 한국의 해양정책 연구를 위한 국내외 활동을 이끌어 나갈 것이다.

〈ㄱ〉

가입(accession)

    가입이란 다자조약의 원서명국이 아닌 국가 등이 추후에 당해조약의 당사자가 되기 위한 국가 등의 행위를 말한다.

경제협력개발기구(OECD: Organization for Economic Cooperation and Development)

    경제발전과 세계무역 촉진을 위하여 발족한 국제기구. 개방된 시장경제와 다원적 민주주의라는 가치관을 공유하는 국가간 경제사회 정책협의체로서, 경제사회 부문별 공통의 문제에 대한 최선의 정책방향을 모색하고 상호의 정책을 조정함으로써 공동의 안정과 번영을 도모하는 것을 목적으로 함.

공동안보(Common Security)

    어떤 국가도 그 자신의 군사력에 의한 일방적 결정, 즉 군비증강에 의한 억제만으로는 국가안보와 평화를 달성할 수 없으며, 오직 상대국가(적)들과의 공존공영을 통해서만 국가안보를 달성할 수 있다는 안보개념이다.

공해(High Seas)

한 나라의 주권관할에 속하는 내수(內水)와 영해(領海)를 제외한 먼 바다를 말하는 것으로 국제법상 어느 나라의 영역에도 속하지 않고 모든 국가에 개방되어 있는 해역을 말한다. 공해가 어느 나라의 주권에도 속하지 않는 것을 공해의 자유라고 하고, 따라서 어느 나라의 국민도 자유로이 사용할 수 있다는 것을 공해 사용의 자유라고 한다.

국제노동기구(ILO: International Labour Organization)

유엔의 전문기구로 사회적 정의, 국제적으로 인정된 인권 및 노동에 관한 권리의 증진을 도모한다.

국제해사국(IMB: International Maritime Bureau)

국제해사국은 전 세계 사기업의 진흥을 위해 설립된 국제상공회의소(ICC: International Chamber of Commerce)의 특별기관이다. 비영리(non profit) 국제기구로서 해상범죄와 불법행위에 대응하기 위해 1981년 설립되었다. 국제관세기구(WCO: World Customs Organization) 및 인터폴(ICPO: Interpol)과 양해각서(MOU)를 체결하였다.

국제해사기구(IMO: International Maritime Organization)

국제해사기구는 유엔의 전문기구로 1948년 설립된 정부 간 해사자문기구협약(IMCO)을 토대로 설립되었다. 1948년 2월 19일에 스위스 제네바에서 국제연합(UN) 해사위원회가 열렸고 1948년 3월 6일 미국, 영국을 비롯한 12개국이 국제해사기구조약을 채택하였다. 설립목적으로는 국제해상안전의 확보 및 해양오염 방지, 국제해운의 차별행위 및 불필요한 제한 철폐, 해사분야 기술협력 증진 및 정보교환 등이다.

국제해저기구(International Seabed Authority)

「유엔해양법협약」은 대륙붕 바깥쪽의 해저에 새로운 심해저제도를 설정하였는데 동 협약의 발효와 더불어 심해저를 관할할 국제해저기구가 자메이카의 킹스턴에서 1994년 출범하였다. 1996년 6월에 정식 조직을 갖춘 동 기구는 모든 회원국이 참가하는 총회와 36개국으로 구성된 이사회 및 사무국이 있다. 동 기구는 주로 심해해저와 그 자원을 관리하고 심해해저 활동을 조직·감시하는 일을 한다. 초기에는 이 기구를 유일한 개발권자로 하려는 개발도상국과 국가나 사기업이 개발할 것을 주장하는 선진국들 사이에 의견대립이 있었으나 결국 국제해저기구가 직접 개발하는 해저 부분과, 기구를 포함한 국영 및 사기업도 개발할 수 있는 해저 부분으로 이원화 하여 운영하는 방식으로 타협하였다. 2010년 현재 160개국 및 유럽연합이 가입되어 있으며 본부는 킹스턴에 있다.

그로티우스(Hugo Grotius, 1583~1645)

네덜란드의 법학자인 휴고 그로티우스는 근대 자연법의 원리에 입각한 국제법의 기초를 확립하여 '국제법의 아버지' 또는 '자연법의 아버지'로 불린다. 위에서 언급한 독일 30년 전쟁 당시를 살았던 그로티우스는 당연히 전쟁의 권리·원인·방법에 대하여 관심이 많았고, 이를 논술한 그의 1625년 저서 『전쟁과 평화의 법 *De Jure Belli ac Pacis(On the Law of War and Peace)*』은 국제법 전반을 체계적으로 서술한 최초의 저작으로 평가된다. 그러나 국제해양 질서, 특히 자유해양론의 탄생에서 그의 역할은 다소 역설적인 것이었다. 동인도 무역권을 놓고 스페인 및 포르투갈과 치열하게 다투던 네덜란드 동인도 회사가 1603년 상품을 가득 실은 포르투갈 상선을 나포하여 외교문제 및 국제법 문제로 비화되었다. 이때 네덜란드 동인도 회사의 의뢰를 받은 그로티우스는 자연법적인 정의의 원칙(natural principles of justice)에 입각하여 해상에서의 나포를 정당화하는 저서를 집필하였다. 그로티우스의 사후인 1864년에 『나포권에 관한 법 *De Jure Praedae(On the Right of Capture)*』라는 책으로 출판된 당해 저서의 일부가 바로 *Mare Liberum*이었다. 그의 논리는 당시 지배적이었던 스페인과 포르투갈의 동인도 무역 독점권을 무력을 사용해서라도 약화시키려던 네덜란드의 노력을 이념적으로 정당화시키는 것이었지만, 역설적으로 이는 네덜란드의 새로운 독점권을 확립하는 것이기도 하였다.

기국(Flag State)

선박이 등록한 등록지를 관할하는 국가 혹은 선박의 선미에 게양하는 국기의 국가를 말한다.

기국주의

기국주의(旗國主義)는 속지주의의 일환이다. 기국주의는 국외(國外)를 운항 중인 자국(自國)의 선박이나 항공기에서 발생한 범죄에 대하여 자국(自國)의 형법을 적용한다는 원칙인데, 속지주의의 특별한 경우에 해당한다.

기준미달선(Substandard vessels)

선박이 선박안전확보 및 오염방지와 관련된 국제규칙 및 기준에 현저히 미달되어 선박안전, 선원건강 또는 해양환경에 심각한 위해를 줄 수 있는 선박을 말한다.

GATT(General Agreement on Tariffs and Trade)

관세 및 무역에 관한 일반협정(1947년 10월 30일 제네바에서 조인). 제2차 세계 대전 후 세계 무역의 자유로운 발전을 가져오기 위해서 만들어진 다국간 협정과 그에 의거한 국제기관이다.

9·11테러사건

9·11테러사건은 2001년 9월11일 오전 미국 워싱턴의 국방부 청사(펜타곤), 의사 당을 비롯한 주요 관청 건물과 뉴욕의 세계무역센터(WTC)빌딩 등이 항공기와 폭탄을 동원한 테러공격을 동시다발적으로 받은 사건이다. 미국은 오사마 빈 라 덴과 그가 이끄는 테러조직 '알 카에다'를 테러의 주범으로 발표했고, 알 카에다 를 비호한 아프가니스탄을 보복 공격하였으며, '테러와의 전쟁'을 선포하고 세 계를 문명세력과 테러세력으로 분리하며 새로운 국제질서를 구축하기 시작했다.

〈ㄴ〉

남극조약

남극조약은 남극문제를 평화적으로 해결하기 위해 1959년 채택된 조약으로, 1961년 발효되었다. 남극조약은 남극지역을 평화적으로 이용하고 국제적 불화의 장소가 되지 않도록 하는 것을 목적으로 하며, 남극의 영유권을 둘러싼 국가 간 분쟁을 막기 위해 영유권주장을 동결하고 있다. 남극조약은 1972년 남극물개 보 존협약(CCAS: Convention for the Conservation of Antarctic Seals), 1980년 남극해양생물자원 보존협약(CCAMLR: Convention on the Conservation of Antarctic Marine Living Resources), 1991년 남극환경보호의정서, 일련의 권고 (Recommendations) 등과 함께 남극조약체제를 구성하고 있다.

남극조약협의당사국회의

남극조약의 운영을 협의하고 남극의 주요정책을 심의, 결정하는 의사결정기관이다. 남극조약협의당사국회의는 남극의 평화적 이용, 과학적 연구, 국제협력, 남극환경보호 등 실질적인 남극문제에 대한 조치를 협의한다. 협의당사국이 될 수 있는 자격은 조약의 원서명국 12개국과 조약에 가입하고 과학기지를 설치하거나 탐험대를 파견하여 실질적인 과학활동을 수행함으로써 남극에 대한 관심을 입증한 국가에 한정된다. 남극조약협의당사국회의는 2년에 한번씩 개최된다.

남극환경보호의정서(1991년)

남극대륙 위의 모든 인간활동을 포괄적으로 규제함으로써 남극환경 및 관련생태계를 보호하기 위한 의정서로, 1991년 채택되고 1993년 발효되었다. 직접적인 남극환경보호조치를 포함하지 않고 있는 기존의 남극조약체제를 보완하기 위해 채택되었다. 이 의정서는 27개의 조문과 6개의 부속서를 포함하고 있으며, 부속서는 환경영향평가, 남극동식물군의 보존, 폐기물 처리와 관리, 해양오염방지, 남극지역보호 및 관리, 환경적 비상사태에서 발생하는 책임을 각각 규율하고 있다.

남중국해

남중국해는 태평양과 인도양 사이에 위치하고 있으며, 약 1,000여 개의 도서와 암초가 산재하여 있다. 크게 동사군도, 서사군도, 중사군도, 남사군도로 분류되며, 해역의 전체 남북 길이는 약 500해리, 동서 폭은 약 400해리에 달한다. 이중 영유권 분쟁이 가장 첨예한 남사군도는 5개의 실질적 도서암초 점유국, 6개의 도서암초 영유권 주장국, 7개의 해역관할권 주장국의 권리가 복잡하게 얽혀 있다. 남중국해는 풍부한 자원 매장량으로 제2의 페르시아만으로 일컬어진다.

내수

내수(內水, internal waters)는 항만, 만, 하천, 호수와 같이 영해기준선의 육지 쪽 수역을 말한다. 외국영해에서 인정되는 무해통항권이 내수에서는 적용되지 않는다. 다만, 예외적으로 연안국이 직선기선을 획정함으로써 종전에 내수가 아니었던 수역이 새롭게 내수가 된 경우 무해통항권이 계속 인정된다.

〈ㄷ〉

대량살상무기(WMD: Weapons of Mass Destruction)

대량살상무기는 일반적으로 핵, 생·화학, 방사능, 재래식 무기 등으로 이해되지만, 조약이나 관습법상 정확한 정의가 없다. 미국 법에서는 WMD를 "i) 독성·유해한 화학물질이나 유사물질 ii) 질병 iii) 방사능의 방출·살포·충격에 의하여 다수의 인명에 사망 또는 치명적인 상해를 입힐 수 있도록 고안되거나 그 성능이 있는 무기나 장치"로 정의하고 있다(U.S. Code, Title 50, "War and National Defense," Chap.40 "Defense against Weapons of Mass Destruction," USCS §2302(2005))

대륙붕(continental shelf)

대륙붕이란 자연과학적으로 수심 200미터에 이르기까지의 평탄한 해저면을 말하지만 현향 국제해양법상 대륙붕은 육지의 자연연장으로서 영해측정기선으로부터 200해리까지의 해저 및 하층토를 말하며, 육지의 자연연장이 200해리를 넘어서 계속되는 경우에는 영해측정기선으로부터 350해리 또는 2,500미터 등심선으로부터 100해리까지를 연안국의 대륙붕으로 인정하고 있다.

독도와 리앙쿠르 락스(Liancourt rocks)

독도의 명칭과 관련하여, 한국은 독도(獨島)라고 부르는 반면, 일본은 다케시마(竹島)라고 부르고 있는데, 독도에 대한 국제사회의 호칭은 한일 양국의 또 다른 관심사가 되고 있다. 1977년 미국지명위원회(BGN: Board on Geographic Names)는 미국의 국립지질정보국(NGA: National Geospatial-Intelligence Agency) 등과 함께 19세기 말 독도를 발견한 프랑스 포경선의 이름을 따서 독도를 '리앙쿠르 락스(Liancourt rocks)'라고 명명하였는데, 2008년 7월 전까지는 독도 주변을 실질적인 분쟁지역을 의미하는 '주권 미지정 지역(Undesignated Sovereignty)'으로 규정하고 있었다. 그런데 2008년 7월 미국 의회도서관이 독도의 검색 주제어를 리앙쿠르 락스로 변경하려는 시도를 진행하는 과정에서, 당시 한국인의 노력으로 주제어 변경이 취소되는 사건이 발생하였고, 이로 인해 독도가 주권 미지정 지역에서 '한국 관할' 또는 '공해(Oceans)'로 변경되는 계기가 되었다. 이는 동해의 표기를 일본해(Sea of Japan)로 표기할 것인지, 아니면 동해(East Sea)로 표기할 것인지에 대한 한일 간의 신경전과 함께 주요한 논란의 대상이 되었다.

동남아 국가연합(ASEAN)

아세안(Association of South East Asian Nations)은 동남아 지역의 공동안보와 자주 독립 노선을 지키기 위해 해당 지역 국가들 간의 협력조직이 필요하다는 데 근거하여 1967년 창설되었다. 인도네시아, 말레이시아, 필리핀, 싱가포르, 태국, 브루나이, 라오스, 베트남, 미얀마, 캄보디아 등 10개국으로 구성되어 있으며, 우리나라는 1991년부터 ASEAN의 대화상대국인 10개국에 포함되어 아시아 태평양지역 정치와 안보 문제에 대하여 협의하고 있다.

동인도(East Indies)

동인도란 16세기부터 유럽인들에 의해 쓰인 지역적 개념으로 근대 초기 유럽인이 이미 알고 있었던 인도대륙을 기준으로 하여 그 동쪽에 위치하는 동남아시아와 오세아니아의 섬들을 막연히 총칭했던 이름이다. 이는 북아메리카의 서인도 제도와 대응되는 개념으로 사용되기도 하였다. 동인도의 범위는 광범위하여 한때 인도네시아 제도는 물론 인도차이나 반도 남부, 말레이 제도, 중국, 일본까지 포함되기도 하였다. 동서양 간의 해상무역의 요지였던 이 지역은 16세기부터 20세기 초까지 스페인, 포르투갈, 네덜란드, 영국 등 서유럽 해양강국들 간의 갈등과 협력의 각축장이 되었다.

등거리 원칙(equidistance principle)

다수의 연안국가의 200해리 배타적 경제수역이 겹치는 경우, 각 연안국가의 가장 멀리 있는 기점(baseline) 사이의 같은 거리인 지점으로 배타적 경제수역의 경계를 정하는 원칙.

Door to Door

화물을 송하인(送荷人)의 창고에서 수하인(受荷人)의 문 앞까지 한 계통으로 수송하는 제도. 현대 배송서비스의 추세임.

〈ㄹ〉

load-on-top(LOT)

기름을 하역 후 탱크 청소로 인해 발생하는 유성혼합물을 별도의 탱크에 모아서 선박이 선적항으로 돌아오는 동안 비중차에 의해 물과 기름이 분리되면 탱크 아래쪽의 물은 선외로 배출하고 남겨진 잔유 위에 새로운 화물 기름을 적재하는 방식.

〈ㅁ〉

말라카 해협

말레이 반도 남부 서안과 수마트라섬의 동해안 사이에 위치하고 있는 해협으로 길이 약 800km, 폭은 서쪽 입구가 약 300km에 달하고, 가장 협소한 말레이반도 남서쪽은 약 1.5km(수심 약 50m)에 달한다. 남중국해와 안다만해를 연결하는 중요한 해상 교통로이다

무역의존도

무역의존도(貿易依存度, degree of dependence upon foreign trade) 한 나라의 국민경제가 어느 정도 무역에 의존하고 있는가를 표시하는 지표. 일반적으로 수입량과 수출량의 합을 GDP로 나눔.

무해통항권(또는 무해항행권, right of innocent passage)

무해통항권은 영해 상에서 연안국이 배타적으로 누리는 권한과 공해와 접속하는 해상교통의 통로로서의 영해에서의 항행의 자유 확보 필요성 간의 타협이 낳은 결과이다. 「유엔해양법협약」 제17조와 제19조에 따르면 모든 국가의 선박은 연안국의 평화와 질서 또는 안보를 위협하지 않는 한 연안국의 영해에서 무해통항권을 가진다고 규정하고 있다. 연안국 영해 상에서 타국 선박은 통행할 수 있을 뿐이고, 해난 혹은 기타 불가항력의 경우가 아니면 영해 내에서의 정선(stopping) 과 투묘(anchoring), 어업이나 연안운수 등의 행위를 할 수 없다(제18조). 타국 영해에서 잠수함이나 잠수정(underwater vehicles)은 부상하여(on the surface) 국기를 게양하고(show their flag) 통항해야 한다(제20조). 연안국은 유엔해양법이 인정하는 경우가 아니면 영해에서의 무해통항을 방해해서는 안 되며, 영해 내에서의 항행상의 위험(any danger to navigation)에 관하여 알고 있는 것은 적절히 공시(appropriate publicity)할 의무가 있다(제24조). 동시에 유해한 통항을 방지하기 위하여 필요한 조치를 취할 권리를 가지며, 그 영해 내의 특정구역에 있어서 외국선박의 무해통항을 일시적으로 정지할 수도 있다(제25조). 한편 무해통항권을 행사하는 외국선박은 연안국의 법령, 특히 운송 및 항행에 관한 법령에

따라야 한다(제21조). 군함이 타국영해 내의 무해통항권을 가지는가의 여부에 관해서는 논란의 여지가 있다(제19조).

〈ㅂ〉

반폐쇄해

반폐쇄해(semi-enclosed sea)라 함은 두 개국 이상의 국가들에 의해 둘러싸여 있고 좁은 출구를 통해서 다른 바다와 연결된 해역을 말한다.

배타적 경제수역(Exclusive Economic Zone)

연안국이 해양법에 따라 설정한 기선으로부터 200해리까지의 해역(기선으로부터 12해리까지의 해역은 '영해'로서 제외)을 말하는데 연안국의 주권적 권리와 관할권이 미친다.

밸러스트(ballast)

선박의 바닥에 싣는 짐. 선박이 화물을 적재하지 않고 운항하는 경우 프로펠러가 수면에 떠올라 효율이 떨어지거나 손상을 입게 되는 등 안전항해에 큰 지장을 초래할 우려가 있으므로 이를 방지하여 선박이 일정한 흘수를 유지할 수 있도록 하며, 선내에 화물이 불균형하게 적재된 경우 복원성을 잃지 않도록 하기 위한 것이다. 일반적으로 바닷물을 밸러스트 탱크에 채우는 Water Ballast를 사용하나 이로써 충분하지 않을 경우에는 모래 등을 적재하는 Solid Ballast가 사용된다.

범죄인 인도(extradition)

범죄인 인도란 개인이 범죄를 범한 후 또는 형집행 완료 전에 외국으로 도피하는 경우, 당해사건에 형사관할권을 갖고 있는 국가가 당해 범죄자 또는 범죄피의자의 소재국에게 형사소송을 위하여 인도를 요청하고 이를 인도받는 제도를 말한다. 이 제도는 국제관습법상 확립된 제도는 아니며 국가간 조약에 근거하여 실행되고 있는 것이다.

베스트팔렌 조약(Treaty of Westphalia)

1618년에서 1648년에 걸쳐 독일, 덴마크, 네덜란드, 스웨덴, 프랑스, 스페인 등 유럽의 열강들이 참여한 국제 전쟁이었던 독일 30년 전쟁(Thirty Years' War)이 발발하였다. 베스트팔렌 조약은 이 전쟁을 마무리하기 위해 1648년에 체결된 평화조약이었다. 이는 단순한 평화협정에 그친 것이 아니라 새로운 국제질서의 시작을 알리는 서곡이 되었다. 동 협정을 계기로 정신적으로는 교황이 주도하고 세속적으로는 황제가 주도하는 가톨릭 제국으로서의 신성로마제국은 사실상 붕괴되었다. 아울러 영토에 대한 완전한 주권과 외교권, 조약 체결권이 인정된 국가들의 공동체인 근대 유럽의 정치구조가 공식화 되었고, 정치는 종교의 영향에서 벗어나 세속화하여 국가 간의 세력균형으로 질서를 유지하는 새로운 체제가 탄생하였던 것이다. 특히 동 조약은 스페인으로부터 네덜란드의 독립을 승인하였고, 이로써 네덜란드 공화국은 해상 무역을 통하여 급속도로 발전하여 과학, 예술, 문화의 중심지로 떠올랐다.

보안등급 1

최소한의 적절한 방어적 보안조치가 유지되어야 하는 수준

보안등급 2

증대된 보안사건 위험성의 결과로서 일정기간동안 적절한 추가의 방어적 보안조치가 유지되어야 하는 수준

보안등급 3

비록 구체적인 대상을 식별하는 것이 불가능할지라도 보안사건이 발생할 가능성이 있거나 긴박한 경우, 제한된 기간 동안 보다 구체적인 방어적 보안조치가 유지되어야 하는 수준

보편적 관할권

대상범죄행위에 대하여 모든 국가가 관할권을 행사할 수 있는 것을 '보편적 관할권(普遍的 管轄權)'이라고 한다. 해적선 및 해적항공기의 나포는 공해 또는 국가관할권 밖에서 모든 국가가 행사할 수 있다고 규정하고 있는 유엔해양법협약 제105조가 대표적인 보편적관할권을 인정하고 있는 조약규정이다.

「국제형사재판소 설립에 대한 로마규정」이 규정하고 있는 전쟁범죄(war crime)는 집단살해죄(genocide), 인도에 반한 죄(crime against humanity), 침략범죄(aggression)와 함께 국제형사재판소(ICC: International Criminal Court)의 핵심범죄(core crimes)에 해당하는데 이들 범죄에 대하여 보편적 관할권이 행사된다.

북극위원회

북극의 지속가능한 발전과 환경보호에 관한 협력을 증진하기 위해 1996년 설립된 북극권국가 간의 고위급 정부간 포럼이다. 회원국은 미국, 캐나다, 러시아, 노르웨이, 덴마크, 아이슬란드, 핀란드, 스웨덴의 8개국이며, Inuit족, Saami족 등 북극원주민공동체의 6개 조직이 참여하고 있다. 북극위원회 각료회의는 2년에 한번씩 개최되며 회원국이 돌아가며 의장국을 맡고 있다. 북극위원회 산하에는 6개의 실무그룹이 설치되어 북극의 환경문제를 다루는 프로그램을 실시하고 있다.

비준(ratification)

비준이란 정부대표가 서명한 조약을 조약체결권자 또는 조약체결권자로부터 비준의 권한을 위임받은 자가 확인함으로써 국가의 기속적 동의를 최종적으로 표시하는 행위를 말한다.

〈ㅅ〉

사라고사 조약(Treaty of Zaragoza)

1529년 4월 22일 스페인의 사라고사에서 스페인과 포르투갈 간에 맺어진 신사협정으로 소위 '몰루카 문제(Moluccas issue)'를 해결하여 아시아 지역에서 양국의 세력권을 재분하기 위한 것이었다. 마젤란 함대의 세계 일주 항해로 지구가 둥글다는 사실이 확인되자 1494년 스페인과 포르투갈이 맺었던 토르데시야스 조약이 불완전하다는 사실이 밝혀지게 된다. 토르데시야스 조약은 지구가 평평하다는 전제 하에 지구의 남북으로 임의의 선을 그어 스페인과 포르투갈의 세력권을 구분했지만 지구가 둥글 경우에는 하나의 선이 더 있지 않으면 분할이 의미가 없기 때문이었다. 특히 양국은 토르데시야스 조약을 자국에게 유리하게 해석하여 당시의 귀중품인 향신료의 산지였던 동남아시아의 몰루카 제도가 자국의 관할권 내에 있다고 주장하였는데, 이는 1520년 태평양상에서 양국 함대의 충돌로 이어졌다. 결국 몰루카 제도는 사라고사 조약에 따라 포르투갈이 차지하게 되었고 포르투갈은 아시아에서의 지위를 인정받는 대신에 스페인에 배상금을 지불했다.

사략선

대항해 시대가 도래하면서 식민지경영을 위해 영국, 프랑스, 스페인, 포르투갈,

네덜란드가 경쟁체제에 돌입하였다. 평시에는 공식적으로 해적행위를 하도록 정부가 허가증을 발급하여 선주, 선원, 정부가 일정비율로 약탈품을 배분하였고, 전시에는 해군력으로 활용하였다. 사략선(私掠船, privateering)이 해적과 다른 것은 국가로부터 공인받은 준(準)군사집단으로서 당시의 국제법체계에서 사실상 군인으로 간주되어 전시국제법의 적용을 받았다는 것이다. 해적의 경우 체포되면 교수형에 처해지지만, 사략선 선원은 전쟁포로로 간주되어 몸값을 받고 본국으로 송환되는 것이 원칙이었다. 역사적으로 유명했던 사략선 선장은 영국해군에 고용되었던 프란시스 드레이크 경(Sir Francis Drake)이다.

상호주의(reciprocity, 相互主義)

'눈에는 눈, 이에는 이'와 같이, 상대방이 자기를 대하는 정도에 따라 그대로 상대방에 대한 자신의 반응과 태도를 정하는 주의. 국제무역과 국제경제에서 주로 쓰이는 용어로, 자국에 대한 상대국의 관세, 수출입, 덤핑, 환율 등의 정책에 맞추어 그 국가에 대한 자국의 정책을 정하는 주의를 말한다.

샌프란시스코 강화조약과 독도

태평양 전쟁 이후 1951년 9월 8일에 체결된 샌프란시스코 조약은 일본과 연합군 사이의 평화조약으로서, 2차 세계대전의 공식적인 종전을 의미하는 것이었다. 그러나 샌프란시스코 강화조약에는 전쟁의 주된 피해자들 중 일부인 한국과 중국, 대만 등이 참여하지 않았다는 점에서는 문제가 있었다. 결국 샌프란시스코 강화조약에는 독도를 포함한 한일 간의 영토문제에 한국의 입장이 분명하게 반영되지 못하는 결과를 초래하게 된 반면, 패전국인 일본이 독도에 대한 영유권을 주장하는 근거로서 이용되는 결과를 초래하게 되었다.

샌프란시스코 조약 제2조에는 "일본은 조선의 독립을 인정하여, 제주도, 거문도 및 울릉도를 포함하는 조선에 대한 모든 권리, 권원 및 청구권을 포기한다"고 명시되어 있다. 이와 관련하여, 한국 정부는 독도가 구체적으로 명기되어 있지 않는 점과 관련하여, 조약 체결 직전인 1951년 7월 당시 양유찬 주미대사가 미국 국무부에 공식 서한을 보내, "일본은 한국, 그리고 제주도, 거문도, 울릉도, 독도 및 파랑도 등 일본에 의한 한국 병합 전에 한국의 일부였던 제도(諸島)에 대한 모든 권리, 권원 및 청구권을 1945년 8월 9일에 포기한 것을 확인한다"는 내용으로 수정해 줄 것을 요청하였다. 그러나 미국 국무부 극동담당 차관보였던 딘 러스크(Dean Rusk)는 한국 정부의 요청을 수용할 수 없다는 점을 지적하면서, "독도, 또는 다케시마 혹은 리앙쿠르 락스로 알려진 섬과 관련하여, 우리의 정보에 따르면 통상 사람이 거주하지 않는 이 바위덩어리는 한국의 일부로 취급된 적이 없으며, 1905년 이래 일본 시마네현 오키섬 관할하에 있었다. 한국은 이전에 결코 이 섬에 대한 권리를 주장하지 않았다"고 그 이유를 밝혔다. 결국 독도 주변에 대한 미국의 잘못된 인식이 일본 정부로 하여금 영유권 주장을 하게 만드는 단초가 되었으며, 그 이후 한일 양국 간에 독도 문제를 둘러싼 논쟁을 유발시키는 요인이 되고 있는 실정이다.

선박보안계획서

보안사건의 위험으로부터 승선인원, 화물, 화물운송단위, 선용품 또는 선박을 보호하기 위하여 설계된 선상 조치사항의 적용을 보장하기 위하여 개발된 계획서.

선박보안책임자

회사보안책임자 및 항만시설보안책임자와의 연락을 위하여, 그리고 선박보안계획서를 개발하여 승인을 위한 제출 및 이후 시행 및 유지를 위하여 회사가 지정한 자.

선박위치시스템(VMS: Vessel Monitoring System)

선박위치시스템은 선박에 설치된 무선장치, AIS 등 단말기에서 발사된 위치신호가 전자해도 화면에 표시되는 시스템으로서, 선박-육상 간 쌍방향 데이터통신을 통하여 선박의 운항위치 확인 및 선박운항정보 수집·저장하는 시스템이다. 이를 통하여 선박운항정보 실시간으로 확인함으로써 VTS, 해상교통, 보안·대테러, 항만운영, 해상치안, 연안자원관리 등의 업무에 활용된다.

선박자동식별시스템(AIS: Automatic Identification System)

선박자동식별시스템은 운항 중인 선박으로부터 선박의 위치, 침로, 속력 등 항해정보를 실시간으로 제공하여 선박의 충돌을 방지하는 첨단 장치이다. 국제 해사기구(IMO)가 추진하는 의무 사항이며, 선박 자동식별 장치(AIS)가 도입되면 주위의 선박을 인식할 수 없는 경우에도 타선의 존재와 진행 상황 판단이 가능하고, 시계가 좋지 않은 경우에도 선명·침로·속력 식별이 가능하여 선박 충돌 방지, 광역 관제, 조난 선박의 수색 및 구조 활동 등 안전 관리를 더욱 효과적으로 수행할 수 있다.

선형이론

선형이론은 북극권국가가 북극을 분할하는 방법으로 이용한 영유권이론으로, 북극점을 중심으로 국가 영토나 해안선의 동쪽과 서쪽 끝을 연결한 부채꼴 안에 들어가는 모든 영토와 섬, 해양수역에 대해 영유권을 주장하는 것이다. 이 이론은 1493년 교황 Alexander VI의 교황칙서(Papal Bull Inter Caetera)에서 유래하며, 1907년 캐나다의 상원의원인 Pascal Poirier가 캐나다 정부에 공식적인 제안을 하면서 알려지기 시작하였다. 남극의 영유권주장국들은 선형이론에 따라 남극대륙을 부채꼴모양으로 분할하여 영유권을 주장하고 있다. 이 이론은 법적 근거없이 자의적으로 설정된 것이라는 이유로 국제법상 인정되지 않고 있다.

세계무역기구(WTO: World Trade Organization)

1948년에 발족한 '관세 및 무역에 관한 일반협정(GATT)'을 대체해 1995년 출범한 국제기구이다. WTO는 GATT에 주어지지 않았던 세계무역 분쟁조정권, 관세인하요구, 반덤핑규제 등 막강한 법적권한과 구속력을 행사한다.

속지주의

속지주의(屬地主義)는 자국의 영역 내에서 발생한 모든 범죄에 대하여 범죄인의 국적에 관계없이 자국의 형법을 적용한다는 원칙이다. 자국(自國)의 영역에는 영토(領土), 영해(領海), 영공(領空)이 포함된다. 속지주의는 국가주권에 근거를 두고 있으며 소송경제상 장점에 있어서 대부분의 국가가 우선적으로 채택하고 있는 입법주의이다. 그러나 국외에서 발생한 범죄에 대하여 형벌권을 행사할 수 없다는 문제점 때문에 다른 속인주의 내지 세계주의와 같은 입법주의에 의한 보완을 필요로 한다.

스발바르(Svalbard) 조약(1920년)

Svalbard 조약은 노르웨이와 북극해 사이에 위치한 Svalbard 군도의 법적 지위에 관한 조약이다. Svalbard 군도는 북극권국가들이 400년 이상 영유권을 놓고 분쟁을 벌이던 지역이다. 1920년 체결된 스피츠베르겐(Spitsbergen) 조약은 노르웨이에게 Svalbard 군도와 모든 섬에 대해 주권을 부여하되, 다른 조약당사국들이 주변 영토와 해역에서 동등한 어업권, 수렵권, 채광권, 경제적 권리 등을 누리도록 보장하고 있다. 이 조약은 영유권 분쟁지역에 대해 국가들이 주권과 이용권을 분배함으로써 평화적인 해결을 꾀한 대표적인 사례가 되고 있다. 그러나 1977년 노르웨이가 어업보호수역을 설정하면서 러시아를 포함한 조약당사국들과의 사이에 분쟁이 재연되고 있다.

슬롭탱크(slop tank)

유조선 또는 유해액체물질 산적운반선의 화물창 안의 잔류물 또는 화물창세정수·화물펌프실 바닥에 고인 기름 또는 유해액체물질 등의 혼합물을 한 곳에 모으는 탱크.

신아시아 외교

아시아 국가들과 정치·경제·안보·사회 등 제분야에서 포괄적인 협력관계를 발전시킴으로써 국제금융위기·기후변화 등 세계적 문제 해결을 주도하고자 하는 정책 방향이다.

신에너지 및 재생에너지

신에너지 및 재생에너지는 기존의 화석연료를 변환시켜 이용하거나 햇빛·물·지열·강수·생물유기체 등을 포함하는 재생가능한 에너지를 변환시켜 이용하는 에너지이다. 이러한 에너지에는 태양에너지, 생물자원을 변환시켜 이용하는 바이오에너지, 풍력, 수력, 연료전지, 석탄을 액화·가스화한 에너지 및 중질잔사유를 가스화한 에너지, 해양에너지, 폐기물에너지, 지열에너지, 수소에너지 그 밖에 석유·석탄·원자력 또는 천연가스가 아닌 에너지이다.

11·5 국가계획

중국의 11번째 국민경제 「五年計劃(5개년 계획)」을 말한다. 기본적으로 五年계획의 내용은 "해당 계획기간에 국민경제와 사회 발전의 주요 목표, 국민경제 중 각종 중요 지표에 관한 중대한 비례관계, 성장속도 및 주요 공업생산품 생산량, 인민생활 수준의 제고폭; 고정 자산의 투자규모·방향과 중대한 건설 프로젝트, 각 항의 사회사업 발전에 대한 계획, 중요한 경제기술 정책 및 계획의 구체적인 실시 조치 등을 확정"하는 것으로 되어 있다.

〈ㅇ〉

아킬레라우로(Achille Lauro)호 사건

1985년 10월 7일, 이집트의 알렉산드리아 항에 정박 중이던 이탈리아 국적 여객선 Achille Lauro호가 4명의 팔레스타인 해방기구(PLO) 소속 테러리스트에게 납치되었다. 납치범들은 승객 400여 명을 인질로 잡고 50명의 팔레스타인 테러분자의 석방을 요구하였다. 납치범들은 시범케이스로 제비뽑기로 선발된 하반신 마비 장애인인 미국인 레온 클링호퍼(Leon Klinghoffer)를 휠체어와 함께 바다로 던져 살해하였다. 납치범들은 결국 미국의 노력으로 이탈리아 정부에 체포되어 재판을 받았다. 이 사건으로 인해 해상테러를 처벌하기 위한 1988년 「항해의 안전에 대한 불법행위의 억제를 위한 협약」이 채택되었다.

야스쿠니 신사(靖國神社)

일본에서 일반적인 신사란 국가를 위해 헌신하거나 희생한 위대한 인물들을 신으로 뫼시고 제사를 지내는 시설이다. 그러나 야스쿠니 신사가 한국을 포함하여 주변 국가들과의 관계에 있어 논란의 대상이 되는 것은 다른 일반 신사들과 달리 일본의 침략전쟁을 찬양하는 모습을 보이고 있기 때문이다.

야스쿠니 신사는 원리 메이지 유신(明治維新) 과정에서 희생된 3,588명을 기리기 위하여 1869년 도쿄에 창건된 시설이었다. 그러나 그 이후 청일전쟁, 러일전쟁과 두 차례의 세계대전 등에서 희생된 전사자들까지 야스쿠니 신사에 모셔지게 되었고, 현재는 약 250만 명 정도의 위폐가 모셔진 가운데 개인별 구별없이 합동으로 제사가 진행되고 있다. 야스쿠니 신사는 특히 '일본을 위한 전쟁'에서 사망한 전사자들과 희생자들을 대상으로 하고 있다는 점에서 다른 신사들과 달리, 마치 한국의 국립묘지와 같은 특별한 대우를 받고 있는 양상이며, 일본의 천황을 비롯하여 일본의 고위 관료와 군 인사들이 신사를 참배하고 제사에 참여해 왔다.

야스쿠니 신사에는 태평양 전쟁 당시 강제 징집되어 희생된 한국인 2만 1천여 명의 위폐도 모셔져 있는데, 문제는 도조 히데키(東條英機)를 포함하여 태평양 전쟁의 A급 전범 14명의 위폐도 함께 제사의 대상이 되고 있다는 점이다. 그리고 신사 옆에는 그동안 일본이 치른 침략전쟁들과 관련된 각종 무기와 물품들을 전시하는 박물관이 있는데, 특히 태평양 전쟁 당시 일본의 무기들이 '자랑스럽게' 전시되어 있고, 가미가제 일본 특공대의 젊은이 모습들이 전시되고 있는 등 과거 일본의 침략사를 기념하고 찬양하는 듯한 전시 내용들이 문제로 지적되고 있다. 전시의 의도가 무엇이건 간에, 주변 국가들의 입장에서는 마치 태평양 전쟁과 일본의 대외 침략을 반성하고 사죄하기 보다는 찬양하고 자랑스럽게 이해하고 있는 듯한 일본의 모습들이 식민지 시절에 대한 집단적 기억을 되살리고 있으며, 일본의 재무장과 보통국가화에 대한 불안감을 갖게 만들고 있는 것이다.

엑손 발데즈(Exxon Valdez)호 사고

1989년 미국 알래스카 연안에서 Exxon Valdez호가 암초에 부딪쳐 프린스 윌리엄 사운드 해역에 원유 25만 8천 배럴을 유출시킨 사고이다. 이 사고로 1,900km에 이르는 알래스카 해안이 기름덩어리로 뒤덮였으며, 바닷새, 바다수달, 물개, 대머리 독수리, 고래 등이 떼죽음을 당하였다. Exxon Valdez호의 소속회사인 Exxon Mobil은 사고 해역의 방제 비용으로 모두 21억 달러를 지불하였고, 2009년 미국 항소법원 판결에 따라 피해어민과 원주민 등에게 5억 750만 달러의 징벌적 배상금과 이자 4억 7천만 달러를 지급하였다.

연안국(Coastal State)

지리적으로 어느 바다와 맞닿아 있는 나라를 말한다. 바다와 닿아 있는 연안국은 그 바다에 대한 일정한 권리를 가지는데, 연안에서 12해리 영해까지는 주권을, 24해리의 접속수역까지는 출입국, 위생, 재정, 통관 등에 대해 주권적 권리를, 200해리까지 배타적 경제수역까지는 경제적 자원에 대해 주권적 권리를 가진다.

영구동토층

지표면의 기온이 영하로 내려가면서 지하의 수분이 동결한 층을 말한다. 기온이 상승하는 경우 지표면은 녹고 지하는 그대로 동결되어 있어 습지대를 형성하게 된다. 스칸디나비아 북부, 시베리아, 알래스카, 캐나다 북부 등 북극해 연안에는 영구동토층이 분포되어 있고 이를 중심으로 독특한 생태계를 이루고 있다. 최근 기후변화로 동토층이 녹아내리면서 생태계 변화는 물론, 그 위에 세워진 가옥, 도로, 공항, 파이프라인 등이 침식되고 지면이 불안정해지고 있다.

영유권 분쟁

1994년 유엔해양법 협약이 발효되면서 국제관습으로 존재하던 연안국의 권리가 국제법화되었다. 이에 각국은 자국의 영해 및 배타적 경제수역을 넓게 인정받으려는 다양한 경쟁을 하는 과정에서 분쟁이 발생하는데 이를 영유권 분쟁이라 한다.

영해

영해(領海, territorial sea)는 영해기선으로부터 바다 쪽으로 12해리(약 22km) 폭의 해면을 말한다. 영해기준선으로는 통상기선(通常基線, normal baseline)과 직선기선(直線基線, straight baseline)이 사용되며 해안선(海岸線)이 복잡한 일부의 경우를 제외하고는 보통 통상기선이 적용된다. 외국 선박은 타국 영해에서 무해통항권(innocent passage)을 향유한다.

우호통상항해조약(Treaty of Friendship, Commerce and Navigation)

일반적으로 한 국가가 다른 국가의 영공, 영해, 통신시스템 및 기타 중요한 국내 인프라를 이용할 수 있도록 법적 근거를 마련하는 국제통상에 중대한 의미를 지니는 조약이며, 국제통상과 관련하여 재산권과 기타 법률적 문제를 다루는 중대한 합의를 포함하기도 한다.

운반수단 및 관련물질

유엔안보리결의 1540에서 운반수단(means of delivery)은 "미사일, 로켓 및 핵, 생화학 무기를 운반할 수 있는 무인 체계"라고 규정한다. 관련물질(related material)은 "핵, 생·화학 무기나 운반수단의 설계·개발·생산·사용에 사용될 수 있는 것으로 관련 국가통제 목록에 포함되어 있거나 다자간 조약이나 협정에 규정되어 있는 물질, 장비, 기술"이라고 정의하고 있다.

유엔대륙붕한계위원회(CLCS)

유엔해양법협약에 따라 200해리 밖의 대륙붕 경계획정을 이행하기 위해 설립된 특별기구이다. 위원은 공평한 지리적 대표성을 고려하여 당사국이 자국민 중에서 선출한 지질학, 지구물리학 또는 수리학 분야의 전문가로, 5년의 임기로 선출된다. 대륙붕의 바깥한계를 200해리 밖으로 설정하려는 연안국은 이를 뒷받침하는 과학적·기술적 자료를 CLCS에 제출하며, CLCS는 이를 심사하여 연안국에 권고를 한다.

유엔해양법에 명시된 섬과 암석(바위 덩어리)의 차이

국제사회가 합의한 유엔해양법 협약의 제121조에 명기되어 있는 섬(island)의 조건은 다음과 같다. "섬이라 함은 바닷물로 둘러싸여 있으며, 만조일 때에도 수면 위에 있는 자연적으로 형성된 육지"를 말한다. 그러나 "인간이 거주할 수 없거나 독자적인 경제활동을 유지할 수 없는 것은 암석"으로 구분하고 있다. 그런데 협약 121조의 1항에 명기되어 있는 '섬(island)'은 12해리의 영해와 24해리의 접속수역, 200해리의 EEZ과 대륙붕을 가질 수 있지만, 3항에 명기되어 있는 '암석(rock)' 또는 바위는 12해리의 영해를 가질 뿐, EEZ이나 대륙붕을 가질 수 없도록 되어 있다. 따라서 개별 국가의 영유권이 행사되는 영토가 섬이냐 암석이냐의 규정에 따라 배타적인 영향력을 행사할 수 있는 EEZ의 범위가 크게 확대될 수 있기 때문에 개별 국가들은 자신의 영해에 있는 해양구조물이 국제사회로부터 섬으로 인정받기 위해 노력하고 있는 실정이다.

유엔해양법협약(UNCLOS: United Nations Convention on the Law of the Sea)

1973년 제3차 유엔해양법회의부터 시작하여 1982년 채택되고 1994년 11월 16일 발효된 유엔해양법협약은 2010년 2월 1일 현재 협약의 당사국 숫자가 161개국에 이르며, 협약의 비당사자국들도 관습법차원에서 유엔해양법협약을 수용하고 있다. 전문 320개 조항과 9개의 부속서를 포함하는 유엔해양법협약은 대륙붕한계위원회(commission on the Limits of Continental Shelf), 국제해양법재판소(International Tribunal for the law of the Sea), 국제해저기구(International Seabed Authority)를 출범시켜 새로운 해양과학기술의 도래와 연안국 관할권의 적극적인 확대로 급변하는 해양 질서의 새로운 기반을 마련했다.

의정서(protocol)

의정서는 기본적인 문서에 대한 개정이나 보충적인 성격을 띠는 조약에 주로 사용되는 형태이며, 최근에는 전문적인 성격의 다자조약에도 많이 사용되고 있다.

이승만 정부의 '평화선' 과 독도

태평양 전쟁 이후 한국과 일본 양국의 어로행위와 관련하여, 양국의 경계를 구분하고 있던 맥아더라인이 1952년 4월 25일 철폐되는 것과 관련하여, 이승만 정부는 1952년 1월 18일 '인접 해양의 주권에 관한 대통령 선언' 을 통해 독도를 포함하는 '평화선' 을 선포하였고, 해당 지역을 침범하여 어로행위를 하는 외국 어선들에 대해 포획과 억류를 진행할 것이라는 강경한 입장을 표명하였다. 이에 대해 일본 정부는 1952년 1월 28일 이승만 정부의 평화선을 반박하며, 독도가 일본의 영토라는 사실을 주장하는 항의각서를 한국 정부에 보내오게 되면서, 한일 간의 논란이 시작되었다. 이후 한국 정부의 재반박이 진행되는 과정에서, 1954년 9월 일본은 독도 문제를 국제사법재판소에 제소하여 사법적으로 해결하자는 주장을 한국 정부에 제의하게 된다.

실제로 1960년대 초반 한일회담이 진행되는 동안 한국 정부는 '평화선' 의 개념에 근거하여 독도 영해에서 조업하던 다수의 일본 어선들을 평화선 침범을 이유로 포획하거나 억류하는 작업들을 진행하였다. 이러한 행위는 주권 문제로 이해되는 독도 영유권에 대한 박정희 정부의 확고한 의지를 국민들에게 과시하는 상징으로 이해되기도 하였다. 그러나 1964년 한일기본조약이 체결되면서 한일어업협정도 함께 논의되어 1964년에 가조인되고 1965년에 정식 체결되었는데, 이때 독도 인근 부근이 한일 간의 공동어로구역인 공동규제수역으로 설정되면서 이승만 정부가 제시했던 '평화선'의 개념이 무의미한 것으로 전락해버리고 말았고, 독도 인근에 대한 공동어로구역 설정은 그 이후에도 논란의 대상으로 남게 되었다.

이어도 종합해양과학기지

이어도는 우리나라 최남단 도서인 마라도 서남방 149km에 위치하고 있으며, 1995년 착수하여 2003년도 완공(한국해양연구원)된 해양과학기지가 건설되어 있다. 종합해양과학기지는 수중 40m, 해면위 36m 등 총높이 76m(면적 400평)의 사각 철제 구조물로서 약 44종의 108개 관측장비를 갖추고 있다. 이어도 해양과학기지는 매년 우리나라로 오는 약 40%의 태풍이 지나가는 수역에 자리하고 있다는 점에서 기상과 어장 예보에 중요한 정보를 제공한다.

인도 아니면 기소의 원칙(either extradite or prosecute)

인도 아니면 기소의 원칙은 테러범 처벌 등에 관한 국제조약상 포함되어 있는 것으로서, 조약당사국이 자국영토 내에서 범인을 발견한 경우 그를 관련체약국에게 인도하지 않는 한 동 범죄가 자국영토 내에서 발생한 것인지를 불문하고 예외없이 형사적 처벌을 위하여 자국의 권한있는 당국에 동 사건을 회부하여야 한다는 것을 말한다.

일본 평화헌법 9조와 개헌 논의

일본이 1945년 패망한 이후 1947년 '일본국헌법(신헌법)'이 시행될 때까지 일본에는 1889년 2월 일본 메이지 천황이 공표하고 1890년 11월 29일 시행된 '제국헌법(帝國憲法),' 소위 구헌법이 존재하고 있었다. 평화헌법으로 불리는 신헌법이 구헌법과 크게 다른 점은 첫째, 주권의 주체가 천황에서 일본 국민에게로 옮겨간 점이며, 둘째, 군사주의에서 전쟁포기와 비무장을 통해 항구적인 평화주의를 천명하고 있다는 점, 셋째, 기본적인 인권을 확립하고 있다는 점이다.
일본 신헌법이 소위 '평화헌법'이라고 불리고 있는 이유는 헌법 전문과 제9조의 내용과 관련되어 있다. 헌법 전문에서는 '항구적인 평화'를 강조하고 있을 뿐만 아니라, 제9조 1항에는 '국제평화를 성실하게 희구하고, 국제분쟁을 해결하는 수단으로서 국권의 발동 내지는 전쟁과 무력에 의한 위협 및 무력의 행사는 영구히 포기한다'고 되어 있으며, 특히 2항에서, '전항의 목적을 달성하기 위해 육,

해, 공군 및 기타의 전력은 보유하지 않는다. 국가의 교전권은 인정되지 않는다' 고 명시함으로써, 전쟁포기, 비무장 등을 규정하고 있기 때문이다. 신헌법에 이러한 규정이 포함된 것은 일본의 군국주의가 부활할 가능성을 우려한 맥아더 사령관 등의 판단 때문이었다.

그런데 이러한 조항들의 실질적 의미가 약화되기 시작한 것은 1950년에 발생한 한국 전쟁과 냉전의 심화가 절대적인 영향을 미쳤다. 미국의 전략적 필요에 의하여 일본의 재무장이 시작되었고, 군비 증강과 함께 자위대의 규모가 커지기 시작했기 때문이다. 결국 1950년대 중반부터 일본내에서는 평화헌법적 내용에 대한 개헌론이 대두되기 시작하였고, 일본 사회는 개헌과 호헌을 둘러싼 논란이 진행되었다. 이러한 과정에서 헌법의 문구를 개정하는 명문개헌론이 절대적 지지를 얻는데 실패하게 되면서, 일본의 우파 정치세력들이 선택하게 된 것이 바로 '해석 개헌' 의 형태이다. 헌법에 규정된 문구는 그대로 두면서, 그 실질적 의미를 일본의 재무장에 가능하도록 유리하게 해석하여 일본의 재무장을 정당화시키는 작업들을 진행하는 것이다. 한편, 탈냉전 이후, 1991년 1월에 시작된 걸프전쟁과 관련하여, 해외 파병을 성사시키려했던 일본 정부는 「PKO 협력법」을 만들고, 이에 근거하여 미국을 중심으로 한 '다국적군' 의 일원으로 걸프전쟁에 참여하였다. 그러나 전쟁이후 일본은 막대한 비용지출에도 불구하고, 일본이 확보한 외교적 성과는 미미했다는 지적이 제기되면서, 우파를 중심으로 '국제공헌론' 이 제기되었고, 일본도 군대를 가지는 '보통국가화' 가 되어야 한다는 주장과 함께 명문개헌론이 다시 제기되고 있는 실정이다.

21세기 해양력 구현을 위한 협력전략(A Cooperative Strategy for 21st Century Seapower)

2007년 미국 해군참모총장(Admiral Gary Roughead), 미 해병대사령관(General James Conway) 그리고 미 해양경비대사령관(Admiral Thad Allen)이 공동으로 발표한 포괄적 해양전략 개념으로서 자유와 평화를 추구하는 "전 지구적 해양 파트너십(global maritime partnership)" 형성을 통한 21세기 해양력을 구현하는 미국 해군, 해병대 그리고 해양경비대 간 협력은 물론 해양 관련 모든 조직과 해양종사자(sea services)와 전 세계 국가와의 협력을 지향하는 미래지향적 협력전략이다.

〈ㅈ〉

자유항해(또는 항행의 자유, freedom of navigation)

공해에서 평상시에 국기를 게양한 모든 국가의 군함과 선박이 자유롭게 항행할 수 있는 권리를 말한다. 위에서 언급한 바와 같이 이와 같은 권리는 17세기 그로티우스에 의해 국제법적으로 확립된 자유해양의 원칙에서 확인되었다. 그 이전에는 일정한 바다의 영유를 주장하는 나라는 외국선의 항행을 허락하면서 항행세를 부과하기도 했다. 그러나 오늘날에는 그와 같은 일이 국제법상 금지되어 완전한 항행의 자유가 인정되고 있다. 공해를 항해하는 선박은 그 게양하는 국기의 국가 관할권하에 있으며(기국주의), 원칙적으로 기국(flag state) 이외의 국가로부터 간섭을 받는 일이 없이 자유롭게 항해할 수 있다. 다만 해적행위, 노예수송, 무허가방송, 무국적선, 국기 위장 또는 국기 게양 명령에 불응하는 선박 등에 대해서는 항행의 자유가 제한된다(「유엔해양법협약」 제110조).

자유해양론(mare liberum 또는 freedom of the sea)

네덜란드의 법학자 휴고 그로티우스에 의해 체계화된 원칙으로 해양은 국제적 영해(international territory)로서 국가 간 교역을 함에 있어서 모든 국가는 이를 자유롭게 이용할 수 있다는 것을 주요 내용으로 한다. 이는 당시 독점적인 제해권을 행사하던 포르투갈에 대한 신흥 해양강국인 네덜란드의 대항 논리로 개발되었다. *Mare Liberum*은 1608년 출판된 그로티우스의 대표적 저작명이기도 하다. 이후 국제 해양 질서는 자유해양론과 폐쇄해양론의 대립과 타협 속에서 진화해 왔다.

재화중량(dead weight)

현실적으로 선적할 수 있는 최대 중량을 표시하는 것. 화물선, 유조선 등의 선복량을 나타내는 데 사용되며, 용선계약, 선박매매, 거래 등 상거래의 기준으로 사용되기도 함.

저강도 해상분쟁(Low Intensity Conflict)

인접국간 쌍방에게 손해가 되는 전쟁을 회피하려 군사적인 충돌을 피하는 반면, 비군사적 충돌이나 테러 등을 통하여 분쟁해역(예: 독도)에 대한 자국의 주권을 주장하거나 간접적으로 자기 진영에게 유리한 국제정세를 조성하려는 것을 말한다. 독도나 이어도를 둘러싼 우리나라와 일본 및 중국과의 비군사적 분쟁이나 센카쿠열도를 둘러싼 일본과 중국과의 분쟁이 대표적인 예이다.

정부간 기후변화위원회(IPCC: Intergovernmental Panel on Climate Change)

기후 변화를 평가하고 대응전략을 제시하는 정부간 기구로, 1988년 11월에 세계기상기구(WMO)와 유엔환경계획(UNEP)이 공동으로 설립하였다. 전 세계 3천여 명의 과학자들이 자발적으로 참여하여 기후변화에 관한 과학적, 기술적, 사회경제적 정보를 검토, 평가하며, 1990년 이래 1995년, 2001년, 2007년 등 4차례에 걸쳐 기후변화보고서를 발표하였다. 1990년 이후 4차례에 걸쳐 발표된 특별보고서는 인간의 활동으로 인해 비롯된 공해 물질이 기후 변화에 어떤 영향을 끼치는지 과학적, 기술적, 사회경제학적으로 분석한 결과를 제공하고 있다. 1992년 기후변화협약과 1997년 교토의정서의 채택에 중요한 역할을 하였다. 2007년 앨 고어(Al Gore)와 함께 노벨평화상을 수상하였다.

정부간해사자문기구(Inter-government Maritime Consultative Organization)

선박의 항행안전, 해양환경보호 및 보안유지를 담당하는 유엔의 한 전문기구인 국제해사기구의 전신이다.

정치범 불인도의 원칙

정치범 불인도의 원칙은 범죄인 인도의 대상에서 정치범을 제외한다는 것으로서, 국제관습법상의 원칙은 아니며 일반적으로 범죄인 인도조약상 포함되어 있는 것이다. 그러나 모든 정치범이 불인도의 대상이 되는 것은 아니며, 수단이 비열한 경우에는 그 대상에서 제외하고 있다.

조력발전

조력발전이란 조석이 발생하는 조석이 발생하는 하구나 만을 방조제로 막아 해수를 가두고 수차발전기를 설치하여 외해와 조지 내의 수이차를 이용하여 발전하는 방식으로 해양에너지에 의한 발전방식 중에서 가장 먼저 개발되었다.

조류발전

조류발전이란 조류의 흐름이 빠른 곳에 수차발전기를 설치하고, 자연적인 조류의 흐름을 이용하여 설치된 수차발전기를 가동시켜 발전하는 방법이다. 조류발전은 조력댐 없이 발전에 필요한 수차발전기만을 설치하기 때문에 비용이 적게 들고 조력발전보다 더 환경친화적이나 발전에 적합한 적지를 선정하는 데 어려움이 있고 발전량이 자연적인 흐름의 세기에 따라 좌우되기 때문에 발전량을 조절할 수 없는 단점이 있다.

조어도(釣魚島)

조어도(Diaoyutai, 일본명 센카쿠(Senkaku))는 대만의 동북방 기륭(基隆)으로부터는 약 190km, 일본의 오키나와로부터는 서남방 약 350km 떨어진 동중국해에 위치하고 있으며, 8개의 크고 작은 무인 암초로 구성되어 있다. 현재, 일본과 중국(대만)이 영유권을 주장하고 있으며, 일본이 실효적 지배를 하고 있다. 일본은 1894년 선점 취득하였다고 주장하면서 중국과의 경계획정에서 조어도와 중국 육지영토 간 중간선을 경계선으로 주장한다. 반면, 중국은 역사적으로 중국 영유권이었다는 것을 주장하면서도, 경계획정에서는 12해리의 영해만을 가질 수 있다고 주장한다.

중국의 해양방어전략

중국의 제1열도선과 제2열도선을 중심으로 한 해군전략과 관계된다. 중국은 〈일본열도-유구군도-대만-필리핀-순다군도〉를 제1열도선으로 하고, 〈일본열도-오가사와라제도-카잔열도-압군도-팔라우군도-하마혜라군도〉를 제2열도선으로 하는 해군 작전 전략을 수립하고 있다. 예컨대, 2050년까지는 제2열도선을 넘어선 지역까지 작전 능력을 갖춘다는 것을 목표로 하고 있다.

지사적 테러리즘(志士的 Terrorism)

1990년대 이전의 테러리즘은 보통 마르크스-레닌주의로 무장한 이데올로기 집단이나 소수민족의 해방을 명분으로 한 테러가 주를 이루었다. 이탈리아의 붉은여단, 북아일랜드의 IRA(Irish Republican Army), 독일의 적군파(Red Army Faction), 스페인의 ETA(바스크분리독립운동) 등이 유럽의 대표적 지사적 테러 단체였다. 1990년대 냉전해소와 더불어 지사적 테러리즘의 흐름은 줄어든 반면, 특별한 정치적 목적 없이 다중을 상대로 테러를 자행하는 신종 테러가 생겨나게 되었다.

집단행동의 문제(collective action problem)

집단의 공통 이해관계가 걸려 있는 문제를 집단 구성원들이 그 필요성을 인식함에도 불구하고, 스스로의 노력으로 해결하지 않는 상황을 말한다. 대규모 사회집단 구성원들이 공공재의 공급과 유지를 위하여 협조하지 못하는 이유는 공공재는 그 성격상 개별적인 기여도에 상관없이 모든 구성원에게 다같이 혜택이 돌아가는 재화이기 때문에, 합리적 판단을 하는 개인은 공공재의 생산과 공급을 위해 자신의 시간·노력·비용 등을 투입하지 않고 무임승차(free-ride)하기 때문이다.

GDP

국내 총생산(國內總生産, GDP: Gross Domestic Product)은 일정 기간 동안 한 국가에서 생산된 재화와 용역의 시장 가치를 합한 것을 의미하며 보통 1년을 기준으로 측정한다.

〈ㅊ〉

차단

차단의 개념은 정선·승선·검색·억류 또는 나포 등의 수단으로 선박의 항행을 가로막거나(intercept), 정선시키는 강제조치를 의미하는 통념상의 용어일 뿐 법적 개념으로 확립된 것은 아니며", "평상시 유엔안보리 결의 없이는 타국에 대한 봉쇄가 불가능하다는 점을 고려하여 이를 수행하는 선택된 용어"이다. "차단과 유사한 개념인 봉쇄(blockade)는 적국 연안의 전부 또는 일부에 대하여 모든 선박의 출입을 차단하는 전쟁 수행 행위의 일종이다. 그러나 봉쇄는 유엔헌장 제2조 제4항에 의하여 금지되며, 자위권의 행사 또는 안보리의 결의에 의하여 행사가 가능한 것으로 되어 있다(최종화, "PSI의 법적 정당성 확보에 관한 고찰," 『해사법연구』 제19권 제1호(2007.3), p.3, 주 2. 참조.

추적권

추적권(追跡權, right of hot pursuit)은 연안국의 법령을 위반한 외국선박을 공해까지 추적하여 자국(自國) 법령을 집행할 수 있는 권한을 의미한다. 자국 법령이 미치는 내수, 영해는 물론 배타적 경제수역(EEZ), 대륙붕에서 연안국의 법령을 위반했다고 믿을만한 충분한 근거가 있을 때 해당 연안국은 그러한 선박에 대하여 추적권을 실시한다. 추적권의 행사는 군함(軍艦)·군용항공기 또는 정부 업무를 수행 중인 것으로 명백히 표시되고 식별이 가능하며 그러한 권한이 부여된 선박이나 항공기에 국한되며, 정선신호는 피추적선이 인식할 수 있도록 가시거리 내지 가청거리에서 이루어져야 한다. 피추적선이 타국(他國)의 영해로 진입하면 추적원은 소멸한다.

1,000척 해군(The 1,000-Ship Navy)
2005년 미국해군 참모총장 마이클 멀린(Admiral Mike Mullen) 제독이 전 세계에 산재된 다양하고 복잡한 비전통적 해양위협을 전 세계 국가 해군 간 공동으로 협력하여 예방하고 억제함으로써 해양질서와 평화를 유지하기 위한 "전 지구적 해양 파트너십 구상(global maritime partnership initiative)" 개념을 구현할 수 있다는 전 세계 해군 간의 해양안보협력 제안이다.

〈ㅋ〉

Crude Oil Washing(COW)
유조선의 탱크에 붙어 있는 원유의 찌꺼기를 원유 자체를 고압으로 분사하여 씻어내는 방식.

〈ㅌ〉

테러(terror)
테러행위란 국가를 상대로 한 범죄행위로서, 특정인이나 집단 또는 일반대중의 마음에 공포상태를 만들어 내려고 의도되거나 계획된 것을 말한다.

〈ㅍ〉

파력발전
파력발전이란 입사하는 파랑에너지를 터빈 같은 원동기의 구동력으로 변환하여 발전하는 방식으로, 설치방식에 따라 부체식과 고정식으로 구분할 수 있다. 또한 물입자의 운동방향에 따라 파의 상하운동, 파의 수평운동 또는 파에 의한 수중압력을 이용하여 각각 공기에너지나 기계에너지 또는 수력에너지로 변환시키는 세 가지 방법으로 구별할 수도 있다.

폐쇄해(closed sea) 및 반폐쇄해(semi-closed sea)

「유엔해양법협약」제122조는 '폐쇄해' 또는 '반폐쇄해'를 "2개국 이상에 의하여 둘러싸이고 좁은 출구에 의하여 다른 바다나 대양에 연결되거나, 또는 전체나 그 대부분이 2개국 이상 연안국의 영해와 배타적 경제수역으로 이루어진 만, 내만 또는 바다"로 정의하고 있다. 그 구체적인 지리적 범위에 대해서는 논란이 있지만 대체적으로 현재 26개의 해역이 이에 해당되며 전 세계 대양의 7%를 차지하는 것으로 알려져 있다. 전체 대륙붕의 55%가 폐쇄해 및 반폐쇄해에 존재할 뿐만 아니라 전 세계 어획량의 25% 이상이 이들 해역에서 잡히기 때문에 그 경제적인 중요성이 매우 크다. 아울러 주요 해로들도 이들 폐쇄해 및 반폐쇄해와 연결되기 때문에 전략적으로도 매우 중요한 가치를 가진다.

폐쇄해양론(mare clausum 또는 closed sea)

16세기 당시 독점적인 제해권을 행사하던 스페인과 포르투갈에 의해 확립된 원칙으로 유럽과 동인도 간의 무역을 독점하려는 이 두 국가의 의도에서 비롯되었다. 이 원칙은 1648년에 30년 전쟁이 종결된 이후 스페인과 포르투갈의 영향력이 급속히 약화되는 상황에서 신흥 해양강국 네덜란드와 주도권을 다투던 영국에 의해 체계화되었다. 당시 네덜란드는 자유해양론을 지지하였던 반면, 폐쇄해양론을 지지한 영국은 1651년 항해조례(Act of Navigation)를 제정하여 영국선박이나 수출국 선박이 아닌 제3국 선박들을 통한 영국으로의 상품 수입을 전면적으로 금지하였다. 이는 암묵적으로 당시 중개무역에 크게 의존하던 네덜란드를 압박하려는 의도였다. 그 결과 양국은 제1차 영국-네덜란드 전쟁(1652~1654)을 치렀고, 이후 두 차례 더 영국-네덜란드 전쟁(1655~1667, 1672~1674)을 치르면서 네덜란드의 제해권은 급속히 쇠퇴하고 영국이 그 자리를 대신하게 되었다. 20세기 이전까지는 자유해양론이 우세하였으나 20세기 이후에는 폐쇄해양론으로 무게 중심이 기울어 왔으며 「유엔해양법협약」도 그 연장선상에 있다고 볼 수 있다.

PSI(Weapons of Mass Destruction Proliferation Security Initiative)

대량살상무기확산방지구상은 대량살상무기(WMD)의 국제적 확산을 막기 위하여 2003년 6월 미국 주도로 스페인 마드리드에서 발족한 국제협력 체제를 말한다. 이 구상에 따르면, 핵과 미사일 등 대량살상무기의 확산을 방지하기 위한 정보공유는 물론 필요한 경우에는 선박이나 항공기 제압을 위한 가입국의 합동작전도 가능하며, 또 대량살상무기의 밀수를 각국의 국내법으로 저지할 수 있는 내용도 포함되어 있다.

〈ㅎ〉

한일공동규제수역

1965년 6월에 공식 체결된 한일어업협정에서 한국과 일본 양국이 공동으로 조업할 수 있도록 합의한 수역으로서, 한 국가가 자신의 연안에서 직선거리 12해리의 지역까지 절대적으로 행사할 수 있는 어업권을 의미하는 전관수역(배타적 경제수역, EEZ)의 밖에서부터 46해리까지의 지역을 의미한다. 즉, 한국과 일본 양국의 연안에서부터 46해리까지의 거리에서 서로 중첩되는 지역의 수역에 대하여, 한일어업공동위원회가 어업행위를 하는 어선의 규모와 출어하는 선박의 수 및 톤수, 연간 총 어획량 등에 대한 어로행위를 상호 제한하고 규제함으로서 공동규제수역은 물론이고, 이 수역과 연결되어 있는 배타적 경제수역의 어족자원을 보호하기 위한 조치를 취하게 된다. 한일어업공동위원회가 권고하는 연간어획량은 대체로 연간 15만톤을 기준으로 하여, 10% 내에서 가감할 수 있도록 하고 있다.

한일공동자원조사수역

한일공동규제수역 외부의 수역에 해당하는 지역으로서, 한일 간에 1965년 6월에 합의한 한일공동규제수역의 내에서 어획되는 어종들이 분포하고 있거나, 회유하는 지역인 황해, 동지나해, 동해 서부 수역 등을 대상으로 한일어업공동위원회의 권고에 의하여 양국이 어업자원을 공동으로 조사하는 지역을 의미한다. 1966년에 한일 간에 합의된 공동자원조사수역은 한일공동규제수역의 외부에 해당하는 동경 132도, 북위 30도 이북의 지역이 포함되었다.

한일기본조약

대한민국과 일본 사이에 국가 간의 관계를 규정하기 위하여 1965년 6월 22일 조인된 조약으로서 4개의 협정과 25개의 문서로 구성되어 있다. 양국 간의 국교 정상화 논의는 1951년 9월 샌프란시스코 강화조약이 체결된 이후부터 개별적으로 진행되어 왔으나, 재산권청구문제와 어업문제 등을 포함하여 과거 식민지 역사에 대한 인식과 사후 처리에 대한 한일 양국 간의 입장 차이가 커서 크게 진척되지 못하고 있었다. 한국은 식민지 지배의 불법성에 초점을 맞추어 국가차원의 배상을 강조하고 있었던 반면, 일본은 식민지 지배의 불법성을 인정하기보다는 정당성을 강조하면서 국가차원의 배상은 부인한 채, 개인차원의 배상만을 강조하고 있었다. 1961년 5.16군사혁명으로 등장한 박정희 정권은 경제발전에 필요한 경제적 비용을 확보하기 위하여 1961년 10월부터 회담을 재개하였으나, 청구권의 액수, 평화선 문제, 독도 문제 등에 대한 이견으로 회담이 교착상태에 빠졌다. 결국, 1962년 10월 한국의 김종필 중앙정보부장과 일본의 오히라 마사요시(大平正芳) 외무장관 간에 한일국교 정상화를 위한 논의('김-오히라 메모')가 비밀리에 진행되면서, 청구권 액수 문제가 5억 달러로 합의되었고 회담은 진전을 보게 된다. 결국, 1965년 6월 22일 한일기본조약이 정식으로 조인되었고, 1965년 8월 14일 한국은 여당 단독으로 국회를 열어 한일기본조약을 비준하였다.

한일 중간수역

1998년 9월에 합의되고, 1999년 1월에 발효된 신한일어업협정의 합의 과정에서 새롭게 도입된 수역의 개념으로서, 한국은 '중간수역'이라는 용어를 사용하고 있고, 일본은 '잠정수역' 또는 '공동관리수역'이라는 용어를 사용하고 있다. 한일 양국은 지리적으로 서로 근접하고 있어, 각자가 EEZ를 200해리씩 각각 설정할 경우에는 서로 중복되는 지역이 발생할 수밖에 없다. 문제는 서로 중복되는 지역에 대한 경계를 획정하는 데 있어 한일 양국이 분명하게 합의하지 못하는 수역이 발생하는 것이고, 이 문제를 해결하기 위해 도입한 개념이 '중간수역'이라 할 수 있다. 즉, 독도 주변의 동해 중부 지역과 제주도 남쪽의 동중국해에 위치한 한일대륙붕공동개발구역의 북쪽 지역이 한일 간의 중간수역에 해당하는 지역으로서, 한일 간에 분명한 합의가 이뤄지지 못한 채 잠정적인 상태로 양국의 어업이 진행되고 있는 지역이라 할 수 있다. 중간수역에서 발생하는 사고, 사건에 대한 단속 및 재판 관할권은 기국주의의 원칙을 따르게 되며, 한일 양국은 상대 국가의 어선과 국민에 대하여 자국의 법률을 일방적으로 적용하지 못하도록 되어 있다. 또한 한일어업공동위원회가 중간수역의 어업자원을 보존하고 관리하기 위하여 한일 양국에게 일정한 권고를 할 수 있도록 되어 있다.
한편, 한국은 신한일어업협정의 내용에 근거하여 민간단체를 통해 한일 중간수역에 대한 어장환경 정화 및 수산자원 보호를 위한 어장 청소를 실시하고 있다. 2010년의 경우에는 5월에 제주도 남쪽에 위치한 한일 중간수역에 대한 어장 청소를 진행하였고, 6월부터 8월 사이에는 동해의 중간수역에 대한 어장 청소를 진행하였다.

한자동맹

한자동맹(Hanseatic League)은 중세 중기 북해·발트해 연안의 독일 여러 도시가 뤼베크를 중심으로 상업상의 목적으로 결성한 동맹이다.

항만국(Port State)

선박이 입항한 항구나 특정 항계를 관할하는 국가를 말한다.

항만국통제 양해각서(MOU on PSC)

선박이 통상 한 지역의 수 개의 항구에 기항하는 점을 감안하여 항만국통제를 지역별로 통일적, 조직적으로 실시함으로써 더욱 효과적으로 기준미달선을 통제하고 관련 임검정보를 공유하기 위해 국제사회가 마련한 법적 구속력 없는 문서.

항만시설보안계획서

보안사건위협으로부터 항만시설 내의 항만설비 및 선박, 인원, 화물, 화물운송단위 및 선용품을 보호하기 위하여 계획된 조치사항들의 적용을 확실히 하기 위하여 개발된 계획.

항만시설보안책임자

선박보안책임자와 회사보안책임자와의 연락을 위하여, 그리고 항만시설보안계획서의 개발, 실행, 개정 및 유지의 책임자로 지정된 자.

해상교통로(SLOC: Sea-Lanes of Communication)

해상교통로 또는 해로라고 표현한다. 주로 해양에서 물자수송의 주된 통로, 즉 해상운송의 주요 통로를 의미한다. 원래 해로는 군사전략적 개념으로 활용되다가, 최근에는 해양을 통한 인원과 물자의 수송을 위한 체계적 연결망과 시설이라는 뜻으로 이해되고 있다.

해양과학기술(MT: Marine Technology)

해양과학기술은 "해양산업의 경쟁력 확보 및 해양국토의 관리 강화, 나아가 21세기 인류공동의 과제인 자원고갈과 지구환경변화 문제를 해결하기 위한 미래과학기술"을 의미한다. 2004년 7월 「해양과학기술(MT) 개발계획」이 국가과학기술위원회에 심의·의결됨에 따라 MT가 6T(IT, ST, BT, NT, CT, ET)기술과 더불어 국가성장동력분야로 인정하고 있다.

해양기술

해양기술이란 바다를 우리 인류에게 유익하게 쓰고, 지구환경을 보전하기 위한 각종 기술이라 정의할 수 있는 바, 이러한 기술에는 해양학 각 분야의 현상을 보다 잘 연구할 수 있게 해주는 각종 기술, 바다의 자원을 찾고 개발하는 기술, 해상교통, 해양법, 해양환경관리, 해양오염제거 그리고 해양공학적 기술 등 바다를 대상으로 한 넓은 분야의 기술을 모두 말한다.

해양력(Sea Power)

해군력과 통상, 해운을 포함하여 해양에서 또는 해양에 의해서 국민을 위대해지게 하는 모든 것을 광범위하게 포함한 총체적인 역량으로서 주요 구성요인은 ① 지리적 위치, ② 물리적 형태, ③ 영토의 크기, ④ 해양 종사 인구, ⑤ 국민성, 그리고 ⑥ 정부의 성격이다.

해양안보(Maritime Security)

해양으로부터의 정치·군사적 위협으로부터 국가의 생존을 보전하다는 협의적 정의와 정치·군사적 위협뿐만 아니라 경제, 환경, 자원, 국제범죄, 마약, 인권, 난민 등의 국가안보에 영향을 미칠 수 있는 전반적 해양불안 및 무질서 요인들을 예방하고 억제하는 포괄적 정의로 구분되고 있다.

해양에너지 복합이용기술

다수의 서로 다른 해양에너지를 이용하여 전기에너지 또는 활용이 용이한 에너지자원으로 변환(복합발전기술)하거나 해양에너지 기술에 부가기능을 접목하여 활용성을 제고(복합이용기술)하는 제반기술을 말한다.

해양에너지자원

해양에너지자원이란 해양에 부존하는 물리적 에너지의 조사·분석과 이를 전기에너지 또는 활용이 용이한 에너지자원으로 변환하기 위한 제반기술이다.

해양온도차발전

해양온도차발전이란 표층(예: 25~30℃)과 심층(예: 5~7℃)간의 17℃ 이상의 수온차를 이용하여 표층의 온수로 암모니아, 프레온 등의 저비점 매체를 증발시킨 후 심층의 냉각수로 응축시켜 그 압력차로 터빈을 돌려 발전하는 방식이다.

해양전략(Maritime Strategy)

국가목표를 달성하고 국가정책을 수행하기 위해 평시 및 전시에 국가 해양력을 운용하고 해양을 사용하는 기술이자 과학이다.

해양전자고속도로(MEH) 사업

해양전자고속도로(Marine Electronic Highway) 사업은 다수 선박이 항해하는 아시아권의 주요항로에 전자해도, 선박위치시스템, 선박자동식별시스템 등의 선박운항정보와 조류, 조석등 해양정보를 D/B화하여 해양종합정보시스템을 구축하려는 것으로 항행선박의 안전과 해상테러로부터 보호하고자 하는 목적이 있다.

형평의 원칙(equity principle)

15세기 영국 관습법에서 유래하여 영국의 보통법계 전통에 따른 관할하에서 엄격한 법규의 적용을 완화하고 보완하기 위해 사용되는 일종의 법원칙이다. 법원에게 재량권을 부여함으로써 보통법의 엄격성을 완화하고 법 절차와 판결의 공정성을 중시하면서 분쟁당사자간의 상호 만족을 도모하는 법의 원칙이다.

회사보안책임자

항만시설보안책임자와 선박보안책임자와의 연락을 위하여, 그리고 항만시설보안계획서의 개발, 실행, 개정 및 유지의 책임자로 지정된 자.

색 인

/ ㄱ /

해로연구총서 ①

해양의 국제법과 정치

초판 1쇄 발행: 2011년 6월 22일
초판 2쇄 발행: 2012년 7월 9일

엮은이: 한국해로연구회
발행인: 부성옥
발행처: 도서출판 오름
등록번호: 제2-1548호 (1993. 5. 11)

주 소: 서울특별시 서초구 서초동 1420-6
전 화: (02) 585-9122, 9123 / 팩 스: (02) 584-7952
E-mail: oruem@oruem.co.kr
URL: http://www.oruem.co.kr

ISBN 978-89-7778-355-3   93340